재일한인 제4의 민족통일운동과 글로벌 코리안 통일네트워크

지충남 저

정독
DEEP READING

이 저서는 2015년 정부(교육과학기술부)의 재원으로 한국연구재단의 지원을 받아 수행된 연구결과임(NRF-2015S1A6A4A01011454).
This work was supported by the National Research Foundation of Korea Grant funded the Korean Government(NRF-2015S1A6A4A01011454).

서 문

이명박, 박근혜 정부가 대북 강경책을 실시한 이후, 남북한 관계는 급속한 한랭 상태로 변화하였다. 금강산 관광의 중단, 남북한의 대표적인 경제협력 사업인 개성공단의 철수 등은 남북관계를 7·4 남북공동성명 이전으로 회귀시켜 결과적으로 '치킨게임(chicken game)'적 상황으로 변모시켰다.

2016년 '최순실의 국정농단' 사건의 폭로와 관련하여 국회의 박근혜 대통령에 대한 탄핵 가결의 통과, 헌법재판소의 대통령 파면 결정으로 박근혜는 구속되었다. 2017년 5월 9일 제19대 대통령 선거에서 더불어민주당의 문재인 후보가 당선되어 그 다음날 대통령으로 취임하였다. 문재인 정부는 '평화와 번영의 한반도 정책'을 기조로 북한의 비핵화와 단절된 남북한 관계의 교류를 모색하였다. 2017년 한반도는 매우 엄중했으며, 평화를 필요로 하는 상황이었다. 북한 핵문제가 심각한 위기 수준에 도달하였고, 남북관계는 완전히 단절되어 있었으며, 한반도에서 군사적 긴장은 극도로 고조되어 있었다. 문재인 정부는 국정을 안정적으로 관리하면서 동시에 한반도의 항구적인 평화 정착과 공동 번영을 추구해 나가려는 노력을 경주해야 할 필요성이 제기되었다.

2018년은 한반도 평화통일과 관련하여 4차례의 정상회담이 열린 격동의 시대였다. 2000년 '6·15 공동선언,' 2007년 '10·4 선언' 이후 11년 만에 문재인 대통령과 김정은 국무위원장 간 4월, 5월, 9월 등 3차례의 남북 정상회담에서 '판문점 선언'과 '평양선언'이 발표되었다. 그리고 6월 12일에는 싱가포르에서 미국 트럼프 대통령과 북한 김정은 위원장 간 북미 정상회담이 개최되었다. 이러한 정상 간 회담은 한반도 평화와 통일, 비핵화, 남북 교류와 협력의 활성화 측면에서 많은 기여와 공헌을 한 것으로 평가할 수 있다. 제2차 북미 정상회담이 2019년 2월 베트남 하노이에서 열렸다. 많은 기대와는 달리 이 회담은 어떤 성과도 산출하지 못하고 종료되었다.

'판문점 선언'과 '평양선언'은 과거 두 차례 열렸던 남북정상회담의 선언적, 그리고 합의 내용의 실천적 불투명이라는 한계를 극복하고 합의 사항의 이행 조치에 남북이 노력하고 있다. 함경남도 풍계리 핵실험장 폐기, 장성급 군사회담, 체육회담, 적십자회담, 철도·도로·산림 협력 회의, 비무장지대 GP 철거, 남북 공동연락사무소 개설, 판문점 공동경비구역 비무장화, 군사분계선 일대에서 지상·해상·공중 등 모든 적대행위 중지, 2020년 도쿄올림픽 단일팀 출전, 2032년 하계올림픽 공동개최 추진, 한강 및 임진강 하구의 남북 공동이용을 위한 수로조사 등 많은 성과를 산출하였다. 그러나 종전선언과 평화협정 체결의 지연, 한반도 비핵화에 대한 의지를 확인한 반면 구체적인 이행 시기의 미흡, 서해평화수역 조성과 관련한 북한의 서해 북방한계선 수용 불분명 등의 미해결 과제 또한 산적해 있다.

한반도 평화통일과 관련하여 현재 상황은 그 어느 때보다도 좋은 시점을 맞이하고 있다. 남북한 국민 모두는 한반도 평화통일에 대한 5차례의 정상회담에 적극적 지지를 보내고 있다. 이러한 지지 모멘텀은 평화통일 환경의 구축을 촉진하는 요인으로 작용하고 있다. 그러나 한반도 평화통일은 주변 4강의 협력을 받아야 하며, 또한 재외동포들의 지지를 이끌어 내야 하는 문제이다.

지구촌 194개국에 정주하고 있는 718만 재외동포는 우리 민족의 통일외교를 위한 자산이다. 한반도 평화통일을 논의하고 결정하는 직접적 변수는 남북한 정부이며, 모국의 정치적·군사적 갈등의 정도에 따라 재외동포들은 많은 영향을 받고 있다. 그러나 재외동포를 비롯하여 정당, 시민사회단체의 평화통일을 지향하는 통일의지의 표출과 역할 또한 교류와 협상에서 중요한 변수가 될 수 있다는 점을 기억해야 한다.

한반도 통일과 관련하여 사상과 이념에 의한 대립과 갈등이 가장 첨예한 사회는 재일한인들이다. 평화통일을 둘러싼 민단과 조총련의 갈등은 남북한 정부의 영향을 받아 분열과 갈등을 조장하였다. 그 결과, 재일한인 사회는 모국의 평화적 분위기와는 달리 지금도 지속적으로 반목하고 있다. 재일한인 사회의 상황을 고려한다면 한반도 평화통일을 위한 준비, 그리고 일본 내에서 민족통일운동의 부흥을 위해 재일한인 중심의 제4의 통일운동이 필요한 시점이다. 제4의 통일운동은 기존 민족통일운동의 한계점 분석을 통해 재일한인 간 이념, 갈등, 분열의 극복 기제, 한반도 평화통일의 공감대 형성과 능동적 참여 유도, 재일한인의 통일 역할의 모색 등 재일한인 모두가 공감하여 동참할 수 있는 통일운동의 환경을 조성한다는 새로운 통일운동의 전략이다.

이 연구는 친한(親韓)의 민단, 친북(親北) 성향의 조총련, 중립을 표방하고 있지만 북한에 가까운 한통련, 중립 성향의 중립화통일론과 원코리아페스티벌 등의 통일운동을 비교 분석하여 한반도 평화통일의 지향점과 그 차이를 규명함으로써 재일한인 사회 내부에서 제4의 민족통일운동의 전략 그리고 외적으로는 글로벌 코리안 통일네트워크의 구축에 있다.

단행본의 구성은 총 7장으로 되어 있다. 제1장은 서론으로 연구 목적, 배경과 필요성, 연구 대상, 시간적 범위, 방법을 기술하였다. 제2장은 이론적 논의와 선행연구의 분석이다. 한반도 통일과 재일한인, 재일한인 사회의 통합, 단체 활동, 글로벌 네트워크 등을 중심으로 이론적 논의를 기술하였다. 또한 선행연구는 재일한인 사회의 통일 및 통일단체, 그리고 재외동포 사회의 통일 연구 등을 살펴보고, 선행연구와 이 저서의 차이점을 특화시켜 나갔다. 제3장은 재일한인 올드커머와 뉴커머의 이주 및 집거지 특징을 분석하고, 이를 비교하였다. 제4장은 민단, 조총련, 중립화통일론, 한통련, 원코리아페스티벌의 등장과 단체 형성, 통일운동 과정을 비교하여 유사점과 차이점, 단체 간 역학관계, 성과와 한계를 분석하였다.

제5장에서는 재일한인들의 한반도 통일에 대한 인식을 조사하였다. 도쿄와 오사카의 올드커머를 중심으로 설문조사를 진행하였다. 설문 문항은 인구사회학적 특성 9개, 민족정체성 10개, 한반도 통일 15개, 일본 내 통일운동 12개, 통일운동의 활성화 7개 등 총 53개 항목으로 구성하였다. 재일한인들의 한반도 통일에 대한 관심은 어느 정도이며, 일본 내에서 통일운동의 어려움 및 장애요인, 그리고 통일운동의 활성화를 위한 방안 등을 분석했다. 제6장은 '제4의 민족통일운동'의 탐색 부분이다. 재일한인들의 통일담론과 관련하여 1) 통일담론의 충돌, 2) 민족동질성, 3) 통일 당위성과 무관심을 고찰했으며, 통일운동의 환경에서 재일한인들의 1) 조국지향성에서 정주지향성 경향, 2) 갈등과 대립, 3) 통일운동의 활성화 방안을 제시하였다. 그리고 제4 통일운동의 개념과 기제는 1) 개념, 2) 기제의 구성과 관련하여 (1) 추진 주체, (2) 추진 단계, (3) 통일연대의 구축 등으로 민족통

일운동의 공감대 형성을 위한 방안을 제시하였다. 제7장은 재일한인 사회의 통일운동과 각 국가 및 지역의 재외동포 사회와 연대하는 '글로벌 코리안 통일네트워크'의 구축을 모색했다. 이 통일네트워크는 통일 논의에 대한 동포들의 능동적 참여와 역할, 기여의 지향, 신뢰기반 구축을 위한 전제 조건, 병렬적·수평적·직접적 네트워크 구조, 남북한 및 거주국 상호간 다양한 프로세스의 진행 등 글로벌 차원의 접근이 될 것이다.

저자는 재일한인 사회의 "제4의 민족통일운동과 글로벌 코리안 통일네트워크"를 저술함에 있어 지난 4년의 기간 동안 일본 현지조사 및 관련 단체 관계자와의 면담, 그리고 연구 수행 과정에서 제기된 오류를 수정하는 등 최선을 다해 연구 성과를 산출하였다. 그리하여 이 저서가 재일한인들의 민족통일운동을 연구하는 전문가 및 일반인에게 미력하나마 도움이 되기를 기원합니다.

이 책은 한국연구재단의 인문저술출판지원사업의 일환으로 수행된 연구결과를 정리한 것이다. 이 책이 출판되기까지 물심양면으로 도움을 주신 전남대학교 이선미 교수님, 그리고 일본 현지조사 과정에서 자료수집 및 설문문항의 구성에 많은 조언을 해 주신 도쿄의 홍성협 교수님, 오사카의 조안수 선생님에게 깊은 감사의 말씀을 올립니다. 끝으로 출간을 허락해 주신 도서출판 정독 김중용 대표님과 편집을 위해 수고를 아끼지 않은 편집진의 노고에 감사드립니다.

2019년 4월

저자 지충남

목 차

제1장 서 론

제2장 이론적 논의

제3장 재일한인 디아스포라 이주와 집거지 형성

제4장 재일한인 사회의 통일운동

제5장 재일한인의 통일 인식

제6장 제4의 민족통일운동 탐색

제 1 장

서 론

제 1 장

서 론

1. 연구 목적

1945년 일본의 패망으로 미·소는 한반도에 진주하여 군정청을 기반으로 통치하였다. 군정청을 거쳐 1948년 8월과 9월, 한반도의 남북한에는 이념적으로 각각 상이한 민주주의와 사회주의 정부가 등장하였다. 1950년 6월 한국전쟁의 발발과 1953년 7월 휴전협정의 체결은 한반도를 영토, 체제, 민족분단으로 고착화시켰으며, 통일을 민족과 정부의 역사적 과제로 부각시켰다. 이승만 정부로부터 현재의 문재인 정부까지 역대 정부 모두는 한반도 통일을 위한 굴곡을 극복하면서 다양한 통일방안과 대북정책을 제안하였다. 국민의 정부는 '대북포용정책', 참여정부는 '평화번영정책', 이명박 정부는 '비핵·개방·3000', 박근혜 정부는 '한반도 신뢰프로세스', '통일대박론', '드레스덴 선언(Dresden Declaration)'을 통해 한반도에서 평화통일을 위한 기반 조성에 몰두하였다.[1] '통일대박론'은 신뢰프로세스의 내용을 구체화했으며, 또한 '통일대박론'은 통일에 대한 국민의 공감대를 일부분 확산시켜 주었다. 그러나 박근혜 대통령에 대한 헌법재판소의 탄핵 이후, 2017년 5월 10일 취임한 문재인 대통령은 '평화와 번영의 한반도정책'을 추진하면서 박근혜 정부에서 결빙되었던 남북한 관계를 해빙 무드로 전환시켜 한반도의 긴장완화를 위한 대북정책과 통일정책을 추진하고 있다.

박근혜 대통령은 2014년 신년사에서 "통일은 대박"이라는 '통일대박론'을 언

1) 박근혜 대통령은 2014년 독일 방문에서 '한반도 통일 준비 구상'이라는 드레스덴 선언에서 첫째, 남북한 주민의 인도적 문제의 우선적 해결; 둘째, 남북한 공동번영을 위한 민생 인프라 구축; 셋째, 남북 주민간 동질성 회복 등 3가지 구상을 북한에 제의하였다.

급하면서 통일준비위원회를 발족하여 체계적이고 건설적인 통일 방향을 모색하자는 의지를 천명하였다. 한반도 평화통일을 위한 준비 차원에서 통일준비위는 통일비전 및 청사진 제시, 생활밀착형 대북정책 인프라 구축, '국민과 함께하는 통일 준비,' 북한의 생활 인프라 개선 및 한반도 종단철도 연계 방안, 다자경제협력방안, 광복 70주년 기념 남북공동문화행사, 개성공단 대상 모자보건 시범사업, 통일헌장 제정, DMZ 세계생태평화공원 조성 방안, 통일 공공외교 활성화 방안, '통일 준비를 위한 국민적 공감대 형성 방안' 등을 제안하였다. 북한은 이러한 제안을 '흡수통일의 논리'로 비난하면서 거부하였다.

2016년 1월 북한은 제4차 핵실험에 이어 2월에는 한국 및 주변 4강의 우려에도 불구하고 장거리미사일 발사를 강행하였다. 박근혜 정부는 대북 압박 제재 조치로 확성기 재개, 그리고 개성공단의 재가동 2년 5개월 만에 철수를 선언하였다(경향신문 2016.02.11, 1).[2] 지금까지 한국정부의 북한 카드는 쌀과 비료의 제공, 금강산 및 개성관광, 개성공단 등 3개 사업을 통해 남북한의 긴장관계를 유지해왔었다. 그러나 이명박 정부의 등장 이후, 2개 사업의 중단과 함께 박근혜 정부에서도 개성공단의 전면 중단과 철수를 선언하였다. 이에 맞서 북한의 조국평화통일위원회는 개성공단 남측의 모든 자산 동결 및 인원의 전원 추방, 개성공단 인접 군사분계선 봉쇄, 개성공업지구 폐쇄, 북한 근로자 전부 철수, 남북한 군 통신과 판문점 연락 통로 폐쇄 등의 초강경책을 발표하였다(경향신문 2016.02.12, 1).

이어서 박근혜 대통령은 2월 16일 국회연설에서 북한의 핵 포기를 이끌어내기 위한 '전면 봉쇄'라는 대북정책을 선언하였다(동아일보 2016.02.17, 1). 이는 사실상 김정은 정권을 붕괴시키려는 의도이다. 남북한 정부는 상호 비난과 함께 상대방을 압박하려는 정책의 실행으로 이제 남북한의 경제적 연결고리는 완전히 단절된 상황이다. 이러한 관계는 군사적 대치가 팽배하였던 44년 전으로 회귀하면서 탈출구가 안 보이는 '치킨게임(chicken game)'을 하고 있다. 즉 7·4 남북공동성명 이전으로 회귀한 상태이다. 따라서 박근혜 정부하에서 남북한 관계는 상호간 초강경적 대치로 인해 교류의 접점이 보이지 않는 상황에서 대립각만 세우고 있

2) 2016년 1월, 개성공단에는 한국기업 124개가 입주하고 있으며, 업종비율은 섬유(58%), 기계·금속(19%), 전기·전자(11%), 화학(7%), 기타(5%)로 구성되어 있다. 근로자는 북한 54,763명, 한국 803명 등 총 55,566명이 근무하고 있다. 개성공업지구지원재단·개성공업지구관리위원회, "개성공단 안내," https://www.kidmac.com/kor/contents.do?menuNo=100143(검색일: 2016.02.03).

는 빙하기 국면에 접어들었다.

한편, 남한에서 2016년 '최순실의 국정농단' 사건의 폭로와 관련하여 국회의 박근혜 대통령에 대한 탄핵 가결의 통과, 그리고 헌법재판소의 대통령 파면 결정으로 박근혜는 구속되었다. 2017년 5월 9일 제19대 대통령 선거에서 더불어민주당의 문재인 후보가 당선되어 그 다음날 대통령으로 취임하였다. 문재인 정부는 '평화와 번영의 한반도정책'을 기조로 북한의 비핵화와 단절된 남북한 관계의 교류를 모색하였다. 2017년 한반도 상황은 매우 엄중했으며, 한반도는 평화를 필요로 하는 상황이었다. 북한 핵문제가 심각한 수준에 도달하였고, 남북관계는 완전히 단절되어 있으며, 한반도에서 군사적 긴장은 고조되어 있는 상황에서 문재인 정부는 이러한 상황을 안정적으로 관리하면서 동시에 항구적인 평화 정착과 공동 번영을 추구해 나가려는 노력을 경주해야 할 필요성이 제기되었다.

그러나 북한은 연일 도발 위협을 가하고 있으며, 정부의 대화 제의와 인도적 문제에서의 해결 노력 제안을 거부하였다. 따라서 금강산 관광과 개성공단 폐쇄 이후, 남북한 관계는 '치킨게임'의 상황으로 접어든 형국이었다. 문재인 대통령은 취임 후, 대북정책의 총론으로 평가할 수 있는 신한반도 평화 비전을 7월 6일 '베를린 구상'으로 발표했으며, '8·15 경축' 담화문을 통해 한반도 평화 정착을 위해 북한과 대화와 교류를 제의하였다. 문재인 정부의 대북정책의 기조는 강력한 대북제재와 북핵문제의 평화적 해결을 위한 한반도 비핵화이다.

2017년 11월 1일 문재인 대통령은 국회 시정연설에서 '한반도 평화실현 5대 원칙'을 천명하였다. 첫째, 한반도 평화 정착을 위한 대원칙으로 무력충돌의 방지이다. 둘째, 한반도 비핵화를 위한 독자적 핵무장론의 경계이다. 셋째, 남북문제의 주도적 해결을 위해 직접 당사사로 나서는 '운선자론'의 표명이다. 넷째, 북핵문제의 평화적 해결을 위한 조치로 북한을 압박하여 대화의 장으로 복귀시킨다. 마지막으로 북한 도발에 대한 단호한 대응을 위해 힘의 우위 논리를 펼쳤다. 이러한 5대 원칙은 단계적·포괄적 접근, 남북관계나 북핵문제의 병행 진전, 세도화를 통한 지속 가능성 확보, 호혜적 협력을 통한 평화적 통일 기반 조성이라는 4대 전략으로 구체화된다. 결국 문재인 정부는 한반도의 평화 공존과 공동 번영이라는 비전의 달성을 위해 북핵문제의 해결과 항구적 평화정착, 지속 가능한 남북관계의 발전, 한반도 신경제공동체 구현의 3대 목표를 설정하였다(통일부 2017, 10~11).

남북한 관계의 퇴보는 한반도에서 전쟁 위험을 가중시켰지만, 문재인 정부의 적극적인 대북 화해와 협력 노력은 2018년 2월 '평창 동계올림픽'을 계기로 2년 만에 남북이 대화와 교류의 방향으로 이끄는 계기를 제공하였다.[3] 먼저 남북한 고위급 회담, 삼지연관현악단의 강릉과 서울 공연, 남북한의 단일팀 구성, 김영남과 김여정의 평창 동계올림픽 개회식 참관 및 문재인 대통령과의 만남, 그리고 북한 김정은 국무위원장의 문재인 대통령 방북 초청 등이 전개되었다. 이와 관련하여 북한의 노동신문은 "조선민주주의인민공화국 고위급 대표단이 청와대에서 남조선 대통령을 만났다"라는 기사를 일면에 보도하였다(노동신문 2018.02.11, 1).

문재인 정부는 평창 동계올림픽이 폐막된 이후, 2018년 3월 6일 정의용 청와대 국가안보실장을 중심으로 대북 특사단을 파견하였다. 이들은 북한의 최고 지도자인 김정은 국무위원장을 면담했으며, 그 다음날 방북 결과를 발표하였다. 첫째, 4월 말 판문점 평화의 집에서 제3차 남북정상회담을 갖는다. 둘째, 정상 간 핫라인 신설, 셋째, 북한의 비핵화 의지 표명, 넷째, 북한은 비핵화 협의를 위해 미국과 대화할 용의가 있다. 다섯째, 북한은 대화 기간 동안 전략도발의 중지, 여섯째, 북한은 핵무기와 재래식 무기를 남한에 사용 안할 것이다 등 6개 항을 발표하였다(동아일보 2018.03.07, 1). 특히 이번 발표문에서 북한의 '비핵화' 의지가 표명됨으로써 북미 간 대화의 물꼬가 트였다는 점에서 대북 방문의 괄목할 만한 성과가 있는 것으로 평가할 수 있다. 남북한의 상호간 특사 파견의 결과, 현재의 남북한 관계는 긴장 국면에서 해빙 국면으로 전환되고 있지만, 많은 돌발 변수가 잠재되어 있다. 즉 북한의 비핵화와 한미 군사훈련의 실시, 북미 간 대화 등 여러 요인들의 충돌 가능성이 높다는 점에서 롤러코스터(roller coasters) 혹은 럭비공 상태를 고려한다면 정부와 국민의 부단한 노력과 인내가 요구되는 사안이다.

한편 문재인 정부의 미국과 북한 사이의 적극적인 중재 노력의 결실은 정의용 국가안보실장의 미국 방문 및 도널드 트럼프(Donald Trump) 대통령과의 만남에서 북한 김정은 국무위원장의 친서를 전달한 결과로 나타났다. 문재인 대통령의 한반도 문제와 관련한 '운전자론'은 남북 및 북미 정상회담의 성사 가능성을 높였다. 이와 함께 북한의 비핵화 의지를 이끌어 냈으며, 일각에서 제기되었던 '코리아 패싱(Korea passing)'을 극복하여 북미 간 대화를 성사시키는 중재 성과를 산출하였다. 김정은 위원장은 미국 트럼프 대통령에게 한반도의 비핵화 및 추가

3) 평창 동계올림픽에서 조총련은 북한 선수단을 응원하기 위해 700명을 파견했으며, 민단 또한 평창 올림픽의 지원을 위해 2억엔을 한국 정부에 기부하였다.

적인 핵과 미사일 실험도 중단할 것을 약속하면서, 트럼프의 방북을 요청했다. 트럼프 대통령 또한 2018년 5월경에 김 위원장을 만날 계획이 있다고 화답하였다(동아일보 2018.03.10, 1).[4] 이렇듯 문재인 정부의 출범 이후, 남북한 관계 및 북미 간 대화 채널의 복원은 한반도에서 전쟁 위기의 리스크를 축소하고 비핵화 모드를 조성해가고 있다는 점에서 매우 긍정적으로 평가할 수 있다.

남북한 정부의 첨예한 대립과 톱니바퀴가 엇도는 불협화음의 환경 속에서 한반도 평화통일을 위한 또 다른 돌파구로 재외동포의 활용을 모색해 볼 수 있을 것이다. 물론 한반도 평화통일을 논의하고 결정하는 직접적 변수는 남북한 정부이며, 모국의 정치적·군사적 갈등의 정도에 따라 재외동포들은 많은 영향을 받고 있다. 그러나 재외동포를 비롯하여 정당, 시민사회단체의 평화통일을 지향하는 통일 의지의 표출과 역할 또한 교류와 협상에서 중요한 변수가 될 수 있다. 지구촌 194개국에 정주하고 있는 718만 재외동포는 우리 민족의 통일외교를 위한 자산이다. 문제는 이들이 통일과 관련된 제 논의에서 능동적 역할보다는 수동적·피동적 역할과 함께 제외 혹은 탄압받는 존재로 인식된 냉전시대의 관점이 지속하고 있었다. 남북한 정부의 서로에 대한 믿음과 신뢰가 부족한 상황에서 재외동포들의 통일에 대한 의지와 역할은 한반도 평화통일의 환경과 여건을 조성하는 중요한 변수가 될 것이다.

그러나 박근혜 정부는 신뢰프로세스와 관련하여 한반도 평화통일의 논의에서 재외국민에 해당하는 동포와 함께 '외국적 동포,' 즉 '재외동포'를 포함시키지 않았다(이진영 2014, 67). 정부가 통일외교를 강화하기 위해서는 정부 간 외교, 그리고 주변국 국민들을 대상으로 한 공공외교가 중요하며, 각국에 거주하고 있는 재외동포의 역할 비중 또한 확대되고 있다. 예긴대, 미국 버지니아(Virginia)주 교과서에 일본해/동해 병기 표시 법안의 추진(피터김 2015), 위안부 문제 등에 있어 재외동포의 역할이 부각되었다.

전 세계적인 글로벌화(globalization), 초국가주의, 탈영토화의 영향으로 많은 디아스포라(diaspora)가 모국을 떠나 타국에 정주하고 있다. 이들은 정착지에서 개

4) 북한은 남북, 그리고 북미 정상회담을 위한 사전 조치로 2018년 4월 20일 문재인 대통령과 김정은 국무위원장 간 분단 후 처음으로 '남북 직통전화(핫라인)'를 각각 집무실에 설치하였다(경향신문 2018.04.21, 1). 그리고 북한은 노동당 전원회의를 개최하여 핵-경제 병진노선의 종료를 선언하였다. 풍계리 핵실험장의 폐쇄 및 핵실험, 대륙간 탄도미사일 시험 발사를 중단하겠다고 발표하였다.

인의 영위와 함께 모국의 발전을 위해 열성적으로 활동하고 있었다. 세계 각국은 민족의 외연을 확장하기 위해 디아스포라와의 긴밀한 네트워크 형성에 주력하고 있다. 대표적인 국가로는 이스라엘(Israel)이다. 미국 사회에서 유대인의 영향력과 파워(Power)는 미국 정치를 움직여 미국 정부의 친 이스라엘 정책의 양산에 기여하고 있다. 이스라엘의 사례처럼 718만 재외한인은 우리 민족의 통일외교를 위한 중요한 자산으로 활용이 가능하다는 점이다. 그럼에도 불구하고 재외동포들이 여전히 한반도 통일에서 능동적 역할보다는 수동적 그리고 통일논의에서 제외되는 존재로 머물고 있었다.

중국, 미국, 일본, 독립국가연합(CIS) 등에 많은 재외한인이 자율적·타율적 이유로 이주하여 생활하고 있다. 이 가운데 '재일한인'[5] 올드커머(old comer)의 경우, 일제 식민통치기의 학정과 수탈, 국권 상실, 강제징집과 징용 등에 기인한 비자발적 디아스포라가 다수를 차지하였다. 2015년 현재 일본에 정주하고 있는 재일동포는 855,725명으로 2013년의 893,129명보다 감소하고 있다. 이들 재일한인을 타 국가의 재외한인들과 비교하면, 재일한인 올드커머는 일본에서 차별과 박해의 표본이었다. 현재 이들 동포들은 올드커머와 뉴커머(new comer)가 혼재한 상태로 생활하고 있다. 올드커머 및 그 후손은 712,704명으로 귀화자를 포함한 수치이며, 뉴커머는 약 150,000명으로 나타났다(외교부 2015a, 15). 이들의 국적은 한국, 일본, 조선적으로 분류할 수 있다. 과거에는 친북성향의 재일한인이 많았지만, 현재는 친한성향의 재일한인이 동포사회의 주류를 구성하고 있다.

재일한인은 모국 정부 및 한인회의 영향을 가장 많이 받고 있으며, 동포 내부에서도 사상과 이념에 의한 대립과 갈등이 가장 첨예한 사회이다. 재일한인을 이념적으로 구분하면 친한국, 친북한 그리고 중립적 성향으로 분류할 수 있다. 재일한인 사회의 구심적 역할을 수행하고 있는 생활자 단체인 한인회는 3개이다. 친한국 성향으로 32만명의 회원이 활동하고 있는 재일본대한민국민단(이하 민단) 및 뉴커머 중심의 5개 재일본한국인연합회(이하 재일연합회)의 1만명 회원, 그리고

---

5) 재일동포를 부르는 명칭으로는 재일한국인, 재일한인, 재일조선인, 재일코리안, 자이니치 등 학자와 연구자의 관점에 따라 다양한 용어가 사용되고 있다. 이들 호칭문제는 국적, 정체성, 역사성, 이념, 언어문제 등과 맞물려 있다. 이 글에서는 '재일한인'을 기본 용어로 사용할 것이며, 때로는 재일동포를 혼용하여 사용할 것이다.

친북성향의 재일본조선인총연합회(이하 조총련)의 5만명 등 이들 3개 한인회가 동포들을 단결시키고, 이익과 권리를 대변하며, 친목도모를 목적으로 활동하고 있다.

올드커머를 대표하는 민단과 조총련의 한반도 통일을 둘러싼 갈등은 재일한인 사회에 분열을 조장했으며, 현재도 친한과 친북의 대립구도를 양산하여 재일한인 사회는 반목과 대립을 지속하고 있다. 재일동포 사회에서 민단과 조총련의 양립은 재일동포를 위한 많은 긍정적 역할에도 불구하고, 정치적 문제와 관련하여 동포들의 화합을 어렵게 만든 요인이었다. 한반도 통일은 주변 강대국 및 재일동포 사회에 직·간접적으로 영향을 미치는 요인이다. 한반도 통일을 둘러싼 민단과 조총련의 갈등은 모국인 남북한 정부의 영향을 받아 재일동포 사회에 분열과 갈등을 조장하였다. 그 결과, 재일한인 사회는 지금도 사상과 이념에 의한 대립과 갈등이 가장 첨예하게 나타나면서 반목과 대립이 지속되고 있었다.

1970년대 재일한인들의 조국지향적 통일운동에 반발하여 민단과 조총련의 통일운동을 비판하면서 이들 단체의 대립 불식과 공존의 장 형성, 통일의 자주를 강조한 한국민주회복통일촉진국민회의(이하 한민통, 후에 한통련으로 개명)이 등장하였다. 1980년대에는 모국의 남북한 정부 및 민단, 조총련으로부터 정치적 중립을 표명하면서 재일코리안의 화합, 조국 통일에 대한 기여를 목적으로 통일을 문화와 접목시켜 오사카 지역의 대표 축제로 부상한 원코리아페스티벌(One Korea Festival)이 등장하였다.

문제는 민단과 조총련 민족통일운동의 한계, 즉 이념적 성향에 따른 남북한에 대한 일방적 지지와 홍보는 통일운동의 전개에 있어 재일한인 모두를 포함하는 대중적 확산의 한계를 표출하였다는 점이다. 또한 재일한국민주통일연합(이하 한통련)의 친북성향적 민족통일운동과 친사회주의 성향, 그리고 한국정부가 반국가단체로 규정함으로써 민단을 비롯한 우익의 재일한인들로부터 배척받았으며, 한국정부는 현재도 한통련을 이적단체로 규정하고 있다.

1950~60년대 한반도 평화체제의 구축을 목표로 중립화통일론이 제기되었다. 그러나 남북한 정권 및 그 영향을 받은 민단과 조총련의 배척으로 중립화통일론은 재일한인 사회에서 각광받지 못하였다. 오히려 민족통일을 저해하는 '이단 통일론' 취급을 받았다. 중립화통일론은 1960년대 남한의 새로운 정치 변화에 동승하면서 혁신계 정치인과 대학생들로부터 기존의 정부가 주장한 통일론과는 다른 한반도 '재통일'을 위한 방안으로 부각되었다는 점에서 '중립화통일론'이 많은 관

심을 받았다. 한편, 1980년대 중반 축제와 통일을 접목시킨 원코리아페스티벌의 통일운동의 추진 역시 소수 중심의 운동 참여로 전락했으며, 초기와 달리 현재는 통일운동의 동력도 많이 저하되었다.

재일한인 사회에서 추진하였던 다양한 통일운동은 3개로 구분할 수 있다. 통일운동의 특징, 모국과의 관계에서 통일론의 자율성 여부, 단체 간 관계, 독자적 통일운동의 전개 등을 기준으로 제1~3의 통일운동으로 구분하였다. 통일운동이 전개된 시기를 보면, 제1 통일운동은 1940년대 중반부터 현재까지, 제2 통일운동은 1950년 중반부터 1960년대 중반, 제3 통일운동의 경우, 한통련은 1970년 초반부터 현재, 원코리아페스티벌은 1980년대 중반부터 현재까지이다. 민단과 조총련의 통일운동을 제1의 통일운동으로 규정한다면, 제2의 통일운동은 중립화통일론,[6] 한통련과 원코리아페스티벌의 통일운동은 제3의 민족통일운동이었다. 재일동포를 중심으로 재일한인 단체들이 통일운동을 전개함에 있어 한계점의 노출은 재일한인 사회에서 통일운동의 정체와 함께 무관심, 소수의 참여, 공감대 형성의 실패를 초래한 결과로 나타났다.

위와 같은 재일한인들의 상황을 고려한다면 한반도 평화통일을 위한 준비, 그리고 일본 내에서 민족통일운동의 부흥을 위해 재일한인 중심의 새로운 제4의 통일운동이 필요한 시점이다. 제4의 통일운동은 기존 민족통일운동의 한계점 분석을 통해 재일한인 간 이념, 갈등, 분열의 극복 기제, 한반도 평화통일의 공감대 형성과 능동적 참여 유도, 재일한인의 통일 역할의 모색 등 재일한인 모두가 공감하여 동참할 수 있는 통일운동의 환경을 조성하여 새로운 통일운동의 전략을 제시하고자 한다. 일본에서 재일한인 중심의 제4의 통일운동의 성공적 전개는 통일 외연을 확장하여 전 세계 한민족 재외동포가 참여하는 '글로벌 코리안 통일 네트워크'로 발전시켜 나가는 것을 목표로 한다.

이 연구는 친한(親韓)의 민단, 친북(親北) 성향의 조총련, 중립을 표방하고 있지만 북한에 가까운 한통련, 중립 성향의 중립화통일론과 원코리아페스티벌 등의 통일운동을 비교 분석하여 한반도 평화통일의 지향점과 그 차이를 규명함으로써

---

6) 이 시기에 남북통일촉진협의회, 우리민주사회주의동맹 등이 통일운동을 전개하였다. 이들 단체의 통일운동을 제2의 통일운동 범주에 포함시킬 수도 있지만, 이러한 운동은 민단과 조총련의 역학관계에서 발생하였다는 점을 고려하여 제4장의 재일한인 사회의 시기별 통일운동에서 간략히 언급했으며, 2개 단체의 통일운동은 제2의 통일운동에서 제외하였다.

재일한인 사회 내부에서 제4의 민족통일운동의 전략 그리고 외적으로는 글로벌 코리안 통일네트워크의 구축에 있다. 보다 구체적으로는 한반도 평화통일을 위한 재일한인 단체의 통일운동을 고찰하여 문제점과 한계 그리고 단체 간 차이를 규명하고 그 대안으로 제4의 통일운동을 모색한다. 이는 재일한인 사회에서 통일운동의 새로운 동력의 모색과 함께 궁극적으로는 재외동포 모두를 아우를 수 있는 글로벌 코리안 통일네트워크를 제시할 것이다.

첫째, 이론적 논의와 선행연구의 분석이다. 한반도 통일과 재일한인, 재일한인 사회의 통합, 단체 활동, 글로벌 네트워크 등을 중심으로 이론적 논의를 기술할 것이다. 또한 선행연구는 재일한인 사회의 통일 및 통일단체, 그리고 재외동포 사회의 통일 연구 등을 살펴보고, 선행연구와 이 저서의 차이점을 특화시키고자 한다.

둘째, 재일한인 올드커머와 뉴커머의 이주 및 집거지 특징을 분석하고, 이를 비교할 것이다. 올드커머와 뉴커머의 이주과정의 차이, 그리고 이들 집단의 집거지 형성과정의 루트와 비교 등의 내용을 중심으로 기술할 것이다.

셋째, 민단, 조총련, 중립화통일론, 한통련, 원코리아페스티벌 등의 등장과 단체 형성, 통일운동의 전개를 살펴볼 것이다. 재일한인 사회의 민족통일운동을 주도한 민단과 조총련, 남북한 정권의 기존 통일론과 차별화된 중립화통일론, 한국정부로부터 반통일 및 이적단체로 규정된 한통련, 한반도 통일을 문화와 접맥시켜 통일운동을 추구하는 원코리아페스티벌 등 개인과 단체의 민족통일운동의 과정을 비교하여 유사점과 차이점, 단체 간 역학관계 등의 성과, 통일운동의 한계 등을 분석힌다.

넷째, 재일한인들의 한반도 통일에 대한 인식을 조사할 것이다. 도쿄와 오사카의 올드커머를 중심으로 통일에 관한 설문조사를 실시한다. 그리고 설문을 보완하기 위한 방법으로 민단, 조총련, 한통련, 원코리아페스티벌의 통일 관련 담당자와의 심층 인터뷰를 진행하고자 한다. 설문 문항은 인구사회학적 특성 9개, 민족정체성 10개, 한반도 통일 15개, 일본 내 통일운동 12개, 통일운동의 활성화 7개 등 총 53개 항목으로 구성되어 있다. 재일한인들의 한반도 통일에 대한 관심은 어느 정도이며, 일본 내에서 통일운동의 어려움 및 장애요인, 그리고 통일운동의 활성화를 위한 방안 등을 분석하고자 한다.

다섯째, 제4의 민족통일운동을 탐색하였다. 재일한인들의 통일담론과 관련하여 1) 통일담론의 충돌, 2) 민족동질성, 3) 통일 당위성과 무관심을 고찰했으며, 통일운동의 환경에서 재일한인들의 1) 조국지향성에서 정주지향성 경향, 2) 갈등과 대립, 3) 통일운동의 활성화 방안을 제시하였다. 마지막으로 제4 통일운동의 개념과 기제는 1) 개념의 정의, 2) 기제의 구성과 관련하여 (1) 추진 주체, (2) 추진 단계, (3) 통일연대의 구축 등으로 민족통일운동의 공감대 형성을 위한 방안을 제시하였다. 이는 재일한인 사회에서 침체된 민족통일운동의 부흥 혹은 새로운 전기를 이끌어 내는 동력이 된다.

여섯째, 재일한인 사회의 통일운동과 각 국가 및 지역의 재외동포 사회와 연대하는 '글로벌 코리안 통일네트워크'의 구축을 모색한다. 이 통일네트워크는 통일 논의에 대한 동포들의 능동적 참여와 역할, 기여의 지향, 신뢰기반 구축을 위한 전제 조건, 병렬적·수평적·직접적 네트워크 구조, 남북한 및 거주국 상호간 다양한 프로세스의 진행 등 글로벌 차원의 접근이 될 것이다.

일곱째, 한반도 평화통일의 지향점과 함께 재외동포의 인적·물적 자원 및 민족 자산화 활용을 중심으로 기술할 것이다.

따라서 이 연구는 기존 재일한인 사회의 민족통일운동의 정체 요인을 고찰하여 새로운 민족통일운동의 재추진 동력의 모색, 즉 '통일' 기제가 재일한인 간 갈등과 반목을 교류와 화합이라는 '통합' 기제의 가능성 탐색, 재일한인의 적극적 참여와 통일 역할의 기여 제고, 재일한인 미래 세대의 한반도 통일에 대한 공감대 형성과 확산을 통한 민족통일 의지의 제고, 재외동포 간 한반도 통일을 위한 글로벌 코리안 통일네트워크 구축 방안의 제시, 민족통일을 위한 인적·물적 자원 및 민족 자산화 활용 등을 모색하려는 연구목적을 갖고 있다.

2. 연구 배경 및 필요성

일본의 패망과 함께 모국으로 귀환하지 못한 재일한인들은 동포들의 단합과 권리를 주장할 목적에서 좌우 세력을 망라한 단체인 '재일조선인연맹(이하 조련)'을 결성하였다. 그러나 조련 내부의 주도권 다툼과 이념적 분열, 신탁통치에 대한 찬성과 반대의 결과는 민족단체의 분열로 이어졌다. 조련에서 탈퇴한 우익 성향의 민족주의자들은 '조선건국청년동맹(이하 건청)'과 '신조선건설동맹(이하 건동)'을 기반으로 1946년 10월 민단을 창단하였다.

민단은 이승만 정부로부터 재일한인들의 '공인단체'로 승인을 받아 재일한인 사회에서 단체의 정당성을 확보하였다. 민단은 창단부터 현재까지 모국에 중대사(한국전쟁, 서울올림픽, IMF 등)가 발생하면 정부 및 국민들에게 가장 잘 협력하는 단체였으며, 한국 정부 및 재일한인들의 가교 역할을 수행하고 있는 한인회이다. 약 32만에 달하는 민단의 회원은 한국의 평화통일 및 대북정책을 절대적으로 지지하고 있다.

반면에 조련과 재일조선통일민주전선(이하 '민전')을 계승한 조총련이 1955년 결성되었으며, 현재 약 5만 명의 회원들이 활동하고 있다. 북한과 조총련의 네트워크는 강한연대를 형성하고 있으며, 재일동포의 북송, 북한의 조총련 지원, 회원들의 북한에 대한 투자 및 성금 지원으로 그 관계는 매우 돈독하다. 그리고 조총련 또한 민단과 마찬가지로 북한에 대한 절대적 지지를 보이면서 한반도 통일방안으로 북한이 주장하는 '낮은 단계의 연방제'를 홍보하고 있다. 따라서 재일한인 사회의 통일운동은 민단과 조총련의 출범 이후, 이들 단체를 중심으로 남북한 대결구도의 축소판 내지 대리전의 양상을 보여주었다.

한편 한반도의 평화통일은 주변 강대국 및 재외동포, 특히 재일한인 사회에 직·간접으로 영향을 미치는 요인으로 평가할 수 있다. 민단과 조총련의 주축을 구성하고 있는 올드커머 중 재일한인 1~2세대는 모국과의 지속성 유지, 강한 민족정체성 발산, 조직에 대한 높은 충성심을 갖고 있는 반면 재일한인 3~4세대는 일본 귀화, 재일한인 단체 활동의 소극성과 미흡, 모국과의 거리감 및 낮은 관심도를 보이고 있다. 따라서 이들의 한반도 통일에 관한 관심 또한 다르게 나타나고 있다.

먼저 재일한인들이 한반도 통일을 자신들과 연관시키고 있는 이유로는 첫째, 역사적 측면에서 한반노의 분단이 일제 식민지의 잔재이자 우리 민족에게 남긴 상처로 인식하면서 '일제 식민지 지배를 청산하기 위해서 해야 할 가장 중요한 과제'로 응답자의 43.3%가 '분단 극복과 통일'을 선택하였다. 둘째, 민족적 중요성의 측면에서 분단이 민족 발전의 저해 요인이므로 한민족의 발전을 위해 통일을 해야 한다고 인지하고 있었다. '한반도의 분단 상황이 현재 우리 민족의 발전에 저해요소가 되었다고 생각하는가?'에 대한 질문에 응답자의 83.1%가 '그렇다'고 답하였다. 셋째, 국제적인 측면에서 통일은 동아시아 평화와 공존에 기여한다는 점에서 매우 중요하다. '남북통일이 동북아시아 지역의 평화와 공존에 매우 중요한 역할을 할 것이다'는 물음에 응답자 중 '매우 그렇다(41.1%),' '그렇다(47.1%)' 등 긍정적 인식이 88.2%로 나타났다. 넷째, 재일한인들이 인식하는 한반도 통일 전망에서 응답자의 30.6%는 긍정적, 61.5%는 부정적으로 답변하였다. 그 이유로는 재일동포들은 현재의 남북관계에서의 적대성을 민단과 조총련을 통해 직접 체험하고 있었다. 그리고 일본에서 국가폭력의 존재는 재일동포로 하여금 강한 민족적 지향성을 갖게 했으며, 이러한 폭력에 대한 저항의식이 재일동포들에게 있어 통일의지로 표출되었다. 재일동포들의 통일에 대한 전망은 부정적이지만, 그렇다고 통일의 의지가 약한 것은 아니다(박종성·김진환 2012, 247~256; 275~276).[7)]

통일운동은 "통일의 실현을 위해 추진되어야 할 구체적인 방안을 찾아내고 연구하며, 정립된 통일방안을 실천에 옮기는 직접적인 활동"으로 정의되는 협의적 의미, 그리고 "남북한의 긴장 완화와 이해 증진 및 관계 개선에 영향을 주는 일체의 교류, 협력활동"이라는 광의적 의미로 구분할 수 있다(안리라 2015, 264). 결국 통일운동은 남북의 분단 상황을 극복하기 위하여 사회 구성원들이 남북한 긴장 완화와 이해 증진 및 관계 개선에 영향을 주는 일체의 활동과 운동을 포괄하는 개념이다(배한동 2014, 81). 이러한 통일운동을 재일한인 사회에 적용한다면, 한반도의 평화적 통일을 위해 재일동포 개인 및 단체가 통일의지를 확산시키고, 통일 기반 조성을 통하여 통일에 기여하려는 일체의 운동을 말한다.

통일운동의 성격을 논의하면 첫째, 통일운동은 대중이나 시민이 주체가 되는 운동이다. 통일운동은 우리의 통일의지를 확인하고 통일의 당위성에 대한 인식을 확산하여 분단된 조국의 통일에 기여하려는 민간주체의 운동이다. 둘째, 통일운동은 분단의 모순을 해소하고 통일을 이룩하려는 사회개혁운동이다. 사회운동을 우리 사회의 문제를 해결하거나 모순을 타파하려는 조직적·이념적 운동이라고 본다면, 통일운동은 우리 사회 전반의 통일 관련 질서의 변화를 추구하려는 집단적 개혁운동이라고 규정할 수 있다. 셋째, 통일운동은 정부 당국의 통일정책이나 방안을 지지 또는 반대·거부하거나, 정부 당국의 통일 방안을 비판, 수정, 보완, 수렴하여 바람직한 통일정책을 수립·촉구하려는 운동이다. 동시에 이 운동은 남북 당국 간의 공식적인 대화나 협상의 한계를 극복하려는 운동이다. 넷째, 통일운동의 궁극적인 목표는 한반도의 분단 상황을 극복하는 데 있다. 따라서 통일운

7) 2011년, 278명의 재일한인에게 설문지를 받았다. 대상자의 약 80%는 한국 국적 보유자였다.

동은 남북한으로 분단된 서로 다른 체제에서 별개의 국가로 살아가고 있는 한민족을 하나로 합쳐서 완전한 통일국가를 건설하려는 운동이다. 다섯째, 통일운동은 한반도 통일의 장애물인 각종 법적·제도적·환경적 장치를 변화시키기 위한 운동이다. 그러므로 냉전체제의 법, 관행 등을 개선하려는 활동을 포함한다(배한동 2014, 81~82).

재일한인 사회에서 민단과 조총련의 통일운동이 제1 통일운동이었다면, 제2의 통일운동은 중립화통일론, 그리고 제3의 통일운동은 한민통의 후신인 한통련과 원코리아페스티벌에 의해 주도되었다. 한민통은 1970년대 한국 민주화 세력과 연대하여 해외동포 간 통일운동의 연대를 추진하여 동포들의 민족통일운동의 확산에 기여했지만, 사회주의라는 이념적 편향성을 보였다. 이념적 중립을 주장하면서 통일을 모토로 재일한인들의 축제인 '원코리아페스티벌(One Korea Festival)'을 출범시킨 공익단체 원코리아페스티벌은 민단과 조총련의 이념을 배제한 새로운 통일운동을 축제로 승화시켰다. 즉 재일한인의 통일의지를 문화와 결합시켜 통일운동에 대한 새로운 메시지를 전달하려는 의도에서 추진되었다. 정갑수를 비롯한 일부 젊은 청년들은 재일한인과 남북한 정부 모두가 가장 염원하는 것은 한반도의 평화적 통일이며, '통일'의 화두는 한민족을 이념과 사상을 초월하여 하나로 결집시키는 기제로 인식하였다. 특히 남과 북 그 어디에도 속하지 않은 '자이니치(在日)' 및 재일한인 후속 세대의 조국에 대한 무관심을 통일과 결부시켜 이들에게 통일에 대한 새로운 인식과 신념을 제공하기 위해 원코리아페스티벌을 개최하였다. 원코리아페스티벌은 1985년 제1회 대회를 기점으로 2017년 현재 제33회까지 개최되었다. 이 축제는 남과 북을 연결하는 파이프로써 재일한인의 민족통일운동에 역점을 두고 추진되었다.

중립화통일론을 제외하고 민단, 조총련, 한통련, 원코리아페스티벌 등 4개 단체는 재일한인 사회에서 지속성을 갖고 민족통일운동을 추진하고 있다. 문제는 현재 재일한인 사회에서 한반도 평화통일을 위한 민족통일운동의 전개는 단체 중심으로 그리고 소수의 한인들만이 통일에 대한 관심을 갖고서 참여하고 있다는 사실이다. 이와 더불어서 재일한인 사회에서 특정 단체가 주도하였던 통일운동은 재일동포 내에서 갈등이나 대립, 분열의 기제로 작용한 반면에 통합의 기제 역할을 하지는 못하였다.

이렇듯 재일동포 사회에서 민족통일운동의 정체는 분명히 그 원인이 있으며,

이 연구의 시간적 범위는 1945년 일본에서 재일조선인연맹이 결성된 시점부터 현재까지이며, 조사지역은 재일한인의 다수가 정주하고 있는 도쿄와 오사카이다. 2015년 도쿄도(都)에는 139,990명, 그리고 오사카부(府) 154,136명의 재일한인들이 생활하고 있다(외교부 2015, 15). 한편 도쿄의 경우, 민단, 조총련, 한통련 등 3개 단체의 본부가 있으며, 오사카에는 원코리아페스티벌 실행위원회가 활동하고 있다.

재일한인의 민족통일운동을 분석하기 위한 연구방법은 문헌연구, 설문조사, 심층면담 등을 활용할 것이다. 먼저 재일한인의 이주와 역사적 경험, 5개 통일운동의 고찰, 재일한인의 한반도 평화통일에 대한 인식, 제4의 통일운동의 정의, 기제의 구성, 재일한인의 참여와 역할의 개념화, 공감대 형성을 위한 방안을 모색하여 재일한인 사회에서 민족통일운동의 부흥을 토대로 각국의 재외동포 사회와 연대하는 글로벌 코리안 통일네트워크를 제시하고자 한다.

설문조사의 경우, 2016년 12월부터 2017년 2월 말까지 약 3개월 동안 도쿄와 오사카의 재일한인 300명을 대상으로 한반도 평화통일에 관한 설문을 실시한 결과, 211매의 설문지를 취합하였다. 또한 설문을 보완하기 위한 방법으로 민단, 조총련, 한통련, 원코리아페스티벌 등 4개 단체의 전·현직 임원, 일본에서 활동하고 있는 통일 관련 NGO 단체, 민족운동가에게 심층면접을 실시했다. 그리고 국내에서는 재일한인을 연구하는 관련 학자 등을 대상으로 재일한인들의 민족통일운동에 대한 전반적인 도움과 자문을 받았다.

위와 같이 이 연구는 문헌연구, 5개 민족통일운동의 고찰, 설문조사의 실시 및 심층면담을 통해 재일한인들이 지향해야 할 통일의 과제, 방향, 역할 등을 규명할 것이다. 이는 재일한인 사회에서 정체되고 있는 민족통일운동의 부흥을 위한 새로운 돌파구로써 제4의 민족통일운동을 정립하는 것이며, 재일한인 사회에서 제4의 민족통일운동은 발현은 재외한인 모두가 한반도 평화통일에 참여하는 '글로벌 코리안 통일네트워크'의 구축으로 이어져 모국의 평화통일에 기여할 것이다.

제 2 장

이론적 논의

1. 한반도 통일과 재일한인
2. 재일한인 사회의 통합
3. 단체 활동
4. 글로벌 네트워크
5. 선행연구

제 2 장

이론적 논의

1. 한반도 통일과 재일한인

한민족은 장기간에 걸쳐 분단의 고통 속에서 통일된 민족국가를 수립하지 못한 채 살아왔다. 1945년 북위 38도선을 경계로 국토가 분단되었으며, 1950년에는 한국전쟁을 겪으면서 민족의 분단이 가속화되었다. 이러한 분단 상황의 지속은 남북한 정부 모두에게 불필요한 국력 낭비, 전쟁 발발의 위험에 따른 공포, 이산가족의 고통, 자원의 분할 사용 등과 같은 여러 측면에서 폐해와 이질화, 경제 격차 등의 심화로 민족정체성을 훼손시키는 한편 통일에 대한 부정적인 인식으로까지 이어지고 있다(통일부 통일교육원 2014, 9). 분단에 따른 한민족의 고통과 폐해를 극복하고 민족의 생존과 번영을 위한 시대적 과제는 한반도에서 평화적 통일을 이룩하여 국토의 통일, 정치체제의 단일화, 경제권의 통합, 민족동질성 회복 등의 새로운 민족공동체를 형성하는 것이다(김강녕 2015, 10~11).

먼저 통일의 필요성을 4개 측면으로 설명하면 다음과 같다(통일부 통일교육원 2014, 15). 첫째, 개인적 차원이다. 통일은 이산가족, 납북자 문제 등 분단고통의 해소, 자유의 확산 및 취업, 소득 증대 측면의 기회 확대, 평화롭고 풍요로운 삶의 향유 등이다. 둘째, 국가적 차원에서 보면 전쟁 위협, 인적·물적 자원과 민족적 역량 낭비의 제거, 자원의 상호 보완적 활용 및 단일경제권 형성으로 규모의 경제효과 유발, 유라시아(Eurasia) 대륙과 태평양을 연결하는 활동 영역의 확대이다. 셋째, 민족적 차원으로 역사적 정통성 및 동질성 회복, 민족공동체 구현, 민족문화의 융성이다. 넷째, 국제적 차원으로는 한반도에서 전쟁 위협이나 핵무기

공포의 제거는 동북아 및 세계평화에 기여할 수 있다는 점이다.

문제는 단순한 통일에 있는 것이 아니라 평화를 토대로 한 통일과정을 이끌어내는 것이다. 통일과정에서 중요한 것은 평화체제의 구축이다. 평화가 없는 통일은 대박이 아니라 쪽박 혹은 재앙이 될 수도 있다는 점에서 평화는 과정이나 목표이다(이대근 2014, 43). 우리의 통일은 맹목적인 것이 결코 아니다. 통일을 추진함에 있어 반드시 평화적 과정이라는 절차를 거쳐야 하고, 또한 통일의 결과도 평화로 귀결되어야 한다. 따라서 한반도에서 통일의 핵심은 평화체제를 구축하기 위한 준비나 과정이다.

조민(2014, 1)은 한반도 통일을 평화혁명, 파괴와 건설의 과정, 해체와 통합의 과정으로 주장하고 있다. "한반도 통일은 평화혁명이다"는 말과 같이 통일은 평화적으로 추진되어야 한다. 남북한 국가사회 전반의 구조적 변혁을 수반한다는 점에서 통일은 평화혁명이다. 그리고 "한반도 통일은 파괴와 건설의 과정이다." 통일은 분단체제의 낡은 질서의 파괴와 타파 위에서 8천만 한민족의 새로운 미래를 열어가는 창조적 건설의 과정이다. 또한 "통일은 해체와 통합의 과정이다." 통일은 분단질서를 해체하고 남북한 국가운영의 원리와 공동체적 삶의 방식을 하나로 묶는 길이기 때문이다

평화적 통일을 이룩해 내기 위해서는 남과 북 모두의 변화가 전제되어야 한다. 남북한은 서로를 이해하고, 통일의 대상 및 주체로서 인정하고 받아들이려는 자세가 선행되어야 한다(최승철 2015, 166). 평화통일은 한국이나 북한의 일방적인 변화로 달성될 수는 없다. 남북한이 한반도의 평화적 통일이라는 목표를 두고 함께 노력하고 변화할 때에만 성취될 수 있는 민족의 공동 과업이다. 이런 점에서 남북한은 평화적 통일을 위해 상호간을 통일의 대상으로 인정하고 존중하며 신뢰하여야 한다.

제1공화국부터 현재의 문재인 정부에 이르기까지 남북한 관계는 통일문제를 놓고 역사적 부침을 거듭하였다. 정권의 대북한 인식에 따라 남북한은 냉탕과 온탕을 오가는 관계가 형성되었다. 이는 정부가 추진하는 대북정책에 따라 통일정책의 방향이 달라졌기 때문이다.

대북정책은 통일정책을 달성하기 위한 수단적 개념이다. 북한의 특정한 행동이나 전략에 대응하며 현재의 분단 상황을 관리하는 정책으로 대북정책은 대내외 환경을 유리하게 변화하도록 유도하여 종국에 가서는 통일된 민족국가를 건

설하고 국가와 민족의 목표를 실현하고자 하는 정부의 정책인 반면 통일정책은 통일을 목표로 그 과정과 절차, 이념과 체계 등을 다루는 종합적인 정책이다(주봉호 2014, 66). 따라서 대북정책은 통일 이전의 평화공존 단계에서 북한에 대한 제 정책을 의미하며, 통일정책은 통일방안 등 향후 통일단계를 염두에 둔 정책이었다는 점에서 두 정책 간 차이를 엿볼 수 있다.

1993년 등장한 김영삼 정부의 대북정책은 화해협력정책이었다. 그러나 북핵위기의 발생, 서울 불바다 발언, 김일성 사망에 따른 조문사절 등의 문제를 놓고 정부가 강경한 대북전략을 실행한 결과, 남북한은 전면 소통이 단절된 최악의 관계였다. 김영삼 정부에 이어 1998년 등장한 김대중의 국민의 정부, 그리고 노무현의 참여정부 등 10여 년 동안 남북한 관계는 2번의 정상회담과 지속적인 교류협력의 관계를 통해 그 어느 역대 정부보다 남북한 관계가 좋았던 것으로 평가할 수 있다. 체제경쟁이 끝나지 않은 분단구조 하에서 김대중 정부와 노무현 정부는 각각 대북포용정책과 평화번영정책을 추진하였다. 당국 간 회담, 경제협력, 개성공단 가동, 금강산관광, 인도적 지원, 이산가족의 만남 등이 성사된 것은 남북화해협력의 좋은 사례였다.

이 기간 동안 남북한의 교류협력은 상대방에 대해 갖고 있던 '뿔난 빨갱이'와 '승냥이'이라는 허상을 깨뜨렸다. 특히 북한의 대남 인식이 크게 변하였고, '한류'가 유행할 정도로 남한사회에 대한 거부감이 줄어들었다(김근식 2014, 286). 그러나 2007년 제17대 대통령 선거를 통해 취임한 이명박 정부는 보수정권을 표방하면서 '비핵·개방·3000'이라는 강경 대북정책을 선언하였다. 남북한 관계가 경색된 국면에서 북한의 한국인 금강산 관광객 피격, 천안함 폭파와 관련하여 2010년 5·24 조치의 발동, 북한의 연평도 도발 등으로 남북한 관계는 이명박 정부에서 최악으로 치달았고, 강경 대결의 남북관계를 지지하는 여론이 압도적으로 높아졌다. 남북관계가 악화되면서 역설적이게도 관계 개선의 필요성 대신 대북 상경론과 북한 책임론이 지배적인 여론으로 등장하였다(김근식 2014, 286).

남북관계에 있어 진전이 없는 여러 이유 가운데 하나는 상호간에 대한 신뢰가 없다는 사실이다. 이러한 불신의 관계는 한반도에서 평화공존을 실현하는데 있어 가장 큰 장애물이다. 2013년 2월 보수 성향의 박근혜 정부가 들어섰다. 정부는 남북한 간 신뢰형성을 핵심으로 하는 '한반도 신뢰프로세스'를 새로운 통일 및 대북정책으로 제시하였다(통일부 2014, 13). 적대적 상대방과의 관계 개선은 불신이 지속하는 상황에서도 합의한 작은 약속의 이행으로부터 출발한다. 사회적 관계에서 신뢰구축은 행위자 간 상호 행위가 정상적인 것으로 인식되고, 정상적인 것의 지속적인 재생산을 통해 만들어질 수 있으며, 그러한 행위의 반복과 재확인을 통해 '우리'라는 인식이 쌓여나가야 한다(Reemtsma 2012, 27). 이러한 논리는 폭력적 갈등으로 대치하고 있는 국가 간 관계에도 적용할 수 있다. 남북한 관계에서 신뢰구축의 출발은 남과 북이 합의한 사안을 지키고, 이행하는 것이다.

박근혜 정부는 남북 간의 불신을 신뢰로 바꾸기 위해 '한반도 신뢰프로세스'를 대북정책의 근간으로 설정했으며, 이의 연장선상에서 2014년 3월 독일에서 한반도 평화통일을 위한 구상으로 '드레스덴 선언'을 발표하였다. 이 선언은 한반도 신뢰프로세스의 실천의지, 평화통일 준비의 내실화, 지속가능한 남북한 교류협력, 국제사회와 함께하는 통일준비 등을 담고 있다. 드레스덴 선언에서 박근혜 대통령은 남북한 주민들의 인도적 문제해결, 공동번영을 위한 민생 인프라의 구축, 남북의 주민 간 동질성 회복을 위한 조치, 남북교류협력사무소 설치 등을 제안하였다(정길호 2015, 56).

박근혜 정부의 '한반도 신뢰프로세스'는 국제정치에서 새로울 것이 없는 '강온양면책'이다. 안보문제에 관한한 '강 대 강'으로 나가지만 경제와 사회문제만큼은 화해와 협력을 통해 문제를 풀겠다는 것이 이명박 정부와 다른 점이다. 그 결과 개성공단 재가동 합의와 2차례의 이산가족 상봉이라는 결실로 나타났으며, 또한 지난 8월의 남북 간 대치 위기 상황에서 '8·25 합의'는 북한의 '민생 살리기'와 남한의 '신뢰 쌓기'의 긍정적 결과물이었다(전현준 2015, 86). 그러나 남북한의 평온한 관계는 2013년 2월 3차 핵실험 이후 2년 11개월 만에 북한이 2016년 1월 6일 함경북도 길주군 풍계리에서 '수소탄 실험'인 제4차 핵실험을 강행함으로써 또 다시 대립의 국면을 맞게 되었다(경향신문 2016.01.07, 1). 이어서 2월에는 장거리미사일 발사를 재개하였다. 북한의 핵 집착과 미사일 발사에 대한 일련의 반복적 행위는 한반도 평화의 위협과 함께 비핵화를 주장하는 동북아 주변국가 및 한국정부의 신뢰를 깨뜨리는 전략적 행동으로 남북한 관계는 또 다시 신뢰와 불신이라는 악순환을 반복하면서 어디로 튈지 모르는 '럭비공' 관계로 접어들었다. 한반도는 신냉전 구도의 대결장과 함께 전쟁의 위기라는 중심에 놓여 있었다.

박근혜 대통령의 탄핵과 구속, 제19대 문재인 대통령의 등장으로 인해 남북한 관계는 기존의 대결 구도에서 다시 화해와 협력 모드로 진입하고 있다. 평창동계올림픽을 통해 남과 북의 특사 파견에 따른 한반도 비핵화, 북한의 미국과의 대화 의지의 표출, 문재인 정부의 대북 교류협력의 적극성 등은 한반도 평화통일의 환경을 숙성시키고 있다.

한편 한반도 통일은 민족 최대의 과제이며 역사적 당위성을 가지고 있다. 그러나 외세에 의한 한반도 분단을 극복하고 통일한국을 지향하는 과정에서 여러 가지 장애요인이 작용하고 있다. 이러한 장애요인을 해소하고 한반도의 평화적 통일을 실현하기 위해서는 무엇보다 직·간접적 영향을 미치는 다양한 요소, 즉 통일 당사자인 한국과 북한, 통일에 영향을 미치는 국제환경을 의미하는 통일환경의 조성이 중요하다. 분단을 극복하고 평화통일을 실현할 수 있는 국내·외 통일환경의 조성에 있어 재외한인은 중요한 행위자로 등장한다(임채완 2015, 360). 한반도 분단은 재외한인 사회의 불신과 대결을 조장하는 근원이었기 때문이다. 그러므로 한반도 통일과 관련하여 재외한인 사회를 제외한 통일 논의는 무의미하다고 말할 수 있다.

재외한인들에게 모국의 분단은 그들의 삶에 많은 문제점들을 양산하였다. 이념적 분열로 인한 한반도의 분단이 직·간접으로 거주국 재외한인들의 분열, 대립, 갈등으로 재생산되었기 때문이다(김재기 2012, 16). 재외한인들은 거주국의 남북한 관계에 따라 친한과 친북으로 나눠졌으며, 남북관계의 영향을 받아 재외한인 간에도 갈등과 대립, 혹은 교류와 협력의 악순환이 반복되고 있다. 대표적인 사례는 "남북한과 불가분하게 뒤얽힌 가운데서 '남겨진 민(民)'으로서의 공동체"를 형성한 재일한인들이다(김시종 2017, 224). 이들은 친한국 성향의 민단과 친북한을 추종하는 조총련으로 분열되어 있다.

재외한인들은 남북한의 통일 기폭제로서 중요한 변수이지만, 역으로 재외한인 사회 역시 한민족의 구성원으로서 통일과정에서 일정한 역할을 담당할 수 있다. 통일과정에서 재외한인들에게 거는 기대는 그들의 '디아스포라적 위치'에 주목하기 때문이다. 초국가적 경계에서 디아스포라로서 삶을 살고 있는 재외한인들이 한반도 통일에서 할 수 있는 역할은 무엇인가?

첫째, 다양한 초국가적 사회영역에서 맺어진 네트워크를 통해 재외한인들은 남북관계의 활성화를 위한 중재 역할을 수행할 수 있다. 2004년 10월 평양에서

'세계한인무역협회(World OKTA)'의 회원 164명이 북한의 조선국제무역촉진위원회와 공동으로 80여개 기관이 참여하는 '무역상담회'를 개최하였다. 재외한인 경제인들이 글로벌 네트워크와 자본력을 통해 북한 투자를 모색하였다는 점에서 교류협력의 활성화를 보여주는 사례이다. 중국의 개혁·개방과 괄목할 만한 경제성장에 해외의 화교 및 화인 기업가들이 중요한 역할을 했다는 점을 고려한다면 북한의 개방과 남북협력을 견인할 수 있는 재외한인들의 역할을 기대해 볼 수 있다. 둘째, 재외한인들은 통일에 대한 관심과 신념의 강도에 따라 보다 적극적인 역할을 할 수 있다. 재외동포 사회 내부의 연대와 힘은 '원거리 민족주의(long distant nationalism)'를 발양시켜 모국의 통일 동력을 끌어낼 수 있다. 실제로 일본, 유럽, 미국, 러시아, 중국 등 재외한인 사회에서의 통일운동은 남북관계가 단절된 시기에 남북의 상호 이해를 위한 기초적 역할을 수행해 왔다. 셋째, 문화적 다양성과 역동성은 이념적 장벽을 넘어 새로운 통일문화를 형성하는 자원이 될 수 있다. 지구화와 다문화적 환경에서 성장한 차세대 재외동포들은 전혀 다른 이질적 문화나 관습들과 접촉하면서 타문화와 교섭하고 융합하는 능력이 뛰어나 통일한국의 새로운 공동체를 모색하는 데 장점을 갖고 있다(전형권 2015, 66~67). 넷째, 재외한인은 모국의 분단 상황에서 남북한을 자유롭게 왕래하고 이해하는데 가장 적절한 위치에 있다. 이러한 이유로 재외한인들은 거주국 사회에서 한반도의 통일 지지 여론을 형성하는 데 기여할 뿐만 아니라 남북관계의 개선과 발전에 긍정적으로 기여하는 통일공공외교(unification public diplomacy)의 중요한 행위자이다. 세계 194개국에 거주하고 있는 약 718만 명의 재외한인 가운데 84%가 일본, 중국, 미국, 러시아 등 한반도 주변 4강에 정주하고 있다. 이는 국제적 성격을 가진 우리의 통일문제 해결에 재외한인들의 역할이 중요함을 말해주고 있다.

그러나 재외한인들의 한반도 통일과 관련하여 주의할 점은 통일의 방향성과 행동성 측면에서 일정한 가이드라인(guide line)의 제시가 필요하다(남성욱 2015, 118). 재외한인들은 모국과 거주국에서 정치, 경제, 사회 등의 영역에서 참여하고 있다. 따라서 이들의 민족성과 정체성은 다중적 정체성(multiple identities)의 형태를 띠고 있다는 점에서 획일적인 방향성을 판단하기가 매우 어렵다. 그러므로 한반도의 평화적 통일에 관해서 일정한 방향성을 확정하는 인위적인 노력이 필요하다. 재외한인 사회가 한반도 통일의 필요성을 인식하고, 어떤 역할을 하여야 하는지에 대한 구체적 목표가 부합되어야 행동방향을 정할 수 있기 때문이다. 그리하여 한반도 통일의 방향성과 행동성은 재외한인 사회가 자발적으로 통일운동에 참여하는 나침반 역할을 수행한다.

한반도 통일문제에서 아직도 극단적인 이념적 논쟁이 존재하는 대표적인 동포사회는 재일한인들이다. 이들 사회에서 한국인과 조선인이라는 선택은 모국의 분단 이념에 근거하고 있다. 재일한인의 존재 자체는 일제 식민지의 산물이었지만, 재일한인들의 한국과 조선의 선택은 분단의 결과였다. 다시 말해 재일한인들이 갖고 있는 한국과 조선이라는 국민과 비국민의 경계는 원초적으로 그들의 선택에 의하여 결정되었기보다는 남북한이 국가를 건설하는 과정에서 각 국가에 유리한 이념을 일본의 재일한인 사회 내에서 관철시켜 나가는 과정에서 형성되었다.

재일한인들은 1952년 미국과 일본 간 일명 대일강화조약(Treaty of Peace with Japan)으로 부르는 '샌프란시스코 강화조약'의 체결 결과, 일방적으로 일본 국적을 박탈당하면서 외국인 신분으로 변하였다(在日本大韓民國民團 中央民族教育委員會2006, 75~76). 그리고 1965년 '한일국교 수립' 이후 재일한인들의 국적은 한국적과 조선적으로 갈리면서 분열을 경험하고, 남북의 대리전쟁을 수행하기도 했지만, 식민지와 분단을 겪으면서 가장 민족적인 정체성과 생존력을 발휘하며 '하나의 코리아(One Korea)'를 염원하는 정신적 결속력이 강하게 남아있다.

현재 일본 내 소수자로서 재일한인들은 국적 선택에 따라 한국 국적, 조선 국적, 일본 국적으로 생활하고 있다(細井綾女 2010, 81~98). 문제는 재일한인 사회에는 두 부류의 조선적이 있다는 사실이다. 북한에 대한 적극 지지자로 일본에서 북한 국적을 선택할 수 없기 때문에 조선석으로 남아있는 사람, 그리고 남북한의 어느 편도 지지하지 않고 통일조국을 염원하며 민족차별과 반공주의에 저항해 온 한반도 출신에 의미를 두는 한인이다(조관자 2011, 210). 일본의 조선 지배와 항복이라는 역사적 맥락에서 생겨난 후자의 조선적 재일한인들은 남북한의 이념이나 분단국가 건설과는 상관없이 할아버지 혹은 아버지의 고향을 그 자신의 뿌리로 직접 연결시키고자 하는 강한 열망을 가지고 있었다. 그리하여 이들이 귀화하려는 곳은 남북한이 아닌 통일된 조선반도이다(권준희 2002, 153). 2015년 제1회 '제주 4·3 평화상'을 수상한 재일한인 김석범 선생의 주장처럼, 남북을 넘어서는 통일된 조국이 없이는 자신의 조국이 없다는 분들이 아직도 재일한인 사회에서 정신적 지주로 살아가고 있었다(이지원 2015, 392).

도쿄 경제대 교수인 서경식은 일본에 정주하고 있는 재일한인에 대해 '재일조선인'으로 명명하였다. 서경식 교수가 말하는 '조선'은 남과 북도 아닌 조선반도 출신이라는 뜻이다. 서경식은 "나는 재일조선인을 일제 식민지배의 역사적 결과로 구 종주국인 일본에 거주하게 된 조선인과 그 후손이라고 규정한다"고 했다. 재일조선인이 첫째, 에스니시티(ethnicity) 일반과는 달리, 본국을 가진 정주외국인이라는 점; 둘째, 이민과 그 자손 일반과는 달리, 그 정주지가 다름 아닌 구 종주국이라는 점; 셋째, 본국이 남북으로 분단되어 있고; 넷째, 그 본국(북한)과 일본이 분단되어 있어 횡적·종적으로도 분단된 존재이며, 그러한 분단선을 개개인의 내부에까지 보듬어 안아야 했던 존재라고 할 수 있을 것이다(서경식 2006, 150). 이렇듯 재일한인은 대한제국의 국권박탈과 일제에 의한 식민화라는 제국주의 국가가 한반도를 강탈함으로써 '민족적 리비도'의 흐름을 봉쇄하고 한민족의 집단적 욕망을 좌절시킨 근원적 트라우마인 '식민 트라우마(colony trauma),' 국가를 잃어버린 민족이 제국주의적 약탈정책과 식민화정책에 의해 다른 나라로 이주할 수밖에 없었던 상황이 낳은 '이산 트라우마(discrete trauma)'와 함께 1945년 해방 이후 통일된 독립국가 건설의 열망에도 불구하고, 남과 북이라는 두 개의 분단국가로 귀결되면서 겪을 수밖에 없었던 상처로부터 오는 '분단 트라우마(segmented trauma)'를 가진 존재이다(김성민 2014, 238). 한민족에게는 역사적 트라우마로 분단국가의 국가폭력과 사회폭력이 결합된 분단 트라우마, 그리고 재일한인을 포함한 재외동포 다수에게서는 거주국의 국가폭력과 주류 종족의 사회폭력이 결합된 이산 트라우마, 한반도 통일과 관련하여 남북분단이라는 분단 트라우마를 복합적으로 갖고 있었다. 따라서 분단 극복과 통일은 재일한인들이 갖고 있는 트라우마를 치유하는 과제였다.

한국정부는 재일한인 중에서 조선적 동포들의 경우, 북한 공민이나 지지 세력으로 인식하여 한국의 입국을 불허하였다. 조선적 국적의 70%를 점유하고 있는 남한출신 동포들이 고향을 방문하지 못하였다. 민단은 1970년대 중반부터 조총련의 단세 약화와 회원들의 이탈을 유인하기 위해 조총련계 동포를 중심으로 '모국방문사업'을 실시하였다(재일본대한민국민단 1997, 125). 약 4만 8천여 명의 조총련 동포들이 한국 국적을 취득하여 모국에 있는 조상들에게 성묘를 할 수 있게 되었다. 그 이후에도 조총련에서 탈퇴한 일부 동포들의 한국 방문이 성사되었다. 재일한인 사회에서 조선적 국적의 감소 배경에는 한국의 경제발전과 국제적 위상 제고, 조총련의 회원 탈퇴 및 민단 가입, 냉전의 종식과 북한의 쇠락, 북한의 일본인 납치 문제로 인한 일본의 대북감정 약화 등의 원인이 작용하였다.

민단은 재일동포를 '재일한국인'으로, 그리고 조총련은 '재일조선인'으로 호칭해야 한다고 주장하고 있는 상황에서 아직도 일부 재일한인 가운데 경상도, 전라도, 제주도 출신임에도 불구하고 여전히 일본 사회에서 무국적을 의미하는 조선적 신분을 유지하면서 남한으로의 귀향을 거부한 채 통일 한반도로의 귀환을 기다리고 있다. 즉 자신의 고향으로의 귀속 열망을 통일 이후로 유보하고 있는 소수의 재일한인들이 존재하고 있다(권준희 2002, 138; 이지원 2015, 383). 재일한인 사회에서 한반도 통일문제는 여전히 진행형이다. 한반도 분단으로 인한 피해를 재일한인과 연관하여 언급한다면, 재일한인들은 일본 사회의 심한 차별과 박해를 견디기 어려운 상황에서 민단과 조총련이라는 남북의 국가체제를 대변하는 조직으로 분열되어 심한 이념적 대립을 계속하여 왔다. 그 때문에 재일한인 사회가 단합을 이루지 못하고 후세들의 정체성이 이중, 삼중으로 갈리면서 재일한인 사회의 건전한 발전은 크게 저해를 받아왔다(김광림 2014, 175). 한반도가 분단되지 않았고 통일국가를 유지했다면, 1945년 해방 이후 다수의 재일한인 1세대들은 가족과 함께 모국으로 귀향했을 것이다.[1] 그리고 재일한인 사회 전체가 모국에 자긍심을 가지게 되고, 민족정체성을 유지하면서 동포사회가 단합된 모습을 보이면서 모국과의 유대관계도 더욱 강화되었을 것이다.

한반도에서 평화적 통일이 이뤄진다면 현재의 재일한인들이 안고 있는 문제들, 즉 민단과 조총련의 갈등 해소, 국적이나 가입 단체와 상관없는 재일한인들의 모국 방문의 가능, 북한의 핵 보유에 따른 핵문제 위기의 해결을 통해 동북아에 평화를 정착시킬 수 있을 것이다.

2. 재일한인 사회의 통합

1) 통합이론

통일은 분단국가의 통일에 관한 것으로 국가 형성과 국민 형성 및 통합의

1) 미귀국 이유는 첫째, 귀국 후 생활 여건의 미비(62.7%); 둘째, 본국의 정세 불안정(17.1%); 셋째, 한국전쟁 발발(7.6%); 넷째, 식량 사정의 불안(4.4%); 다섯째, 유행병 발생(3%); 여섯째, 남북의 분단(2.1%); 일곱째, 기타(3.1%) 등으로 나타났다(在日本大韓民國民團 中央民族敎育委員會 2006, 69).

복합적인 한 단계이다. 통일은 분리되었던 국민, 영토, 주권이 하나로 통합되어 새로운 국가를 만드는 것인 만큼 미완의 국가 형성을 진전시켜 완성된 국가로 만드는 과정이다. 여기에는 국제정치, 세계경제 체제, 세계안보 체제 등 주변 강대국가들과의 권력관계 속에서 분단국가 당사자 간의 상호활동과 개별 분단국가의 의지와 국정운영의 방향이 중요한 영향을 미친다, 통일의 전략도 경제적 접근, 정치군사적 접근, 사회문화적 접근, 내부적 접근과 외부적 접근, 점진전략과 급진전략 등 다양하다(김석준 2014, 355).

한반도 통일과 관련하여 다양한 통합이론이 제시되고 있다. 대표적인 접근법은 기능주의, 신기능주의, 구성주의적 신기능주의, 초국가적 제도주의 등이 있다. 이론적 분석에 앞서 먼저 통일과 통합의 구체적인 개념을 살펴보고자 한다.

통일(unification)은 통합(integration)과 분명하게 다르다. 통일은 통합을 성취시키는 행위와 과정이며, 통합은 어떤 공동 목표를 추구하기 위하여 여러 국가들이 공동 자원을 투입시켜 새로운 형태의 관계를 형성하는 과정이다(조찬래 외 1998, 36). 구체적으로 보면, 통일은 서로 다른 체제와 이념을 가진 정치적 실체 혹은 국가가 '하나의 국가'로 통합되는 상태를 말한다. 이는 서로 다른 국가 또는 정치적 실체(political entity=polity)가 하나로 결합되는 정치적·국제법적 '사건(event)'이다. 통일은 정치적·법적 차원의 가부(可否)의 문제이자 특정한 역사적 시점이 명확히 결정되는 사건으로 둘로 나눠진 민족, 국가, 국토가 하나가 되는 '분단의 극복'이다. 즉 통일은 하나의 완전체로 나타나는 결과물인 동시에 통합이 완성된 상태를 의미한다. 한반도에서 통일을 협의적으로 논의한다면 정치적으로 상이한 체제가 하나로 통합되는 것이며, 광의적으로는 법적·영토적 단일체와 함께 정치·사회·문화·경제 등 제 부문에서의 통합이 완결된 형태이다. 따라서 한반도 통일로 한민족은 '하나의 민족, 하나의 국가(one nation, one country)'를 구성하게 된다(조민 2014, 1).

반면에 통합(integration)은 첫째, '국가 간의 통합,' 둘째, 한 국가 내의 정치, 경제, 사회, 문화 등의 차원에서 계층, 지역, 종교, 이념에 기반한 상이한 행위자 집단 간의 통합, 셋째, 남북관계에 적용되는 통합론 등 3개로 구분할 수 있다. EU의 통합은 상이한 국민국가들 간의 대표적인 통합 사례이다. 두 번째의 경우, 한국사회에서 사회문제로 등장한 지역주의, 빈부격차, 세대격차, 이념갈등에 의해 분열된 사회를 하나의 통합된 행위자로 묶어내는 것을 의미한다(진시원 2004, 22).

이 경우에 통합은 '분열의 극복'을 통한 국민통합을 지향한다. 마지막으로 남북관계에 적용되는 통합론이다(조민 2014, 2). 통일의 이전 단계에서 우선 남북한 간 상호 등질적인 부문 간의 조화와 융합의 과정이 요구된다. 경제통합, 정치통합, 사회문화통합 등이 거시적 통합이라면, 법·행정통합, 교육체계·교과내용 통합, 보건의료 통합, 과학기술분야 통합 등은 미시적 통합으로 이해할 수 있다. 통합은 남북한 간에 다양한 부문에서의 '조화와 융합'을 뜻한다.

통합은 '하나의 국민(one people)' 형성을 의미한다. 남북한의 통합은 하나였던 국민국가가 한국과 북한으로 분리되었던 것이 다시 하나의 국가로 재통합하는 국가통합이다. 일본의 경우 민단과 조총련의 통합이나 한반도 통일을 둘러싼 재일한인 단체 간의 분열을 극복하여 융합되고 통합된 재일한인 사회를 건설하는 것 또한 통합의 개념을 적용할 수 있다. 따라서 통합은 상이한 행위자 혹은 집단이 합해지는 과정 중심의 개념이다.

한국의 역대 정부는 북한과의 관계에서 상황적 국면에 따라 다양한 접근을 모색하였다. 자유주의 패러다임(paradigm)을 토대로 정치적 대립이 첨예한 상황에서는 급진적 접근을 지양하고 비정치적 분야에서 대화와 협력을 찾는 기능주의(functionalism)와 신기능주의(neo-functionalism)를 활용하였다. 그리고 일각에서는 신기능주의의 약점을 보완한다는 명분으로 구성주의적 신기능주의를 주장하였다. 통합이론의 주류를 형성하였고, 남북한의 교류협력 과정에 접목시켜 활용되었던 다양한 제 이론은 다음과 같다.

기능주의는 국가 간의 생산적인 동반자 관계를 형성함으로써 전쟁 없는 국제사회를 달성하려는 이상에서 출발하였다. 따라서 기능주의는 비정치 분야의 교류협력을 통하여 점진적으로 정치 부문의 통합에 이를 수 있다는 관점이다(변종헌 2014, 227). 미트라니(David Mitrany 1966)는 기능주의의 이론적 틀을 제시하였다. 그는 국가 간에 분쟁을 야기할 수 있는 정치적 문제를 떠나서 보다 낮은 차원의 비정치적 분야, 즉 경제·사회·문화·체육·기술 등의 분야에서 상호작용을 증대시켜 나간다면 정치적 통합의 가능성이 점증할 것으로 주장하였다. 기능주의는 정치 영역을 제외한 경제적 협력 등 양측의 비민감성 문제를 중심으로 기능망과 협동망을 형성함으로써 전쟁 방지와 갈등 예방이라는 평화적 공존과 상호간 교류협력을 지향한다. 이러한 기능주의는 경제협력의 파급효과(spill-over)가 궁극적으로는 평화를 증진시키고 공동체 통합을 이뤄낸다는 낙관적 관점을 표명하고 있다.

기능주의의 이론적 전제로는 첫째, 상호작용을 하고 있는 사회에서 기능적인 상호의존 관계가 발생하면 공동의 통합 이익이 생기고, 이익은 두 사회에 있어 불가피한 것으로 되기 때문에 통합을 촉진한다. 둘째, 한 분야에서 성사된 기능적 협조관계의 경험이 축적되고 확산된다면 이러한 효과는 다른 영역에서도 협조 관계를 유발한다는 분기이론(ramification theory)에 입각하여 기능적인 부분 통합이 하나의 공동체로 형성될 수 있다(진시원 2004, 35; 김병오 1985, 304; 박재영 1996, 320~324). 따라서 기능주의는 협력의 근원을 기능적 상호의존에서 찾고 있으며, 부문별 접근의 중요성을 부각시켰고, 비정부적 초국가적 행위자의 중요성을 강조하고 있다. 또한 비정치적 분야에서의 교류협력을 극대화함으로써 이념적 대립을 최소화하고, 통합에 이르기까지 평화 모드(mode)를 조성할 수 있다는 유용성을 갖고 있는 것으로 나타났다. 이를테면 1970년대 이래 1993년 제1차 북한 핵위기 이전까지 한국정부의 통일정책의 중심에는 기능주의 논리가 자리하고 있다. 1988년 노태우 정부의 7·7선언, 김대중 정부와 노무현 정부는 대북관계에서 기능주의 중심의 정책을 전개하여 부분적으로는 남북한의 평화와 교류를 유지해 나갔다(박영호 2014, 96).

그러나 기능주의의 경제협력의 한계를 비판하면서 정치적·군사적 요인의 중요성을 강조하는 신기능주의가 등장하였다. 신기능주의는 경제·사회·문화적 협력이 정치·군사적 협력으로 확산될 것으로 보고 있다. 신기능주의의 적용 사례로는 유럽연합의 형성과정에서 저위정치의 협력이 고위정치로 확산되었다는 점이다(전재성 2009, 90).

첫째, 기능주의는 상호관계가 밀접하고 동질적인 나라들 간의 협력을 모색하고 있다는 점에서 이질성이 강한 나라들에 적용할 경우, 정치적 통합으로까지 발전하기 힘들다. 둘째, 정부가 국가 간 통합에 있어서 결정적인 역할을 수행하고 있음을 간과하고 있다. 통합과정에서 정부 수장의 정치적 영향력을 무시한 채, 단지 기능만을 중요시한다. 셋째, 기능주의적 영역은 통합을 둘러싼 국가 간 정치의 핵심 영역이다. 정치와 정부가 배제될 수 있다는 기능주의적 사고는 현실적 적합성이 부족하다. 요컨대, 국가들 사이의 교류협력이 반드시 그리고 자동적으로 정치적 통합으로 확산되지 않는다는 점이 기능주의에 대한 주된 비판의 하나였다(변종헌 2014, 227).

신기능주의는 기능주의를 토대로 정치적 통합의 모형을 추구하고 있다. 즉 한

분야에서의 협력의 습관이 다른 분야로 파급되어 가는 학습과정(learning process)을 강조한다(Ernst Hass 1958). 파급효과에 대해 기능주의는 무의식적·자동적 파급을 주장하는데 반해 신기능주의는 학습과정에 의한 파급은 정치적인 의지를 필요로 하고 있다는 점에서 차이를 보이고 있다(박재영 1996, 325~330). 신기능주의에 따르면 하나의 정책영역에서 통합이 발생한다면 다른 정책영역에서도 통합의 요구가 일어날 것이며, 이는 파급효과에 따른 결과이다(Amy Verdun 2002, 24). 신기능주의는 상호교류를 통하여 높은 수준의 정책과 관련 기구의 통합을 도모하였다(Ernst Hass 1961, 347). 기능 통합에 초점을 둔 기능주의와는 달리 신기능주의는 기능·정책·기구의 통합까지도 모색하였다. 이를 위해 신기능주의는 기존의 정치기구, 공동정책 결정기구 등을 이용하거나 새로운 제도적 기구의 창설을 유도하고 있으며, 기능주의가 소홀하였던 정치적 현상에 기술적 요소를 결합시킨 통합을 추진하였다.

그러나 통합에 관한 신기능주의의 한계로는 첫째, 신기능주의가 추구하는 정치적 통합이 형성되지 못한 채, 지역통합이 경제적인 통합으로 끝날 수도 있다. 둘째, 통합을 설명하고 예측하는데 있어 내부변수에만 초점을 둠으로서 국제환경과 같은 외부변수를 간과하였다. 셋째, 지역의 특수성을 무시하고 일반화하려는 경향이 있다. 넷째, 신기능주의를 적용하여도 다양한 정치적 이해관계와 이념을 달리하는 남북한 간에 타협과 협상을 통해 통합과정의 모든 문제를 해결한다는 인식은 현실적으로 그 적실성이 부족하다. 다섯째, 남북한 체제의 차이 때문에 다원주의 사회를 전제로 한 신기능주의적 접근의 적용은 일정한 한계가 있다.

결국 기능주의는 경제적 협력을 통하여 공동의 이익을 창출하면 정치적인 차이나 한계도 극복할 수 있으며, 그 결과 경제협력이 정치적 평화를 가져온다는 논리이다. 반면 신기능주의는 양측의 경제적인 공동의 이익이 형성되더라도 이는 어디까지나 경제적 차원으로 국한되며, 따라서 정치적·군사적 평화를 가져오는 것은 한계가 있기 때문에 군사적 신뢰와 정치적 화해는 별도의 과정이나 수단을 통하여 성취되어야 한다고 주장하고 있다(주봉호 2014, 67).

두 이론의 공통점은 통합의 초국가성, 통합에 있어서 국가가 아닌 비국가행위자의 역할을 강조하며, 정치적 간섭을 회피하고, 기능적 요구가 발생한 후, 기구를 형성한다(이상우 1999, 557). 기능주의와 신기능주의 이론 모두는 비정치적 교류에 의한 기능 통합을 도모하여 정치적 통합을 달성하려는 전략이다. 그러나 정치적 의지를 무시하고 있으며, 기능적 통합 노력이 한쪽의 거부에 의해 언제든지 균열 내지 중단될 수 있다는 가능성을 내포하고 있다.

두 이론의 차이점을 보면 기능주의는 사적이고 자발적인 비정치적 집단이 통합의 행위자이지만, 신기능주의는 공적·정치적·관료적 집단을 주된 행위자로 인식하고 있다. 그리고 기능주의는 세계적 규모의 국제기구와 회원국의 보편성을 강조하지만, 신기능주의는 지역적 규모의 국제기구와 회원국의 지역성을 강조한다는 점에서 신기능주의를 '지역주의의 초기 이론'으로 로사몬드(Rosamond 2000, 69)는 평가하였다. 통합에 대해 기능주의는 국가들이 국제협력에 대해 갖는 우호적인 태도의 변화로부터 경제공동체 건설까지를, 신기능주의는 경제통합을 거쳐 초국가기관의 설립을 의도적으로 제도화한다(김용우 2004, 3). 기능주의는 정경분리 원칙과 비정치적 분야를 중시하지만, 신기능주의는 정경연계 원칙과 정치적 분야를 중시하고 있다. 결국 기능주의와 신기능주의의 가장 큰 차이점은 기능주의는 통합의 진전을 위하여 비정치적인 접근을 시도하고 있지만, 신기능주의는 통합의 심화를 위하여 정치적인 접근의 중요성을 강조하고 있다는 점이다(진시원 2004, 35).

기능주의와 신기능주의를 한국정부의 대북정책에 적용한다면, 김대중 정부의 집권 기간 동안 남북한 관계에서 성과가 두드러진 부분은 대북지원과 남북경협이었다. '햇볕정책'이 수용한 '포용(engagement)'은 상응하는 관계를 확장시켜 나간다는데 그 본질이 있었으나, '껴안기(embracement)'로 나타났다. '햇볕정책'은 한국의 대북정책에서 수용한 신기능주의적 접근을 기능주의적 접근으로 회귀한 것으로 평가할 수 있다. 그리고 이론적 측면에서 노무현 정부의 정책도 기본적으로는 기능주의적 접근으로 볼 수 있다. 그러나 기술적·경제적인 비정치적 영역의 경험을 정치적·군사적 영역으로 의도적으로 확장시키려 구상했다는 점에서는 신기능주의적 접근을 가미한 것으로 평가된다(박영호 2014, 97).

구성주의적 신기능주의는 신기능주의의 결정론적인 한계, 그리고 구성주의의 이론적 체계와 행위자에 대한 고려의 미흡함을 보완하려는, 즉 신기능주의를 구성주의적 시각에서 재구성하려는 접근법이다. 신기능주의의 경제협력의 파급효과에 대해 강한 의문을 제기하였던 구성주의(constructivism)는 행위자들의 정체성과 선호도·행동양식이 타인과의 상호관계라는 사회적인 관계 속에서 사회화 과정을 통해 내생적으로 유발된다고 보는 입장으로 구조와 행위자 간의 관계 형성에 초점을 두고 있다.

구성주의는 구조와 행위자의 상호구성성, 그리고 구조에 의해 구성된 행위자의 정체성이 국가 이익과 전략개념을 구성하는 역할을 한다는 점을 강조한다(전재성 2009, 91). 구성주의는 국가 간의 관계가 물질 중심적이기보다는 사회적이라고 전제하고, 문화와 정체성과 같은 관념적 요소를 중시하고 있다. 그리하여 국제정치의 현실이 일방적으로 주어진 것, 영속적인 것이 아니라 역사적·간주관적으로 구성되었고, 또한 재구성될 것이라는 인식에서 구성주의의 출발점을 찾고 있다. 구성주의는 주권, 무정부성은 고정적인 것이 아닌 유동적이며, 개별 행위자가 행사하는 주체성에 상대적 비중을 두고, 개별 국가와 체제의 구조간 상호 구성적 측면을 중시한다. 따라서 사회 변화의 물질적·제도적·문화적 측면을 통합하려는 관점이다(김문성 2013, 125~126). 오랜 접촉과 교류, 협력의 과정은 상호간 신뢰를 쌓아 공동의 규범과 가치를 형성한다는 인식은 구성주의에 기반하고 있다. 구성주의는 사회적 교류가 상대에 대한 부정적인 이미지를 '친구' 혹은 '우리'라는 긍정적인 이미지로 변화시키는 인지적 과정을 담고 있다. 이런 측면에서 단체 사이의 지속적인 인적·물적 교류의 중요성을 강조한다.

그러나 합리주의적 제도주의에 기반하고 있는 신기능주의는 세상을 물질적으로 보고 있으며, 행위자의 정체성과 선호도, 행동양식이 외생적인 것으로부터 유발된다고 규정하고 있다(Alexander Wendt 1992, 394; 박광기 외 2008, 166에서 재인용). 따라서 구성주의적 신기능주의는 양자의 결합을 보완해 준다는 점에서 의의를 갖고 있으며, 구성주의의 가치중심적 논의와 신기능주의의 물질적 이해관계의 조율 과정에서 비롯되는 통합의 개념을 혼용하고 있었다.

구성주의적 신기능주의는 첫째, 지역통합은 두 가지 구축과정의 상호작용에 의해 결정된다. 초국가적 권위체의 건설과 그 정책 권한의 확대과정이며, 다른 하나는 초국가적 상호행위 공간의 형성이다. 둘째, 행위자는 합목적적으로 행동하고 인지된 자기이익을 추구한다. 셋째, 학습을 통하여 행위자들은 자기이익 개념이나 목적을 수정하게 되고, 이것은 그들의 상호행위의 양상과 상호관계에 영향을 미친다. 넷째, 행위자의 선호와 전략, 가치와 정체성은 그들이 속한 제도적 맥락 속에서 내생적으로 형성된다. 다섯째, 회원국의 선호와 정체성은 일 국가 차원에서만 형성되지 않고, 부분적으로는 초국가적 행위유형과 규범 속에서 내생적으로 형성된다. 여섯째, 한 부문에서의 통합은 다른 부문으로 파급될 수 있는데,

계적으로 제거하며, 남북이 선의의 경쟁을 하자는 이른바 '평화통일구상선언'을 공표하였다. 한국정부의 대북한 제의를 계기로 민단은 조총련에게 회합을 제안하였다. 이를 수용한 조총련은 민단과 보다 구체적인 세부 사항을 논의하였다. 그러나 회담의 일정, 조총련이 민단을 분열시키기 위한 정치적 책략 등을 이유로 상호 비난하면서 이 회합은 무산되었다.

1972년 7월 4일 남북한이 합의한 조국통일원칙으로 '7·4 남북공동성명'이 발표되었다(통일부 통일교육원 2014, 268~269). 모국의 화해 모드(mode)를 이어받아 일본의 민단계 재일한국청년동맹과 조총련계 조선청년동맹은 공동으로 합동문화제를 준비하였다. 그러나 1972년 10월 17일 박정희 정부의 갑작스러운 유신체제의 선포로 합동문화제는 무산되었다.

1991년 4월 24일 제41회 '세계탁구선수권대회'가 치바(天葉)에서 개최되었다. 이에 앞서 남북한 올림픽위원회가 남북단일팀 구성에 관한 합의서(1991.02.12)를 체결했으며, 민단과 조총련은 84차례의 협의를 거쳐 남북한 단일팀인 '코리아(KOREA)'를 공동으로 응원하였다. 그 결과, 이 대회에서 남북단일팀이 승리했으며, 대회가 성공리에 끝나자 민단과 조총련은 친목, 복지활동을 위주로 화합과 교류 사업을 추진할 '교류촉진협의회'를 발족하였다. 1991년 9월 17일 유엔 총회에서 '남북한의 유엔 동시 가입'이 통과되었다. 민단은 남북한 UN 동시 가입과 관련하여 동수(同數)의 남북한 상호방문, 전후 보상 문제의 공동 대처, 8·15 공동개최를 조총련에 제의했지만, 조총련은 강경하게 민단과의 대화를 거부하였다(지충남 2017b, 198). 이는 '교류촉진협의회'의 무산을 조총련이 민단에게 전가하는 술책이었다.

김대중 정부는 '대북포용정책'을 통해 남북한의 화해와 협력 관계를 조성하였다. 이러한 효과는 남북 간의 경제협력으로 가시화되었다. 철도·도로 연결사업, 개성공단 건설사업, 금강산 관광사업 등 3대 사업을 중심으로 교류가 활성화되었다. 2000년 6월 15일 남북한 정상회담에서 김대중 대통령과 김정일 국방위원장이 서명한 '6·15 공동선언'이 발표되었다(통일부 통일교육원 2014, 274). 남북한의 우호적인 협력 관계가 조성되자 민단은 재일동포 사회의 현실적인 문제와 통일 문제를 논의하기 위해 조총련에 대화를 제의하였다. 조총련은 민단의 제의를 수용하면서 민족 최대의 숙원인 조국통일 실현에 기여하겠다고 공표하였다.

그리고 도쿄에서 민단계 한청동경본부와 조총련계 조청동경본부가 개최한

'남북최고위급회담 개최를 지지하는 동경동포청년학생집회'가 개최되었다. 참가자들은 선언을 통해 정상회담을 열렬히 환영했으며, 오사카에서도 '남북정상회담 환영 오사카동포청년학생제'가 열렸으며 지역동포 800여명이 참여하였다. 6월 12일 일본 간사이(關西) 지역의 민단계 및 조총련계 재일동포 상공인들이 회담의 성공을 기원하는 골프 행사를 진행했다. 민단계와 조총련의 상공인들이 대규모 친선행사를 갖은 것은 이 행사가 처음이었다. 일본지역 동포들은 민단과 조총련에 관계없이 남북한 관계개선에 대해 환영의 입장을 표명했다.[2] 민단과 조총련 지도부는 2002년 5월 평양에서 개최된 '아리랑축제'와 서울의 '월드컵' 경기에 두 단체의 관계자들이 교차 방문했으며, 월드컵 응원을 위해 조총련계 응원단 550명이 한국에 입국하였다(지충남 2015a, 201~202). 또한 조총련 응원단은 2002년 9월 부산 아시안게임에도 북한 선수단의 응원을 위해 441명이 입국하였다.

2003년 2월 취임한 노무현 대통령은 통일외교정책의 측면에서 '한반도 평화체제의 구축'을 추구하는 김대중 정부의 노선을 이어받았다. '국민의 정부'에서 추진되었던 대북정책을 '참여정부'가 계승함으로써 대북정책의 지속성을 유지하였다. 2003년 8월 21일 대구에서 개최된 '2003 하계유니버시아드'에 북한팀을 응원하려는 조총련계 재일동포 100여명이 참가해 열띤 응원전을 펼쳤다. 또한 참여정부는 한국에 입국하려는 '조선적 재일동포'의 여행증명서 발급과 관련하여 신청자의 99%에게 입국을 허용하였다.

이렇듯 남북한 관계가 순조로운 상황에서 2006년 5월 17일 이념을 넘은 재일한인 사회의 작은 통일이 성사되었다. 민단의 하병옥 단장과 조총련 서만술 의장은 '6·15 남북공동선언'의 이념에 따라 재일동포의 반목과 대립을 화해와 화합으로 전환하자는 만남과 함께 첫째, 두 단체의 화해·화합 도모 및 동포사회 단합을 위한 협력; 둘째, 6·15 민족통일대축전에 일본지역위원회 공동참가; 셋째, 8·15 기념축제 공동개최; 넷째, 교육·민족문화 진흥사업 공동노력; 다섯째, 동포사회 복지·권익옹호 활동 협력; 여섯째, 합의 이행을 위한 창구 설치 등 6개항을 발표하였다(統一日報編輯部 2006, 35~36). 그러나 민단과 조총련의 화해는 민단 내

2) 재일한인들의 일각에서는 정상회담에 대해 회의적인 반응도 있었다. 북한이 경제적으로 안정되고 어느 정도 민주화되어야 현실적인 논의가 가능하며, 이를 위해서는 상대적으로 긴 시간이 걸릴 것이라는 의견도 대두했다. 또 다른 의견으로는 정상회담을 정치 쇼로 치부하면서 현실을 직시해야 한다는 극단적인 견해도 등장했다(김용찬 2000, 110).

부 보수파의 강력한 반발로 무산되어 버렸다. 또 다시 양 단체의 교류와 협력은 냉각기로 접어들었다.

2000년 6월 제1차 정상회담 이후 7년 만에 노무현 대통령과 김정일 국방위원장의 제2차 남북정상회담이 2007년 10월 2일부터 4일까지 평양에서 개최되었다. 그 결과 본항 8개 및 별항 2개로 구성된 '남북관계 발전과 평화번영을 위한 선언'이 발표되었다(통일부 통일교육원 2014, 275~277). 그러나 대통령 임기를 불과 4개월 정도 남겨둔 상황에서 발표된 이 선언문은 남한 및 재일한인 사회에 큰 파급효과를 산출하지는 못하였다.

2008년 2월 25일 대통령으로 취임한 이명박의 대북정책은 '비핵·개방·3000'이다. 이 공약은 북핵문제와 남북관계를 연계한 것으로, 북핵문제의 진전에 따라 단계적으로 경제, 교육, 재정, 인프라, 생활향상 등 5개 분야의 프로젝트를 추진해 10년 내에 북한 주민의 1인당 국민소득이 3,000달러에 도달할 수 있도록 한국 정부가 적극 지원한다는 내용이었다(한나라당 2007, 193). 요컨대, 이명박 정부의 대북정책 요체는 한반도 평화와 안정을 위해 북한 비핵화를 국제사회와의 긴밀한 협조 속에서 추진하고, 북한의 무력도발에 단호히 대응하겠다는 것이었다. 이전 정부가 남북관계에 대해 기능주의적 확산효과(spillover effect)에 기반을 둔 단계적 접근을 취했다면, 이명박 정부는 남북관계에서 가장 중요한 북핵 문제부터 해결하여 다른 부분으로 합의를 확산시키겠다는 통합적 접근방식을 채택하였다(황지환 2017, 33). 이는 궁극적으로 '선 북핵해결, 후 남북협력'이라는 대북 강경정책을 의미하였다. 그 결과는 남북관계의 경색으로 귀결되었다.

북한과의 경제적·인적 교류는 격감했고, 이산가족 상봉 중단, 남북경협 중단 위기, 금강산 관광 민간인 피격 사건, '북한의 제2차 핵실험'(2009년 5월 25일), 북한 황강댐의 무단 방류로 인한 한국인 6명의 사망(2009년 9월 6일), '북방한계선(NLL)에서의 군사적 마찰'[3)]등과 같은 사건들이 연이어 발생하였다. 결국 남북관계의 경색은 한반도의 안보불안을 가중시키는 요인으로 작용했으며, 이러한 영향은 재일한인 사회에서 민단과 조총련 관계 또한 경색 국면으로 접어들게 만들었다.

3) 대청해전 도발(2009.11.10), 서해5도 NLL 남쪽 한국 수역에 '평시해상사격구역' 설정(2009년 12월 21일), 서해5도 NLL 남쪽 한국 수역에 해안포와 방사포의 대규모 발사(2010년 1월 27~29일), 천안함 폭침(2010년 3월 26일), 백령도 및 연평도 인근 한국 수역에 해안포 사격(2010년 8월 9일), 연평도 포격(2010년 11월 23일), 北용매도 해안포의 연평도 수역에 포격(2011년 8월 10일) 등이다.

이명박 대통령의 임기 만료에 따라 제18대 대선에서 선출된 박근혜 대통령 또한 대북 강경책을 실행하였다. 2016년 1월 북한은 제4차 핵실험에 이어 2월에는 한국 및 주변 4강의 우려에도 불구하고 장거리미사일 발사를 강행했다. 박근혜 정부는 대북 압박 제재조치의 일환으로 대북 확성기 재개와 개성공단의 철수를 공표하였다. 이렇게 남북한 관계의 경색 국면은 그대로 재일한인 사회에 영향을 주어 이명박 정부의 등장 이후부터 현재까지 민단과 조총련의 교류는 완전히 단절된 상태이다.

박근혜 대통령의 파면 이후, 19대 대선을 통해 집권한 문재인 정부는 '평화와 번영의 한반도정책' 기조 위에서 단절된 대북관계를 다시 대화와 교류를 통한 남북관계로의 모색을 도모하고 있다. 평창 동계올림픽의 북한 선수단 참가, 북한 김여정 특사의 방한 및 정의용 특사의 방북, 그리고 2018년 4월과 5월 남북 및 북미 정상회담이 예정되어 있었다. 남북의 화해 분위기에 따라 2018년 평창 동계올림픽에 조총련계 동포 170명이 북한팀을 응원하기 위해 한국에 입국하였다. 그리고 남북한 관계의 진전 상황에 따라 민단과 조총련 관계 또한 대화의 모색 가능성이 높은 실정이다.

결국 재일한인 사회에서 민단과 조총련의 교류협력은 모국의 영향을 직접적으로 받고 있었다. 남북관계가 좋으면 두 단체 또한 대화를 모색하려고 노력하고 있었지만, 이와는 반대의 경우라면 두 단체 간 전혀 교류와 협력은 없었으며, 상대방 단체에 대한 공격과 비난이 난무하였다. 위와 같은 사례에서 알 수 있는 점은 재일한인 사회의 화합과 교류를 비롯한 민족통일운동은 남북한의 정세에 전적으로 좌우되는 형국이었다.

그리고 민단과 조총련의 교류를 모색하는 회합에서의 특징은 상대방의 제의를 그대로 수용하기보다는 항상 새로운 조건을 추가하여 제시함으로써 양 단체의 교류협력을 어렵게 만들고 있었다.

재일한인 사회의 통합을 위해서는 우선적으로 민단과 조총련이 모국의 정부와 일정한 거리를 두고 재일한인을 위한 통일운동을 전개하여야 한다. 먼저 이념과 관련된 민감한 정치적 문제는 제외하고 신뢰를 구축할 수 있는 교류를 실행하는 것이다. 예컨대, 한반도 통일정부의 체제와 이념은 후차적인 문제로 간주하고, 선행적으로 재일한인 사회 내에서 모국의 평화적 통일을 위한 환경의 조성 차원에서 만남과 교류가 이뤄져야 한다.

3. 단체 활동

단체란 공동의 목적을 지향하는 사람들이 만든 조직체를 의미한다. 즉 일정한 가치, 이익추구, 친목도모 등 단체가 설정한 다양한 목표를 달성하기 위해 상호작용을 하는 개인들의 집합체이다. 트루먼(Truman 1971, 33)은 "회원들이 공유한 태도(shared attitudes)가 결집된 조직"을 단체로 불렀으며, 벤틀리(Bently 1967, 211)는 "일정한 방향으로 움직이는 경향을 가진 활동의 집합체," 그리고 토크빌(Tocqueville 1988) 또한 단체를 "민주주의의 학교나 훈련장"으로 정의하였다.

이러한 단체는 결성 목표에 따라 특정인의 이해와 영리를 목적으로 설립되어 운영되고 있는 영리단체, 그리고 일반사회의 공익 등을 목적으로 설립되어 비영리 위주의 활동을 전개하는 비영리단체로 구분할 수 있다. 단체가 회원들의 물질적·비물질적 이익을 추구하기 위해 결성되었다는 점에서 존립의 근거로는 첫째, 구성원들의 이익을 위해 조직된다. 이익은 회원들이 인정한 조직목표와 조직활동을 통해 획득할 수 있다고 인식하는 개인적 차원도 포함하고 있다. 단체는 자신들의 이익을 위해 자발적으로 결성된 공적·사적인 조직이다. 이런 점에서 다양한 국민들이 이익을 대변하면서도 법률의 적용을 받고 있는 정당과는 다르다. 둘째, 단체는 모임이 아닌 '조직'이다. 조직은 회원의 가입 조건, 단체 목표, 규칙, 임원, 활동 내용들이 구체적으로 명시되어 있다(최진혁·박대식 2005, 28~29). 따라서 단체는 일회성 모임이 아닌, 지속성을 갖고 활동하는 조직체이며, 어떤 단체든지 조직의 존립을 위한 활동 목표, 회원의 준수 사항, 조직체계 등이 규정되어 있다.

사회단체(society organization: SO)는 일반적으로 정부 및 영리를 추구하는 단체와 무관한 제3의 영역으로 분류되는 자발적 단체를 의미하며 비영리단체, 비정부조직, 시민단체, 시민사회단체, 민간단체 등과 혼용하여 사용하고 있다. 사회단체의 광의적 의미는 사회 내에서 일정한 목적을 가지고 시민들의 올바른 가치관에 영향을 미치기 위해 결성된 자발적 결사체이다. 반면에 협의적으로는 국가를 대상으로 국가권력에 대한 견제와 비판을 하며, 이러한 활동을 통하여 사회변혁을 지향하는 단체의 특성을 갖고 있다(박상필 2001, 76~77). 사회단체는 특정한 문제나 쟁점을 중심으로 공익 또는 사익을 추구하면서 집단의 이익과 공공선을 달성하려는 사람들이 결성한 단체이다(지충남 2007, 172; 임채완 외 2008, 25; 김영대

2012, 60). 즉 사회단체는 공동선과 공공의 이익을 위해 민간, 비영리, 자율적, 자발적, 공식적 단체를 기본 속성으로 활동하고 있다(Vakil 1997, 2059~2060). 사회단체는 비영리단체(non profit organization: NPO), 비정부조직(non governmental organization: NGO), 시민사회단체(civil society organization: CSO) 등을 포함하는 가장 포괄적인 개념으로 정의할 수 있다.

살라먼(Salamon, 1998)에 따르면 NPO와 NGO의 5개 특성을 제도적 실체, 국가로부터 분리, 이익의 불환원, 자율성, 회원의 자발적 기여 등 다원주의적 관점에서 주장하였다. 이러한 단체의 활동은 주장(advocacy) 활동과 현장(operational) 활동 영역으로 구분된다. NGO는 비영리·비정부 목적으로 활동하는 민간조직인 반면 NPO는 비영리성을 강조하며, 배분금지제약(non-distribution constraint)이 적용되는 문화예술단체, 자선단체, 양로단체, 연구소, 종교단체, 각종 직능단체, 교육단체 등을 포괄하는 개념이다(박관규 2012, 89). 이를 재외동포의 단체 유형에 적용하면, 사회단체의 범주에는 재외동포 사회의 통합과 대표기능을 수행하는 한인회를 비롯하여 연고단체, 교육단체, 종교단체, 직능단체, 통일단체, 환경단체, 인권단체, 봉사단체, 문화·예술단체, 전문가단체, 체육단체 등 다양한 사회적 활동을 하고 있는 단체를 포함시킬 수 있다(윤성석 외 2006, 28~29).

한편 국가에 따라 시민사회단체, 특히 비영리단체와 비정부단체의 구분에 차이가 있다. NPO는 기업에 대응되는 개념이며, NGO는 정부기구에 대응하는 개념이다(박재영 2003, 6). 그러므로 NPO는 이윤 획득을 목적으로 하지 않고, 공적인 활동을 펼치고 있는 민간단체를 지칭하는 반면에 NGO는 정부활동에 대한 정당성의 판별을 중심으로 공익활동을 펼치고 있는 정부 이외의 민간단체로 비국가적 행위자(non state actor)와 동일한 의미이다. 즉 영리를 추구하는 기업, 권력을 추구하는 정당을 비롯한 정치단체, 종교단체, 이익단체와 같은 조직을 포함하고 있다.

NGO와 NPO를 활동분야라는 측면에서 보면 개발, 인권, 환경 등과 같이 지구적 규모의 차원에서 문제되는 것들에 초점을 맞추는 NGO보다는 문화나 예술, 교육 등의 분야도 모두 포괄하는 NPO가 보다 광범위한 의미를 갖고 있다. 일본에서는 NPO의 일부로서 개발 등과 같은 지구적 차원이나 국제협력 분야에서 활동하는 단체를 NGO라고 규정하고 있다(이면우 1998, 4).[4] 한국의 경우 NPO와

---

4) 일본의 NPO법인 연구는 민병로(2010, 125~160) 참조.

NGO를 거의 동일한 개념으로 인식하여 이를 단체에 적용하는 경향이 많았으며, 미국은 NGO보다는 NPO를 주로 사용하는 경향이 높았다.

위와 같은 단체 개념을 민단, 조총련, 재일한국인연합회(이하 '재일연합회') 등에 적용한다면 이들 단체는 시민단체(NGO)가 아니다. 시민단체의 특징으로는 첫째, 사회운동 차원에서 활동하며; 둘째, 자발성에 기초해 조직되었으며; 셋째, 이윤을 추구하지 않고; 넷째, 정부 내지 정치적 영향으로부터 독립되어 있어 의사결정의 자율성을 가지며; 다섯째, 지속성을 갖는 민간결사체이다(신광영 1999, 29~41). 여섯째, 회원 가입의 제한이 없다. 이러한 시민단체의 특징 가운데 넷째와 여섯째 사항의 기준에 적합하지 않기 때문이다. 즉 민단, 조총련, 재일연합회가 한국정부와 독립적인 관계를 유지하고 있느냐의 문제가 제기될 수 있다. 민단의 경우, 매년 한국정부로부터 8억 엔, 재일연합회는 400만 엔의 보조금을 받고 있으며, 또한 이들 3개 단체는 친한 혹은 친북의 성향을 보여주고 있다는 점에서 시민단체는 아니다. 직업, 연령, 지역 등 회원 가입의 배타성이 있다는 점에서 노동조합과 같은 직능단체가 시민단체가 될 수 없듯이 민단, 조총련, 재일연합회 또한 회원 가입의 제한이 있다는 점에서 동일한 규정을 적용할 수 있다. 결국 민단, 조총련, 재일연합회 등 3개 단체는 시민단체가 아닌 사회단체이며, 세부적으로는 재일한인들의 권리, 친목을 도모하는 한인회로 분류할 수 있다.

한반도의 평화통일은 동아시아의 영구적 평화에 기여하며, 동아시아 시민을 창출하여 동아시아 공동체를 실현하려는 이념과 비전을 목적으로 활동하고 있는 공익재단법인 원코리아페스티벌은 영리를 취하지 않는 단체로 등록되어 있다. 한통련 또한 조국의 민주화 및 자주적 평화통일, 한반도의 비핵화, 일본과의 우호친선 등을 강령으로 내세운 통일단체이지만 재일한인을 대상으로 국어강습회, 역사학습회, 민족문화 활동 등 민족교육을 실시하고 있다. 따라서 원코리아페스티벌이나 한통련은 단체 유형에서 시민봉사단체로 구분할 수 있다. 다음 <표 2-1>은 재외한인단체의 유형이다. 단체분류는 11개이며, 각각의 단체분류에 해당하는 대표 단체명을 기입하였다.

2014년 기준, 외교부가 발표한 자료에 따르면 재외에서 활동하고 있는 한인단체는 3,172개로 나타났다. 재외한인단체 중 한인회가 압도적으로 많은 768개이며, 종교단체 395개, 경제단체 347개 순이었으며, 통일 관련 단체는 61개이다. 재인한인회는 약 718만 4천여 명의 재외한인들이 거주하고 있는 194개의 국가 및

표 2-1 재외한인 단체의 유형

단 체		단체 종류
한인회		재일민단, 조총련, 재일연합회
지역한인회		지역별 한인회: 민단, 조총련의 지방본부, 재일한국인관서연합회, 큐슈한국인연합회, 중부한국인연합회 등
연고단체	종친회	姓氏
	향우회	서울, 경기, 인천지역/충청지역/강원지역/영남지역/호남, 제주
	동문회	초등/중·고등/대학/유학생회
직능단체		상인연합회, 노동조합, 숙박관광업협회, 무역인협회, 이용사회, 미용사 연합회, 음식업 연합회, 유흥업 연합회, 기타
문화·예술단체		화가회, 합창단, 골동품, 댄스협회, 문화협회, 서화협회, 국악협회 등
시민봉사단체		YMCA, 선교원, 선교회, 봉사회, 여성센터, 라이온스, 상록회, YWCA, 건강센터, 복지회, 법률상담, 인권/권익, 장학회, 차세대육성후원회 등
재향군인단체		월남참전회, 해병대전우회, ROTC, 참전동지회 등
친목 및 체육·동호회		체육회, 산악회, 테니스회, 골프, 검도, 태권도협회, 축구단
전문가단체		의사회, 치과회, 한의사회, 간호사회, 약사회, 변호사회, 기자협회, 예총, 교육단체, 기타
종교단체		개신교/가톨릭/불교/원불교/토착종교단체/기타
기타 단체 및 온라인단체		분류하기 어려운 비공식적 모임/인터넷 온라인상 활동 단체

출처: 임채완 외(2007, 12), 재작성.

지역마다 각각의 한인회가 활동하고 있는 관계로 다른 단체에 비해 수적으로 월등하다. 일본에서 민단의 경우, 전국적인 조직체계를 갖추고 있는데 7개 지방협의회, 49개 지방본부, 317개의 지부, 289개 분단, 2,454개의 반, 그리고 7개 산하단체로 구성되어 있다. 따라서 다른 단체와 비교하여 그 수가 많았다.[5)]

단체의 결성 목적에 따라 단체 활동이 달라질 수 있다. 재일한인회를 대표하

5) 민단 단세현황, http://www.mindan.org/kr/shokai09.php(검색일: 2016.01.12).

표 2-2 재외한인단체 현황

단체 유형	개 수	단체 유형	개 수
한인회	768	체육	144
종교	395	언론	131
경제	347	재향군인	105
문화·교류	336	여성	69
복지·봉사	242	통일	61
한글학교	199	정치	22
교육·학술	158	안보	15
기타	180	총계	3,172

출처: 외교부(2014), 『재외동포 단체조직 현황』, 남성욱(2015, 144) 재인용.

는 민단과 조총련은 회원들의 자발적 참여, 가치관의 공유를 기반으로 조직 구성과 함께 단체 활동을 전개하고 있다. 먼저 단체 구성과 운용 부분을 보면, 단체목적에 따라 활동 내용과 영역이 달라질 수 있다. 단체 목적은 회원 자신의 이익을 위한 것과 다른 사람들을 돕는 것으로 구분할 수 있는데, 단체가 추구하는 목표에 따라서 사적 이익을 일차적으로 추구하는 단체와 집합적 공공재 등 공적 이익을 추구하는 단체로 유형화가 가능하다.

친목단체, 운동단체, 여가단체는 자기개발이나 자신들의 사적 이익과 관련하여 활동하고 있다. 그러나 환경단체, 동물보호단체, 국제구호단체, 인권단체, 소비자단체, 빈민구호단체 등 시민봉사단체는 주로 공익 차원에서 다른 사람들을 돕는 일을 하고 있다. 노조, 기업인단체, 전문직단체 등은 경제이익이나 직업 관련 이익을 추구하는 이익단체의 범주에 속한다. 종친회, 향우회, 동창회는 주로 정체성을 강조하면서 회원들의 이익을 추구하는 단체이다(Morales & Geurts 2007, 135~157; Warren 2001; 박종민·배정현 2008, 126~127 재인용). 따라서 원코리아페스티벌이나 한통련은 한반도 통일과 관련하여 활동하고 있다는 점에서 시민봉사단체 유형으로 분류할 수 있다.

회원들이 단체 활동에 참여하는 이유는 물질적 혜택, 사회적 명성, 조직 내 지위 획득, 친목도모, 사회봉사 등 다양하다. 일반적으로 사적 이익을 추구하는 이익단체의 경우, 구성원들은 직접 참여해야 이익을 얻을 수 있기 때문에 참여가 더 활발하며, 단체의 결속력 또한 큰 편이다. 반면 공적 이익을 추구하는 단체의 경우는 무임승차(free ride)의 가능성 때문에 회원들의 참여 유인이 적을 수도 있다. 따라서 단체의 결성 목적에 따라 회원들의 참여수준이 달라질 수 있다.

조직이란 자체의 생존을 1차적인 목적으로 하며, 나아가 번영을 추구한다. 단체 또한 조직의 하나로서 이타적인(altruistic) 공공의 이익만을 추구하는 존재가 아니라, 조직 자체의 생존과 번영이라는 목적을 추구하고 있다(박재영 2003, 61). 로렌스와 로쉬(Lawrence & Lorsch 1967)는 조직 구조의 결정 요인으로 환경을 주장하였다. 환경과 조직구조가 상호간 일치 또는 조화되지 않는다면 효율성을 발휘하는 조직으로 존재할 수 없다. 이는 환경의 특징에 따라 조직의 구조도 변화되어야 함을 의미한다. 이와는 달리 단체의 규모, 구성원, 조직이 활용하는 기술의 특성, 조직이 처한 환경, 정보매체의 발전 등의 요인들이 조직 구조를 결정하면서 영향을 주고 있다(양창삼 2007, 457~459).

단체 운영에서 회원의 수는 첫째, 조직의 역량과 대중적 토대를 가늠할 수 있는 척도이며; 둘째, 회원들의 의식을 고양시키며; 셋째, 조직에 대한 사회적 감시 역할을 수행하며; 넷째, 재정구조의 안정적 토대를 제공하고 있으며; 다섯째, 조직 및 활동의 독립성 강화 등의 의미를 갖고 있다(도모생애교육연구소 2001). 민단의 회원 수를 보면, 2009년 38만 명에서 2013년 32만 명으로 감소하고 있으며, 조총련 또한 약 5만 명 회원이 활동하고 있는 것으로 나타나 회원의 정체(停滯) 현상을 보이고 있다.[6] 이러한 것은 조직 운영상의 불만에 대한 기존 회원들의 탈퇴, 비회원들의 특정 단체에 대한 가입 필요성의 부재, 지도부 선출이나 의사소통의 단절, 폐쇄적인 조직운영 등 단체 운영상의 비민주성 노출, 미약한 대외활동 등과 관련되어 있다.

재일한인 사회에서 제1~3 통일운동을 주도하고 있는 민단, 조총련, 한통련, 원코리아페스티벌 등 4개 단체는 결성 목적에 부합한 활동을 전개하고 있다. 특히 4개 단체의 활동 가운데 '통일운동'에 초점을 둔 것이다. 따라서 이들을 '통일운동단체'로 규정한다면, 한반도 통일을 촉진하려는 이념지향운동 단체로 정의할 수 있다(배한동 2014, 31).

6) 민단 38만명, 재일한인회 5만명, 조총련 10만명으로 주장하고 있다(서울신문 2013.07.06, 13).

4. 글로벌 네트워크(Global Network)

21세기 글로벌화의 심화와 인터넷 혁명의 지속성은 국가 간의 경계를 넘어서는 네트워크를 확장시켰다. 그 결과 사람, 자본, 물류, 지식, 정보 등은 민족국가와 국경을 손쉽게 초월하는 이른바 '국경 없는 세계(borderless world)'를 만들어내어 지구촌의 세계화를 촉진시켰다. 이와 더불어서 전 세계적으로 다문화주의가 확산됨에 따라 이전의 민족국가가 갖고 있던 폐쇄성(isolationism)과 지방성(localism)은 더 이상 지속가능하지 못하게 되었으며, 또한 전통적인 민족 네트워크의 독점성(monopoly)도 고유한 특성과 의미를 상실하였다(Guehenno 1995). 앤드류 그로브(Andrew S. Grove)는 인텔(Intel)사의 전임 회장이었다. 그는 "당신은 세계화와 정보혁명이 만드는 세상에서 사는 것밖에 다른 선택의 여지가 없다. 오직 두 가지 옵션만이 있을 뿐이다. 적응 아니면 죽음이다"라고 네트워크의 중요성을 강조하였다(홍성욱 2002, 12). 이는 우리들 개개인의 정보 생활과 관련하여 인터넷의 파급력과 영향력을 설명한 말이다. 현대 사회는 인터넷의 발달로 개인들이 다양한 정보를 획득하고, 온라인(on line) 상에서 새로운 사람들과 네트워크를 갖고 있다. 과거 오프라인(off line)의 한계였던 시간, 정보, 거리의 제약은 온라인 네트워크의 출현으로 단순히 많은 사람들을 연결시켜 주기보다는 사람과 사람 간에 새로운 커뮤니티를 생성하였다.

이렇듯 21세기 네트워크는 상품과 사람의 이동 수단인 도로보다 더 큰 영향력을 사회 전체와 개인에게 미치는 신경체계이다(반 다이크 2002, 8). 정보기술의 발전은 사회구조를 정교하고 복잡한 네트워크 구조로 변화시켰다. 미디어를 통한 원격 네트워크, 인터넷의 데이터 네트워크, 통신기술에 의한 커뮤니케이션 네트워크 등은 구성원들 사이에 네트워크화를 촉진하였다. 이러한 네트워크 구조의 변화와 진행을 마뉴엘 카스텔(Manuel Castells 2003)은 "네트워크 사회의 도래"라고 말하였다.

그렇다면 우리 사회의 새로운 사회적 지형을 구성하면서 사회 전체에 영향을 미치고, 밀접한 연관성을 갖게 하는 네트워크란 무엇인가. 카스텔(2003, 606)은 네트워크를 "상호 연관된 결절의 집합," 임채완·전형권(2006, 75)은 "구조적 측면과 네트워킹이라는 관계의 형성"을 그리고 최배근(2003, 8)은 "개체와 집단이 유기적으로 조화를 이루는 새로운 관계망"으로 정의하였다. 오툴(O'Toole 1997, 45~52)

은 "네트워크는 조직의 구성 요소들이 단 하나의 배열 안에 모두 망라되지는 않는, 둘 이상의 조직 단위들의 유형이자 제도적 매개를 통해 얽혀 있는 관계를 포괄하는 상호의존의 구조"로 보았다. 노리아(Nohria)와 가르시아 – 폰트(Garcia – Pont)는 "연계를 통한 사회적 또는 비사회적 관계의 지속성 있는 연결의 집합"으로 네트워크를 개념화했다(1991, 105~224). 사이버트 · 크라이머 · 리덴(Seibert · Kraimer · Liden 2001, 219~237)은 "자아에 의해 정의된 집단의 사람들이나 사회적 행위자를 연결하는 패턴"을 네트워크로 규정하였다.

위의 네트워크 개념은 조직이나 사람의 연계라는 점에서 유사한 관점을 갖고 있다. 네트워크는 상호의존적 관계를 형성한다는 점에서 조직과 조직, 사람과 사람을 연계(linkage)하는 행위자들 간의 관계를 연결하는, 즉 망상(網狀)의 연결을 뜻한다. 네트워크를 단체나 조직에 적용하면 집단과 조직의 구성 원리로 작용한다.

이러한 네트워크는 수직적(vertical) 네트워크와 수평적(horizontal) 네트워크로 구분할 수 있다. 수직적 네트워크는 상 · 하층부 행위자들 간의 행위를 조정하는 허브기관에 더 많이 의존하는 특징을 갖고 있으며, '수직적'이라는 의미는 참여하는 행위자 간 모두 동일한 행위 수준을 보이지는 않는다는 점을 말한다. 반면 수평적 네트워크는 자원을 공유하고 의사결정을 함께 할 수 있는 동등한 참여자들을 더 많이 필요로 하는 것을 특징으로 한다(Kim 2006). 이와 유사한 입장에서 분권형 네트워크와 집권형 네트워크로 구분하는 경우도 있다. 이 둘 간의 차이는 허브기관의 유무에 있다. 분권형 네트워크 구조에서는 모든 참여자들이 상호간에 직접적으로 연계를 맺을 수 있다는 것을 특징으로 하는 반면, 집권형 네트워크 구조에서는 그러한 연계가 허브기관에 의해 이뤄진다는 점이 특징이다(오재록 2012, 69). 따라서 기존의 조직과 기업이 위계로 구성된 수직적 · 비탄력적 관계로 형성된 폐쇄적 구조였다면, 조직 구성의 원리로써 네트워크는 수평적이고 유연한 관계를 의미한다(김용학 · 하재경 2009, 30). 결국 단체 또는 조직의 네트워크는 상호의존으로 구성되는 단체나 조직들 간의 연결이며, 행위자들이 교류하고 관계를 맺는 사회적 공간을 뜻한다(지충남 · 이명남 2006, 100).

한편 사물이나 사람들을 상호 연결하는 네트워크는 사람 또는 사물의 개체를 노드(node)로 표현하고, 노드 간 연결 관계는 링크(link)로 표현하여 현실 세계의 각종 시스템을 모델링한다(이수상 2012, 26). 이러한 네트워크는 에고 네트워크

(ego network), 양자 네트워크(dyadic network), 전체 네트워크(total network) 등으로 유형화할 수 있다. 먼저 에고 네트워크는 한 개인의 에고(ego)를 중심에 위치시키고, 그 개인과 다른 노드(node)와의 연결을 표현한 네트워크이다. 이 때 다른 노드는 타자(alter)가 된다. 에고 네트워크는 한 사람을 중심에 두고 있다는 점에서 그 중심과의 관계로 모든 사항이 집약된다(손동원 2005, 5).

1960년대 후반, 그레노베터(Granovetter)는 메사추세츠(Massachusetts) 뉴턴(Newton) 시에서 대학 졸업생들이 사회적 연결 네트워크를 활용하여 어떻게 직업을 찾고 있는가를 연구하였다. 그레노베터의 '직업 찾기 연구'는 에고(Ego) 네트워크를 활용한 대표적인 사례이다. 연구의 결과, 다수의 사람들은 사회적 연결이 강한 친구나 친척이 아닌 그냥 알고 지내는 사람들의 도움을 받아 직업정보를 얻는 경우가 많았다는 사실에서 약한 친분관계의 사람들이 더 유용할 수도 있음을 발견하였다. 즉 대학 졸업생들이 직업을 구할 때, 강한연대(strong ties)보다는 약한연대(weak ties)에서 유용한 정보를 많이 얻고 있음을 찾아내었다. 그레노베터는 사회적 관계에 참여하는 사람들의 관계의 정도를 강한연대와 약한연대로 구분하였다. 이 둘의 차이는 개개인이 속한 네트워크의 특성과 네트워크 속에서 한 개인이 제3의 개인에게 영향력을 미치는가의 여부이다. 강한연대는 개인이 참여하는 사회적 관계에 대해 행위자 모두가 이 관계를 중요시하면서 관계 유지에 자원을 투입한다. 가족, 친구, 동료 관계에서 나타난다. 약한연대는 사회적 관계에 참여하는 개인들에게 관계의 중요성은 낮으며, 제한적이었다(Granovetter 1973, 1360~1380).

사회생활에서 가끔 만나는 사람들끼리는 생활환경이 다르다. 예컨대, 내가 자주 접하는 일상적 정보가 때때로 상대방에게는 매우 가치 있는 정보가 될 수 있다. 이는 약한 연결로 맺어진 사람들 사이에서 새로운 정보가 교류되는 배경이다(손동원 2005, 89). 강한연대는 친구, 가족과 같이 서로 친밀하게 연결되어 있는 관계인 반면 약한연대는 조금 친한 관계나 자주 안 만나지만 그냥 아는 친분관계이다(이수상 2012, 27). 따라서 강한연대로 연결된 사람들은 강한 친분관계나 민족집단과 같이 동질적인 사회권에 속하고, 동종의 정보를 공유하고 있다. 그러나 약한연대는 행위자를 다양한 사람들에게 연결시켜 주며, 연결된 사람들은 서로 다른 단체나 조직에 속해 있어 새로운 정보를 상호 전파하는 경향을 갖고 있다는 점에서 정보 수집에 있어 유리한 편이다.

표 2-3 네트워크 관계

변 수	약한연대(Weak Ties)	강한연대(Strong Ties)
관계의 친근성	지인, 평범한 관계	가족, 친한 친구·동료·단체
관계의 밀도	낮음	높음
관계의 지속성	낮음(일회성)	높음(비일회성)
상호 유사성	낮음	높음
상호 영향력	낮음	높음
편익 증대	낮음	높음
네트워크 넓이	넓음	좁음
상호 연결기능	연결기능 수행	연결기능 비수행
구성원 신뢰도	낮은 신뢰관계	높은 신뢰관계
조직 체계	개방적	폐쇄적

<표 2-3>에 강한연대와 약한연대의 네트워크를 정리하였다. 이 둘을 결정하는 변수는 10개이다. 첫째, 자주 만나지 않으면서 알고 지내는 사이, 그리고 평상시 자주 만나는 사이의 관계를 뜻하는 접촉은 관계의 친근성이다. 둘째, 관계의 밀도는 친밀감이다. 참여한 단체 간 관계의 응집으로 네트워크에 속한 클러스터(cluster) 내의 행위자들 사이에서 친밀한 관계가 구축되었을 때는 높은 밀도를 보인다. 감정적 지원, 교류의 활성화 등이 친밀한 유대의 요인이다. 셋째, 관계의 지속성은 접촉의 시간으로 일회성과 비일회성으로 구분된다. 접촉이 많을수록 다회성으로 나타난다. 넷째, 상호 유사성은 단체 설립의 목적, 활동의 유사 정도를 뜻하며, 단체의 설립 목적과 대내외적 활동의 유사성이 클수록 강한연대를 구축할 것이다. 다섯째, 강한연대일수록 단체의 상호 영향력은 높은 반면에 연결의 정도가 낮으면 영향력 또한 낮다. 여섯째, 편익증대는 단체 교류에 있어 비용보다 편익이 많을수록 단체 간 교류는 증가할 것이며, 반대의 경우 단체 교류는 감소할 것이다. 일곱째, 네트워크 넓이는 네트워크 간 정보 전파에 있어 개방적 혹은 폐쇄적인가에 따라 달라진다. 체계가 개방적이면 교류 단체의 수가 많아 네트워크가 넓게 퍼져 있을 것이다. 여덟째, 그레노베터의 직업 찾기 사례에서 나타난 것처럼 상호연결은 강한연대보다는 약한연대에서 수행되고 있었다. 아홉째,

구성원의 신뢰도는 친근성, 밀도, 지속성이 낮을수록 신뢰관계가 낮으며, 반대의 경우 높은 신뢰관계를 갖고 있다. 열 번째, 조직 체계에서 개방성은 네트워크의 원활한 정보 전파가 이루어지는 약한연대에서 나타난다. 체계의 폐쇄성은 네트워크 내부의 신용 획득, 정보공유 측면에서 네트워크 구성 단체와 비구성 단체의 교류가 거의 없는 경우로 주로 강한연대에서 표출되고 있다.

한편 네트워크를 거시적으로 확대하면 글로벌 네트워크(global network)가 된다. 이 용어의 본래적 의미는 커뮤니케이션 네트워크(communication network), 즉 사람과 사람을 연결하는 미디어를 뜻하였다(린다 하라심 1997, 15). 그러므로 글로벌 네트워크는 세계적으로 광범위한 조직망이나 연결망을 지칭하는, 다시 말해 세계적인 연결망을 가진 네트워크로 정의할 수 있다. 이러한 글로벌 네트워크는 업무, 연구, 교육, 사회적 상호작용 등을 위하여 사용자들을 근거리적(local), 원거리적(regional), 전지구적(global)으로 상호 연결시켜 주는 망(網)으로 글로벌 네트워크는 수많은 소규모 전자우편 네트워크의 상호연계 체제이다(린다 하라심 1997, 20~21). 이 글에서 글로벌 코리안 통일네트워크는 한반도의 평화적 통일을 지향하는 재외한인단체를 비롯한 각국의 재외동포들이 통일 논의의 능동적 참여를 통해 수평적 네트워크를 구축하는 것이다. 예컨대, 통일운동 등 다양한 대외활동을 전개함에 있어 양적으로는 다양한 교류를 갖는 약한연대를 형성하면서도 질적 측면에서는 교류의 지속성으로 강한연대를 갖는 것이다.

5. 선행연구

이 연구는 재일한인 사회의 통일운동을 주도하고 있는 민단, 조총련, 한통련, 원코리아페스티벌 등 4개 단체의 통일운동 및 재일동포들의 통일의식을 비교 분석하여 제4의 통일운동의 기제, 재일한인 사회의 평화통일 환경의 조성, 재외동포 단체 간 글로벌 통일네트워크 구축, 인적·물적 자원과 민족 자산화 활용 등을 모색하고자 한다. 기존에 일본과 한국에서 재일한인에 관한 단편적인 연구(재일동포 사회의 이주사, 집거지, 공동체, 민족정체성, 국적, 교육, 인권, 지방참정권, 재외국민선거, 정치사회화 운동, NGO, 축제, 문화, 다문화주의, 기업 등)는 관련 학자 및 전문가 등의 열정으로 다수의 논문 및 단행본이 출간되었다. 이 연구의 목적에 직접적으로 부합한 선행연구를 살펴보면 재일한인들의 통일운동을 분석한 연구는 개인과 단체, 재외동포로 구분할 수 있으며, 이론과 실증연구로 세분할 수 있다.

1) 재일한인 사회의 통일 연구

재일한인 및 한국에서 출판된 개인 연구자들의 한반도 통일에 관한 이론 중심의 연구물이다. 上田誠吉·藤島宇内(1976) 등은 한반도 통일운동의 필요성, 재일동포의 역할과 과제를 분석하였다. 재일조선인운동사연구회(在日朝鮮人運動史研究会 2008)의 연구는 민단과 통협의 통일운동과 교류 과정을 연구하였다. 강종헌(康宗憲 2000)은 6·15 공동선언과 통일, 그리고 노중선(盧重善 2012)은 7·4 남북공동선언과 통일을 분석하였다. 이 두 저작물의 공통점은 남북한 관계의 변화를 수반한 선언들을 고찰하면서 재일한인들의 한반도에서 통일과 관련된 역할을 논의하였다. 박종명(朴鐘鳴 1999, 297~309)은 재일동포가 조선반도의 분단이라는 현상을 타파하려면 재일동포의 능력을 결집시켜 통일을 성취하는 것과 깊은 상관성이 있다고 주장하였다. 박종명의 관점은 원코리아페스티벌의 주창자인 정갑수(2000)의 통일 논리와 유사하다.

김현선(2007); 손미경(2011); 지충남(2013a); 황혜경(2010); ワンコリアフェスティバル實行委員會(1994) 등의 연구는 축제와 민족정체성 혹은 축제를 통일과 관련시켜 연구하였다. 축제를 통한 민족정체성 함양과 평화통일 기여, 정치적 이슈와 문화의 결합, 통일 의미의 재해석과 통일기제를 다루었다. 지충남은 원코리아페스티벌을 분석하였는데, 원코리아를 지향하는 통일의 화두는 재일동포를 하나로 통합하려는 상징성을 내포하고 있으며, 재일한인 사회에서 민감한 정치적 쟁점인 통일을 문화와 접목시켰다는 측면에서 원코리아페스티벌의 의의를 주장하였다.

조관자(2015)는 재일동포들 가운데 조선적을 고수하는 '재일조선인'은 한국이 반북(反北) 의식을 철회하고 미군을 철수시킴으로써, 민족통일국가로 거듭나야 한다고 믿는 경우가 많은 것으로 주장하였다. 이러한 정치의식의 전파를 막기 위해 2009년부터 한국정부는 조선적 재일조선인의 한국 방문 중 정치활동을 금지하고 '여행증명서'의 발급을 제한하였다. 정용하(2007)는 재일동포의 통일운동에서 재일한인, 남북한, 일본사회 변수를 적용하였다. 그 결과 재일한인과 남북한 변수가 영향을 주어 재일동포 사회에서 새로운 통일운동을 모색하는 계기가 되었지만, 일본사회 변수는 재일한인의 통일운동이 일본 시민사회운동과 함께 연대운동을 벌여나가는 토대로 평가하였다.

재일동포 사회의 통일운동에 있어 중요 변수로 한국의 국내 정치상황의 변화를 선정한 곽진오(2007)의 연구는 한국 사회의 변수를 통해 일본에서 재일동포 통일운동의 진행과정을 분석하였다. 김태기(2001; 2003)는 해방 이후 1980년대까지 재일동포의 한반도 통일에 대한 대응, 한국 정부의 정책이 재일동포에게 미치는 영향, 재일동포의 역할을 분석하였다. 대결 추구적인 남북관계와 남북의 분단 지향적 재일동포 정책이 재일사회의 분열에 미친 영향과 작용을 분석한 김지형(2012)의 연구는 해방 이후 재일동포 사회의 분열은 분단된 모국에서 비롯된 전이(轉移) 현상으로 나타난 것으로 평가하였다. 김성윤(2012)은 한반도 통일에서 재일한인의 역할을 통일의 중재자, 멘토(mentor), 분단극복에 필요한 재원조달의 촉매자로 주장하였다. 사례연구로 남근우(2010)는 재일동포 사회에서 통일운동에 직접 참여한 경험을 가진 사람들을 통해 재일동포 사회에서의 통일운동을 재조명할 목적으로 민단계, 조총련계, 조총련 탈퇴자 등 7명을 대상으로 통일운동과 갈등, 민단과 조총련 간 화합과 제약 요인, 통일교 산하단체인 '평화통일연합'[7]에 대한 민단과 조총련의 입장, 한총련 활동 등을 심층조사 방식으로 연구하였다.

재일한인 사회의 통일운동과 관련한 실증연구들로서, 김태기(2007)는 재일청소년의 생활실태, 모국과의 협력방안, 세계 한민족청소년 네트워크 구축방안을 모색하기 위해 607명을 대상으로 97문항으로 구성된 설문조사를 실시하였다. 통일과 관련된 설문은 2문항으로 남북통일의 희망 여부 질문에서 재일한인 청소년 482명(79.4%)은 긍정, 부정은 47명(7.7%), 무관심은 78명(12.9%)으로 나타났다. 남북한 통일의 예상 시기를 묻는 문항의 경우, 잘 모름(164명, 34.1%), 향후 10년 이상(140명, 29.1%), 향후 10년 이내(137명, 28.5%), 향후 5년 이내(40명, 8.3%) 순위로 응답하였다. 고려대학교 일본연구센터(2009)는 재일한국상공회의소·재일본대한민국청년회·재일한국청년상공회·재일한국인연합회 등 4개 단체에서 회원으로 활동하고 있는 한국 국적의 재일한인 502명을 대상으로 설문조사하였다. 일본 귀화 여부, 차별 경험, 생활 정도, 한국식 본명 사용, 통일 등 다양한 항목에 대해 빈도와 교차분석을 활용하였다.

7) 일본에서 활동하고 있는 '일본 평화통일연합' 또한 한반도의 평화통일운동에 매진하고 있는 단체이다. 그러나 이 단체는 세계평화통일가정연합(통일교)이라는 종교적 기반 위에서 통일운동을 추진하고 있는 관계로 이 연구의 대상에서 제외하였다.

재일동포의 분단과 통일의식을 살펴보기 위해 박종성·김진환(2012)은 2011년 10월 도쿄, 오사카, 고베, 교토에 거주한 314명의 올드커머와 그 후손들을 대상으로 설문을 실시하였다. 통일의 중요성, 분단의 책임과 통일의 장애, 통일 한반도의 미래상과 남북의 소통적 가치 등을 조사한 결과, 재일동포는 통일을 분단의 극복이자 식민주의의 극복이라고 생각하고 있었으며, 우리 민족의 발전을 위해서도 분단 극복과 통일이 필요하다고 인식하였다. 그러나 이 연구의 한계는 조사 대상자 중 일본 국적의 표본은 적은 반면에 한국 국적 보유자 비율이 높아 통일의식과 관련된 통일의 과제, 가치지향성과 방향의 설정 등에 있어 가치중립의 문제가 제기될 수 있다.

이상걸(2015)은 재일한인 차세대의 정체성과 통일의식을 분석하였다. 한국계 민족학교 학생을 대상으로 통일의식과 관련된 통일의지, 통일 관심도, 실천적 태도, 통일방식의 선호도를 고찰하였다. 학생들의 통일의식은 남북한 관계나 한반도 정세 변수에 따라 시기별 혹은 지역별로 차이가 있었지만, 통일의지 측면에서 한국의 차세대나 재미한인 차세대 학생들과 큰 차이가 나지 않았다. 그러나 재일한인 학생들의 통일의식은 지역, 한국어 능력, 거주기간의 특성에 따라 통일의지, 통일 관심도, 실천적 태도, 통일방식 선호도에 상당한 차이가 있었다. 도쿄지역이 오사카지역보다 통일의식이 전반적으로 높게 나타났고, 한국어 능력수준이 높을수록 통일의지, 통일 관심도, 실천적 태도, 통일방식 선호도가 높게 나타났다. 재일한인 차세대의 정체성과 통일의식 간에는 상관성이 있는 것으로 나타났다. 그러나 이 연구의 한계는 조총련계 학생들이 포함되지 않았고, 한국계 학생만을 대상으로 조사를 실시했다는 점에서 차세대의 통일의식에 대한 대표성과 일반화에는 부족하다는 점을 지적할 수 있다.

2) 통일단체 연구

재일한인 사회에서 단체 활동은 설립 목적에 따라 여러 부문에서 다양하게 전개되고 있다. 이러한 단체 가운데 가장 활동적으로 그리고 동포들의 권익을 대변하면서 재일한인을 대표하는 한인회는 올드커머 중심의 민단과 조총련이다. 두 단체는 동포들의 생활자 단체이다. 이 연구는 재일한인들의 단체 활동 가운데 '통일운동'과 관련된 부분에 초점을 두어 민단, 조총련, 한통련, 원코리아페스티벌 등 4개 단체의 통일운동 전반에 대한 분석을 할 것이다. 그리고 한국 및 재일한인 연구자들의 한반도 통일에 대한 개별적 연구 또한 선행연구에 포함하여 분석하고자 한다.

먼저 한인회의 활동과 관련하여 민단이나 조총련에 대한 소개, 역할, 단체활동을 시계열적으로 제시한 단행본으로는 민단과 조총련, 한통련이 각각 『民團50年史, 1997』와 『朝鮮總聯編集委員會, 1991』, 『조선총련, 1993』, 『총련, 2005』, 『한통련 20년 운동사, 1994』를 출간하였다. 『민단 50년사』의 경우, 창단부터 1996년까지 중앙본부와 지방본부의 조직 구성, 단체 활동, 그리고 민단과 관련된 역사적 사건을 중심으로 서술하였다. 『총련』은 조총련 결성 50주년을 맞이하여 발간된 책자이다. 조총련의 조직 역사와 기구, 활동 그리고 부록으로 주요 활동 일지와 조총련 관련 단체의 주소 및 전화번호를 소개하고 있다. 특히 조총련의 조직체계에 대한 상세한 소개와 함께 21세기 재일조선인운동의 이정표, 민족교육, 문화체육 활동, 조국통일 등을 홍보하고 있다.

1994년 한통련이 발간한 20년 운동사는 한통련의 전신인 한민련의 결성, 그리고 한통련의 출범과 활동을 소개하고 있다. 또한 한통련의 중요한 활동 업적으로 반독재 민주화, 조국통일, 민족의 자주권 확립, 국제 민주세력과의 연대 활동을 홍보하면서 조직관계 회의, 성명서, 정강정책, 대중 집회를 나열하였다. 민단, 조총련, 한통련이 발간한 책자는 학문적 연구라기보다는 자기 단체의 활동을 중심으로 기술된 홍보 위주의 출판물이었다. 정갑수(鄭甲寿 2015)는 한반도 통일과 아시아 시민의 탄생을 목표로 원코리아페스티벌 30년의 발자취를 회고하는 단행본을 출간하였다. 일본의 시민운동사에서 대단한 족적을 남긴 원코리아페스티벌의 출범 배경과 활동, 그리고 아시아 시민의 이상, 남북한의 주인공 등의 내용을 소개하고 있다.

한편 민단과 재일연합회를 연구한 지충남(2015a)은 두 단체의 결성과정, 단체활동과 네트워크의 비교, 재외국민선거에 대한 민단과 재일연합회의 활동 등을 단체회원 208명을 대상으로 설문을 실시하였다. 한인회 회원들의 고령화, 차세대의 정체성 약화와 귀화자 증가, 동포단체 활동의 소극성, 조직의 정체와 내부 갈등 등을 민단과 재일연합회가 직면한 문제로 지적했으며, 한인회의 발전을 위한 대안으로는 두 단체의 통합을 주장하였다.

민단과 조총련을 포함하여 재일코리안 단체의 통일을 다룬 연구는 곽동의(郭東儀 1994); 오규상(吳圭祥 2005); 박경식(朴慶植 1989); 강희봉(2008); 전준(田駿 1972a;

1972b); 지충남(2013c; 2015b); 윤황·조희원(2014); 이신철(2015); 임형백(2013) 등의 연구가 있었다. 이들의 연구는 기본적으로 민단, 조총련, 한통련, 원코리아페스티벌 등 한반도 통일과 관련하여 단체 활동과 역할을 중심으로 통일운동을 조명하였다.

곽동의는 한반도 통일의 과제, 역할과 방법을 논의하면서 주로 한통련의 통일운동을 다루었으며, 오규상은 1955년부터 2005년까지 조총련 결성 50년을 맞이하여 조총련의 통일문제에 관한 입장 등 단체 활동 전반을 분석하였다. 민족운동의 관점에서 박경식은 재일본조선인연맹, 조선건국촉진청년동맹, 신조선건설동맹, 민단, 조총련 등 5개 단체의 통일운동을 분석하였다. 재일동포 사회의 갈등 해결은 조국통일이며, 조국통일이 실현된다면 동포 내부의 갈등과 대립은 해소될 것이며, '민족이념'에 의한 조국통일의 실현을 강희봉(2008)이 주장하였다. 이러한 강희봉의 관점은 재일한인 간 갈등은 한반도 통일에 의해 해소될 수 있다는 낙관론을 펼치고 있지만, 민단과 조총련 간 이념에 따른 재일동포 사회에 내재된 심각한 갈등의 골을 고려한다면 그렇지 않을 수도 있다. 田駿(1972a; 1972b)의 연구는 조총련에 대한 편향된 인식의 해소를 위해 정치적·사상적·사회적 관점에서 시기별로 재일한인의 생성과정, 정착과정의 고찰과 함께 지식층의 민족운동, 공산주의운동, 조선인연맹운동, 민단과 조총련 활동을 분석했는데 조직운영과 관련하여 1970년대 이전의 두 단체의 통일운동을 기술하였다.

지충남(2013c)은 발표논문에서 민단과 조총련의 통일운동을 제1, 제2 통일운동으로 규정한다면, 제3의 민족통일운동은 민족단체 간 대립을 불식시켜 공존의 장을 형성하면서 조국통일을 모색하였다는 점에서 의의를 지닌 것으로 평가하였다. 사례로서 김삼규의 중립화통일론, 한통련의 통일운동, 원코리아페스티벌 등 3개를 분석하였다. 지충남(2015b)은 논문의 연장선상에서 민단과 조총련의 통일운동을 분석하였다. 이들 단체의 통일운동은 남북한 정부와 연계하여 반공과 사회주의라는 틀 속에서 진행되었다. 이념적 틀을 중심으로 전개된 민단과 조총련 통일운동의 한계를 동포사회 확산에 미흡, 활동의 제약과 자율성 부족, 통합의 기제 역할 미흡 등을 지적하면서 재일한인 사회의 통일논의의 개방성과 통일의식의 함양을 주장하였다. 윤황·조희원은 재외한인 사회의 통일운동단체 현황 및 특징을 분석하여 단체들의 통일운동에서의 역할과 과제를 모색하였다. 일본의 경우 민단과 원코리아페스티벌의 통일운동을 분석했으며, 재외동포 사회의 통일운동단체는 남과 북의 민족공동체를 연합·통합시켜 남북통일의 원동력 역할의 제고와 함께 통일 이후의 확산지 역할을 주장하였다. 과제로는 통일운동단체의 역할 활성화, 동포단체 간 단결과 단합이 필요하며, 현실 공간에서 통일운동단체의 역할이 제한을 받는다면, 사이버 공간에서 통일운동단체 활동의 전개를 표명하였다.

재일한인 사회의 분단고착과 분열의 과정에서 균열이 있었고 새로운 모색의 출발점은 조국통일의 열망이라는 '작은 통합'을 지향하는 원코리아페스티벌이었다고 주장하였다(이신철 2015). 원코리아페스티벌은 재일동포 사회만이 가지고 있는 특징과 문화적 요소, 세계사적 비전이 결합된 그리고 풀뿌리 시민사회에 기반한 운동으로 재일동포 사회의 통합을 이끌어 낸 사례로 평가하였다. 임형백은 민단과 조총련의 형성과 변화를 고찰하였다. 민단과 조총련의 단체 활동에서의 대립, 성장과 쇠퇴, 화해를 위한 노력과 좌절을 규명하였다. 저자는 민단과 조총련의 변화, 그리고 서로 화해를 통한 공존이 필요한 시기라고 주장하였다.

3) 재외동포 사회의 통일 연구

백영옥(2015, 3~29)에 의하면 한반도 통일은 과거의 민족공동체의 복원이 아니라 전체 한민족 모두가 민족적 자긍심을 가지고 서로 상생·발전하여 개방적이고 다양성을 포용하는 행복한 한민족공동체를 건설하는 것이다. 따라서 재외동포 사회에 통일 논의의 확산이 필요하다는 입장을 견지하였다. 남성욱(2015, 109~148)은 한반도 통일과 재외동포의 역할을 규명하기 위해 재일한인, 사할린 한인, 중앙아시아 고려인, 미국의 재미한인, 중국 조선족 등 지역별 동포들의 정착실태와 한반도 통일인식을 살펴보았다. 그는 글로벌 한인 통일네트워크의 구축방안으로 첫째, 지구촌 통일 프런티어로 인식 제고; 둘째, 해외 통일 안보 관련 단체의 통합 및 국내 연계성 강화; 셋째, 해외 차세대 대상 미래 통일리더 육성책 마련; 넷째, 해외동포 대상의 통일문화 사업의 강화를 주장하였다.

이진영·김판준(2014, 3~22)은 현재 논의되고 있는 통일준비와 통일방안 및 대북정책에 재외동포들이 포함되어야 하고, 통일준비에 해외동포들이 어떻게 기여할 수 있는가를 코리안 네트워크의 역할이라는 관점에서 분석하였다. 재외동포의 글로벌 역량이 강화된 상황을 고려한다면, 통일준비 과정에서 재외동포에 대한 인식과 정책적 기조의 변화가 필요하며, 그 대안으로 '글로벌 코리안 통일방안'을 제안하였다. 이 네트워크는 한반도 통일 공공외교의 토대라는 점에서 동북아 개발협력과 재외동포의 결합을 주장하였다. 박찬봉(2013, 23~49) 또한 현 시대에서 공공외교의 중요성을 강조하였다. 통일외교를 위해서는 정부 간 외교뿐만 아니라 주변국 국민들을 대상으로 한 공공외교가 중요하며, 따라서 각국에 거주하는 재외동포의 역할이 증대되고 있다. 한반도 통일에서는 비용보다는 편익이 훨씬 크며, 동북아를 둘러싼 역내 안보위협의 완화를 가져올 수 있다. 통일 공공외교를 위한 재외동포의 역할로는 거주국 사회에서 한국의 분단 문제를 제기하고, 이에 대한 여론을 확산시키는 역할, 지역 불안정과 안보위협을 설명하고 통일의 필요성 제기, 네트워크 형성을 통해 한반도의 평화적 통일에 기여할 수 있음을 제안하였다.

이 연구는 현재 재일한인 사회에서 정체된 한반도 평화통일운동의 부흥을 위해 새로운 민족통일운동을 모색하고자 한다. 즉 기존의 단체 중심의 통일운동에 대한 고찰과 문제점을 분석하여 새로운 통일운동의 전략 차원에서 제4의 민족통일운동을 제안할 것이다. 이는 재일한인 사회가 화해와 교류를 통해 통일운동의 확산과 함께 아시아, 아메리카, 유럽, 오세아니아, 아프리카 등 각 대륙의 재외한인 사회가 동참하는 한반도 평화통일을 위한 글로벌 코리안 통일네트워크의 구축으로 제시되어 한반도 통일을 위한 긍정적 외적 환경을 조성하는 것이다.

연구목적의 달성을 위해 본 연구는 다음과 같은 점에서 기존연구와 차별화를 모색하고 있다. 첫째, 다수의 선행연구는 주로 민단의 단체 활동 가운데 통일운동을 일부분으로 다루었으며, 조총련의 통일운동에 대한 연구는 田駿의 연구 외에는 거의 연구되지 않았다. 둘째, 재일동포 사회에서 비주류에 속하는 제3의 통일운동은 한반도 통일에 대한 재일동포들의 의지를 재조명한다는 측면에서 의의를 갖고 있다. 셋째, 민단과 조총련, 중립화통일론, 한통련, 원코리아페스티벌의 통일운동의 성과와 한계를 고찰하여 재일동포들의 한반도 통일에 대한 역할을 모색할 것이다. 넷째, 재일한인들의 한반도 통일에 관한 인식을 객관적으로 고찰하기 위해 현지 설문조사 및 심층면접을 병행한다. 다섯째, 재외한인 모두가 조국의 평화적 통일에 동참할 수 있는 글로벌 코리안 통일네트워크의 구축을 제안하고자 한다. <표 2-4>에 재일한인 통일운동에 대한 선행연구를 정리하였다.

표 2-4 재일한인 통일운동 선행연구

<table>
<tr><th colspan="2" rowspan="2">구 분</th><th colspan="3">선행연구와 차별성</th></tr>
<tr><th>저 자</th><th>연구방법</th><th>주요 연구내용</th></tr>
<tr><td rowspan="7">주요 선행 연구</td><td>1</td><td>上田誠吉·藤島宇内(1976); 在日朝鮮人運動史研究会(2008); 康宗憲(2000); 盧重善(2012); 朴鐘鳴(1999); 정갑수(2006)</td><td>-문헌조사
-사례분석
-기록사 해석</td><td>• 한반도 통일에 대한 다양한 관점
• 통일 과제, 역할, 방법을 논의
• 6·15, 7·4 공동선언과 통일 의의
• 재일코리언의 통일 역할</td></tr>
<tr><td>2</td><td>김현선(2007); 손미경(2011); 지충남(2013a); 황혜경(2010); ワンコリアフェスティバル實行委員會(1994)</td><td>-문헌조사
-면담조사
-사례분석</td><td>• 축제를 통한 평화통일 기여
• 정치적 이슈와 문화의 결합
• 통일 의미의 재해석, 상징성, 기제</td></tr>
<tr><td>3</td><td>조관자(2015); 정용하(2007); 곽진오(2007); 김태기(2001; 2003); 김지형(2012); 김성윤(2012); 남근우(2010)</td><td>-문헌조사
-요인분석
-사례분석
-면담조사</td><td>• 재일한인의 통일에서의 역할
• 민족통일국가의 달성
• 재일한인의 통일에 대한 재조명
• 통일운동의 갈등 요인</td></tr>
<tr><td>4</td><td>고려대일본연구센터(2009); 박종성·김진환(2012); 이상걸(2015)</td><td>-통계분석
-설문조사
-면담조사</td><td>• 빈도, 교차, 상관분석 활용하여 통일의식 분석
• 차세대 재일한인의 통일관</td></tr>
<tr><td>5</td><td>民團(1997); 지충남(2015a); 朝總聯(1991, 1993, 2005); 한통련(1994); 鄭甲寿(2015)</td><td>-문헌조사
-기록사
-역사적 해석</td><td>• 단체의 형성 과정 및 활동 분석
• 주요 사업 및 통일운동
• 선언 및 자료 등</td></tr>
<tr><td>6</td><td>郭東儀(1994); 吳圭祥(2005); 朴慶植(1989); 강희봉(2008); 田駿(1972a; 1972b); 지충남(2013c; 2015b); 윤황·조희원(2014); 이신철(2015); 임형백(2013)</td><td>-문헌조사
-사례분석
-면담조사</td><td>• 단체의 통일운동 분석
• 한통련 통일운동
• 민단과 조총련의 통일운동 비교
• 제3의 통일운동 사례
• 재일한인 사회의 통일운동 과제</td></tr>
<tr><td>7</td><td>백영옥(2015); 남성욱(2015); 이진영·김판준(2014); 박찬봉(2013)</td><td>-문헌조사
-사례분석</td><td>• 재외동포 역할 및 네트워크 구축
• 통일 공공외교
• 한민족공동체 건설</td></tr>
</table>

<table>
<tr><th rowspan="2">구 분</th><th colspan="3">선행연구와 차별성</th></tr>
<tr><th>저 자</th><th>연구방법</th><th>주요 연구내용</th></tr>
<tr><td>본 연구</td><td>- 기존연구는 재일한인 사회의 통일인식, 민단과 조총련의 갈등에 초점을 맞춘 연구가 많았음
- 4개 단체의 통일연구는 주제별로 단편적인 경향을 보임
- 기존 연구의 한계 극복과 연구 목적의 특화 차원에서 4개 단체의 형성 과정, 통일운동의 전개, 차이점과 유사점, 통일운동의 한계, '통일'의 통합기제 가능성 탐색
- 현지조사를 통해 재일한인들의 통일의식, 역할과 참여, 문제점, 설문조사의 보완을 위해 통일운동 관계자를 대상, 면담조사의 실시</td><td>-문헌조사
-사례분석
-설문조사
-면담조사
-현지방문</td><td>• 단체 형성과정, 통일운동의 전개 실태, 모국과의 관계, 차이점 및 유사점, 통일운동의 한계 추출
• 통일의식, 단체 영향, 역할 등의 성향 조사 및 분석
• 제4의 민족통일운동의 전개-재일한인의 한반도 평화통일 환경 조성의 역할 및 기여, 단체 간 연대, 공감대 형성 등
• 인적·물적 자본의 민족자산화 활용 방안 모색
• 한반도 평화통일을 위한 재외동포의 글로벌 코리안 통일 네트워크 구축</td></tr>
</table>

제 3 장

재일한인 디아스포라 이주와 집거지 형성

제 3 장

재일한인 디아스포라 이주와 집거지 형성

1. 재일한인의 이주

1) 올드커머 이주

한민족 디아스포라(Diaspora)는 경제적 생존과 독립투쟁, 일제의 강제징집과 징용 등을 이유로 한반도를 떠나 타국으로 이주하였다. 1863년 가난에 시달리던 함경도 북단의 농민 13가구가 살 곳을 찾아 두만강을 건너 간도지역으로의 이주를 시작으로 연해주, 만주, 1903년 하와이 이주 노동, 1910년부터는 일제에 의한 만주지역과 일본으로의 강제징용과 노동, 1945년 해방 그리고 1950년 한국전쟁 이후에는 미국, 독일, 남미, 일본 등으로의 노동 이주와 자율적 이민이 본격화되었다. 특히 조선인의 초기 이주는 경제적 동기에 의해 유발되었다(임채완·전형권 2006, 113~115).

2015년 기준, 194개국에 정주하고 있는 재외동포는 7,184,872명이다. 이는 2013년의 7,012,492명 보다 약 17만여 명(2.45%)이 증가한 것으로 나타났다. 재외동포의 국가별 거주 현황은 중국 2,585,993명, 일본 855,725명, 독립국가연합(Commonwealth of Independent States)의 러시아(Russia) 171,601명, 카자흐스탄(Kazakhstan) 103,546명, 우즈베키스탄(Uzbekistan) 171,000명 등 3개국 고려인은 445,907명, 미국 2,238,989명, 캐나다 224,054명으로 나타났다. 이들의 거주 자격을 보면 영주권자, 일반체류자, 유학생을 포함한 재외국민 수는 약 247만 명, 시민권자는 약 47만 명이었다(외교부 2015a, 14; 28). <표 3-1>은 재일한인을 분류한 표이다.

표 3-1 입국시기별 재일한인의 분류

명 칭	재류자격	비 고
올드커머 (old comer)	특별영주자	재일한국인·조선인
	미등록에 의한 불법	밀입국자
뉴커머 (new comer)	외교, 연구, 교육, 기술 관련 업종 종사	합법적 취업
	워킹홀리데이, 인턴십	합법적 취업
	영주자, 정주자, 일본인 또는 영주자의 배우자	신분관계의 발생으로 활동 범위에 제한이 없는 자
	유학, 취업, 연수 등	취로가 불가능한 자
	무비자	불법적 취업
	불법체류자	불법적 취업
뉴뉴커머 (new new-comer)	외교, 연구, 교육, 기술, 유학 등 활동 허가서 소지자	합법적 취업

출처: 임승연·이영민(2011, 94).

약 85여만 명으로 추산되는 재일한인은 올드커머와 뉴커머로 분류할 수 있다.[1] 뉴커머는 제2차 세계대전 이전에 정치적·경제적 사정으로 도일한 조선인과 그 자손, 즉 올드커머와 구별하기 위한 개념이다(松田利彦 2013, 359). 올드커머와 뉴커머를 구분하는 기준은 1965년 한·일협정의 체결 여부이다.[2] 그 이전에 일본으로 이주한 재일한인은 올드커머이며, 그 이후의 이주자는 뉴커머이다. 1989년 정부의 '해외여행 자유화' 조치는 뉴커머의 일본 입국을 촉진시켰다. 재일한인 뉴커머 15만여 명은 일본에 거주하고 있는 외국인 가운데 중국인 다음으로 많은 비중을 차지하고 있다. 재일한인은 거주국 사회에서 모순과 차별을 온몸으로 느끼

1) 뉴뉴커머(new new-comer)는 한국에서 대학을 졸업하고 일본 사회에 적응한 40세 이하의 새 세대를 지칭하였다. 이전 세대들은 주로 경제적 목적에서 일본으로 이주한 반면에 '뉴뉴커머'는 일본을 친숙한 공간으로 만들어 가며 경제적 가치를 넘어서 다양한 문화적 가치를 추구한다는 점에서 이전 세대와 다르다(임승연·이영민 2011, 90) 참조. 이 글은 뉴커머의 범주에 뉴뉴커머를 포함시켰다.

2) 나카시마 도모코(中島智子)는 올드커머와 뉴커머의 구분을 도일 시기의 시간적 차이로만 구별하는 것 또한 문제가 있을 수 있다는 견해를 표명하였다(2007, 20~21).

면서 살아 온 존재이다. 특히 올드커머의 역사는 일본 내에서 한국인의 역사이며, 남북한의 역사이며, 더 크게는 일본 근현대사의 일부를 형성하고 있다. 올드커머의 이주는 일본의 근대화와 조선에 대한 식민지배와 연관되어 있었다.

1910년부터 1945년 해방 이전까지 조선인의 일본 이주는 4단계로 분류할 수 있다(정찬원 2010, 35~36). 첫째, 1930년대 초까지 자율적으로 도일한 자(者); 둘째, 1939년 이후, 일본이 패망할 때까지 중·일 전쟁 혹은 태평양 전쟁과 관련하여 일본의 탄광, 제철소, 조선소, 중공업회사 등 군수산업체의 노동력을 충원하기 위해 강제징용되었던 사람; 셋째, 1938년 2월의 '육군 특별지원병령'과 1943년 7월의 '해군 특별지원병령'에 의해 지원병 형식으로 동원된 자(者); 넷째, 1944년 징병제 실시로 일본 군인과 군속으로 동원된 사람이다.[3] 따라서 재일한인의 이주는 일본 제국주의 식민 통치의 직접적 산물로 대부분의 이주자는 비자발적·강제적 이주의 성격이 강하다.

조선인 노동자들은 1890년대부터 일본으로 이주했는데, 그 수는 미미한 반면 일본의 선진 문물을 배우고자 도일한 유학생들이 많았다. 예컨대, 1910년 한일병합 당시 일본에는 약 800여 명의 조선인이 거주하고 있었다. 유학생은 500명이었고, 나머지는 공관원, 시찰인, 정치적 망명가, 노동자였다(조준상 2003, 235). 재일한인 1세의 대부분은 식민지 지배가 시작된 1910년 이후에 생활의 근거지를 일본으로 옮겨서 살았던 사람들이다(임채완 외 2007, 105). 이는 일제의 식민지였던 한반도와 식민지 종주국이었던 일본과의 관계에서 표출된 결과였다.

일본의 조선에 대한 식민지정책은 재일한인의 수를 급격히 증가시켰다. 초기에는 조선인 유학생이 대부분이었지만, 1911년에는 오사카부(大阪府)의 방직공장이 조선인을 '출장모집' 방식으로 고용한 후 그 수는 2,500여명에 달하였다(정혜경 2001, 47). 점진적인 증가 추세를 보이던 조선인의 일본 이주의 급증 요인은 조선총독부가 실시한 '토지조사사업(1910~1918)'[4]과 '산미증식계획(産米増殖計

3) 김광열(2010, 78)은 해방 이전에 행해진 재일한인의 일본 도항을 5가지 형태로 구분하였다. 첫째, 생계를 해결하기 위한 '구직 도일'; 둘째, 구직자의 가족으로서 구직자와 '동반 도일'하거나 구직자가 취업을 한 후에 초청하여 도일하는 '가족동거 도일'; 셋째, 일본에서 진학 또는 면학을 목적으로 한 '유학 도일'; 넷째, 뚜렷한 목적 없이 경험삼아 도일하는 '만연 도일'; 다섯째, 총동원 정책으로 일본의 전쟁에 동원된 '집단 도일' 등이다.

4) 1910년부터 1918년까지 조선총독부는 일본에 안정적인 미곡의 공급을 위해 토지조사를 실시하였다. 사업의 결과, 조선총독부 소유는 137만 정보였으며, 전농민의 3%에 불과한 일본인과 조선인 지주가 전농경지 50% 정도를 소유해 논의 64%, 밭의 42.6%가 소작지였다.

劃)'[5] 때문에 조선의 농민들이 양극화되었고, 농지 소유관계의 변화는 농민의 빈궁화를 촉진하였다. 그리하여 많은 농민들이 국외로 이주한 결과로 나타났다. 특히 남부지방에 거주한 영락(零落) 농민들은 지리적 근접성, 그리고 자본주의 발전기에 접어든 일본 산업계에 저임금 노동자로 이주하였다(전북대학교 재일동포연구소 2010, 28~29). 조선총독부가 추진한 식민지 농업정책인 산미증식계획(1920~1934년) 또한 조선인의 일본 이주를 촉진한 요인이 되었다(河合和男 1986).

1914년 7월, 제1차 세계대전의 발발은 조선인 노동자의 일본으로의 흡수요인으로 작용하였다. 제1차 세계대전은 일본의 공업제품에 대한 수요를 급증시켰고, 일본 기업들은 대량의 저렴한 노동력이 절대적으로 부족하자, 이를 조선에서 보충하기 위해 '모집사무소'를 전국에 설치하였다. 재일한인 노동자들은 방직, 제사, 염색공장에서 일했으며, 인원이 증가하면서 토목공사, 도로공사 노무자, 벌목공, 탄광 광부로 취업하였다. 1918년 17,000명, 1919년에는 20,000명의 조선인들이 일본에서 생활하였다.

올드커머의 증가는 자연스럽게 1920년대부터 재일한인 부락을 형성할 수 있게 만들었으며, 1920년 약 4만 명, 1925년 21만 명, 1930년에는 41만 명 등 재일한인들의 수가 기하급수적으로 늘어났다. 한편 일본은 재일한인들의 폭발적인 본토 유입으로 일본인들의 일자리 보장과 양질의 노동력 확보 등을 위해 1928년부터 적극적인 '도일저지정책'을 시행하였다(김광열 2010, 88~90; 강재언·김동훈 1995, 43). 7월부터는 도일을 희망하는 재일한인들은 경찰의 심사와 함께 허가를 받은 사람은 호적등본 뒷면에 거주지 경찰서장의 증명을 받도록 하였다. 1929년에는 '일시 귀선' 증명서 제도가 시행되고, 8월 이후에는 조선의 출항 항구에서 도일자 본인을 확인하는 수속이 엄격하게 진행되었다.

다음 <표 3-2>는 재일한인의 1928년과 1934년도 직종별 종사자를 설명한 것이다. 직업별 구성에서 광산, 공장, 수송, 건설에 종사하는 노동자의 경우, 71.8%에서 48.2%로 그리고 무직은 18.4%에서 35.2% 각각 증가의 변화를 나타내고 있다. 노동자의 취업률이 낮아지고 반면에 무직자의 비율이 증가한 것은 1929

5) 일본 내에서 농민들의 이농으로 768만석의 식량 부족 사태가 발생하자, 조선에서 부족분을 조달하기 위해 토지개량과 농사개량사업을 통해 900만석의 미곡을 증산, 약 460만석을 일본으로 이출하는 계획이다. 실제로 1920년 175만석, 1930년 542만석이 일본으로 송출되었다. 그 결과 화전민과 소작인의 증가를 가져왔으며, 일부 농민이 생계를 목적으로 일본으로 이주하였다.

표 3-2 재일한인의 직종별 구성비 (단위: %)

직 종	연 도	
	1928	1934
노동자	71.8	48.2
자유업	0.3	0.2
상업	2.1	5.0
농업	0.4	0.5
학생	1.7	7.1
기타	5.0	2.9
재감자	0.1	0.4
무직	18.4	35.2

출처: 朴慶植(1965, 33).

년의 세계적인 공황의 영향과 더불어서 재일한인의 이주가 일시적 이주에서 정주 경향으로 변화되면서 이 같은 결과를 산출하였다. 또한 행상, 고물상 등 재일한인 상업 종사자의 비율이 1928년과 비교하여 증가한 것은 노동 취업의 어려움, 재일한인 집거지 형성과 관련되어 있다.

일본으로 이주한 재일한인 노동자들은 소위 쿨리체계(coolie system)로 불리는 강제적 성격을 띤 계약노동 형태로 일본으로 송출되었다. 그러나 이들 중 일부는 장기 체류나 영주 목적이 아닌 1~4년간 일본에서 돈을 벌고 귀국하려는 단기 체류형 노동자 형태였다. 따라서 조선인 노동자 가운데 일부는 명절이나 집안의 대사에 참석하기 위해 잠시 귀국하는 사람들도 있었다. 1917년 4,000명, 1918년 9,000명, 1920년 21,000명에 이르렀다(조준상 2003, 237).

1920년대 일본으로 입국한 조선인 단기 체류형 노동자의 특징은 생계형 이주였으며, 가족단위가 아닌 단독 이주, 임금형 노동자, 일정 기간이 경과하면 다시 모국으로 귀환하였다는 점에서 중국이나 연해주로 이주한 조선인과는 달랐다. 그러나 1930년대 이후 도일한 한인들은 가족 모두가 일본으로 이주한 정주 형태였다. 이를테면 재일한인의 연령대별 변화에서 전체 인구에 대한 10세 미만의 유소년층 비율이 1920년대 4%였지만, 1940년에는 30%로 증가해 있었다(김광열

2003, 78). 이는 1920년대의 단독형태의 이주가 1930년대에는 가족을 동반하는 이주로써 재일한인의 정주화 현상이 확연히 진행되고 있었음을 알 수 있다. 결국 1920~1930년대 조선인의 일본으로의 배출은 식민지 조선의 농촌경제의 피폐화에서 비롯되었고, 흡입요인은 일본 국내 노동자의 공급 부족이었다.

1937년 중·일 전쟁과 1941년 태평양 전쟁의 발발로 수많은 조선인들이 강제징용당하였다. 일본은 절대 부족한 전시 노동력 문제를 해결하기 위해 1938년 3월 '국가총동원법', 1939년 10월 '국민징용령'을 발령하였다(윤인진 2004, 157). 특히 중일전쟁 이후, 노동력이 극심하게 부족한 탄광, 금속광산, 건설업체들이 상공성에 조선인의 동원을 요청하였다. 업체의 요구를 수용한 내각 산하의 기획원은 1938년 6월, '국가총동원법'을 발효, 조선인 노동자의 일본으로의 이입을 촉진시켰다. <표 3-3>은 1939~1945년까지 총 7년 동안 조선인 강제연행에 관한 통계이다.

1939년부터 '강제연행'이 시작되었으며, 관 알선은 일본 내각의 '조선인 노무자 활용에 관한 방책'에 따라 1942년부터 1944년 8월까지, 그리고 1944년 8월에는 장년 전원에 대한 '징용령'을 공포, 실시하였다(藤永壯 2013, 229). 이러한 3개의 동원방식은 모두 본인의 의사를 무시한 강권적인 연행이라는 공통점을 내포하고

표 3-3 조선인 강제연행 통계(1939~1945) (단위: N)

연 도	계 획	실제 연행자 수				총 계
		석탄업	금속업	토건업	공장·기타	
1939	85,000	34,659	5,787	12,674	–	53,120
1940	93,300	38,171	9,081	9,249	2,892	59,398
1941	100,000	39,819	9,416	10,965	6,898	67,098
1942	130,000	77,993	7,632	18,929	15,167	119,721
1943	155,000	68,317	13,763	31,615	14,601	128,296
1944	290,000	82,859	21,442	24,376	157,795	286,472
1945	50,000	797	229	836	8,760	10,622
총계	907,300	342,620	67,350	108,644	206,113	724,727

출처: 大蔵省管理局(1947). 『日本人の海外活動に關する歷史的調査』.

있다. <표 3-3>처럼 7년 간 총 724,727명의 조선인이 일본 본토, 사할린, 남양군도 등의 광산, 토건업, 공장으로 징집되었는데, 절반에 약간 못미치는 47.3%를 광산업에 종사시켰다. 특히 태평양 전쟁이 막바지에 접어든 1944년의 경우 전년에 비해 2배가 넘는 조선인을 강제적으로 연행하였다(大蔵省管理局 1947; 김민영 2009, 138에서 재인용). 일본은 1942년부터 조선인 노동자를 행정적 강제를 동반하는 '관 알선' 방식을 동원했으며, 태평양 전쟁의 전선 확대로 일본 내의 노동력 부족이 가속화되자, 1944년 '국민징용' 방식을 도입, 조선인 28만 명을 동원하였다(임채완·전형권 2006, 206). 강제동원된 재일한인의 수는 83만여 명 정도로 추산되었다.

강제연행된 한인들은 사할린과 지시마의 공사장, 홋카이도의 유우바리탄광, 후꾸시마의 죠반탄광, 도카이도셍 단나굴길 공사장, 찌쿠호탄광, 오이다의 방직공장, 마쯔시로의 군사시설 공사장에서 가혹한 육체노동에 시달려야 했다(在日本大韓民國民團大阪府地方本部 1980, 67~86). 1944년에 일본 거주 조선인은 1,936,843명에 달했으며, 재일한인 사회의 형성은 일본의 근대화 과정 속에서 조선의 노동력이 동원된 결과, 외적 강제에 의해 형성되었음을 알 수 있다.

일본의 패망 직후, 1945년 8월까지 조선 인구의 10%에 해당하는 약 240만 명의 조선인이 잔류하고 있었다(재일본대한민국민단중앙민족교육위원회, 2007, 34). 한반도의 미·소 점령에 따른 정치적·사회적·경제적 혼란과 귀환자의 지참금과 화물 등 사유재산의 지침 제한,[6] 귀국 교통편의 미흡, 귀국 후의 불투명한 생활 전망 등 여러 사정으로 다수의 재일한인들이 고국으로 귀환하지 않았다. 해방 이후 1946년 3월까지 3/4에 해당하는 재일한인이 모국으로 귀환했으며, 약 64만 명 정도가 정주함으로써 재일동포 1세대의 원형을 구성하였다.[7] 재일한인들의 조국 귀환과 관련하여 경상노 빛 충청도 사람은 센지키, 하카다, 하코다테, 마이즈루 항에서 부산항으로 귀환하였으며, 호남과 충청도 출신은 사세보 항에서 군산항

6) 1946년 3월, 총사령부 민간정보교육국은 재일귀환자 1인당 현금 1,000엔(円)과 화물 250파운드 이하만 지참할 수 있도록 제한했으며, 모는 재무, 재정, 새산직 책임이 없음을 증명해야 했다(강재언·김동훈 1995, 118).

7) 일본의 패망 전까지 재일한인의 수는 230~240만 명이며, 1948년 8월까지 약 140만 명의 재일한인들이 한국으로 귀환하였다(Kim, Hong Nack 1990, 113). 이 수치는 일본 정부의 재일한인에 대한 공식적인 송환계획에 포함된 것이다. 그러나 송환계획이 시작되기 전에 30~40만 명의 한인들이 자발적으로 귀환하였다. 문제는 이러한 통계가 공식적인 자료가 아니라는 것이다.

과 목포항으로, 경기도 및 강원도 출신 귀환자는 사세보 항에서 인천항으로 들어왔다.

2) 뉴커머 이주

1980년대 일본과 아시아 개발도상국들의 현격한 소득격차와 일본에서의 인력난 등으로 인해 뉴커머의 유입이 급격히 증가하였다. 즉 일본의 거품경제로 인해 한국, 중국, 필리핀을 비롯한 동아시아의 여러 국가로부터 소위 뉴커머로 지칭되는 이들이 일본으로 유입하였다(신소정 2009, 246). 일본의 경제적 호황과 더불어서 내국인의 3D 업종에 대한 기피로 저임금 및 노동환경이 열악한 건설, 서비스, 중소 제조업 부문을 중심으로 임금 노동자들이 대거 일본으로 들어왔다. 뉴커머는 일본으로 유입된 외국인 노동자(foreign workers)들에 대한 일반적인 호칭으로 재일한인 뉴커머는 1980년대 이후, 일본으로 건너간 한국인을 의미한다.

일제시대 조선인의 경제적 동기를 목적으로 한 자발적 이주, 강제 징용과 징병에 따른 강제이주로 일본에 정착한 올드커머와는 달리 뉴커머는 글로벌화의 영향 아래 취업, 결혼을 이유로 자발적인 국제이주를 행하였다. 2000년대 이후에 입국한 뉴커머들은 경제적 요인 이외에도 유학, 기업 주재원, 취업, 외교, 자영업, 종교인 등 그 이전과는 비교할 수 없을 정도로 구성원이 다양해졌다. 재일한인 올드커머는 한국적, 조선적으로 분리된 역사적 특수성을 지니고 있지만, 뉴커머는 오늘날 일본사회에서 재일한인 사회의 또 다른 주류를 형성하고 있었다.

초기 뉴커머는 경제활동을 목적으로 입국한 노동자가 많았으며, 이 중 일부 노동자는 체류기간의 만료에 따라 불법노동자 신분으로 생활하였다. 요코하마(横浜)의 일용직 노동자의 집거지인 고토부키(壽)에 뉴커머들이 많이 유입하였다. 일용직 노동자를 고객으로 식당, 잡화점, 파칭코, 술집 등을 운영하고 있던 올드커머들이 고향출신, 친척들을 불러들여 종업원으로 고용하였다. 그리고 이곳에 일자리가 많다는 정보를 입수한 뉴커머 일부가 일본의 취업 알선업자를 통해 한국에서 관광비자로 입국하여 불법체류자로 잔류하기도 했다.

고토부키에 뉴커머가 집중하게 된 것은 첫째, 취업의 용이성; 둘째, 저렴한 숙식비용; 셋째, 일본 경찰로부터의 안전지대였다(조현미 2000, 147). 고토부키 외에도 오사카, 가와사키(川崎) 등 올드커머의 집거지에 뉴커머들이 체류하였으나, 이들은 점차적으로 도쿄를 중심으로 정주 공간을 확대하기 시작하였다(정진성

2011, 317).

경제적 요인에 의해 자발적으로 도일한 뉴커머의 흡입요인(pull factor)과 배출요인(push factor)을 보면 흡입요인으로는 첫째, 일본의 경제호황으로 인한 국내 노동력의 절대적인 부족, 둘째, 1986년 엔고(円高)현상으로 인한 한국과 일본의 임금격차, 셋째, 일본인의 3D 업종 기피에 의한 노동력 부족과 이에 따른 외국인 노동력의 도입이다. 한편, 한국의 경제적·사회적 환경의 변화도 이전과는 다른 배출요인을 만들어 냈었다. 한국경제의 비약적인 성장, 성공적인 흑자 올림픽 개최 등 외환 보유액의 증가는 1989년 1월부터 '해외여행 전면 자유화' 조치를 이끌어 낸 기반이 되었으며, 한국인의 일본 입국이 자유로워졌다.

외환위기는 아래로부터의 세계화 주체들의 이주를 더욱 촉진시켰다. 한국에서 외환위기는 국내 실직자 및 구직자들이 새로운 일자리를 찾아 일본으로 이주하게 만들었다. 뉴커머들은 기존에 형성되어 있던 코리아타운을 인큐베이터(Incubator)로 삼아 정착을 시도하기도 하고, 다른 장소를 점유하여 새로운 코리안타운을 형성하기도 했다(임승연·이영민 2011, 88). 결국 뉴커머의 노동력 이동은 일본 내의 흡입요인과 함께 일본과 한국의 높은 임금 격차, 지리적 근접성, 비숙련 노동자의 취업의 용이성, 중동 진출 노동자 축소 등 배출요인이 복합적으로 작용한 결과, 일본으로의 노동력 이동이 이루어졌다.

이러한 외적 요인 이외에도 일본정부는 1999년 4월, '워킹 홀리데이(working holiday) 비자'를 발급했으며, 2001년 1월, 'e－japan' 프로그램을 통해 IT 분야에서 우수한 외국인 인재를 받아들였다(임승연·이영민 2011, 97~98). 일본으로 이주할 수 있는 환경의 조성, 한국의 취업난 심화, 엔화의 환율 상승, 2006년부터 실시된 한국과 일본 간의 무비자 입국의 체결 등이 복합적으로 작용한 결과, 뉴커머의 증가를 가져왔었다.

한편 뉴커머의 일본 유입을 촉진한 또 다른 요인은 재일한인 올드커머와의 '연결 끈'이다. 연고 이주(chain migration)의 넓은 기반은 동남아시아 국가 노동자와 다른, 한국인들만이 갖는 유리한 조건이다. 뉴커머 중 다수의 사람들이 올드커머가 경영하는 사업장에서 일하였다. 이는 올드커머와의 네트워크가 가능하기 때문이다. 뉴커머는 올드커머와의 연줄을 가지고 입국했으며, 그들의 협력을 받아 일을 시작하는 경우가 많았다(정진성 2011, 328). 비숙련 단기 노동자 뉴커머의 경우, 초기에는 올드커머와 의존과 협력관계를 유지하면서 일본의 대도시 및 그 주변 도시에서 생활을 시작하였다.

한국인을 비롯해 동남아 각국에서 온 뉴커머들의 일본 정주가 증가하면서 새로운 사회문제로 부상한 것은 불법체류자 문제였다. 올드커머는 법적으로 불법체류자 문제에서 자유로웠지만, 경제 활동을 목적으로 입국한 뉴커머 중 일부는 불법체류 문제에서 그렇지 못하였다. 단기 비자로 일본에 입국하여 체류 기한을 넘겨서 불법체류자 신분으로 일본에서 생활하고 있는 뉴커머가 다수 있었다. 특히 서비스업에 종사하는 뉴커머 여성들이 많았다. 2010년 일본 법무성 자료에 따르면 한국인 불법체류자 21,660명의 대다수인 19,824명이 단기 체류로 입국했다가 잔류한 불법체류자로 밝혀졌었다. 이 가운데 여성은 13,864명(64%)으로 남성인 7,796명의 2배에 가까운 숫자였다(法務省出入國管理局報道發表資料 2010; 정진성 2011, 331에서 재인용).

일본의 대도시에 이주하여 생활하고 있는 뉴커머의 등장이 일본사회에 부정적·긍정적 영향을 함께 주었지만, 긍정적 영향은 일본 사회의 국제화에 기여한 것으로 평가할 수 있다. 즉 이들은 재일한인 단체를 중심으로 일본인들과 공생하는 다양한 활동을 전개함으로써 다민족 공생, 다문화 공생사회라는 틀로 전환하는 데 큰 역할을 수행하였으며, 이러한 노력의 결과 일본인의 재일한인에 대한 적대감을 약간은 완화시켜 주었다.

3) 올드커머와 뉴커머 이주 비교

올드커머의 이주는 일제의 식민지 지배로부터 비롯되었으며, 그 시기는 해방 이전이다. 1930년 중반 이전에 도일한 올드커머는 조선 농촌경제의 붕괴가 이주 요인으로 작용한 결과, 경제적 목적을 위해 입국한 자율적 이주유형이다. 그러나 1930년대 중반 이후 도일한 올드커머는 일본이 전쟁에서 원활한 군수물자의 생산을 위해 조선인의 노동력을 활용하려는 의도에서 수십만의 조선인을 강제 또는 징집 형식으로 탄광, 공장 등에 배치한 강제적 이주유형이었다. 반면 뉴커머는 조선의 해방 이후, 특히 1980년 이후 도일한 재일한인으로 경제, 교육, 외교, 기술, 국제결혼 등 다양한 목적으로 이주한 부류이며, 자발적으로 이주하였다.

올드커머와 뉴커머의 이주형태를 보면, 생계 목적으로 도일한 초기의 올드커머들은 단독 이주자가 많았지만 어느 정도 사회적 적응과 경제적 안정이 확보되면, 조선에 있는 가족을 불러들였다. 이들과는 달리 1930년대 이후 도일한 올드커머는 기존의 올드커머와의 연결고리를 통해 또는 처음부터 가족 전체가 동반 이주하는 형태를 보여줌으로써 올드커머의 정주화를 촉진하였다. 그러나 강제 징집자나 징용자의 경우 집단의 특성상 단독이주자가 주류를 이루었다. 뉴커머 중 가족이주 형태는 극소수이며, 이들의 다수는 일본에 정착하여 영주하기보다는 소기의 특정 목적을 달성하면 모국으로 귀국하겠다는 일시체류자가 많았다는 점을 고려한다면 혼자서 생활하는 단독이주자가 주류를 이루고 있었다.

올드커머와 뉴커머 배출요인은 국가의 시대적 상황과 밀접한 관련성을 갖고 있었다. 조선이 일제의 식민지 지배를 받고 있는 상황에서 초기의 올드커머는 일제의 '토지조사사업,' '산미증식계획'의 추진으로 농촌경제가 몰락되면서 생활이 곤궁해지고 생계수단을 상실하였다. 따라서 남부지역의 농민들은 취업의 용이성, 지리적 근접성 등을 이유로 임금 노동자로 이주하였다. 반면 강제 및 징집 올드커머는 일제가 전쟁을 수행하려는 동원의 성격이 배출요인으로 작용하였다. 다수의 뉴커머에게 한국과 일본의 지리적 근접성이라는 배출요인은 같았다. 그러나 도일의 목적, 즉 노동자, 취업, 자영업, 교육, 회사원, 국제결혼 등 도일 목적에 따라 다양한 배출요인이 산출될 수 있다.

일본 내에서 건설현장, 공장, 탄광 등의 열악한 환경과 저임금 노동시장에 대한 일본인의 기피 그리고 대량생산을 위한 군수산업 분야에서 노동력 부족 등이 올드커머를 유인하였다. 뉴커머의 흡입요인은 한국에 비해 상대적으로 높은 고임금, 일본인의 3D 업종의 기피 등이었으며, 뉴커머 가운데 유흥업 서비스 종사자인 여성취업자가 많았다. 올드커머는 일본의 패망 이후에도 조선으로 귀환하지 않고 현재 일본에 정주하고 있는 재일한인 1세대와 2세대 및 그 후손들이다. 올드커머 1, 2세대의 국적은 여전히 한국 및 조선적 보유자로 현재 특별영주자 신분으로 생활하고 있다. 그러나 올드커머 후손들 중 상당수는 국적을 변경하여 일본인으로 생활하고 있었다. 반면 한국에서 태어나 일본으로 도일한 상당수 뉴커머의 국적은 한국이었다. 이들은 2005년 이전까지는 비자를 받아 일본으로 입국했지만, 한국과 일본 간 '무비자' 제도의 실시로 한국인의 일본 입국이 더 수월하게 되었다. 문제는 합법적 체류자로 입국한 뉴커머 가운데 일부가 일본에서 불법체류자로 잔류하고 있었다. 특히 임금 노동자의 경우 비자 기간의 만료에도 불구하고, 경제 활동을 이유로 귀국하지 않는 뉴커머가 많은 것으로 나타났다.

<표 3-4>와 같이 올드커머와 뉴커머의 이주를 비교한 결과, 해방 이전과 이후라는 시대적 상황이 이주요인과 유형에 영향을 주었다. 즉 초기 올드커머와 뉴커머는 주로 경제적 요인에 의한 자발적 이주였으며, 또한 뉴커머는 경제적 요인 외에도 다양한 변인이 이주를 촉진시켰다. 1930년대 중반 이후 이주한 올드커머는 일제의 조선에 대한 식민지 정책에 따라 강제로 이주하였다. 이주형태를 보면 초기 올드커머는 단독이주에서 점차적으로 가족이주로 확대되어 정주화된 반면 강제 이주자는 단독이주가 주를 이루고 있었다. 뉴커머의 경우 일시적 체류를 목적으로 한 단독이주 형태가 많았지만, 일부는 일본에서 결혼, 취업, 사업 등으로 정주하고 있었다. 올드커머는 특별영주자로 한국과 조선의 국적 보유자로 구분되지만, 뉴커머는 합법·불법 체류자가 혼재된 상태에서 한국 국적자가 대다수였다.

표 3-4 올드커머와 뉴커머 이주 비교

구 분	올드커머	뉴커머	비 고
시기	해방 이전	해방 이후	
이주요인	• 경제적 이주 • 강제 및 징집	경제, 교육, 기술 이주	
이주유형	자발적, 강제적	자발적	
이주형태	단독이주 → 가족이주	단독이주	
배출요인	• 조선 농촌 몰락 • 전쟁 동원 • 지리적 근접성	• 지리적 근접성 • 노동 취업의 용이 • 국내 일자리 부족	교육, 기업 종사자는 배출요인이 취업 노동자와는 다름
흡입요인	• 노동시장의 인력부족 • 군수산업의 노동력부족	• 일본인 3D업종 기피 • 고임금 • 올드커머 연결망	• 교육, 기업인 다름 • 여성 서비스업
국적	한국 및 조선적	한국	
체류자격	특별 영주자	• 합법적 체류 • 불법적 체류	

2. 재일한인의 집거지 형성

1970년대까지 일본 사회의 폐쇄성으로 외국인 등록자는 60~70만 명에 불과했으며, 전체 인구의 0.7%를 차지하였다. 외국인 등록자 중 90%는 재일한인이었다. 그러나 일·중의 국교정상화, 일계인의 귀환, 초국가적 노동이주 인구의 증가, 다문화사회의 영향력 확대 등으로 2014년도 일본 총인구 1억 2,722만 명 가운데 <표 3-5>와 같이 등록 외국인이 2,121,831명으로 약 1.66%를 차지하여 다민족·다국적·다문화 사회로 진입시켰다. 일본에 거주하고 있는 외국인의 약 70%는 도쿄 및 도도부현의 도시에 거주하고 있는 것으로 나타났다. 중국, 한국·조선, 브라질 출신 외국인의 비율은 감소하고 있는 반면 필리핀, 베트남, 태국, 네팔, 대만 등 동남아시아 국가 출신의 일본 이주는 증가하고 있는 추세이다. 일본에 유입된 외국인 가운데 가장 많은 비율을 점유하고 있는 중국인은 요코하마(横浜), 고베(神戸), 나가사키(長崎)에 차이나타운을 건설하여 생활하고 있다.

1970년대 이후, 타국적을 소지한 일본계 외국인이 일본에 이주한 시초는 일본 정부의 일계인(日系人)에 대한 이주의 수용이었다. 혈통적으로 일본에 뿌리를 둔 페루, 브라질의 일계인 노동자들이 일본에서 경제활동을 하려고 취업허가를

표 3-5 일본 등록외국인 통계(2006~2014) (단위: N)

구 분	2006	2007	2008	2009	2010	2014
중국	560,741	606,889	655,377	680,518	687,156	654,777
한국·조선	598,219	593,489	589,239	578,495	565,989	501,230
브라질	312,979	316,967	312,582	267,456	230,552	175,410
필리핀	193,488	202,592	210,617	211,716	210,181	217,585
페루	58,721	59,696	59,723	57,464	54,636	47,978
미국	51,321	51,851	52,683	52,149	50,667	51,256
기타	309,450	321,489	336,000	338,323	334,970	473,595
총수	2,084,919	2,152,973	2,217,426	2,186,121	2,134,151	2,121,831

출처: 日本 法務省 登錄外國人統計(2006~2014年).[8)]

8) 日本 法務省 登錄外國人統計, http://www.moj.go.jp/nyuukokukanri/kouhou/nyuukokukanri04_00050.html(검색일: 2016.01.29).

얻어 이주하였다. 그 배경으로는 제조업 부문에서 노동력 부족 현상이 나타나자 비교적 노동 임금이 저렴한 일계인을 활용하였다. 1990년 6월 일본 정부는 '출입국관리 및 난민인정법(입관법)'을 개정하여 남미의 일계인들에게 일본 국내에서 구직, 취업, 전직에 제한이 없는 '정주자' 자격을 부여했다(문경수 2009, 394). 2014년 기준, 브라질과 페루의 일계인은 약 20만 명에 달하고 있다. 한편 한국을 비롯하여 중국과 필리핀 이주자들 또한 노동, 유학, 취업, 문화 활동의 목적으로 입국한 경우가 많았으며, 이들의 경우 매우 빠른 증가 추세를 보이고 있는 반면 재일한인의 점유 비율은 점차적으로 감소하고 있다. 중국인은 2006년 56만 명에서 2010년 68만 명으로 약 12만 명의 증가세를 보였지만 2014년에는 약 3만 명의 감소세를 보이고 있다. 필리핀인은 1만 5천 명 정도 늘어났다. 베트남인의 경우 2010년 41,354명에서 2014년 99,865명 그리고 네팔인은 2010년 17,149명에서 2014년 42,846명으로 이들 2개 국가 국민들의 일본 유입이 현저하게 증가하고 있다.

2015년까지 일본 국적을 취득한 재일한인 귀화자는 총 355,274명이며, 한국 국적의 재일한인을 포함하여 총 855,725명의 동포들이 거주하고 있는 것으로 나타났었다. <표 3-6>에서 알 수 있듯이 2013년 기준, 재일한인의 지역별 분포를 보면 오사카, 교토 등 예전부터 올드커머 다수가 거주하였던 간사이 지방에 약 23만 5천 명(40.6%), 도쿄도 및 그 주변지역에 약 20만 명(34.3%), 그 외에도 주코쿠와 규슈에 약 5만 명의 재일한인이 상주하고 있었다. 재일한인은 주로 도시 및 그 주변지역에 집거지를 갖고 있었다. 남녀의 인구 분포는 여성이 54.3%로 남성보다 약간 많았으며, 이는 여성의 평균수명이 더 높기 때문이다.

한편 재일한인 사회는 재미한인, 재중한인 사회와는 다른 특징을 갖고 있었다. 재일한인 사회는 남북한을 지지하는 성향에 따라 한국계와 조총련계로 구분되어 있으며, 친북과 친남의 동포들이 혼재한 상태에서 남북한 정부에 대해 각기 상이한 정치적 정향을 나타내고 있었다. 그러나 일본 정부의 역사왜곡, 독도문제, 국적문제에 있어서는 정치적 성향을 초월하여 모든 올드커머들이 일치단결하는 일체감을 보여주고 있었다. 반면에 신주쿠를 중심으로 자영업에 종사하는 다수의 뉴커머들은 한·일 간의 민감한 갈등 문제에 대해 개입보다는 방관자적 자세를 취하고 있다. 이는 자신들의 영업과 직·간접적으로 관계될 수 있는 문제이기 때문이다.

표 3-6 일본 47개 지역 재일한인 현황(2013년) (단위: N(%))

지역(지방)	거주지별 인구		
	남 자	여 자	합 계
홋카이도(北海島)	2,651	2,708	5,359(0.9)
도후쿠(東北)	4,244	7,331	11,575(2.0)
간토(關東)	87,927	110,918	198,845(34.3)
주부(中部)	31,528	37,469	68,997(11.9)
간사이(關西)	110,182	124,934	235,116(40.6)
주코쿠(中國)	12,999	14,596	27,595(4.7)
시코쿠(四國)	1,714	1,936	3,650(0.6)
규슈(九州)·오키나와(沖縄)	12,781	14,217	26,998(4.6)
총계	264,026	314,109	578,135(100)

출처: 외교부(2013), 『재외동포정책 및 현황(2013)』, 재작성.

1) 올드커머 집거지(集居地)

1910년 이전부터 일본의 규슈 지역을 중심으로 올드커머들이 유동적인 계절 노동자 생활을 했지만, 이들의 정착을 한인사회의 형성이라고 볼 수는 없다. 단기간에 걸쳐 노동을 한 후 조선으로 되돌아갔기 때문이다. 재일한인 사회의 주축을 이루는 1세대의 본격적인 정착은 일제의 식민지 통치가 시작된 1910년 이후 생활 근거지를 일본으로 이주한 사람들이다. 최초의 조선인 부락의 출현은 한신지방에서 다이쇼(大正, 1912~1926) 중기부터이다. 오사카시 이쿠노구(生野區) 히가시오바시(東小橋) 지역으로 올드커머의 정주화가 시삭되었다(杉原達 1998; 原尻英樹 1997).

오사카는 일본 제일의 상업도시로서 해상교통의 요충지이자 상공업이 발달하여 노동력의 유입이 필요한 도시였다(임채완 외 2014, 231). 이 지역은 생활환경이 열악했던 곳으로 호우가 내리면 항상 물에 잠겨 일본인들은 기피하는 장소였다. 그 주변에 많은 영세 소규모 공장이 세워져 저임금 노동자의 수요가 있었기 때문에 조선인들이 정착하게 되었고, 올드커머의 집단 거주지역인 이카이노(猪飼

野)로 부르고 있었다.[9] 오사카는 교토, 고베와 더불어서 이주 초기부터 1940년대 초까지 재일한인들의 최대 집거지였다. 교토는 염색, 방적, 나염 공장이 그리고 나고야는 산업과 교통의 중심지였다. 오사카, 교토, 나고야는 상공업 중심지로써 노동 수요가 많은 관계로 재일한인들이 몰려드는 조건을 갖추고 있었다.

간사이(關西) 지방의 상공업 중심지인 오사카는 상업과 금융의 도시인 동시에 면 등의 방적업, 기계공업 등 산업 지대를 형성한 공업도시이다. 따라서 양호한 노동시장과 조건이 형성되어 있는 관계로 조선인 거주자가 많았다. 올드커머 노동자들은 조선 농촌의 붕괴로 인해 임금 노동자로 갔기 때문에 주로 단순노동, 육체노동 범주의 직업군에서 벗어날 수 없었다. 뿐만 아니라 탄광, 공장의 일용노동자 혹은 자유노동자로서 일본에서 최하층의 생활을 전전하고 있었다. 오사카는 1920년대 이후, 현재까지도 가장 많은 재일한국인이 생활하고 있는 지역이며(森田芳夫 1996, 38),[10] 올드커머의 주거지는 오사카시를 중심으로 이마미야(今宮), 쓰루하시(鶴橋), 토요사키쵸(豊崎町) 등으로 확대되었다.

올드커머가 오사카에 집중하게 된 것은 이주에 필요한 3개 요소, 즉 일자리, 주거지, 먹거리가 갖춰진 지역이었다(고정자·손미경 2010, 100~101). 이카이노(猪飼野) 지역에 많은 올드커머가 정주한 것은 첫째, 오사카와 제주도 간 정기항로인 '기미가요마루(君ヶ代丸)'의 개설로 제주도민의 오사카 이주가 많았다(이준식 2002, 10). 오사카에는 산업시설이 밀집되어 있었던 관계로 이들은 주로 소규모 영세공장의 직공이라는 임금 노동자로 생활하였다. 둘째, 오사카에 중소 영세기업이 많은 관계로 올드커머가 일하고 있었으며, 따라서 일본어에 능숙하지 못한 조선인도 쉽게 일자리를 찾을 수 있었다. 셋째, 조선인의 정주촌이 있어 도일 올드커머들이 쉽게 거주할 수 있는 주거지를 구할 수 있었다. 넷째, 올드커머의 입맛에 맞는 식생활이 가능한 조건이 갖추어졌다.

오사카와 함께 다수의 올드커머가 정주한 또 다른 지역은 규슈지방의 후쿠오카(福岡)이다. 후쿠오카는 1910년대 일본 최대의 광산지역으로 조선인 최대 밀집 지역으로 많은 노동자가 이주하여 생활하였다. 이 지역은 열악한 노동 조건으로 인해 노동자의 이동이 잦은 곳이었지만, 이 지역의 조선인 증가율은 낮아지지

9) 이카이노(猪飼野) 지명은 1973년 2월, 주소 변경에 따라 현재는 이쿠노구(生野區) 지명이다.
10) 1930년 조선인의 오사카 거주자는 96,943명, 1940년에는 298,178명이었으며, 도쿄에는 1930년 38,255명, 1940년에는 106,690명이 거주하고 있는 것으로 나타났다.

않았다. 왜냐하면 후쿠오카는 부산과 시모노세키 간 '관부연락선'의 종착지와 근접 거리로 도일하는 조선인에게는 관문의 역할을 하였다(차승기 2012, 74~75).[11] 일본 노동시장에 대해 아무런 정보나 연고가 없는 사람들이 탄광 노동자로서 첫 발을 내린 곳이었다. 제주도 출신들이 오사카를 중심으로 공장 노동자로 일하면서 집거지를 형성했다면, 관부연락선을 이용한 육지 출신의 올드커머들은 노동현장에 따라 전국으로 이동하여 토공, 탄광부, 일용 노동자 등 대규모 작업장의 단순 노무자로 일하면서 집거지를 만들어 나갔다.

위와 같은 요인 외에도 교통의 요충지 또한 올드커머를 특정 지역으로 유인하였다. 일본은 대륙침략을 도모하려는 목적에서 경부선 건설과 함께 관부연락선을 활용하였다. 1905년부터 부산과 시모노세키(下關)를 취항하였던 관부연락선 항로를 통해 조선의 남부지방에 거주했던 사람들이 이주하였다. 그리하여 관부연락선은 일본의 패망 이전까지 조선에서 제국주의의 물적 기반을 담당하였고, 이와 동시에 식민지 조선인의 디아스포라적 삶의 연결체가 되었다(임채완 외 2013, 95). 일본과 조선 사이의 유일한 교통로였던 관부연락선은 일본으로의 노동력 유입의 수급을 조절하는 역할을 담당하였다. 그후 1923년부터는 오사카와 제주도 간 '판제항로(阪濟航路)'로 부르는 기미가요마루(君代丸)라는 정기항로가 추가적으로 개설되면서 제주도민의 일본 이입 또한 증가하였다. [그림 3-1]은 올드커머의 이주 루트를 통한 대도시의 집거지이다.

관동지방에서 재일한인 부락의 출현은 요코하마시(橫浜市) 나카구(中區) 미야가와초(宮川町)이다. 1924년 조선인 건설 인부들을 위해 판잣집을 지었으며, 점차 재일한인의 증가에 따라 45개 주택, 230명이 생활하였다. 도쿄도에서 조선인 부락의 생성은 쇼와(昭和) 초기에 일본인 영세민의 주거지대인 미카와시마초(三河島町), 센주초(千住町), 미나미센주초(南千住町)에 형성되었나. 1923년 9월 관동대지진이 발생하자 도쿄를 중심으로 건물 파괴 등의 복구공사가 성행하면서 건설 인부의 수요를 필요로 했었다. 주택은 목조 연립식의 판잣집이 많았으며, 움막집이나 폐창고 형태에서 주거하였다.

특히 도쿄는 수도인 관계로 유학생과 상업에 종사하려는 올드커머 자영업사의 수가 급격히 증가했으며, 도쿄 주변에 많은 제조업 공장이 들어서자 올드커

11) 1905년 9월, 개통된 관부연락선은 최영호 외(2007); 이신철(2013, 65~123). 이 노선 외에도 여수-시모노세키, 부산-하카다, 청진-츠루가 등의 항로를 추가로 개설되었다(임채완 외 2013, 99).

그림 3-1 재일한인 올드커머 집거지

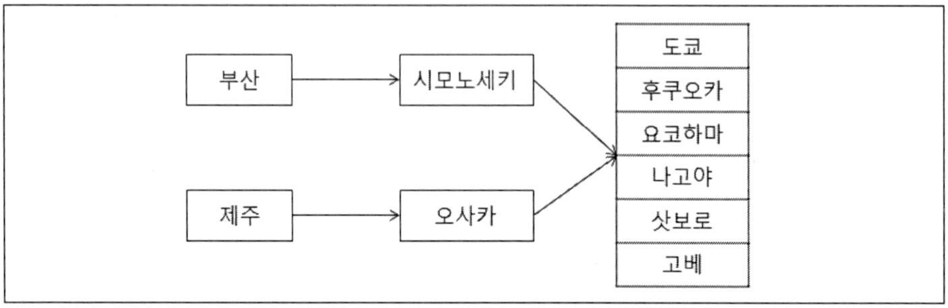

머의 인구 집중을 유인하는 요인으로 작용하였다. 조선인의 수가 증가하면서 도시의 외곽지역에 주거지가 생성되었는데, 도쿄의 경우 시나가와(品川), 오사키(大崎), 세타가야(世田ケ谷), 센주(千住), 미노와(三の輪) 등이며, 도쿄도의 쓰레기 매립지인 고토구(江東區) 후카가와(深川) 에다가와초(枝川町)와 시오사키쵸(鹽崎町)에는 수백세대의 올드커머들이 생활하고 있었다(전북대학교 재일동포연구소 2010, 60~65).

대도시 외곽지역에 형성된 올드커머의 집거지는 하천 부지, 쓰레기 매립지 등 열악한 토지로 일본인들도 기피하는 지역이었다. 이곳에 조선인 부락이 형성될 수 있었던 이유는 첫째, 일본인의 조선인에 대한 주택 임대의 기피(김인덕 2009, 39); 둘째, 일본인 거주지역의 비싼 집세로 인한 올드커머들의 주택자금의 부족; 셋째, 임금 노동자가 많은 관계로 하숙의 선호 등에서 비롯되었다. 그러므로 초기 올드커머의 거주지는 도시의 변두리, 불법적인 토지 점유, 독신자를 중심으로 집단적 숙식이라는 특징을 보이고 있다.

이렇듯 올드커머는 단독형태의 도일에서 탈피하여 점차적으로 가족을 동반하는 이주로 변화하면서 일시적으로 정착하는 경향을 보여주었다. 대도시의 변두리를 중심으로 올드커머 사회가 형성되면서 도시 하층민으로 일본 사회에서 적응과 동화의 과정을 거쳐 나갔다. 1930년대 중반까지 도쿄, 오사카, 후쿠오카 지역 이외에도 나고야(名古屋)를 중심으로 한 아이치현(愛知県), 효고현의 고베(神戸)시, 교토부 등에도 올드커머 다수가 거주하기 시작하였다. 올드커머는 산업단지의 중심지인 오사카를 중심으로 하는 긴키(近畿) 지방, 부산이나 제주도와 근접거리인 규슈(九州) 지방, 홋카이도(北海道) 및 사할린의 탄광지대를 비롯해 일본 전국에 걸쳐 집거지를 형성하고 있었다.

한편 대도시의 변두리를 중심으로 올드커머의 정주화가 확대되면서 재일한인 올드커머와 일본인 사이에 갈등이 표출되었다. 일본에서 재일한인이 관련된 최초의 주택 임대 분쟁은 1924년 오사카에서 일어났었다. 분쟁의 건수를 보면, 1925년 27건, 1926년 81건에서 1929년 2,517건, 1933년 5,444건으로 분쟁 건수가 기하급수적으로 증가하였다(김광열 2010, 165). 일본인들은 올드커머들이 집주인의 동의도 받지 않고 임의적으로 다수의 인원을 한 방에 기거시키거나, 집세의 체납, 일본인 소유의 토지에 무허가 주택의 건축 등을 일삼자, 퇴거를 요구하면서 이들 사이에는 주택 및 토지 임대를 둘러싼 분쟁으로 확산되었다.

1920년 초까지 약 3만 명에 불과하던 올드커머는 1945년 약 240만 명으로 증가하였다. <표 3-7>에서 알 수 있듯이 인구 상위 8개 지역에 재일한인의 70% 가량이 집중되어 있다. 올드커머의 지역별 인구 집중은 일본의 산업구조, 노동 조건 그리고 그들이 종사하는 직업과 밀접한 연관성을 갖고 있는 것으로 나타났었다. 탄광 종사자는 후쿠오카현, 홋카이도, 나가사키현, 토건 사업이 활성화되어 건축 인부가 필요한 후쿠오카현, 효고현, 야마구치현에는 많은 일용직 노동자가 있었다. 또한 제조업이 밀집되어 있는 오사카부, 효고현, 아이치현에는 방직, 금속, 화학 등의 공장이 많은 관계로 노동자들이 다수 거주하고 있는 것으로 나타났다.

1945년 일본의 패망 이전까지 올드커머는 대도시를 중심으로 조선인 집거지

표 3-7 올드커머 주요 집거지 인구(1920~1943년) (단위: N)

시 기	北海道	東京府	京都府	大阪府	兵庫県	愛知県	福岡県	山口県	총 계
1920.06	2,643	1,618	1,089	4,762	2,904	526	7,033	1,588	22,163
1925.06	4,450	9,989	6,823	34,311	8,032	8,528	14,245	5,967	92,345
1930.06	9,551	30,260	68,759	68,759	15,551	23,143	25,039	10,113	251,175
1935.12	9,414	53,556	42,128	202,311	46,589	51,461	39,865	27,347	472,671
1940.12	38,273	87,497	67,698	312,269	115,154	77,941	116,864	72,700	888,396
1943.12	82,950	177,921	74,079	395,380	135,170	126,325	172,199	200,800	1,364,824
총계	147,281	360,841	260,576	1,017,792	323,400	287,924	375,245	318,515	3,091,574

출처: 김광열(2010, 239); 강재언·김동훈(2000, 65), 재작성.

를 형성하고 있었지만, 이들의 이주는 장기 정주가 아닌 임시 체류의 성격이 강하다. 경제적 혹은 강제, 징집 등으로 도일한 올드커머의 다수는 조선의 어려운 경제사정, 식민지라는 환경적 요건을 고려하여 체류자 의식만 갖고 있었고, 일본에서 영원히 살겠다는 정주자 의식은 약하였다.

올드커머의 집거지는 1900년대 초 미국 하와이로 노동이민을 떠난 재미한인들이 동회나 상조회를 결성하여 내부 결속력 강화, 상부상조, 학교운영 등을 했던 것과 유사한 형태를 띠고 있었다. 이들의 집거지는 생활공동체, 민족운동의 근거지, 민족교육, 부조(扶助), 민족공동체 등과 같은 역할을 수행하였다(정혜경 2009, 82~83). 첫째, 조선인촌은 올드커머들의 생활공동체로서 경제적인 토대 역할을 담당하였다. 1920년대 중반까지 공동 구매나 계(契) 형태로 경제적인 이익을 도모하던 촌락의 경제적 부조 활동은 후반에 들어서면서 더욱 확대되었다. 이를테면 소비조합을 결성하여 조선인촌락 간의 연계 활동을 통해 올드커머들의 경제적 이익을 극대화하고자 했었다.

둘째, 민족운동의 근거지였다. 노동자들은 임금투쟁이나 열악한 작업환경을 개선하기 위해 조선인촌을 중심으로 노동조합을 결성했으며, 노조 활동의 동력원은 조선인촌에 거주하고 있었던 올드커머들이었다.

셋째, 민족교육을 통해 자녀들의 민족의식을 고취시켜 주었다. 올드커머들의 일시적 정주화가 강화되면서 아동의 교육문제가 새로운 쟁점으로 부상하였다. 노조를 중심으로 학교를 운영하거나 일본인 학교에 아동을 취학시키는 경우도 있었지만, 경제적 곤궁으로 미취학 아동이 증가하자 촌락 부근에 야학과 학원을 만들어 교육을 담당했으며, 오사카에서는 1928년부터 낭화(浪華)야학이 운영되고 있었다. 올드커머 부모들이 의식주의 해결과 함께 자녀들의 교육에 가장 많은 관심을 보여주는 사례이다.

넷째, 국내와 일본에 거주하는 한인들을 부조하는 역할을 맡았다. 조선인촌을 중심으로 수해, 기근, 각종 재해에 대한 의연금을 모금하여 보내 주었고, 조선인의 구인 및 구직 활동에 도움을 주었다.

다섯째, 민족공동체로서의 역할이다. 조선인촌은 조선의 언어, 풍습 등 우리의 전통문화를 그대로 보존한 소수민족의 공동체였다. 일제가 재일한인들의 민족정체성을 말살하고자 했음에도 불구하고 조선의 전통과 문화가 후손들에게 전수될 수 있었다.

1960년대 이후, 일본에서 올드커머의 인적 이동은 크게 두 방향으로 전개되었다. 하나는 농촌과 소도시에서 대도시로 집중화되었으며, 또 다른 측면은 북쪽 행정구역에서 중앙의 인구밀집지역으로 이동함으로써 올드커머들은 높은 도시화를 나타내었다. 현재도 올드커머들이 집거하고 있는 주요 도시는 도쿄, 오사카, 고베, 요코하마, 삿보르, 후쿠오카 등으로 도쿄, 오사카 등에는 코리아타운이 조성되어 있다.

도쿄지역에 올드커머들이 많이 거주하고 있는 곳은 중심부에서 약간 벗어난 아다치구(足立區)와 아라카와구(荒川區)이다. 도쿄의 북동쪽에 위치한 아다치구에는 재일한인의 거리인 세키바라(關原)가 조성되어 있으며, 식당, 가게 등 다양한 업종이 영업하고 있다. 아다치구와 근접한 아라카와구의 닛포리(日暮里)와 미카와시마(三河島)에도 다수의 올드커머들이 거주하면서 생활하고 있었다.

또한 올드커머의 대표적인 집거지인 오사카는 일본 사회 내의 고립된 섬처럼 재일한인 및 중국인들에게는 민족 엔클레이브(ethnic enclave)나 민족 게토(ethnic ggetto) 지역이라는 특성을 지닌 도시이다(임승연·이영민 2011, 89). 1993년 오사카에 코리아타운이 조성된 지역은 이카이노(猪飼野)의 조선시장, 이쿠노구(生野區)의 미유키모리(御幸森) 시장, 쓰루하시(鶴橋)의 국제시장이다. 쓰루하시 국제시장은 현재 JR 쓰루하시역 주변에 있는 시장이다.

오사카 이쿠노구의 경우 전체 주민의 25%가 재일한인이며, 외국인 인구의 90% 이상을 점유하고 있고, 재일한인들의 상점, 학교, 사무실 등이 위치하고 있다. 또한 쓰루하시 국제시장은 1945년 일본의 패망으로 식량 배급제가 실시되자, 생계를 이어가려는 일본인, 중국인, 올드커머들이 처음에는 암시장 형태로 출발하여 1947년부터 '쓰루하시 국제상점가'을 형성하였다(藤田凌子 2005). 코리아타운과 근접한 이곳에는 한국의 식료품, 한복, 일용품을 비롯해 최근에는 한류상품 등도 진열되어 있다. 특히 미유키모리 코리아타운에는 관혼상제에 쓰이는 물품, 김치 등 재일한인들의 일상생활에 필요한 물건을 모두 갖추고 있었다.

이 지역에는 올드커머 외에도 소수의 뉴커머가 공생하고 있는, 즉 이곳에 집거하고 있는 일부 뉴커머들은 올드커머에 의존하여 생활하고 있었다. 특히 뉴커머 불법체류자는 올드커머 집거지인 이곳에 쉽게 체류할 수 있는 조건이 되었으며, 올드커머 역시 뉴커머 불법체류자를 저임금으로 고용함으로써 상호간 필요성이 일치한 결과 뉴커머들이 올드커머에 기생하여 생활하는 환경이 조성될 수 있었다.

이주 초기, 올드커머에 대한 뉴커머들의 연고 이주(chain migration)의 기반으로 파생된 경제적 의존성은 일본 생활에 대한 적응 양상에 따라 점차적으로 변화되어 갔다. 즉 뉴커머들이 일정한 경제적 수입, 일하고 있는 업종의 특성 파악, 그리고 현지 생활에 잘 적응하면서 알게 된 일본의 문화, 인적 네트워크 등을 활용하여 뉴커머 자신의 경제적 자립과 함께 현지에서의 사업이나 장사를 모색하였다.

2) 뉴커머 집거지

일본의 고도 경제성장의 결과, 1970년대부터 유학, 무역, 장사, 결혼 등을 목적으로 한국인의 일본 이주가 증가하였다. 흔히 '저팬드림'을 찾아 이주한 뉴커머이다. 뉴커머들은 일본에 임시로 체류하는 사람들이 많았으며, 비정주 경향이 많았다. 이들은 한국 교민으로서 민족정체성은 강하지만, 주로 대도시의 상업과 자영업 부문에 종사하면서 지역 사회와의 공존공생에 노력하고 있었다.

뉴커머의 특징은 첫째, 높은 학력과 경제력을 지닌 한국의 도시 중산층 출신; 둘째, 일본에 상당수의 친척이나 지인들이 있어서 그들의 도움을 받을 수 있는 사람들; 셋째, 기업가, 매니저, 학자, 문화계 인사, 산업연수생과 대학생 등 직업별, 성별, 연령별로 입국 목적의 다양성; 넷째, 다른 국가의 뉴커머에 비해 한국 출신 뉴커머의 수는 1990년대 후반부터 증가하였다. 다섯째, 뉴커머 중 상당수는 대학생이었다. 1998년 일본의 외국 유학생은 59,648명으로 한국학생은 12,381명이었다. 2001년 말 유학생 총수는 93,614명으로 한국학생은 16,671명(17.8%)으로 63.1%인 중국유학생 다음으로 많았다(김게르만 2010, 346~350). 여섯째, 신주쿠를 중심으로 상업에 종사하는 사람들이 다수를 차지하고 있다.

먼저 재일한인 뉴커머의 이주배경의 흡입과 배출 요인을 보면, 1980년대 일본과 아시아 개발도상국들 간 소득격차, 3D 업종의 기피는 한국, 중국, 필리핀을 비롯한 동아시아의 국가로부터 외국인 뉴커머들의 일본 유입을 촉진하였다(신소정 2009, 246). 뉴커머는 주로 일본의 저임금, 노동환경이 열악한 건설, 서비스, 중소 제조업 부문에 종사하였다. 그리고 일본의 거품경제 붕괴 이후에도 노동력의 부족, 엔고(円高)현상에 따른 임금격차, 저출산, 고령화의 지속은 노동자 유입의 흡입요인(pull factor)이었다(마쓰다 도시히코 2013, 361). 이와 더불어 1999년 4월 일본 정부는 '워킹 홀리데이(working holiday) 비자'를 발급했으며, 2001년 1월 'e-japan' 프로그램을 통해 IT 분야에서 우수한 외국인 인재를 수용했다(임승연·

이영민 2011, 97~98). 일본으로 이주할 수 있는 환경의 조성, 한국의 취업난 심화, 엔화의 환율 상승, 2006년부터 실시한 한·일의 무비자 입국 등의 요인들이 복합적으로 작용한 결과, 한국인 뉴커머의 이주를 촉진하였다.

배출요인(push factor)은 한국의 경제적·사회적 환경의 변화에 따른 한국정부의 해외여행 자유화 조치이다. 도쿄를 중심으로 여성, 유학생, 주재원들의 이주가 증가하였다(미즈노 나오키·문경수 2016, 232). 1997년 외환위기 이후에는 국내 실직자 및 구직자들이 일자리를 찾아 일본으로 이주하였다. 일본과 한국의 높은 임금격차, 지리적 근접성, 비숙련 노동자의 취업의 용이성, 중동 진출 노동자 축소 등 배출요인이 작용하여 일본 이주가 많았다. 2000년도 중반부터는 한류 붐으로 코리아타운을 방문하는 관광객 증가에 비례하여 한류상점과 뉴커머 자영업 또한 증가하면서 한국인 구직자를 찾게 되었다.

초기 뉴커머들은 올드커머에 의존하면서 또 다른 한편으로는 협력관계를 형성하면서 올드커머들이 정주한 지역을 중심으로 집거지를 형성하였다. 예컨대, 요코하마시 고도부키쵸의 경우 외국인 저임금 노동자 거주지로 불법체류하고 있는 뉴커머들이 많이 거주하고 있는 지역이었다. 이들은 올드커머가 집주인인 주택에서 매우 열악한 환경을 배경으로 숙식하고 있었다. 뉴커머들은 부두의 하역작업장, 건설 공사장, 식당 종업원 등 전형적인 저임금 직업에 종사하였다. 뉴커머 중 상당수는 여성들로 주로 술집 등 서비스업에서 일하고 있지만, 다수가 불법체류자 신분이었다. [그림 3-2]는 뉴커머의 이주 루트를 통해 형성된 대도시의 집거지이다.

그림 3-2 재일한인 뉴커머 집거지

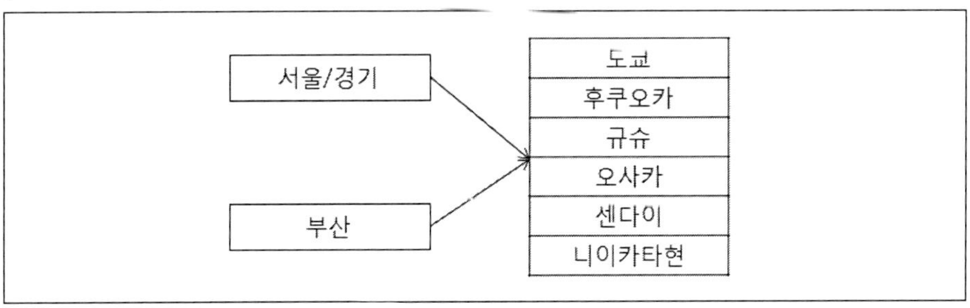

요코하마, 가와사키, 오사카에서 생활하고 있는 단기 노동자 뉴커머는 올드커머에게 기생하여 생활하고 있었지만, 자영업을 목적으로 입국한 뉴커머는 이들과는 또 다른 형태를 보여주었다. 자영업 뉴커머는 올드커머들이 장사하고 있는 오사카, 도쿄, 요코하마 지역의 시장에 입점하여 한국산 생필품 판매, 식당 운영, 문화 상품 등을 판매함으로써 하나의 파이를 놓고 나누어 먹는 결과를 초래했으며, 그 결과 올드커머 상인들과 경쟁 관계에 있었다. 요코하마 마카네쵸, 고도부키쵸의 시장에서 장사를 하고 있던 올드커머들의 상권에 뉴커머가 진입하여 식료품, 음식점을 운영하였고, 뉴커머의 수가 증가함에 따라 그 상권도 확대되어 갔다. 가와사키의 이케가미쵸, 사쿠라모토쵸, 오사카의 이쿠노구 등의 올드커머 집거지를 중심으로 뉴커머가 정착하기 시작하였다.

도쿄에 정주하기 시작한 뉴커머들은 그들만의 자족적인 집거지를 형성하였다. 뉴커머 커뮤니티를 형성한 신주쿠는 도쿄도(東京都)의 23개 특별구의 하나이며, 1991년 도쿄 도청이 이전해 오면서 신도심으로 발전하였다. 2010년 신주쿠구 전체 인구는 314,592명이며, 외국인 33,410명 중 한국인은 13,427명으로 절반에 가까우며, 오쿠보는 주민의 1/3이 외국인이었다(정진성 2011, 339).

뉴커머 중심의 코리아타운은 신주쿠의 오쿠보(大久保), 신오쿠보(新大久保) 지역이다. 올드커머는 도쿄의 미카와시마(三河島), 우에노(上野), 오사카의 쓰루하시(鶴橋)를 중심으로 집거지를 형성했지만, 뉴커머 자영업자는 신주쿠에서 영업하는 사람이 많은 관계로 신주쿠 주변이 뉴커머의 집거지로 각광받게 되었다. 도쿄의 서쪽에 위치한 신주쿠의 쇼쿠안거리(職安通り), 오쿠보거리(大久保通り), 신오쿠보거리(新大久保通り)는 뉴커머들의 대표적인 밀집지역으로 코리아타운이 형성되어 있다. 신주쿠에 코리아타운이 형성된 계기는 1980년대 중반, 이 일대에 유흥클럽이 성업하면서 수천 명의 한인 호스티스들에 의해 개척되기 시작했다. 이들을 상대로 한 상점과 식당, 숙소들이 들어섰다(임채완 외 2014, 246). 그리고 도쿄도의 동남부에 있는 미나토구(港區)의 아카사카(赤坂)역과 아카사카미츠케(赤坂見附)역 사이의 거리에도 뉴커머들이 상가를 운영하고 있었다.

뉴커머들이 집거지를 형성한 오쿠보의 정주 역사를 보면 에도시대(江戸時代) 하급무사들의 거주지였으며, 메이지시대(明治時代)에는 철도의 개통과 역의 신설로 인구가 급격하게 증가하였다. 특히 오쿠보는 동경의 다른 지역과는 달리 독일인, 미국인, 영국인, 필리핀인, 조선인 등 외국인 다수가 거주한 지역이었다. 1935

년부터 일본인들이 본격적으로 점포를 운영하기 시작했으며, 제2차 세계대전 이후에는 지주와 상인들이 신이주민으로 유입되었고, 신주쿠의 가부키쵸에 유흥가가 조성되어 오쿠보는 베드다운 지역으로 변모하였다.

오쿠보를 중심으로 뉴커머가 집거지를 형성하기 이전부터 일부 올드커머는 오쿠보 지역에서 폐품을 회수하여 생활하고 있었다. 1950년 롯데그룹의 신격호가 이곳에 롯데공장을 세워서 많은 올드커머가 모여들었다. 한편 오쿠보에 인접한 가부키쵸 유흥가의 조성은 서비스업에 종사하는 대만과 한국계 여성을 유인하였다(유연숙 2011, 85~87). 한국인 여성의 증가는 이들을 상대로 한 자영업자의 등장을 촉진하는 계기가 되었고, 그 결과 식당, 미용실, 의류 가게, 부동산 임대업, 클럽, 여행사, 교회 등이 성행하게 되었다.

신주쿠의 신오쿠보에 코리아타운이 형성된 배경은 합법적 이주를 인정받은 뉴커머 집단의 규모가 확대되었다는 점, 뉴커머가 올드커머 집단에 의존하지 않고 집거지를 이룰 수 있는 조건들이 형성되었다. 다시 말해 일본어라는 언어장벽은 뉴커머가 올드커머에 의존할 수밖에 없었던 핵심적인 이유였다. 그러나 오쿠보나 신오쿠보 지역의 한국인 다수는 뉴커머이며, 상점 주인이나 고객도 뉴커머였다. 뿐만 아니라 이들은 코리아타운 내에서 한국어로 생활이 가능하므로 일본사회에서 적응을 위해 올드커머에 의존할 필요성이 적었다(정진성 2011, 346).

한편, 신주쿠에 뉴커머를 중심으로 한인사회가 조성된 이유로는 첫째, 일본어 학교가 많았으며, 특히 취업비자를 통해 입국한 뉴커머들이 일본어를 배우기 위해 주간에 어학을 배웠으며, 일본어를 못 해도 아르바이트나 취업이 가능한 점; 둘째, 아파트, 하숙 등에서 외국인 차별이 여전한 다른 지역에 비해 거주지를 찾기 쉬운 점; 셋째, 도쿄 지역에서 유흥과 오락의 새로운 중심지로 부상; 넷째, 용이한 정보수집(문경수 2009, 404~405); 다섯째, 가부키쵸, 오쿠보에 재일한인 올드커머가 소유한 빌딩과 토지가 많았고, 이들이 뉴커머를 직원으로 고용하거나, 방을 대여해 주었다. 여섯째, 한류의 영향이다. 2002년 월드컵 공동개최, 드라마 '겨울연가'의 돌풍 등으로 한류상품을 판매하는 점포가 등장하였고, 이 지역에 '코리아타운'이 조성되었다(유연숙 2011, 92). 일곱째, 편리한 교통의 요충지이며; 여덟째, 외국인 다민족 지역으로 자영업을 함에 있어 편리성 등을 꼽을 수 있다.

과거에 신주쿠 상권을 장악하였던 일본인들은 현재 고령화, 후계자 부재 등의 이유로 상가를 운영하기가 어렵다. 이를 대체한 뉴커머는 한인상권의 공간적 확대를 꾀하였다. 즉 오쿠보, 신오쿠보 지역의 일본인 소유 상점들을 임대 또는 매입하여 다양한 업종에서 장사하고 있었다. 신오쿠보의 재일한인 뉴커머들의 업종별 현황을 보면, 숙박 및 음식업 229개, 오락 및 문화 서비스업 43개, 미용실·학원·여행사 등 서비스업 79개, 식료품·의료·통신 등 소매업 65개, 부동산·병원·이사업, 종교시설 등 57개로 총 473개가 영업하고 있는 것으로 나타났다(이호상 2011, 128). 코리아타운의 성장은 한일 월드컵 공동개최가 유발한 일본인의 한국에 대한 친화적 이미지 형성, 그리고 한류 붐과 관계되어 있다. 특히 신주쿠 지역에서 식당과 숙박업의 경우 한류의 영향, 한국인 장기체류자, 관광객, 유학생, 어학연수생을 대상으로 저렴한 가격이라는 메리트를 내세워 영업하고 있었다.

2002년 한일월드컵부터 시작하여 2012년 8월, 이명박 대통령의 독도 방문 이전까지 신오쿠보 코리아타운은 한류 붐의 영향을 받아 코리아타운의 발전 및 타운의 다양화로 인한 전성기를 맞았다. 코리아타운의 전성기에는 평일 1~2만, 주말에는 5만 명의 관광객이 방문함으로써 뉴커머 상권이 활성화되었다. 그리고 한류 붐은 단순한 문화현상에 머물지 않고 코리아타운에서 수익 창출로 연결되었다. 초기의 한국 음식과 식료품에서 벗어나 의류나 화장품, DVD 등 단순 소비재에서 고부가가치 상품으로 이동하는 소비패턴의 변화가 나타났다(임영언·이석인 2013, 471). 코리아타운의 호황으로 임대료가 상승했지만, 매출이 높았던 관계로 임대료가 가게 운영에 지장을 주지는 않았다. 단지 뉴커머 간 동종업종의 운영으로 가격인하 경쟁, 또는 한국 기업의 코리아타운 프랜차이즈(franchise) 진출과 영업은 토종 뉴커머의 입장에서 볼 때 가게 수익의 안정성을 위협하였다. 여기에 코리아타운 경제의 성장동력이 외부의 영향을 많이 받는 서비스 업종이 많은 관계로 영업의 안정성을 확보하기가 쉽지 않았다. 장기적으로는 뉴커머 간 지나친 가격과 임대경쟁은 코리아타운의 활성화를 저해하는 요인으로 작용하였다(지충남 2017a, 192~193).

한편, 2012년 8월 이명박 대통령의 독도 방문과 '일왕사죄'의 발언은 일본인의 공분을 자극했으며, 이때부터 혐한시위가 싹트기 시작하였다. 2007년 회원 500명으로 출발한 '재특회(在特會, 재일특권을 허용하지 않는 시민모임)'는 현재 15,000명의 회원들이 활동하고 있다. 재특회 중심의 혐한시위는 한류 붐에 찬물을 끼얹었고, 일본 사회의 한류 분위기를 바꾸어 버렸다. 2013년 신주쿠 코리아타운을 중심으로 12번의 과격한 혐한시위가 있었다. 재일한인회원 다수의 경제적 기반인 코리아타운에서의 혐한시위는 '한류의 발상지'인 신오쿠보 코리아타운의 경제적 기반을 흔들면서 고객이 없을 정도로 거리는 매우 한산하였다.

혐한시위는 주말마다 신오쿠보, 쿄토, 오사카 등 재일한인의 집거지에서 펼쳐졌다. 혐한시위대는 신오쿠보에서 확성기를 통해 "왜 일본에서 대한민국 간판을 걸고 영업하고 있느냐? 간판을 내려라?" 등의 구호를 외치면서 한국인을 표적으로 시위하고 있다. 재특회는 이명박 전 대통령이 그들의 정신적 지주이자 일본의 상징적 존재인 천황을 욕보였다는 것에 많은 반감을 가졌다. 한편, 박근혜 정부 이후부터 도쿄의 혐한세력들은 '야스쿠니(靖國) 신사 폭발음' 사건과 '한일의 위안부 합의'를 빌미로 한일합의 무효 및 한일 단교, 위안부는 날조된 허위 등의 구호를 주장하면서 시위에 나섰다. 2016년 1월 초에는 신오쿠보의 코리아타운에서 또 다시 혐위시위를 벌였다. 빈번한 혐한시위는 코리아타운의 분위기를 저해하면서 관광객들의 신오쿠보 출입을 막는 요인이 되었다. 그리고 일본 내에서 한류를 배척하는 분위기가 생겨나 TV를 틀면 나왔던 한류 관련 방송 콘텐츠가 종적을 감추게 되었고, 일본 사회에서 한국에 대한 부정적 인식이 증가하였다.

코리아타운의 형성은 한류 열풍으로 재일한인들에게 경제적으로 큰 도움이 되었지만, 2013년 재특회가 주도한 과격한 반한감정과 혐한시위는 신오쿠보 코리아타운을 찾는 사람들의 방문을 축소시킨 결과, 자영업자들의 매출은 반 이상 격감하였다. 즉 일본 극우세력들의 혐한시위로 영업에 많은 지장을 받으면서 코리아타운의 전체적인 경제가 과거와는 다르게 위축되어 가고 있었다. 혐한시위가 본격화된 2013년 이후부터 코리아타운의 분위기는 발전기와 비교하여 불황의 늪으로 접어들었다. 이러한 결과는 신오쿠보 뉴커머에게 돌아갔다. 전성기의 500개 상점 가운데 문을 닫았거나 폐점한 점포들이 100여개에 이르며, 임대 문의를 안내하는 공고들이 많은 것으로 알려졌다. 현재는 약 400개 상점들이 잔류하고 있지만 전성기에 비해 매출이 1/4로 급감한 것으로 알려졌으며, 상점의 고가 임대료는 방문객의 감소로 영업에 큰 지장을 준 것으로 나타났다(지충남 2017a, 194~195). 그러나 2017년 후반기에 접어들면서부터 코리아타운의 경기는 서서히 살아나고 있었다. 코리아타운에서 여러 개의 사업체를 운영하고 있으며 또한 재일한국인연합회장을 맡고 있는 구철 회장도 이 의견에 동의하였다. 2018년 현재 신오쿠보 코리아타운의 경기가 회복세에 접어들었다는 것이 일반적인 평가이다. 신오쿠보역에서

그림 3-3 신오쿠보 역

그림 3-4 신오쿠보 코리아타운

승차와 하차하는 사람들이 많아졌으며, 특히 주말에는 젊은 중국인 관광객과 일본인들이 다시 코리아타운을 찾기 시작하였다. 전성기에는 약간 못 미치지만 많은 내방객들이 한인 점포를 이용하고 있다는 점에서 코리아타운은 활기를 띠고 있었다. [그림 3-3]과 [그림 3-4]는 신오쿠보역을 중심으로 형성된 코리아타운의 전경이다.

도쿄의 신주쿠와 비교하면 그 규모가 작지만, 올드커머들이 오래 전부터 상권을 형성하였던 오사카의 이쿠노구, 쓰루하시, 이마사토(今理) 등에 올드커머 영역에 일부 뉴커머들이 진출하였다. 특히 쓰루하시에 인접한 이마사토에는 뉴커머 중심의 신흥 코리아타운이 자리하고 있었다. 한류 열풍을 발판으로 한국 음식점, 술집, 스낵바, 클럽, 편의점, 비디오점, PC방 등 도쿄의 뉴커머들이 종사하고 있는 유사한 업종을 중심으로 가게가 형성되어 영업하고 있는 것으로 나타났다.

3) 올드커머와 뉴커머 집거지 비교

한국에서 인구의 이동 및 집거지 형성이 농촌에서 대도시 및 주변 도시로 이동되었듯이 일본의 올드커머와 뉴커머의 집거지역 또한 도쿄를 중심으로 요코하마, 가나가와, 찌바, 사이타마 등 도쿄도 주변권으로 확대되었고, 오사카, 고베, 후쿠오카, 센다이 등에 재일한인 다수가 집거지를 형성하고 있었다. 특이한 점은 뉴커머로 니이가타현에 거주하고 있는 다수의 여성들은 한국에서 일본으로 국제결혼을 목적으로 이주한 사람들이었다.

올드커머는 일제의 식민지적 특수성이 작용한 관계로 농민을 포함한 하층민 그리고 강제 징집과 동원으로 도시 외곽 및 광물자원이 소재한 지역에서 판잣집, 움막, 폐창고 형태로 집거지를 형성하였다. 이와는 달리 한국에서 중산층 범주에 속한 뉴커머는 숙식 비용이 저렴한 주택, 아파트, 연립 등에 주거하고 있었다. 이들의 주거환경을 보면 올드커머는 일본인이 거의 없는 하천부지, 쓰레기 매립지, 저습지 등에 불법 주거지를 형성하여 정주지를 마련한 반면 뉴커머는 도시 및 외곽지역의 주택지에서 생활하고 있었다. 그러나 불법체류 뉴커머의 경우 흔히 '닭장집'으로 부르는 열악한 환경에서 지내고 있다.

<표 3-8>에 올드커머와 뉴커머의 집거지를 비교하였다. 이들이 집거지를 형성함에 있어 취업, 숙식, 교통의 편리성이 핵심 요인이었다. 특히 저렴한 숙식, 정보 습득의 용이성, 낮은 일본어 활용 능력 등은 자연스럽게 올드커머나 뉴커머 중심의 집거지를 만들었던 변수였으며, 주로 상업, 자영업이 활성화된 지역인 코리아타운과 그 주변에 재일한인들이 주거하고 있었다. 매년 올드커머 세대의 축소는 자연스럽게 그들의 집거지 영역 축소로 이어진 반면 뉴커머는 반대의 경향

표 3-8 올드커머와 뉴커머 집거지 비교

구 분	올드커머	뉴커머	비 고
지역	도쿄, 오사카, 고베, 후쿠오카, 삿보로, 요코하마	도쿄, 오사카, 규슈, 후쿠오카, 센다이, 니이가타현	니이가타현은 국제결혼 여성이 많음
주거 형태	판잣집, 움막, 폐창고	단독주택, 아파트, 연립	
주거 환경	하천부지, 매립장, 저습지	도시 및 외곽의 주택시	
직업군	제조업, 상공업, 건설, 탄광의 노동자, 상업	자영업, 교육, 인턴 등	
형성 요인	• 취업, 숙식, 교통 편리성 • 일어 활용도 낮음 • 노동자 중심 • 단독 및 가족이주	• 취업, 숙식, 교통 편리성 • 일어 활용도 낮음 • 자영업, 교육 중심 • 단독이주	
주거 영역	축소	확대	
특징	생활 및 민족공동체	생활 및 민족공동체	

을 보여주고 있다. 올드커머와 뉴커머의 집거지는 생활, 교육, 민족공동체 역할을 수행하고 하고 있었다.

뉴커머들이 집거지를 형성함에 있어서 그 기반은 올드커머와 상관성을 갖고 있다. 특히 뉴커머 가운데 경제적 소득을 목적으로 도일한 초기의 노동 뉴커머들은 올드커머에게 의존하면서 집거지 생활을 영위하였다. 또한 자영업 중심의 뉴커머들이 자족적인 집거지를 형성하기 이전부터 도쿄 신주쿠 오쿠보, 요코하마, 오사카시 이쿠노구에는 이전부터 올드커머들이 시장을 중심으로 상업활동에 종사하고 있었다. 그러나 이들 지역에 소자본을 보유한 뉴커머 자영업자들이 입점하면서부터 재일한인들의 상권은 확대되었지만, 올드커머와 뉴커머 간 상권 경쟁이 시작되었다. 따라서 오늘날 뉴커머 집거지 형성의 토대 또한 올드커머로부터 연유되고 있음을 알 수 있었다.

올드커머의 이주는 일본의 근대화 및 식민지 지배에서 비롯되었으며, 이주자에 따라 자발적 이주, 강제 징용과 징병에 의한 강제이주 등 2개로 대별된다. 뉴커머의 경우 일본 내의 노동력 부족의 발생 그리고 이주자들의 경제적 동기를 포함하여 교육, 유학, 기업, 결혼 등 자발적 이주 의지 그리고 올드커머와의 연결고리가 뉴커머의 이주를 촉진하였다.

많은 올드커머의 이주는 첫째, 임금 노동자들의 일본 체류의 본격화; 둘째, 교통의 요충지; 셋째, 주거 환경이 열악한 도시의 외곽지역; 넷째, 일자리, 먹거리, 주거지의 해결; 다섯째, 단독이주에서 가족이주로의 확대 등은 올드커머가 집거지를 형성하는 요인으로 작용하였다. 뉴커머의 집거지 형성은 첫째, 올드커머에 의존하여 초기에는 올드커머가 정착한 지역에 집거지를 마련했지만, 점차적으로 대도시의 상업지역에서 독자적인 집거지를 형성하였으며; 둘째, 취업, 언어, 교통, 저렴한 비용으로 숙식이 용이한 곳; 셋째, 뉴커머의 증가는 집거지에 다양한 업종이 영업할 수 있는 토대를 제공한 결과, 코리아타운이 조성될 수 있는 여건의 형성; 마지막으로 교육, 자영업, 기업 주재원 등이 주로 활동하는 곳은 대도시였다.

제 4 장

재일한인 사회의 통일운동

1. 통일운동의 시기별 전개 양상
2. 단체 형성과 통일운농의 전개
3. 통일운동의 성과와 한계

제4장

재일한인 사회의 통일운동

1. 통일운동의 시기별 전개 양상

1) 1940~1969년

재일동포 사회의 대립과 갈등으로 인한 분열은 동포사회 내부의 이해관계의 다양성이 원인의 하나이지만 또 다른 요인은 외부로부터의 영향이었다. 남북한의 대립과 갈등, 이들 정부의 재일동포 정책, 일본 정부의 차별적·이중적인 재일동포 정책 등이 영향을 미친 결과였다(강희봉 2008, 190). 1948년 2월 UN은 "한반도에서 가능한 지역의 총선거 실시"를 결정하였다. 이에 김구와 김규식은 단독선거 및 단독정부를 반대하면서 '남북협상운동'을 추진하였다(지병문 외 2014, 50~51).

1948년 8월 남한만의 단독정부가 수립되자 재일동포 이강훈, 문동건은 단독정부 반대와 남북협상운동을 지지하였다. 이 과정에서 민단이 한국의 국시를 준수하고 절대적 지지를 표명하였다. 이에 반발한 이강훈은 김구의 단정 반대와 남북협상론을 이상적인 통일운동으로 간주하면서 조선건국촉진청년연맹(이하 '건청') 내의 통일파를 중심으로 10월에 '재일조선민주통일동지회'(이하 '통일동지회')를 결성하였다. 통일동지회는 의회공화국을 지향하는 국가형태, 국가 기본산업의 국유화, 독점자본의 배제를 주장했다(田駿 1972a, 522). 1949년 9월 '재일조선인연맹'(이하 '조련')이 해산을 당하자 통일동지회는 일본 정부를 비난하는 규탄성명의 발표와 함께 조련과 공동보조를 취하였다. 1951년 7월 통일동지회는 '재일조선통일민주전선'(이하 '민전')의 남북조선통일을 찬성하면서 민전에 협조하였다. 민전은 한반도에서 공산화 통일을 전제로 활동한 단체였다. 통일동지회는 1954년 이강훈을 스파이로 지목하여 제명 처분했으며, 1956년 6월 전국대의원 회의의 결정에 따라 조총련의 가맹단체로 가입하였다.

통일동지회의 좌익성향과는 달리 박춘금, 권일, 백무, 정인훈 등 우익과 친일 성향을 띤 인사들이 1948년 도쿄에서 통일문제에 관한 유지(有志)로서 '동우구락부'를 결성하였다. 이 단체는 한반도 통일과 관련하여 남북의 반성, 공존, 협상으로서의 통일을 주장하였다. 동우구락부의 한반도 통일에 대한 주장은 이 당시 재일한인 사회 모두의 인식과 일치하고 있었다. 1954년 10월 북한의 최고인민회의는 '남북협상회의'를 제안한 남북통일에 대한 내용으로 남한, 재일동포, 해외동포 등 유력인사 1,613명에게 우편을 발송하였다. 우편을 받은 동우구락부는 민단과 민전을 중심으로 분열과 대립이 지속되는 상황에서 통일운동을 활용하여 좌우세력을 통합하려는 취지에서 1955년 1월 '남북통일촉진협의회'(이하 '통협')을 결성했다(朴慶植 1989, 375; 김태기 2003, 41).[1] 통협의 모델은 남한의 미군정이 여운형과 김규식을 중심으로 추진하였던 '좌우합작운동'이었다. 통협은 남북한 자유총선거를 통해 통일중앙정부를 수립하고, 통일국가의 독립을 국제적으로 보장할 것을 요구했지만, 그들의 강령은 북한의 주장에 가까운 통일방안이었다.[2] 통협의 결성은 좌우 인사들이 수차례 회합에서 해방 이후 민족통일의 염원이 국내외에서 강하게 일어나고 있었지만, 실패했던 원인을 좌우 양 진영의 주도권 다툼에 있었다고 보고 새로운 지도체제 구축을 시도했다(이구홍 2016, 99). 재일동포 사회에서 좌우를 통해 협의회를 모색한 점에서 통협 활동의 의의를 찾을 수 있으며, 일부 재일동포들은 통협의 활동으로 민단과 민전의 항쟁이 없어질 것이다는 희망을 갖기도 했다.

통협의 좌우합작을 통한 한반도 통일운동을 둘러싸고 민단과 통협은 질문서와 화답을 주고받는 논쟁을 벌였다. 먼저 민단은 북한의 남일(南日)이 남북협상회

1) 통협의 참여 인사는 민단계의 권일, 박춘금; 민전의 남호영, 이재동, 이중추; 중립파 성향의 김삼규, 정인훈; 무정부 성향의 원심창; 사회주의자 이북만 등이다. 통협의 강령은 첫째, 과거를 반성하고 관용하여 민족의 단합; 둘째, 평화적 통일 달성; 셋째, 외국군의 철수와 외세의 간섭배격; 넷째, 남북회담과 국제연합 및 관계국 회의 개최; 다섯째, 남북자유선거에 의한 통일정부 수립. 고성준(1979, 274).

2) 통협은 1955년 6월, 제2차 강령을 발표했다. 정견, 사상, 신앙, 소속단체의 여하를 불문하고 상호협조로 조국의 평화적 통일독립의 달성, 통일에 장애가 되는 외국군대의 철수 및 외국의 내정간섭 반대, 남북의 군비축소와 경제문화의 교류, 평화적 통일방안을 협의하기 위한 남북회담의 요구, 남북의 평화적 통일을 위해 국제연합 및 관계 각국회의의 개최 등 7개항이었다.

의를 제의한 1954년 '남일 어필'에 대해 이는 한반도 적화통일의 전망에서 나온 정책전환의 일환인 위장평화의 공세로 규정하여 응할 수 없다는 입장을 표명하였다. 그리고 통협이 용공적이고 반정부적 주장으로 민단의 성명이나 혹은 이승만 정부의 통일론 옹호를 배격하는 상황에서 민단은 이를 좌시하지 않겠다고 주장하였다. 통협의 활동에 대해 민단은 '시국대책동지위(위원장 전두수)'를 통한 결성대회의 방해공작, 6·25 평화기념제에 대한 비협조를 펼치면서 적대적 관계를 유지했으며, 민전의 후신인 조총련 또한 한덕수 명의로 참여 인사에 대해 탈퇴와 비협력을 지시하였다(이구홍 2016, 101). 결국 통협은 민단과 조총련의 방해 및 비협조로 6개월이라는 단기간에 걸친 통일운동으로 활동을 마감하였다.[3] 통협 활동이 재일동포 사회에 기여한 점은 평화적인 통일 논의의 장을 조성했으며, 재일동포 사회의 화합과 화해의 분위기를 이끌어 내었다는 점에서 긍정적 평가를 받아야 한다. 문제는 민족통일의 원칙, 남북한 정부의 성격 등 기본에 치중하지 않았고, 통협은 통일 방법론을 집중적으로 논의하였다. 즉 통일 방법론을 가지고 통일에 관한 논리의 전부처럼 착각하는 오류를 범하였다.

한편 통협의 활동 부진 및 노선상의 분열을 이유로 새로운 돌파구를 찾는 일부 세력이 통협을 이탈하였다. 통협에서 중앙대표위원이나 중앙상임협의위원을 역임한 권일, 이북만, 정인훈, 남호영 등 민단계열로(정용하 2007, 234), 이들은 1956년 3월 '우리민주사회주의자동맹'(이하 '민사동')을 결성하였다.[4] 총 7개 강령 중 통일과 관련된 내용은 첫째, 민족자결의 원칙에 기하여 조국의 평화적 통일과 자주독립의 달성; 둘째, 남북을 통한 자유총선거에 의한 통일중앙정부의 수립; 셋째, 통일 조국의 국제적 영세중립화를 주장했었다. 민주사회주의를 추구하는 민사동의 영세중립화는 1953년 7월 발표된 김삼규의 조선중립화 방안과 약간의 차이가 있다.[5] 민사동은 김삼규의 중립화 방안을 비현실적 중립화론으로 평가하였다. 남북이 분단되고, 남북 양 정권이 존재하고 있음에도 불구하고 이를 부인하

3) 통협의 활동에서 '통일대회사건,' '3·1절기념중앙대회,' '평화적 남북통일 촉진·원자전쟁 반대 서명운동,' '6·25 기념평화제' 등은 김영의(2011, 72~85) 참조.

4) 1956년 5월 단체명을 '민주사회주의동맹'으로 개칭했으며, 1957년 6월 제3차 전체회의에서 '한국민주사회동맹'으로 변경하였다.

5) 한반도 통일은 미·소·중·일 등 4대 강대국의 보장 하에 중립적 통일을 이루어야 하며, 양 정권과 자유총선거에 의해 수립되는 통일정부로의 환치를 제안했으며, 중립국 혹은 국제연합에 의한 선거위원회의 구성을 제의하였다.

지 않고, 배척하였다.

해방 이후부터 1960년대 말까지 재일동포 민족통일운동의 배경은 동포 1세대의 조국지향적 운동이었다. 재일동포들에게 내재되어 있던 강한 조국애와 국가지향성은 조국의 분단에 따른 통일문제를 다른 문제들에 우선하여 해결해야 할 중요한 과제로 인식하게 만들었다. 그 결과, 재일동포 사회의 통일운동은 해방정국의 한반도 정세와 연동하여 친한성향의 민단, 친북성향의 조총련 그리고 중립적 입장의 통일동지회, 통협, 민사동, 한민자통 등의 단체가 활동했으며, 김삼규의 중립화통일론이 등장하였다. 본국 정부와 연계된 민단과 조총련 주도의 통일운동은 남북한 정부의 통일정책에 종속된 반공과 사회주의라는 틀 속에서 진행되었다. 그러나 통협, 민사동, 한민자통 등 통일운동 세력은 민단과 조총련 간 대립을 불식시켜 공존의 장을 형성하고 화합과 교류를 도모하면서 조국통일을 모색하였다는 점에서 의의를 찾을 수 있다.

2) 1970~1999년

1972년 7·4 남북공동성명이 발표되자, 한국청년학생동맹과 조선청년동맹은 공동으로 합동문화제를 준비했지만 10월 유신의 선포로 민단과 조총련의 합동행사는 무산되었다. 재일동포의 화합과 통일운동은 한반도의 정세에 좌우되었다(정갑수 2006, 12). 7·4 남북공동성명과 10월 유신의 선포는 민단 내부의 갈등을 가속화시켰지만, 재일동포 중심의 자주적 통일운동의 전환점이었다. 민단 내에서 반정부로 분류되는 사람들을 중심으로 자주적 통일운동을 추진하기 위해 1961년 10월 '민단정상화유지간담회'(이하 '유지간담회')[8]를 조직한 이희원, 김금석, 배동호는 1972년 8월 '민족통일협의회'(이하 '민통협')을 결성하였다. 한국의 정치상황과 관련하여 민단 내부에서는 박정희 정권 지지세력과 반대세력 간 분열과 대립이 발생하였다. 민통협은 한국의 민주화와 통일을 하나의 문제로 간주하고, 통일을 최후 목적으로 인식하였다. 즉 민주화가 당면 과제라면 최종 목표는 통일이었다. 완전한 민주화는 통일이 되어야 이루어질 수 있다고 판단하였다(윤상철 2004, 197). 민통협은 통일운동을 조직적·대중적·체계적으로 발전시키고 지도해 나갈 조직이라는 목적에서 민단의 민주파 및 한청 회원들이 합류하여 결성되었다. 재일한

8) 유지간담회는 1971년 5월 단체명을 '민단자주수호위원회'로 변경하였다.

인 사회에서 "선민주화, 후통일? 아니면 선통일, 후민주화?"의 논쟁 속에서 민통협은 전자를 선택했다. 이러한 선택에서 후자의 경우 민단과 한국정부가 '친북' 또는 '빨갱이'로 매도하였기 때문에 민통협은 전자를 택할 수밖에 없었다. 따라서 여타 단체와 비교하여 민통협은 한반도 통일문제에 집중하였다. 민통협이 결성될 때는 10월 유신이 선포되기 전이었다. 그리하여 민주화보다는 통일문제에 주력하자는 내부 결의가 있었다.

민단 지도부는 유신체제를 지지하면서 박정희 정권에 저항하는 산하단체인 '재일본한국청년동맹'(이하 '한청')과 '한국청년학생동맹'(이하 '한학동')의 자격을 박탈하여 조직을 정비하였다. 민단에서 배제된 단체들은 한국을 비롯한 해외 민주화세력과 연대하여 1973년 8월 히비야 공회당에서 '한국민주회복통일촉진국민회의'(이하 '한민통') 일본본부를 결성하였다. 한민통의 결성은 1973년 7월 미국 워싱턴에서 발기인대회가 열렸으며, 이를 계기로 일본본부를 결성하게 되었다. 한민통 결성의 주역은 김대중과 재일민주인사들이었다. 김대중구제대책위원회, 한청, 한학동, 민단 동경본부, 민통협 등의 단체를 중심으로 박정희 정권 타도, 민주정권 수립, 미군철수, 남북연방제에 의한 점진적 통일을 주장하면서 한국의 민주화세력과 연대를 추진하였다. 한민통은 1977년 8월 도쿄에서 해외동포운동 사상 최초로 '해외한국인민주운동 대표자회의'를 개최했으며, '민주민족통일해외한국인연합'을 결성하는 등 해외동포 간 통일운동의 연대를 추진하여 통일운동을 확산시켰다.

한민통은 한국에서 미국의 지배와 간섭을 배제하지 않는 한 진정한 민주화니 남북통일도 있을 수 없다는 입장으로 외세 지배와 간섭의 배제, 민족자주권 회복, 파쇼독재 타도 및 민주연합정부 수립, 분단고착화 반대 및 연방제에 의한 자주적 평화통일의 실현 등 5대강령을 채택하였다.[9] 민통협이 '민주·통일·평화'를 주장한 반면에 한민통은 '자주·민주·통일'을 강조하여 한반도 통일에서 외세의 간섭 배제 및 자주적 입장을 견지하였다.

민단은 조총련에 동조, 민단 파괴, 내부 분열 획책을 이유로 한민자통, 한민통을 이적단체로 규정하였다(김태기 2001, 237). 1989년 한민통은 기존의 민주화운동 중심에서 통일운동을 보다 중시하기 위해 '재일한국민주통일연합'(이하 '한통

9) 이 외의 강령은 첫째, 반전반핵운동 추진, 한반도 비핵지대화; 둘째, 재일동포의 민족적 권익 옹호이다. 한통련 역사, http://chuo.korea-htr.org/korean/index.php(검색일: 2013.09.12).

련')으로 개칭하여 통일운동을 펼쳤다. 한통련은 재일동포만을 회원으로 받아들였으며, 정책노선도 한반도 통일에 있어 외세의 개입을 배제한 '자주·민주·평화'라는 통일 지향을 전면에 내세웠다. 노선의 배경을 7·4 남북공동성명, 6·15 및 10·4 남북공동선언에서 찾았다.

박정희 정부의 유신체제 수립 이후 남한의 민주화가 쟁점으로 부각되던 시기의 재일동포 통일운동은 한국의 민주화운동과 연계되어 추진되는 특징을 보인 반면 민단 지도부는 박정희 정권을 절대적으로 지지하는 동포 조직으로 탈바꿈하였다. 한국정부의 민단 지원금에 대한 보답으로 민단은 1977년 '평화통일촉진본부'(이하 '평통촉본')를 설치하여 통일방안을 홍보, 지지하였다(정용하 2007, 234~235).

한편 1974년 2월 조총련 제10회 전체대회는 "조총련은 조국통일의 위업에서 중요한 일익을 담당하고 있다"는 김일성의 교시가 보내졌으며, 1975년부터는 북한 통일전선의 일본지부로 위치하였다(김태기 2001, 241). 그러나 조총련 내부에서도 한덕수 1인 지배체제에 비판적 태도를 보인 오정태(조총련 카나가와현 재정부장)를 중심으로 김일성 주체사상과 김정일 세습체제를 반대하고, 민단과 조총련을 초월하여 민족 내에서 성실한 대화와 평화적인 방법으로 통일을 모색하려는 의도에서 '재일조선인민주화촉진동맹'(이하 '조민련')이 1975년 1월에 결성되었다(김태기 2003, 44). 조민련은 조총련 조직의 민주화와 남북의 민주화 달성이 통일의 지름길이라고 인식하여 평화통일과 38도선 분쇄, 부산-신의주 간 재일동포 도보 행진 등을 주장했지만, 세력 확장의 한계로 1981년부터 활동을 중단하였다.

1977년 일본, 미국, 서독, 프랑스 등 11개 나라의 대표들이 도쿄에서 '해외한인민주운동대표자회의'를 열고, 해외 교포조직의 연합체인 '민주민족통일해외한국인연합'(이하 '한민련')을 결성하였다(최진욱 외 2008, 85). 회의에서는 3명의 기조보고가 있었다. 일본을 대표해서 배동호 선생, 미주 대표 임창영 박사, 유럽을 대표해서는 윤이상 선생이 보고하였다. 회의 결과 민주화와 조국통일의 실현을 염원한다는 선언을 채택하였다(윤상철 2004, 210). 그리고 1983년 7월에는 교토에서 재일동포 500여명이 참석한 '조선민족통일 국제심포지엄'을 개최했다. 주최측은 심포지엄 후에 '조선민족통일'의 성명서를 발표했는데[10] 이 성명서는 남북한의 통

10) 첫째, 조선의 민주적 민족통일운동은 자주·자립원칙과 외세의 간섭 배제, 미군의 남조선 철수; 둘째, 조선반도의 긴장 완화, 비핵지대의 조성; 셋째, 조선반도의 평화를 위한 분단 상황의 종

일논리를 객관적으로 말했다기보다는 북한과 유사한 통일논리를 주장했으며, 북한의 통일논리에 대해서는 일절 언급하지 않았다.

1980년대 후반 들어 재외동포들의 통일운동이 활발히 전개되었다. 그 계기는 1989년 6월에 로스앤젤레스(LA)에서 개최된 제2차 '해외한민족대표자대회'였다. 이 회의는 민단과 미주총련이 공동주최하고 세계 각국의 한인회 및 단체 대표 500여명이 참석한 회의로 한국정부가 비교적 우호적인 지지를 보내고 있었다. 회의에서 이기명 통일분과위원장은 "통일은 남북한 동포들뿐만이 아니라 500만 해외동포들의 과제이기도 하다"는 발언을 하여 재외동포들의 한반도 통일과 관련하여 주체적 참여를 강조하였다. 신필영 미주총련 이사장은 '통일운동은 신독립운동이다'는 주제 발표에서 "남북한의 분단은 새로운 질곡(桎梏)이며 진정한 의미에서의 독립이 아니다. 그러므로 통일운동은 우리의 선각자들이 해왔던 독립투쟁의 연장선상에서 계속되어야 한다"고 발언하였다(이구홍 2015, 4~5).

1994년 통일연구를 위한 모임으로 '한겨레연구회'가 발족하였다. 재일동포 가운데 현재의 남북관계의 대립과 갈등의 지속은 통일의 장애물이며, 또한 젊은 세대들의 한반도 통일에 대한 무관심을 깨우치자는 인식에서 정치적 입장을 떠나 통일문제만 연구하자는 신념을 갖고 조총련의 조선대학교 교수 10명, 한국쪽 인사 10명 등 20명이 참여하였다. 2000년 남북정상회담의 성사 이후, 강만길 선생을 초청하여 400여명이 참석한 강연회를 개최하였다. 그러나 강연회 개최 이후, 한겨레연구회의 활동은 정체되어 있는 것으로 알려졌다(윤상철 2004, 62). 1995년 광복 50주년을 기념하여 재일한인의 새로운 공동체를 구한다는 명분을 내걸고 김예곤, 김규일, 김경득, 박병유 등이 '재일동포의 통일운동'을 결성하였다. 발기인 120명을 중심으로 약 500여명이 참석하였다. 그러나 이 모임의 주도세력의 사망과 동력의 약화로 현재는 단체명만 남아 있다(이구홍 2015, 5). 재일한인 사회에서 통일운동을 주도하고 있는 민단과 조총련, 한통련, 원코리아페스티벌 등의 단체를 제외한 여타 소수의 재일동포들이 통일 관련 모임을 결성하여 활동하고 있지만 비용, 참여자, 내부 문제 등으로 단체 활동의 지속력을 갖지 못하고 해체 혹은 단체명만 유지하고 있는 상황이다.

1980년대부터 재일동포 사회의 통일운동은 이념으로부터 탈피하여 생활과

식; 넷째, 반독재투쟁의 전개, 전두환 군사파쇼정권의 진보적 민주정부로의 대체; 다섯째, 남한에서 미군철수는 조선의 평화적 통일을 위한 필요조건이다(최봉윤 1988, 338-339).

연계된 실용적인 운동으로 나타났다. 이는 재일동포 사회의 통일운동이 한반도의 통일을 위한 노력뿐만 아니라 재일동포들의 화합과 통일이 중요한 과제로 부각했기 때문이었다(정용하 2007, 251). 원코리아페스티벌(One Korea Festival)을 비롯하여 재일동포 중심의 통일 관련 축제는 이념 지향적인 통일운동의 한계, 남북한 정부에 의존적인 재일동포 사회 통일운동의 문제점 인식, 변화하는 일본 사회의 상황을 감안하여 재일동포들의 일상적인 생활 속에서의 통일운동이라는 의미를 담고 있었다.

냉전체제가 붕괴된 1990년 이후 재일동포의 통일운동은 시민사회단체를 중심으로 새로운 통일운동을 모색하였다. 한반도 통일문제를 단순한 남북한의 정치적 통일에서 나아가 아시아 평화와 연대를 위한 기반으로 인식하고, 재일동포 사회의 통합과 일본 사회와의 융화를 기반으로 다문화공생의 장으로 만들어가려는 노력과 결부시켜 나가려는 운동으로 추진되었다. 1990년 이후, 원코리아페스티벌이 대표적 사례에 속한다. 1991년 치바(天葉)에서 제41회 세계탁구선수권대회가 열리기 이전에 남북한은 단일팀 구성에 합의하여 4월의 선수권대회에 출전하였다. 민단과 조총련은 공동응원단을 조직하여 응원하였고, 이를 계기로 화합과 교류를 지속적으로 전개하기 위해 '재일동포 교류촉진협의회'를 발족시켰다. 1991년 10월 제1회 회의를 계기로 민단과 조총련의 지방본부 차원에서 교류가 시작되었다. 오사카(大阪)에서는 유도시합, 시즈오카(靜岡)·시미즈(淸水) 지부에서는 경로회, 사이타마(埼玉)·켄호쿠(縣北)의 지부 단위의 신년회 참석 등 친목을 도모하는 교류가 있었다. 1993년 11월 교토(京都) '헤이안환도(平安還都) 1200년 기념행사'가 개최되었다. 쿄토 시청과 실행위원회가 주최한 행사에 민단과 조총련 지방본부는 동포들의 화합과 교류를 도모한다는 차원에서 합동 퍼레이드를 펼쳤다. 1996년 4월 후쿠오카(福岡)에서는 민단 지부와 조총련의 히가시후쿠오카(東福岡) 지부가 공동으로 '원코리아 후쿠오카 벚꽃축제'를 개최했는데 약 1,000명의 재일동포와 일본인들이 참석하였다. 한편 한통련은 재일동포들의 통일의식을 고취한다는 취지에서 1993년 제1회 통일마당을 개최한 이래 2016년까지 제23회까지 열었다.

이 시기에 전개되었던 민단과 조총련의 통일운동은 모국정부의 통제를 받는 구조였다는 점에서 재일동포들의 통일운동은 한반도의 정세에 따라 영향을 받고 있었다. 그러나 일각에서는 이러한 구조를 타파하기 위해 민통협을 중심으로 한 자주적 통일운동이 전개되었다. 또한 한민통은 한국의 민주화와 통일을 연계하면서 동시에 해외동포와의 연대를 통한 통일운동을 추진하였다. 한편 조총련 내부에서도 이탈세력이 나타나 조민련을 결성하였다. 그렇지만 이들의 통일 접근방식은 북한의 통일논리에 가까웠다는 점에서 한국정부 및 민단의 통일논리를 배격했으며, 따라서 객관성을 상실한 통일운동으로 평가할 수 있다. 1980년대 중반부터는 문화축제를 통일운동과 접목한 원코리아페스티벌이 등장하여 기존의 민단과 조총련의 이념 지향적 통일운동과는 다른 형태를 보여주었다. 그리고 민단과 조총련의 지방본부 차원에서 다양한 행사가 진행되었다는 측면에서 지역적으로 제한된 화합과 교류가 있었다.

3) 2000년~현재

재일동포 사회에서 민족통일운동의 기류와 주변 환경의 변화에도 불구하고 민단과 조총련의 통일운동에 대한 기본 골격은 변하지 않았다. 2000년대 이전과 마찬가지로 남북한의 정세에 따라 약간의 변화가 있었을 뿐이다. 2000년 6월 김대중 대통령과 김정일 국방위원장 간 정상회담이 발표되자 민단계 한청동경본부와 조총련계 조청동경본부는 '남북최고위급회담 개최를 지지하는 동경동포청년학생집회'를 개최하였다. 오사카에서도 '남북정상회담 환영 오사카동포청년학생제'가 열려 재일동포 800여명이 참여했다. 또한 12일에는 간사이(關西) 지역의 민단과 조총련계 상공인들이 친선 골프모임을 가졌었다(김용찬 2000, 109). 이러한 집회나 모임은 재일동포들이 남북한 관계의 개선에 대한 지지를 보낸다는 의사표시였다

'6·15 공동선언'의 발표 이후, 민단은 재일동포 사회의 현실적인 문제와 통일문제를 논의하기 위해 조총련에 대화를 제의하자, 조총련 또한 공동선언을 지지하며 남과 북, 해외의 모든 동포들과 함께 민족의 숙원인 조국통일 실현에 기여하겠다는 입장을 발표했었다. 두 단체의 공감대 형성으로 실무진이 회합을 가졌다. 조총련은 재일동포의 민족적 권리 옹호, 민족육성사업의 협력, 양 단체의 화합과 교류를 위한 중앙본부 간 협의기구 설치를 세의했으며, 민단은 협력기구 설치에 찬성한다는 의견과 함께 동포단결을 위한 교류와 화합사업, 남북의 평화정착과 교류, 통일에 도움이 되는 사업 추진, 재일동포 공통의 이익이 되는 사업, 재일동포의 경제, 사회, 교육, 문화사업을 해결하기 위한 분과위원회 설치를 제안

하였다(민단신문, 2000.9.13; 김태기 2001, 244 재인용). 그러나 이 회합 역시 새로운 조건의 추가, 상호간 신뢰의 부족으로 무산되었다.

6·15 공동선언은 재일동포 사회에서 한반도의 평화적 통일 열망을 재점화시켜 주었다. 2000년 9월 조국의 분단 극복과 화해, 통일을 모색하는 NPO 법인 '삼천리철도'가 조직되었다. 남북의 비무장지대 4km에 철도 건설을 위한 기금 모집이 삼천리철도를 결성한 기본 취지이다. 첫째, 삼천리철도는 민단과 조총련에 의존하지 않으며, 남북한 정부 모두를 조국이라고 생각한다. 둘째, 남북 통일운동에서 동포로서의 주체성을 갖고 참여할 것이다. 즉 스스로의 주체적 의지에 근거한 통일운동을 추진하겠다는 의미이다. 셋째, 한국전쟁으로 단절되었던 철도의 재연결을 추진한다. 삼천리철도는 2010년 창립 10주년을 맞이하여 "해외 동포의 입장에서 우리 조국의 평화와 통일의 대도를 걸을 것"이라며 "북한의 녹화, 양돈사업 등 구체적인 행동으로 기여하겠다"는 2010 선언을 채택했다.[11] 현재 도상태 이사장이 삼천리철도를 이끌고 있다.

한편 민단과 조총련 간 중앙 차원의 통일 교류가 정체된 상황에서도 지방본부는 제한적 교류를 실행하였다. 1991년부터 2004년까지 민단과 조총련의 지방본부 간 교류행사가 617회 진행되었다(남근우 외 2010, 67). 치바본부의 민단과 조총련계 동포 간 합동골프대회, 야마구치(山口) 시모노세키(下關) 지부 유도협회의 친선교류시합, 오사카 원코리아페스티벌, 원코리아바둑대회, 1996년 후쿠오카 민단과 조총련의 '원코리아 후쿠오카(福岡) 벚꽃축제', 2001년 3월 오사카 조총련과 민단, 오사카 시청이 재일동포와 일본인의 공생을 염원하는 '하나마쓰리(ハナマトゥリ)' 축제를 열었다. 축제는 재일동포 사회의 단합과 통일을 위한 것으로 조총련과 민단의 중앙본부 임원들도 함께 하였다. 이렇듯 지방의 교류행사는 동포들 간 민족화합의 장이면서 또한 통일 한반도를 위한 지역 민단과 조총련계 동포들의 풀뿌리 통일운동이었다. 민단과 조총련은 이 같은 행사를 지역 차원의 교류로 평가절하하면서도 반대하지는 않았다.

2002년 한일월드컵 축구를 계기로 민단은 재일동포 사회의 화해와 단결, 상호간의 신뢰구축을 위해 조총련에 월드컵 관람을 제안하였다. 민단과 조총련은 4

11) 2002년 3월과 12월에 한국의 통일부 및 북한의 내각에 각각 680만엔을 기탁하였다. 2004년 북한의 용천역에서 폭발사고가 발생하자 50만엔의 의연금을 모금하여 조총련에 전달하였다. 재일연합회의 산하단체로 활동하고 있는 삼천리철도, http://www.sanzenri.gr.jp(검색일: 2015.08.05) 참조.

회에 걸쳐 협의를 진행했으며, 재일동포들의 남북한 상호방문에 합의했다.[12] 그 결과 먼저 민단 대표단이 평양에서 개최된 '아리랑축제'를 참관했으며, 그 답례로 조총련 대표단 80명과 민단 420명 등 500여명의 방한단이 한일월드컵 관전을 위해 한국을 방문했으며, 이 행사는 민단과 조총련의 지도부가 교차 방문한 사례이다.

노무현 대통령과 김정일 국방위원장의 '정상회담 및 10·4 남북공동선언'이 발표되었다. 민단과 조총련은 이 선언이 한반도의 평화와 번영을 위한 새로운 시대를 열어가는 전기가 된다는 점에서 지지와 환영을 표하였다. 민단은 공동선언을 계기로 비정치적·인도적 분야에서 재일동포 사회의 화합을 위해 적극적인 활동을 펼쳐 나간다고 했으며, 조총련 또한 재일동포의 민족적 단결을 강화하고 발전시켜 나가는 공동선언의 실현을 위해 전 민족적인 통일운동에 전력을 다 한다는 의견을 발표하였다.

재일동포친목회 명예회장 정소영, 금수문고 대표 윤용길, 이달완 등은 재일동포 사회의 단합·통일·화합, 동포들의 삶의 질 개선을 목표로 협의체 성격을 띤 '재일코리아협회'를 2007년 11월 결성하였다. 민단과 조총련의 갈등과 반목의 지속을 재일동포 사회의 화합을 가로막는 장애물로 인식하면서 하나의 재일동포 사회, 남북통일과 평화를 증진시키려는 공감대 형성이 단체의 출발점이었다(남근우 외 2010, 192~193). 즉 민단과 조총련의 정치적·이념적 대결 구도를 초월해야 재일동포 사회의 통일과 화합이 가능하다는 논리에서 민단과 조총련이 아닌 제3의 지대에서 통일운동을 추진하겠다는 관점이다. 재일코리아협회는 남북한의 통일정책 및 재일동포 사회에서 통일정책의 부재가 동포 사회의 갈등과 반목의 원인이 아닌 것으로 인식하였다. 서로를 이해하고 상대방의 입장을 수용하려는 태도의 부족, 즉 화합을 위한 협의의 부재를 그 원인으로 판단하고 민난도 조총련도 아닌 중립의 입장에서 50여개 단체 186명의 책임자들이 참여하였다.

재일코리아협회의 활동에 대해 민단은 공식적인 입장을 표명하지는 않았다. 다만 회의가 있을 때 연락하면 민단 관계자가 참석하여 의견을 나누는 정도였다. 반면 조총련은 통일이나 재일동포 화합의 문제를 조총련이 주도하면 되는데, 왜 조총련을 탈퇴한 사람들이 조직을 만들어 동포들 간 분열을 획책하고 있느냐면서 반대의 입장 표명과 함께 연락을 취해도 회의에 참석하지 않았다. 재일동포

12) 민단신문, "교류, 민단과 총련 만남의 발자취," http://www.mindan.org/kr/newspaper/read_artcl.php?newsid=2405(검색일:2015.08.11).

사회를 양분하고 있는 민단과 조총련은 통일에 관한 제 논의는 민단과 조총련만이 할 수 있는 문제이며, 타 단체의 개입을 찬성하지 않는 입장이다. 다른 민족단체의 통일운동에 대한 민단과 조총련의 폐쇄적 사고나 소통의 부재는 재일동포 사회에서 통일 논의의 활성화를 가로막는 장애물이었다.

6·15 공동선언과 10·4 선언은 민단과 조총련을 비롯해 재일동포 사회에서 한반도 통일의 긍정적 신호였다. 민단과 조총련 중앙본부는 북한의 아리랑축제 참석과 월드컵 공동 관람을 실행하였다. 지방 차원에서는 골프대회, 바둑대회, 축제, 체육행사 등을 공동으로 개최하여 동포들의 화합과 교류, 통일의지의 함양에 기여하였다. 문제는 민단과 조총련 중앙본부의 화합이나 통일문제에 대한 접근방식이다. 예컨대, 민단이 특정 안건을 제의하면 조총련은 긍정적 답신과 함께 새로운 조건을 추가로 제안하였다. 이는 민단도 마찬가지였다. 새로운 조건은 상대방이 수용하기 어려운 혹은 곤란한 것들이 포함되어 있었다. 결과적으로 상대방에 대한 책임 전가와 무성의를 이유로 화합이 자주 무산되었다. 민단과 조총련은 상대방의 제안이 있다면, 새로운 조건을 추가하지 않고 그대로 응하려는 태도의 전향이 필요하다.

민단과 조총련의 통일운동 외에도 삼천리철도, 재일코리아협회의 결성과 활동은 재일동포들의 또 다른 통일운동의 출현이었다. 이들 단체는 민단과 조총련에 의존하지 않고 독자적으로 통일운동을 펼치고 있다. 민단과 조총련은 이들 단체의 통일 활동을 무관심 혹은 적대적으로 대할 것이 아니라 적극적 협조를 통해 함께 한반도 통일을 고민하고 협력하려는 인식의 전환이 필요한 시점이다.

2. 단체 형성과 통일운동의 전개

재일한인 사회에서 민족통일운동을 주도하고 있는 민단, 조총련, 한민통, 원코리아페스티벌의 형성과정을 다음 [그림 4-1]에 요약하였다. 제1 통일운동은 민단과 조총련, 제2 통일운동은 중립화통일론, 제3 통일운동은 한통련과 원코리아페스티벌이다.

그림 4-1 재일한인 단체의 형성

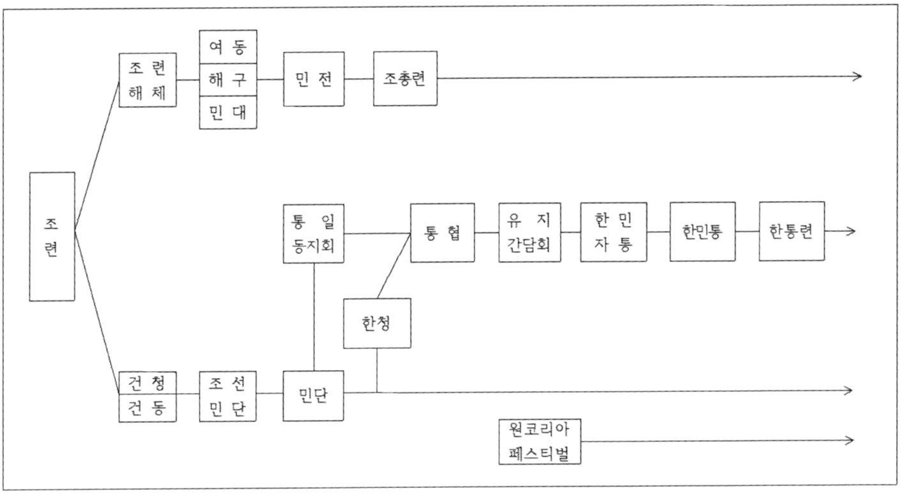

1) 재일본대한민국민단

(1) 단체 형성

1945년 9월 '재일본조선인연맹 결성중앙준비위원회'는 재일동포는 신조선의 건설, 세계평화의 유지, 재류동포의 생활안정, 일본국민과 상호우의를 기하며, 귀국동포의 지원, 자녀 교육, 생활복지 등 회복된 민족 권리의 쟁취를 내용으로 한 선언을 발표했다(田駿 1972a, 537; 韓德銖 1986, 146; 玄璣澤 1996, 54). 준비과정을 거쳐 10월 좌우세력을 망라한 비정치적 성격의 조련을 결성하였다(李瑜煥 1971, 7). 활동방침으로 귀국동포의 지원, 생활권의 확보, 조국의 중앙정부수립 촉진 등을 채택하였다. 그러나 이 의결은 심두용, 박은철, 한덕수, 김민화 등 좌파들이 사전에 회동한 이바다시(板橋)회의의 계획에 의해 진행된 결과물로 조련의 결성부터 좌파가 주도권을 장악한 구조였다. 조련 제1회 중앙위원회는 4개항의 발표와 함께 각 지방본부로 하여금 친일파와 민족반역자의 추방인민대회 개최를 지시하였다.[13] 이렇듯 조련의 주도권을 김천해(金天海)를 비롯한 사회주의자들이 장악하

13) 첫째, 조선인의 귀국대책추진을 위해 시모노세키(下關) 하가타(博多), 센자키(仙崎) 등의 3곳에 조련출장소 개설; 둘째, 일본당국에 징용노동자의 귀국여비와 식량 요구; 셋째, 미군 총사령부에 외국인의 식량특별배급 요구; 넷째, 친일파, 민족반역자의 조사와 숙청.

기 2000, 77). 이러한 민단의 조치는 조총련과의 교류의 시작을 비롯해 재일동포 사회에서 통일 분위기를 고조시켰으며, 두 단체가 공동으로 합동문화제나 연립미술전을 개최하였다.

5·16 쿠데타로 군사정권을 수립한 박정희는 반공을 국시로 내세웠으며, 반공체제의 재정비 강화와 국토통일을 위한 실력배양을 주장하면서부터 한국에서는 일반의 통일 논의가 중지되었다. 그 결과 민단 내부의 다양한 통일 논의도 중지되었으며, 군사정권에 대한 지지와 반대가 충돌하였다. 박정희 정권에 반대하는 인사들이 유지간담회를 결성하여 권일의 민단 지도부에 반발하였다. 1965년 한일회담에 대한 반대시위와 각종 통일 논의가 부상하면서 국정의 혼란이 가중되자, 박정희는 '선 건설, 후 통일'의 통일정책을 발표하였다. 모국 정부의 입장을 수용한 민단은 제4차 선언에서 반공이념의 고수, 국제연합의 한반도 통일방안의 지지를 선언하였다.

민단의 제12회 정기중앙위원회는 "국토통일과 우리"를 발표했다(재일본대한민국민단 1997, 101). 한국정부가 자유민주주의에 의거한 통일정부 수립을 목표로 평화적인 승공통일을 위해 노력하고 있기 때문에 민단은 국토통일의 이념과 자세에서 중화적 혹은 타협적인 태도를 거부한다는 뜻이다. 즉 용공풍조에 물들거나 무조건적 국토통일을 원하는 무원칙적 통일론을 허용하지 않겠다는 주장으로 민단은 조총련의 적화사업과 민단파괴공작을 분쇄하기 위해 승공통일을 위한 활동에 전력을 다 할 것을 대내외적으로 알리는 의지의 표현이었다.

1972년 민단 중앙본부 점거 폭행사건이 수습된 시점에서 남북한은 '7·4 남북공동성명'을 발표하였다. 동경민단과 조총련은 이 성명을 지지하는 공동 회합을 가졌으며, 조청과 한청도 만남을 가졌다. 광복절에는 동경민단과 조총련의 주도 아래 1만 3천명의 인원이 참석하여 남북공동성명을 지지하는 대회를 개최했었다(재일본조선인총련합회 2005, 121; 吳圭祥 2005, 92). 그러나 민단 중앙본부는 공동 집회를 중지하도록 동경본부에 요청하였다.

10월 유신의 선포와 문세광의 육영수 여사 저격 이후, 민단은 '새민단운동,' '신민단운동,' '재일동포 모국방문성묘단' 추진, '총화체제'의 구축을 통해 대외적으로는 조총련 맹원들의 탈퇴 및 한국 국적 취득이라는 성과를 얻어냈으며, 안으로는 한국정부에 순응하고 협력하는 조직 강화를 완성하였다. 민단은 조직 정비가 마무리되자, 민단이 지지하는 통일방안은 국제연합의 방안이 아닌 한국정부의 통일방안으로 이는 가장 평화적·민주적이라는 인식하에 '제5차 선언'을 발표하였다(김태기 2001, 238). 민단은 모국 정부의 통일방안이 발표되면 언제나 환영과 지지를 선언하는 제스처를 취하였다. 제5공화국의 '민족화합민주통일방안,' 제6공화국의 '한민족공동체통일방안,' 문민정부의 '민족공동체통일방안'에 대해 누가 민단의 단장직을 수행하고 있는 것과는 상관없이 환영 일변도의 성명을 발표하면서 한국정부에 대한 충성과 지지를 보여주었다. 이러한 행태는 모국에 대한 '민단정치'의 표출이었다.

1994년 김영삼 대통령과 김일성 주석의 정상회담이 예정된 상황에서 7월 8일 심장마비로 김일성 주석이 사망하였다. 이에 민단은 "김일성은 전범이며 민족반역자"로 표현하면서 모국 주사파의 망동 및 일부 몰지각한 인사들의 조문 논의는 국론의 분열로 이를 경계해야 한다는 성명서를 발표하였다(재일본대한민국민단 1997, 223). 이러한 발표를 접한 조총련은 기본적인 예절도 모르는 반민족적 집단으로 민단을 격하게 비난하였다.

6·15 공동선언과 10·4 공동선언이 발표되자 민단은 한반도의 평화와 번영을 위한 새로운 시대를 열어가는 전기가 된다는 점에서 열렬한 지지와 환영을 표했으며, 조총련과의 회합을 제의하기도 했다. 민단은 2005년 9월 '통일문제와 본단의 자세에 관한 업무연락'이라는 문건에서 "본국 정부의 통일정책을 민단 통일정책의 기원으로 삼는다"라고 발표하였다(남근우 외 2010, 64). 민단은 한국의 국시를 준수하는 한인회이다. 민단은 한국정부의 통일정책을 기반으로 2개 기관을 통해 통일문제와 통일운동을 추진하고 있다. 본국의 헌법기관인 '민주평화통일자문회의'의 일본지역협의회로 민단의 중앙본부 단장이 회장직을 맡고 있으며, 한국정부의 통일정책의 대변자 및 추진자 역할을 수행한다. 또 다른 기관은 민단의 특별위원회 성격을 띤 '평화통일추진위원회'이다. 재일동포 사회에서 한국정부의 통일운동을 홍보하는 반면 조총련의 통일운동에 대항하는 통일운동을 추진하고 있다.

한편 이명박·박근혜 보수정권의 퇴진 이후 등장한 문재인 정부는 '평화와 번영의 한반도정책'을 기조로 2007년 이후 단절되었던 남북정상회담을 추진하였다. 2018년 4월 27일 판문점에서 문재인 대통령과 북한 김정은 국무위원장 간 제1차 정상회담이 개최되었다(동아일보 2018.04.28, 1).[17] 그리고 5월 26일 제2차 정

17) 판문점 선언의 주요 내용은 첫째, 한반도 비핵화를 통한 평화체제 구축; 둘째, 군사적 긴장완화와 전쟁위협의 해소; 셋째, 남북관계의 전면적·획기적 개선 등 13개 항목에 대해 남북한 정상이

상회담이 갑자기 열렸으며, '6·12 북미 정상회담'의 성공적 개최, 한반도 비핵화와 항구적인 평화체제의 구축을 위해 긴밀히 상호 협력하겠다는 의견을 도출하였다.

2018년 4월 27일 남북정상회담의 성공적 개최에 대해 민단은 여건이 단장 명의로 "평화의 시대가 도래하기를 기대하면서 남북정상회담을 환영"한다는 담화를 발표하였다.[18] 이렇듯 민단의 통일운동은 한국정부의 통일 관련 정책이나 방안을 무비판적으로 수용하여 재일동포를 대상으로 지지하고 홍보하는 활동을 전개하였다. 이는 조총련도 마찬가지이다. 1960년 민단의 '제3차 선언' 외에는 민단이 주체적으로 통일정책과 문제를 주장하기보다는 민단 자체의 존립 구조상 한국정부의 통일방안을 절대적으로 지지하고 홍보하는 조직임을 알 수 있다.

(나) 자체 통일 활동

1977년 제27회 민단 정기중앙위원회에서 "우리는 7·4 남북공동성명과 박정희 대통령의 평화통일 3대 기본원칙을 기조로 조국의 자주적 평화통일을 촉진한다"는 발표와 함께 평통촉본을 발족하였다(재일본대한민국민단 1997, 136). 첫째, 단원들에게 조국의 평화통일에 대한 확언과 통일이론에 대한 조화의 필요성; 둘째, 일본 사회에 대해 한국정부가 표명하는 통일이론의 합리성 홍보; 셋째, 조총련계 동포에 대해서 북한 통일이론의 불합리성과 비현실성에 대한 계몽 등의 필요성으로 촉진본부를 조직하였다. 민단은 평통촉본의 설치 및 통일의지를 일본 사회에 알리기 위해 '한국동란 제27주년 평화·번영·통일촉진 중앙대회'를 가졌다. 약 1만명의 인원이 참가하여 평화통일 촉진을 위한 결의문의 채택과 함께 식후 행사로 가두행진을 진행하였다.

민단은 평통촉본 전국대표자회의를 1978년 3월 히로시마에서 개최하였다. 이 회의는 11월 조총련이 계획하고 있는 '조선통일세계지지대회'를 무산시키려는 목적에서 열렸다. 조국의 평화정착과 통일달성에 역행하는 김일성 집단의 무력적화 음모를 저지하고, 조선통일세계지지대회의 국제적 책동의 분쇄, 한국의 평화열망이라는 선언을 채택하였다. 이는 일본 언론계에 조총련이 주도하는 대회를 저지하려는 민단의 활동을 홍보하려는 의도에서 개최된 회의였다.

서명하였다.

18) 월드코리안, "재일민단, 남북정상회담 환영 담화," http://www.worldkorean.net/news/articleView.html?idxno=31531(검색일: 2018.06.10.).

민단의 전국지방단장회의는 1979년부터 '평화통일·권익옹호·신생활을 위한 180일간 운동'을 6월부터 11월까지 6개월 간 추진하기로 했다. 통일과 관련된 운동 목표는 첫째, 평화통일촉진운동의 지방별 추진실태의 파악; 둘째, 지방의회에 대한 한국의 평화통일안 지지의결 활동의 촉진; 셋째, 조국의 평화통일에 관한 이론의 확립과 홍보, 선전의 강화 등으로 요약할 수 있다. 활동의 결과, 일본의 318개 지방의회가 민단이 제출한 평화통일안건을 채택하는 성과를 올림으로써 지방 차원에서 조총련의 통일 활동에 대한 제약과 압박으로 작용하였다.

제5공화국은 헌법기관으로 '평화통일자문회의'(1987년 민주평화통일자문회의로 개칭)를 조직하였다. 제1회 대회에 재일위원 222명이 참가했다. 민주평통의 결성은 민단 내부의 통일기구인 평통촉본의 활동과 상호 밀접한 연관을 갖게 되었다. 한국정부는 민주평통의 역할과 활동의 확대를 위한 연장선상에서 재외동포로 하여금 한국정부의 통일정책을 지지하고 홍보하는 기관으로 '민주평화통일자문회의 해외지역협의회'를 구성하였다. 일본 동포사회의 여론 수렴, 통일정책에 대한 동포사회의 공감대 형성을 목표로 활동하기 위해 1982년 7월 일본지역 자문위원 183명과 주일대사 등 관계자가 모여서 일본지역협의회를 발족하였다. 협의회는 "민족화합 민주통일 방안을 우리 민족이 열망하는 조국통일을 자주적, 민주적, 평화적으로 실현하는 방도로 재확인한다"는 결의문을 채택하였다(김태기 2001, 240~241). 민주평통 일본지역협의회는 평화통일 분위기 조성과 공감대 형성, 그리고 통일 준비에 최선을 다한다는 사명감을 갖고 활동하고 있다. 동부협의회, 근기(近畿)협의회, 중부협의회, 서부협의회 등 4개 협의회에 총 403명이 참여하고 있다. 2015년 8월 초에 지역협의회 출범식을 가졌으며, 민단의 오공태 단장이 일본지역회의 부의장을 맡고 있다.

민단은 일본지역회의 외에도 민주평통이 개최하는 아시아 지역회의에 146명의 대표를 참여시켰다. 민주평통의 '2008년 아시아 해외지역회의'가 통일 역량 결집을 목표로 서울에서 열렸다. 아시아한인회총연합회, 재중국한인회, 재태국한인회, 타이베이한인회, 재일한인회, 필리핀한인총연합회 등의 다수의 한인단체 대표가 참가하였다. 2012년 민주평통 제15기 아시아지역회의에 일본지역회의 대표가 참석했으며, 아시아 17개국 12개 협의회의 자문위원들이 참가하여 정부의 통일정책에 대한 강의와 토론을 가졌다.

1981년 1월 전두환 정권은 '남북한당국최고책임자상호방문'을 제의했지만,

북한이 응하지 않자 '6·5 남북수뇌회담'을 발표하였다. 민단은 본국의 평화통일을 지지하기 위해 '평화통일을 위한 1·12 제의실현촉구대회'를 열었다. 그리고 1982년 모국 정부가 '민족화합민주통일방안'을 발표하자 실천운동의 일환으로 '민족화합민주통일방안 지지대회'를 동경과 각 지방본부에서 개최하여 통일을 다지는 지지기반의 활동으로 활용하면서 한편으로는 조총련 동포에 대한 통일 관련 계몽활동을 펼쳤다(재일본대한민국민단 1997, 158). 민단 중앙본부는 제5공화국 통일방안의 대대적인 홍보를 위해 1982년 6월부터 9월까지 '민족화합민주통일촉진 100일 운동'을 전개했으며, 6월 말부터 7월 초까지 도쿄, 오사카, 나고야, 북해도, 히로시마, 후쿠오카 등 대도시를 중심으로 '민족화합민주통일촉진 재일한국인대회'를 열어 재일동포들의 통일의지의 확충을 꾀하였다. 이 대회는 1988년까지 매년 민단 중앙본부의 지도로 대도시에서 열렸다.

간부 단원들의 통일의지를 함양하려는 취지에서 민단은 매년 통일부의 협조를 받아 통일연수회를 개최하고 있다. 한반도 비핵화 및 통일문제, 남북한 관계, 대북정책 등 통일정책 전반에 대한 교육과 토론 형태로 연수회를 진행한다. 이 행사는 민단의 통일 관련 연례행사 중 하나이다. 2014년 11월에도 통일교육원에서 연수를 가졌었다. 2012년 모국에서 미래의 한반도 통일비용의 재정 마련을 위해 '통일항아리' 운동이 시작되자 민단은 단원과 동포들을 대상으로 통일성금을 모금하는 운동을 추진하였다. 2015년 11월 민단 중앙본부는 한국의 '통일과 나눔' 재단과 통일나눔펀드 업무협약(MOU)을 체결하면서 1,000만원의 성금을 기부하였다. 2016년 10월 민단은 재외동포재단과 공동으로 '민단 창단 70주년 기념 심포지엄'을 개최하였다. 한반도 통일과 관련하여 '민단 혁신과 재일동포 통일운동의 접목점'을 발표한 이민호 일본 통일일보(統一日報) 서울 지사장은 "민단의 통일운동 사업은 북한 및 조총련의 대남 파괴 공작에 대항하고 조총련계 동포를 모국방문 사업으로 유도하고, 탈북자를 지원하며 정부의 통일·대북정책 관련 사업에 동참하는 것 등으로 이루어졌다"고 언급하였다. 통일을 대비하기 위해서는 "민단이 통일 대비 전담조직을 갖추고 일본의 오피니언 리더와 일본국민들을 대상으로 통일 공공외교를 민간 차원에서 전개하며, 북한의 돌발 상황에 대처하는 시나리오 및 매뉴얼을 만들어야 한다"고 주장하였다.[19]

---

19) 민단, "동포재단, 동경서 민단 창단 70주년 기념 심포지엄 개최," http://www.mindan.org/kr/front/newsDetail.php?category=0&newsid=16055(검색일: 2017.01.05).

민단은 모국 정부의 각종 통일정책이나 방안에 대한 후속조치로 단원과 재일동포를 대상으로 통일정책의 홍보, 통일의지의 결집을 모으려는 의도에서 다양한 통일 활동이나 행사를 개최하고 있지만, 주로 통일 관련 포럼 및 세미나에 역점을 두고 있다. 이와 함께 한국 정부가 제안한 통일문제를 북한과 조총련이 수용하라는 의미의 제안 촉구대회나 계몽 활동을 전개하고 있다. 단원들이 한국 정부의 통일정책을 이해하고, 교육시키려는 취지에서 매년 민단 간부를 대상으로 모국에서 통일연수회를 실시한다. 한편 민주평통의 일본지역협의회 참여 인사 가운데 상당수가 중앙 혹은 지방본부의 민단 임원이었다. 이들은 민주평통의 지역협의회 회원과 민단 단원의 자격으로 재일동포 사회에서 한국 정부가 지향하는 통일운동의 지지를 이끌어 내려는 활동을 펼치고 있다.

(다) 민단과 조총련의 통일 교류

1970년 박정희 대통령의 '평화통일구상 선언'이 발표되었다. 긴장상태 완화를 통한 평화적 방법에 의한 통일 접근의 강조, 북한에 대해 무력에 의한 적화통일이나 폭력혁명에 의한 대한민국 전복 기도의 포기 촉구, 남북한 사이의 인위적 장벽의 단계적 제거 등이었다. 제3공화국의 평화통일구상 선언은 '선 건설 후 통일'이라는 기존의 통일단계를 '선 평화 후 통일'로 바꾸게 되는 계기가 되었다. 민단의 이희원 단장은 8·15 선언의 발표 후, 조총련의 한덕수 의장에게 8·15 선언과 영주권신청에 관해 회합을 갖자고 제안하였다. 조총련은 조국의 통일을 촉진하고 민주주의적 민족 권리를 수호하는 문제에 대해 민단과 토의할 용의가 있다는 회신을 보내왔다(田駿 1972b, 271~272). 민단과 조총련은 회담 일정, 문구에 대한 왜곡, 조총련이 민단을 분열시키기 위한 정치적 책략 등을 이유로 서로 비난하면서 결국 무산되었다. 다시 말해 상호간 불신감의 팽배가 회동을 무산시킨 원인이었다. 그러나 또 다른 측면에서 보면 그 당시 민단은 조총련에 비하여 조직적 열세였으며, 민단의 통일에 관한 입장을 강력하게 주장할 수 없는 이론 무장에 있어 열세에 놓여 있는 관계로 민단 내부에서 회동을 반대하였다.

민단의 제38회 정기중앙대회가 1976년 3월에 개최되었다. 민단은 제5차 선언에서 민단이 지지하는 통일방안을 기존의 '국제연합'을 삭제하고 '대한민국 정부의 방안'으로 수정하였다. 통일 관련 선언의 수정은 한국정부의 통일방안이 가장 평화적이고 민주적이다는 민단의 한국정부에 대한 지지의 견지와 함께 한국

운 조건의 추가, 홍보용 차원의 형식적 제안, 불신의 팽배, 조직 내부의 반대 등 다양한 요인이 작용한 결과, 두 단체 간 중앙본부 차원의 만남은 주도권 갈등으로 인해 유야무야되는 경우가 많았다. 그렇지만 1991년과 2002년 공동행사는 성공적 회동으로 이어졌으며, 민단과 조총련 지방본부가 주관하는 공동행사는 대체적으로 잘 진행되고 있었다. 이명박 정부의 등장 이후, 남북한 간 발생한 여러 사건으로 남북관계는 악화되고 경색되었다. 이러한 남북한의 정세는 그대로 재일동포 사회에 투영되었으며, 그 결과 민단과 조총련의 중앙본부 차원의 화합과 교류는 단절된 상태이다.

2) 재일본조선인총연합회

(1) 단체 형성

조련을 사회주의자들이 장악하자 친한과 민족주의적 성향을 갖고 있는 세력이 조련을 이탈하였다. 그리고 이들이 건동과 건청을 규합하여 민단을 발족하면서부터 민단과 조련은 재일동포 사회의 주도권 및 한반도 정세를 놓고 대립하였다. 도쿄 에다가와(枝川) 사건, 조선장학회 사건, 시모노세키(下關) 사건 등이 대표적인 사례이다(진희관 2009, 217). 민단과의 충돌 외에도 조련은 미군이나 일본 정부의 조선인 탄압에 맞서 대항하였다. 1947년 '한신교육사건(阪神教育事件),' 북한에 대한 지지, 일본 정부의 재일동포 귀환사업의 방해, 공공정책에 대한 저항 등이다. 특히 한신교육사건의 결과, 조련은 해체되었다.[21]

'한신교육사건'을 구체적으로 보면 해방 이전에 재일동포들의 아동은 일본의 동화 교육정책에 따라 원칙적으로 조선어를 읽고, 쓰기를 배울 곳이 거의 없었다. 일본의 패망 이후 본국에 귀환하려는 민족적 열기는 일본 각지에 국어강습소를 열고 어린이들에게 조선어를 가르쳤다. 이를 위해 조련은 각 지역에 조선인학교를 설치하고 민족교육을 실시하였다(김상현 1988, 151). 1946년에는 전국에 500여개 학교, 학생 수는 6만 명에 달했다.

1947년 10월 GHQ(General Headquarters of the Supreme Commander for the

21) 조련은 500여개의 조선인학교를 설치하고 6만 명을 대상으로 민족교육을 실시하였다. 일본 정부는 "재일조선인을 일본의 교육기본법, 학교교육법에 따르게 하도록" 지시를 하달했다. 일본의 교육법을 준수하지 않으면 학교를 강제로 폐쇄시키겠다는 의도였다. 조련은 야마구치현(山口縣), 히로시마(廣島), 오카야마(岡山), 효고(兵庫), 오사카(大阪)에서 반대 투쟁을 전개하였다.

Allied Powers; 연합국 군최고사령관 총사령부)는 일본 정부에 "재일조선인을 일본의 교육기본법, 학교교육법에 따르게 하도록" 지시를 하달하는 조치를 취하였다. 1948년 1월 24일 문부성 학교교육국장은 각 도도부현(都道府縣) 지사에게 '조선인 설립 학교의 취급에 대해서'라는 통달을 내고 재일조선인 자녀는 법적 기준에 합당한 학교에 취학할 것과 교사는 일본 정부가 정한 기준에 합당한 사람만이 강의하도록 했다. 그리고 일본인 학교 건물을 빌려 쓴 조선인학교의 철수와 교과 내용은 학교교육법에 따라 모두 일본어로 교육하고 조선어는 과외로 학습할 수 있다고 규정했다. 이것은 일본의 교육법에 따르라는 지시였다. 일본 정부는 1948년 3월 24일 다시 1월 24일의 통달에 복종하지 않으면 학교를 강제로 폐쇄시키겠다고 했다. 일본 전역에 재일조선인의 민족학교에 대해 강제적 폐쇄명령이 내려졌다.

재일조선인 민족교육의 탄압, 즉 학교폐쇄에 대해 최초로 반대투쟁이 크게 일어났던 곳은 야마구치현(山口縣)이었다. 야마구치현에는 귀환하려는 조선인 1만 명 이상이 모여 있었는데, 야마구치현 지사가 3월 31일까지 학교를 폐쇄한다고 통고했다. 1만 명이 넘는 조선인은 현청 앞에 모여 교섭과 철야시위 투쟁을 전개했다. 결국 현 당국은 통첩을 철회하였다. 이후 4월에 들어서는 히로시마(廣島), 오카야마(岡山), 효고(兵庫), 오사카 등지에서 투쟁이 전개되었다.

또한 오사카에서도 1948년 4월 23일 부청 앞의 오테마에(大手前)공원에서 조선인학교 폐쇄 반대, 교육 자주권 옹호를 위한 인민대회가 개최되어 3만여 명이 집결했다. 무장 경관에 의해 탄압되어 23명이 중상을 입고, 200여 명이 검거되어 오사카 시내의 경찰서에 분산 유치되었다. 오사카의 재일조선인 민족교육대책위원회는 다시 한 번 동포를 대거 동원하여 시위를 하면서 부(府) 당국과 교섭했다. 4월 26일에도 조선인학교 폐쇄 반대 인민대회가 열렸다. 오사카 경찰은 집회를 해산하고 탄압하기 위해 8천 명을 동원했다. 해산과정에서 일본 경찰의 발포로 소년 김태일(金太一)이 사망했고, 검거자는 군사재판에 회부되었다. 며칠 후 오사카에서는 김석송과 일본공산당원 등 수십 명이 체포되어 미군의 군사재판에 부쳐졌다. 이 가운데 재일조선인 김석송은 강제 추방당했다.

고베시(神戸市)에서는 4월 7일 조선인학교 폐쇄 명령이 발령되었다. 그리고 고베시는 이를 집행하고자 했다. 여기에 대항해 조선인 학부모와 학생들의 저항이 나타났는데, 니시고베(西神戸) 조선인소학교에서는 학부형이 몸으로 교문을 막고 항거했다. 이 사건은 이후 주요 투쟁의 고리가 되었다. 4월 7일 이후에도 고베시에서는 저항이 지속되었는데, 특히 4월 24일 조선인학교 폐쇄에 항의하는 조선인들이 효고 현청 앞에 결집하여 '학교폐쇄 명령 철회' 등을 지사에게 요구하는 것으로 발전했다.

학교폐쇄 명령의 철회에 대해서는 약 1시간 반에 걸쳐 교섭이 계속되었고, 효고현과 고베시 당국은 학교폐쇄 명령을 철회한다는 문서에 조인하고 서명했다. 첫째, 학교폐쇄령은 중지한다; 둘째, 차용하고 있는 일본학교는 그대로 계속 사용한다; 셋째, 15일에 피검된 63명은 즉시 석방한다; 넷째, 이후의 일은 양측에서 대표를 통해 협의한다; 다섯째, 본일 교섭회장에 대한 책임을 재일조선인에게 부과하지 않는다는 내용이었다. 그러나 그날 밤 효고현 군정부가 전후(戰後) 유일한 '비상사태 선언'을 발표하고 지사가 서약한 사항을 모두 무효라고 하면서 미군과 일본 경찰이 조선인 및 일본인 지원자 3,076명을 검거했다.

한신교육사건은 재일동포의 많은 희생을 치른 투쟁이었지만, 5월 3일 조선인교육대책위원회 책임자와 문부대신 간에 "교육기본법과 학교교육법을 따른다." "사립학교의 자주성 범위 내에서 조선인의 독자적인 교육을 행하는 것을 전제로 사립학교로서의 인가를 신청한다"는 각서가 교환되어 이듬해 1949년의 탄압 때까지 조선인학교는 지켜졌다. 그러나 1949년 10월 다시 학교폐쇄 명령이 내려져 전국 대부분의 조선인학교가 폐쇄되었다. 한신교육투쟁의 빌미가 되었던 GHQ와 일본 정부의 민족학교 탄압은 준비된 것이었다고 할 수 있다. 여기에 대해 조련은 조직적인 대응을 했고, 재일조선인은 일본 전역에서 전면적인 반대 투쟁을 전개했다. 이것은 해방 이후 재일조선인에 의한 전면적인 반일 투쟁으로 이념의 벽을 넘은 전 민족적인 투쟁이었다. 왜냐하면 조련의 주도로 시작되었지만 민단계나 건청 단원들도 민족적 성원을 보냈으며, 일반 재일조선인도 자녀들의 교육문제에 관심에 컸다는 점에서 의의를 갖고 있다. 이 사건에 대해 조련은 4월 24일을 우리말, 우리글을 지킨 '교육투쟁 기념일'로 정했다.[22]

1949년 6월 북한에서 남북연합을 상징하는 '조국통일민주주의전선'이 결성되었다. 이 단체는 한반도의 통일정부 수립을 위해서는 남북한 총선거가 필요하다는 평화공세를 적극적으로 전개하였다. 조련은 북한의 통일 논리를 옹호하고 선

---

22) 박일(2012, 471~472); 田駿(1972a, 561~563) 참조.

전하기 위해 '조국통일민주주의전선'이 주장하는 방침을 수용하였다. 조련은 통일 논리의 근거로 '조국통일민주주의전선'이 추구하는 통일국가의 법통이 북한 정권에 있음을 강조하였다(韓德銖 1949, 32). 동년 9월 연합국총사령부는 조련이 점령군에 저항했으며 폭력주의를 조장했다는 이유로 '단체 등 규제령(團體等規制令)'에 의거하여 조직해산과 재산몰수를 단행하였다(이광규 2000, 146~147; 최영호 2009, 178~179; 진희관 1995, 222; 재일본조선인총련합회 2005, 15; 조관자 2012, 200).[23] 조련은 전국 조직을 동원하여 단체 해산에 저항했지만, 조직의 해체와 함께 모든 재산을 몰수당하였다.

조련이 재일본조선민주여성동맹, 해방구원회 등 산하단체를 기반으로 조직의 재건을 모색하자 일본공산당은 '민족대책부'를 설치하여 재일조선인의 활동을 지도하였다. 1950년 '조국방위중앙위원회'(이하 '조방위')를 결성하여 조련 활동의 연장선상에서 조직 활동을 재개시켰다. 조방위는 투쟁을 위한 산하 조직으로 '재일조선인조국방위대'(이하 '조방대')를 운영하였다. 조방대는 군사훈련을 통해 무력투쟁을 전개하였다. 문제는 이 조직들이 일본공산당의 지휘와 지령을 받고 있기 때문에 조련의 간부들은 재일조선인 중심의 합법적 조직체 설립을 원하였다. 1952년 '재일조선통일민주전선결성대회'를 개최하여 조국의 통일과 방위를 목표로 하는 대중단체인 '재일조선통일민주전선'(이하 '민전')을 결성하였다. 민전은 조련의 산하단체 외에도 민단의 이강훈, 건청의 일부를 합류시켜 통일전선 형태로 조직되었다(박일 2005, 358~359).[24] 민전은 재일동포의 한반도 강제송환 반대, 조국방위운동의 강화 등을 주장하면서 재일동포 단체 중 친북성향을 공식적으로 표명했으며, 이승만 정부를 타노의 대상으로 삼았다(진희관 2009, 222~223).

북한의 외무상 남일은 재일조선인을 '공화국의 해외공민'으로 포함한다는 성명서를 1954년 11월에 발표하였다. 민전 제19회 중앙위원회가 열리자 한덕수는 편협한 민족주의 경향, 공화국 지지를 강령에서 삭제한 것을 이유로 민전노선의 비판과 함께 "재일 전체의 조선 동포를 조선민주주의인민공화국 정부 주위에 총

23) 몰수재산은 건물 78동, 토지 2만 6천여 평, 예금 207만 6천 엔이다.

24) 민전의 강령은 첫째, 조국의 완전 통일과 외국군대의 조선 철수; 둘째, 인민의 생활, 인격, 거주의 자유, 재산의 보호; 셋째, 민족교육의 자주성 확보; 넷째, 조국통일을 방해하는 분열책동자와 매국분자의 소탕, 반동분자의 타도; 다섯째, 일본을 아시아전략의 기지로 삼는 군사화 반대; 여섯째, 원자무기의 반대 및 세계평화 기원; 일곱째, 조선민주주의인민공화국의 사수. 田駿(1972b, 29~30).

집결시킬 것"을 주장하였다(박일 2005, 359). 남일과 한덕수의 발언 이후, 민전 제6차 대회가 개최되자 북한을 중심으로 재일조선인운동을 전개하기 위해 민전의 해산을 결정하였다. 일본공산당은 민전의 해산, 조선인 당원의 당적 이탈을 허용함으로써 재일조선인의 사회주의 활동은 일본공산당과 결별하고 북한 조선노동당의 지도하에 새로운 출발을 갖게 되었다.

1955년 5월 25일 민전을 대체할 조직으로 조총련이 만들어졌다. 조총련은 "사회적 운동을 가능하게 만드는 사상은 일정한 조직의 결성과 활동을 통해 구현된다. 주체적 해외교포운동의 사상은 복잡다단한 재일조선인 운동의 노선을 규정하고, 조총련의 결성을 통해 전면적으로 구체화된다"고 밝혔다(韓德銖 1986, 141). 이 원칙을 적용하여 조총련은 북한의 김일성이 제시한 주체적인 노선전환의 방침에 따라 새로운 형태의 조직인 조총련을 결성하였다. 창립선언, 강령과 규약, 일반 활동방침을 채택했으며,[25] 강령은 조국통일의 실현, 재일동포 사회의 단결·화해·단합의 실현, 재일동포의 공화국 주위로의 결집, 재일동포의 민주적·민족적 권리 옹호, 민족교육의 실시, 조·일의 친선, 국적선택과 망명 자유의 고수 및 강제추방의 반대, 세계평화에의 공헌 등이다(田駿 1972b, 275~285; 韓德銖 1986, 170~171). 중앙본부의 조직은 중앙의장단, 전체대회중앙위원회, 중앙상임위원회, 감사위원회로 구성하였다(김상현 1988, 162). 초기 조총련의 체제는 이심철, 한덕수, 신홍식, 김은순 등 6명의 의장단을 중심으로 한 집단지도체제였으며 북한의 공민단체로 활동하였다.

조총련의 결성에 대해 조총련 스스로는 재일조선인운동과 해외교포운동을 발전시키는 커다란 역사적 의의를 갖고 있는 것으로 자평하고 있다. 조총련은 내부 결속의 단합과 함께 1956년 5월 28일 제2회 전체대회까지 1년 동안 조직 확장에 주력하였다. 조선인 조직이 없는 지역에까지 조총련 조직을 만들었다. 그 결과 45개 도도부현(都道府県)에 지방본부를 설치했으며, 그 아래의 산하조직으로는 403개의 지부, 1,500개의 분회를 조직하였다(韓德銖 1986, 179). 조총련 조직의 기본체계를 보면 중앙본부 산하에 지방본부(都道府県本部)가 있으며, 그 산하에는 주요 시·구에 위치한 지부, 그리고 지부 밑으로는 제일 말단조직으로 분회(分會)가 있다(金賢 2006, 103). 조총련 회원과 여성동맹원은 분회 소속이며, 청년동맹원

25) 일반방침은 국내외정세, 조국의 민주기지 강화와 평화적 통일, 평화수호운동의 강화, 민주민족교육의 강화, 조·일 양국의 국교정상화, 재일동포의 총단결, 재정의 확립 등 7개항이다.

은 반(班)에서 활동하고 있다.

조총련은 북한의 김일성이 1956년 4월 조선노동당 제3회 대회에서 제시한 조국통일 방안을 지지하며, 이를 실현하려는 운동을 전개하고 있다. 김일성은 남과 북이 정치적·경제적·문화적 연계를 맺고 왕래할 수 있는 통신교환을 실현하고, 통일문제를 토의하여 실제적 대책을 수립할 수 있는 상설위원회를 구성하자는 통일 제의를 하였다. 조총련은 이러한 북한의 통일 방안을 절대적으로 옹호하고 있다. 따라서 조국의 평화적 통일독립에 헌신하는 것을 단체의 강령으로 명시한 조총련은 한반도 통일을 위한 활동을 전개한다. 주체적 노선전환 방침에 따라서 통일 활동가나 단체에게 자주적 평화통일 위업의 달성을 최우선으로 하는 애국운동을 행하도록 지도하고 있다(韓德銖 1986, 195). 예컨대, 1956년 7월 16일에 열린 조총련 제6차 중앙위원회에서 한덕수는 '조국의 평화적 통일 위업의 달성을 위하여'에 대해 보고하면서 구체적인 활동 방침을 제시하였다. 재일한인 사회에서 조총련과 민단의 관계를 설정한 방침이었다. 첫째, "우리의 통일을 지연시키는 조직적 이기심을 떠나야 한다"고 하여 민단 동포에 대한 접촉에서 유의해야 할 점을 설명하고 있다. 예컨대, 민단 회원들을 조총련에 가입시키기 위해 좌경적인 오류를 범해서는 안된다는 내용이다. 둘째, "우리는 대내적으로 동포를 대할 때 관료주의적 사상이 있어서는 안된다"고 하여 민단 회원들과의 포괄적인 접촉이 필요함을 강조하였다(진희관 2009, 232~233). 이 같은 한덕수의 주장은 조총련이 민단에 비해 재일한인 사회에서 조직적 우위에 있음을 직접적으로 표현한 것으로 볼 수 있다.

1958년 5월 제4회 전체회의를 전후해서는 북한의 교육원조비 송금과 북한으로의 귀국사업 등 운동의 고양기를 맞이했고, 한덕수 1인 의장체제로 전환되었다. 조총련 결성 이후, 북한의 견고한 한덕수 지지로 인해 조총련 내부에서 1인지배체제가 확립되었고 내부 파열은 민단과 비교하여 소소하였다.[26] 1960년대 초, 조총련의 맹원은 약 20만 명 정도인 반면에 민단은 약 7만 명으로 알려졌다.

조총련은 결성 당시부터 북한의 적극적인 지원 아래 1957년부터 2010년까지 151회에 걸쳐 455억 엔의 금액을 북한으로부터 송금받아 재일동포의 민족교육에

26) 조총련 제1 부의장을 지냈으며, 학습조를 지도하였던 한덕수의 조카사위 김병식이 한덕수와 대립하다 1972년 숙청당하였다. 이 사건의 여파로 조총련의 일부 간부와 맹원들의 조직 이탈이 있었다.

힘썼다. 그 결과 유치원, 초등, 중고등학교를 비롯해 조선대학교 등에서 민족학교를 운영했으며, 조총련계 동포들의 모국어 사용에 기여하였다. 또한 조총련은 1959년부터 재일동포를 대상으로 북송사업을 전개하여 1984년까지 약 9만 3천 명의 재일동포가 북한으로 삶의 터전을 옮겼다. 1990년대 이후, 조총련의 폐쇄적 조직 운영과 비현실적인 공민교육으로 재일동포들이 이탈했으며, 북한의 조총련에 대한 지원 단절로 재정적 어려움을 겪고 있다. 김정일은 1999년 4월 세대교체에 따른 사업 전환을 조총련에 지시하고, 이에 따라 조총련은 2001년 5월 신세대를 중심으로 한 조직과 활동을 전개하기로 결정하였다. 1993년 허종만이 책임부의장을 맡으면서 한덕수는 명예의장에 불과하였다. 2014년 5월 조총련 제23차 전체대회가 열렸다. 전체대회는 조직의 의장과 부의장 등 지도부를 선출하는 회의의 성격을 갖고 있다. 조총련은 북한의 해외 교포조직이라는 점에서 북한의 김정은 노동당 제1비서는 제23차 전체대회가 재일조선인운동을 더욱 높은 단계로 강화시키는 역사적인 대회라는 내용의 축전을 보냈다는 사설을 수록하였다(노동신문 2014.05.24, 1). 북한과 조총련의 관계는 이와 잇몸의 관계로 비유할 수 있다. 예컨대, 2015년 7월, 북한 평양의 순안공항 국제항공청사의 준공식이 거행되자 조총련은 이를 축하하는 사절단으로 재일동포조국방문단, 오사카조선고급학교 학생조국방문단을 파견하였다(노동신문 2015.07.03, 6).

한편 2018년 3월 북한 김정은 국무위원장의 미국 트럼프 대통령의 방북 초청에 대해 조총련 기관지 조선신보는 "일정에 오른 조미(북미) 수뇌회담, 전쟁소동의 종식과 평화 담판의 시작"이라는 기사를 보도하였다. 조총련은 북미 수뇌간 회담의 성사에 대해 김정은 위원장이 만반의 준비를 갖춰 평화와 통일을 위한 최강의 승부수를 띄웠다고 평가했다(조선신보 2018.03.10, 1).

조총련은 총련의 강령과 규약을 인정하는 모든 재일한인들에게 회원 가입을 개방하고 있다(허성태·임영언 2014, 170). 2001년 한덕수 의장의 사망 이후, 서만술 의장이 조총련을 이끌었지만 2012년 2월 19일 심부전증으로 사망하였다.[27] 현재 조총련은 허종만이 지도하고 있다. 의장의 교체에도 불구하고 조총련과 북한의 관계는 자율성이 거의 없는 주종관계라는 점에서 조직 내부의 큰 변화를 찾아볼 수는 없다. 조총련의 일본 활동은 북한의 핵미사일 개발, 일본인 납치, 조총련계

27) 서만술 의장의 유골은 북한의 국립묘지에 해당하는 평양 신미리 애국열사릉에 안치되었다(노동신문 2012.05.29, 6).

빠징코 기업인의 도산, 맹원의 이탈 등으로 총체적인 위기를 맞고 있다. 조련과 민전을 거쳐 온 조총련은 약 5만 명의 회원이 활동하고 있으며, 생활자 단체와 북한의 재외공민이라는 이중적 구조로 북한에 대한 절대적 지지를 보이면서 '낮은 단계의 연방제'를 주장하고 있다.

(2) 통일운동의 전개[28)]

(가) 북한의 통일정책 지지

조총련은 조국통일의 촉진을 최대의 과제로 선정하고, 조총련 결성부터 현재까지 북한의 통일방안을 공식적으로 지지하면서 통일운동을 적극적으로 추진하고 있다. 1955년 결성대회에서 '조국의 평화적 독립과 민주적 민족권리를 위해'라는 슬로건을 주장한 조총련은 민족의 염원인 조국의 자주적 통일을 위한 활동을 중심적 과제로 촉구하고 통일운동을 전개하였다(吳圭祥 2005, 54). 따라서 조총련은 북한이 주장하는 '남북연방제실시방안'을 적극적으로 지지하면서 이 통일방안에 대해 친조총련계 활동가와 동포를 대상으로 선전하고 보급하는 역할을 담당하였다(韓德銖 1986, 319).

조총련은 조국통일운동에서 유일무이한 지침으로 북한 김일성의 통일유훈과 김정일의 통일 실현방침을 고수하고 있다. 조총련은 김일성의 통일유훈이 집대성되어 있는 자주, 평화, 민족대단결의 조국통일 3대원칙, 전민족대단결 10대강령, 고려민주연방공화국창립방안 등의 '조국통일 3대헌장'과 '민족대단결 5대방침'을 통일운동의 지침으로 삼고 있다(김창희 2006, 382; 권양주 2014, 273).

1972년 5월과 11월 두 차례에 걸쳐 발표된 조국통일 3대원칙은 자주, 평화, 민족대단결을 말한다. 조국통일은 외세에 의존하거나 외세의 간섭 없이 자주적으로 실행되어야 한다. 무력행사에 의거하지 않고 평화적 방법으로 실현한다. 사상과 이념, 제도의 차이를 초월하여 민족대단결을 도모하여야 한다. 조총련은 이러한 조국통일 3대원칙을 조국통일문제를 민족의 의사와 이익에 맞게 민족 자체의 힘으로 풀어나갈 수 있는 근본 입장과 근본 방도로 인식하면서 조국통일의 초석으로 믿고 있다. 조총련은 조국통일 3대원칙에 대해 '7·4 남북공동성명'을 통해 확인된 그리고 내외에 선포된 민족공동의 통일대강이라고 주장하였다.

조총련은 10대 강령을 온 민족의 단합을 이룩하여 조국통일의 주체적 역량

28) 조총련의 기본 이념을 토대로 전개된 통일운동이다(재일본조선인총련합회 2005, 118~127).

을 강화하기 위한 정치강령으로 수용하고 있다. 1993년 4월 북한의 최고인민회의 제9기 제5차회에서 채택된 조국통일을 위한 전민족대단결 10대강령은 i) 전 민족의 대단결로 자주적·평화적·중립적인 통일국가의 창립; ii) 민족애와 민족자주정신에 기초한 단결; iii) 공존, 공영, 공리를 도모하고, 조국통일 위업에 모든 것을 복종시키는 원칙에서 단결; iv) 동족 사이에 분열과 대결을 조장시키는 일체의 정쟁을 중지하고 단결; v) 북침과 남침, 승공과 적화를 배제하여 서로 신뢰하고 단합; vi) 민주주의를 귀중히 여기며, 주의주장이 다르다고 하여 배척하지 않고 조국통일의 길에서 함께 손 잡고 전진; vii) 개인과 단체가 소유한 물질적·정신적 재부(財富)를 보호하여 이를 민족대단결을 도모하는 데 이용하는 것을 장려; viii) 접촉, 내왕, 대화를 통해 전 민족이 서로 이해하고 신뢰하며 단합; ix) 조국통일을 위한 길에서 남과 북, 해외의 전 민족이 서로 연대성을 강화; x) 민족대단결과 조국통일 위업에 공헌한 사람들을 높이 평가해야 함 등으로 되어 있다. 조총련은 민족대단결의 목표와 이념적 기초, 단결의 원칙과 방도로 구성되어 있는 10대 강령을 온 민족의 단합을 이룩하여 조국통일의 주체적 역량을 강화하기 위한 정치강령으로 내세웠다.

1972년 한반도 통일과 관련하여 자주, 평화, 민족대단결의 통일 3대 원칙이 서울과 평양에서 '7·4 남북공동성명'으로 발표되었다. 조총련은 남북공동성명을 지지하는 조총련 의장 명의의 담화 발표와 함께 '전동포적 운동'을 전개하였다(吳圭祥 2005, 91). 먼저 공동성명의 지지 실현의 운동을 실행하자는 제안을 민단에 요청한 후, 6일에는 중앙상임위원회가 공동성명을 지지한다는 성명서를 발표하였다. 7월 21일에도 민단에 대해 남북적십자단체 간 본회담을 지지하는 대회의 공동 개최를 제안했다.

그리고 조총련은 후속 조치로 조총련 지방본부와 산하단체를 중심으로 공동성명을 지지하는 집회를 열었으며, 7월 22일에는 사회당, 공명당, 민사당, 사회단체, 노동조합 등이 참여하여 '7·4 남북공동성명과 조선의 자주적 평화통일의 지지 및 일조우호를 강화하는 각계대표집회'를 개최하여 한반도 통일 지지운동을 전국적 차원의 운동으로 발전시켜 나가려고 노력하였다(韓德銖 1986, 240~242). 그 다음날에는 민단과 조총련의 공동 주최로 도쿄에서 남북공동성명을 지지한다는 집회를 가졌다. 이러한 조총련의 통일 관련 행사나 담화의 발표는 북한의 통일정책을 일방적으로 지지하는 행태이다.

1973년 박정희 대통령은 '6·23 평화통일외교정책선언'을 통해 '남북한의 UN 동시가입'을 발표하였다. 이에 북한과 조총련은 '6·23 선언'은 한반도에 두 개 정부를 인정하여 분단을 영구화하려는 책동이라고 비난하였다. 1974년 2월 조총련 제10회 전체대회에 김일성의 교시가 전달되었다. "조총련은 조국통일의 위업에서 중요한 일익을 담당하고 있다"는 내용으로 조총련은 1975년부터 북한 통일전선의 일본지부로 위치하였다(김태기 2001, 241).

조총련은 김일성의 교시를 토대로 일본 사회에서 통일운동을 펼치고 있다. 조총련은 민족 최대의 과제 실현을 위해서 동포들이 조국통일에 기여함을 기본적 사명으로 강조한다. "힘 있는 사람은 힘으로, 지식 있는 사람은 지식으로, 돈 있는 사람은 돈으로 조국통일 사업에 기여합시다"를 호소하였다(韓德銖 1986, 319). 조총련은 애국사업이라는 명목으로 조총련계 기업인들로 하여금 150억 엔을 북한에 투자하게 만들었으며, 북한의 각종 기념일에도 맹원들로부터 축하와 조국통일의 기여라는 명목으로 기부금을 받아 매년 6억~8억 달러를 북한으로 송금시켰다. 1982년의 경우 조총련계 기업인들이 공장 건설, 자동차, 기계 등 약 50억 엔의 자금을 모아 북한으로 보냈다(임영언·허성태 2013, 287~293).

조총련은 1980년 11월에 개최된 제12회 전체대회에서 지난 10월에 열린 조선노동당 제6차 대회에 보고된 김일성 주석의 '고려민주연방공화국창립방안'을 지지하는 운동을 전개하자고 회원 및 동포들에게 호소하였다. 조총련에 따르면 이 통일방안은 남과 북이 서로 상대방에 존재하는 사상과 제도를 그대로 인정한 토대 위에서 남과 북이 동등하게 참가하는 민족통일정부를 수립하고, 연방정부 아래에 남과 북이 동등한 권한과 의무를 갖는 지역자치제를 실시하는 연방공화국을 창립하여 조국을 통일하려는 방안이다(吳圭祥 2005, 120). 이의 연장선상에서 고려민주연방공화국창립방안은 6·15 공동선언에서 민족공동의 통일방안을 마련해나가는 기초로 확인되었다고 조총련은 주장하였다(吳圭祥 2005, 197~199).

김정일 국방위원장이 1998년 4월 남북연석회의 50주년 기념 중앙 연구토론회에서 "온 민족이 대단결해 조국의 자주적 평화통일을 앞당기자"며 민족대단결 5대방침을 제시하였다. 자주적 평화통일, 민족대단결, 남북의 관계개선, 반통일세력에 대한 투쟁, 남북한과 해외동포들의 내왕, 접촉을 통한 연대의 강화 등의 내용을 담고 있는 민족대단결 5대방침의 구체적 실현을 2000년과 2007년 남북한 정상회담에서 찾고 있었다.

1955년 결성대회에서 조총련은 조국의 민주기지 강화와 평화적 통일을 강력하게 주장하면서, 통일과 관련하여 남북한 대표의 상호파견, 상호왕래의 자유, 조선문제의 평화적 해결을 위한 국제회의 소집의 요구를 제안하였다(田駿 1972b, 282). 1988년 11월 통일지향, 외국군철수, 북남군축, 당사자 협상 등 4개항의 평화보장 4원칙을 제기했으며, 휴전협정 40주년 기념식에서도 북한은 주한미군 철수와 군축을 3단계에 걸쳐 시행하는 포괄적 평화방안을 발표하였다. 북한의 통일 관련 선언 후, 조총련은 중앙대회에서 북한의 제안을 적극 지지한다고 발표한다.

2018년 2월 조총련은 "재일동포들이 민족적 화해와 통일을 지향해 나가는 분위기를 조성하며, 민족자주의 기치, 우리 민족끼리의 기치 드높이 조국통일의 새 국면을 열어나가는데 애국의 한마음을 바쳐나갈 것"이라고 밝혔다(노동신문 2018.02.06, 6). 그리고 2018년 4월 27일 제1차 남북정상회담과 5월 6일 제2차 남북정상회담의 개최에 대해 조총련은 "이번 회담이 통일의 새 시대를 여는 출발점이 될 것"이라는 환영의 뜻을 표명하였다.[29] 조총련은 '자주적 통일'이라는 북한 통일정책을 최상위 목표로 설정하고, 북한이 발표한 통일 제안과 평화 제안을 내외에 홍보하고, 남과 북, 그리고 해외동포와 협력하는 통일운동을 전개하면서 조총련의 북한 추종에 따른 통일운동에 대한 신념은 현재까지도 불변의 원칙으로 고수되고 있는 상황이다.

(나) 자체 통일 활동

① 재일한인의 민족적 단합

조국통일을 원하는 사람은 사상, 정견, 신앙, 소속단체의 차이를 초월하여 협력해야 한다는 입장을 조총련은 일관되게 주장하면서 재일동포들과의 민족적 단합을 도모하는 통일운동을 추진하였다(韓德銖 1986, 320). 1948년 8월 남한만의 단독정부가 수립되자 재일동포 이강훈, 문동건은 단독정부 반대와 남북협상운동을 지지하였다. 이 과정에서 민단이 한국의 국시를 준수하고, 절대적 지지를 표명하자 이에 반발한 이강훈은 김구의 단정반대와 남북협상론을 이상적인 통일운동으로 간주하면서 건청 내의 통일파를 중심으로 10월에 '재일조선민주통일동지회'(이하 '통일동지회')를 결성하였다(田駿 1972a, 522). 1949년 9월 '재일조선인연맹'(이하

29) 연합뉴스, "판문점 선언, 재일민단·조선총련 한 목소리로 환영," http://www.yonhapnews.co.kr/bulletin/2018/04/27/0200000000AKR20180427202300073.HTML?input=1179m(검색일: 2018.06.10).

'조련')이 해산을 당하자 통일동지회는 일본 정부를 비난하는 규탄성명의 발표와 함께 조련과 공동보조를 취하였다. 1951년 7월 통일동지회는 '재일조선통일민주전선'(이하 '민전')의 남북조선통일을 찬성하면서 민전에 협조하였다. 민전은 한반도에서 공산화 통일을 전제로 활동한 단체였다. 통일동지회는 1954년 이강훈을 스파이로 지목하여 제명 처분했으며, 1956년 6월 전국대의원회의의 결정에 따라 조총련의 가맹단체로 가입하였다.

한국에서 '4·19 혁명'이 발발하자 조총련은 이승만 파쇼(fascio) 통치 반대, 남조선 인민의 애국투쟁을 지원하는 재일본조선인중앙결의대회를 개최하여 남한 국민들의 항거를 응원하였다. 8일 조총련은 중앙위원회를 소집하여 '조국통일촉진활동,'과 '반민구국투쟁'에 재일동포를 총 집결시킨다는 방침을 세웠다. 그리고 5월 30일과 31일 양일간에 걸쳐 각 현(県)본부의 위원장을 참여시킨 조총련 중앙단일단체대표자회의를 개최하였다. 이 자리에서 한덕수 의장은 조총련이 민단과 반목질시(反目嫉視)하는 것은 아니며, 민족단합을 위한 새로운 운동의 전개를 주장하는 보고를 하였다(吳圭祥 2005, 54). 조총련은 1960년 2월부터 12월까지 조국통일을 위한다는 명분으로 약 3,000회의 집회를 열었으며, 87만 명이 동참한 것으로 선전하였다(吳圭祥 2005, 55).

조총련은 한반도의 통일을 가로막고 평화를 위협하는 미국과 그 추종세력의 전쟁도발, 그리고 분열책동을 반대하고 배격하려는 목적에서 평화통일을 활용하고 있다. 1974년 4월 조총련은 대남적화통일의 결정적 시기를 조성한다는 전략에서 '통일사업부'를 조직하였다. 민단 조직의 와해와 대남 적화공작의 수행, 위장평화 공세에 의한 통일전선전략을 추진하려는 의도이다. 조총련은 1975년 7~8월에 걸쳐 10만 명 동포들의 서명을 받은 조선에서의 핵전쟁 도발 반대, 한국에서 미군 철수, 조국의 자주평화통일을 위한 오사카－도쿄 대행진, 1979년 6~7월까지 진행한 조국통일 촉진, 전민족대회 실현을 위한 동포 청년학생들의 오사카－도쿄 대행진, 1982년 6월에는 남조선으로부터의 미군철수와 핵무기 철거 요구, 조국의 자주적 평화통일 촉진 재일조선인 대행진을 주제로 서명운동, 강연회와 집회, 가두행진을 전개했었다. 1994년 3월 한덕수 의장은 나라의 평화와 통일의 길을 열어나가자는 내용의 담화를 발표하면서 투쟁에 총궐기할 것을 주장하였다.

우리 민족끼리라는 이념을 기반으로 민족자주, 조국통일, 민족화해, 상호협력과 교류, 대화 등을 담고 있는 2000년 6·15 공동선언을 조총련은 민족공동의 통일강령으로 인식하고 있다. 따라서 조총련은 이 선언을 실천한다는 측면에서 통일운동을 전개하였다. 즉 이 선언의 기치 아래 모든 재일동포들이 단합하여 공동선언의 이념을 실현하려는 통일운동을 추진하였다. 2001년 북한에서 개최된 '민족통일대토론회'와 '조국통일 3대헌장 기념탑 준공식 및 2001년 민족통일대축전'에 조총련 대표를 파견하였다. 또한 조총련은 한국의 단체 및 인사들과의 연대와 교류를 강화하는 한편 재일동포들을 6·15 공동선언의 지지 실현에 동참시키려는 활동을 펼쳤다. 오사카의 '하나 마쯔리,' 교토의 재일동포 청년들이 진행한 '원코리아 카운트다운,' 효고와 요코하마에서의 '마나도 마쯔리,' 히로시마에서 '후라와 축제,' 기후에서 '통일한마당' 등 다양한 축제와 행사에 조총련 회원들을 참여시켜 동포들의 단합과 통일의식의 함양을 북돋는 일련의 활동을 벌였다. 이러한 행사는 조총련이 조국광복 60주년이 되는 2005년을 자주통일의 원년으로 만들려는 의지가 반영된 결과물들이었다.

광복 56주년을 맞아 조총련은 6·15 공동선언의 이념을 실행하기 위해 민단동포와 일본 국적을 가진 동포들과 연계하여 통일운동을 강화할 것이며, 이를 위해 '민족통일촉진운동'을 전개한다고 발표했다. 그러나 이러한 운동은 재일동포사회에서 조총련이 자주적으로 통일문제를 위해 노력하고 있다는 것을 홍보하려는 전략의 일환이었다.

2004년 조총련은 제20회 전체대회에서 조국통일과 관련하여 "우리는 6·15 북남공동선언의 기치 아래 재일동포들의 민족적 단합과 북과 남, 해외동포들과의 유대를 강화 발전시키며, 반통일세력을 배격하고 연방제 방식으로 조국의 자주적 평화통일을 성취하는데 모든 힘을 다 한다"고 말하였다(재일본조선인총련합회 2005, 27). 연장선상에서 2007년 10월 개최된 노무현 대통령과 김정일 국방위원장의 정상회담 및 '남북관계 발전과 평화번영을 위한 선언'에서 거론된 한반도 평화 및 통일 실현을 조총련은 적극 찬성한다고 발표하였다.

② 남북한 동포들과의 연대

민족대단결과 자주통일을 위해 청년학생, 여성, 통일운동가, 문화예술인 등 한국측 인사들과 통일을 주제로 조총련은 접촉과 연대를 시도했다. 북한의 지원을 받은 조총련은 1977년 2월 벨기에 브뤼셀(Brussels)에서 북한의 통일정책에 지지를 표명하는 전 세계 각지의 대표를 초청하여 홍보하는 제1회 '조선통일세계회의'를 개최했으며, 제2차 회의는 1978년 11월 공산당, 사회당, 일조협회, 조총련 등이 공동으로 도쿄에서 대회를 주최하였다. 민단이 항의와 자동차 시위, 반대성명을 발표함에도 불구하고 예정대로 진행되었다(재일본대한민국민단 1997, 144~145).

1989년 7월 평양에서 제13차 세계청년학생축전이 열렸다. 임수경이 불법으로 전국대학생대표자협의회 대표 자격으로 참가했으며, 한덕수 의장과 재일조선청년학생대표단, 조총련 상공인들이 참석하였다. 조총련의 주도로 해외동포들의 조국통일촉진대회의 선언과 호소문을 지지하는 재일본조선인 중앙대회를 진행했으며, 한반도에서 평화와 통일을 위한 국제평화대행진을 지지한다고 발표하였다. '6·15 공동선언'이 발표되자, 조총련은 민단의 제의를 수용하면서 이는 조국통일 실현에 기여하겠다는 조총련의 통일 노력의 발현이라고 주장하였다.[30] 이후에도 조총련은 북한의 '연방제' 통일방안을 지속적으로 대변하였다.

1994년 8월 조총련은 제5차 범민족대회 전야제와 제4차 조국의 자주, 평화, 민족대단결을 위한 조국통일범민족청년학생연합의 통일대축전을 도쿄 기바공원(木場公園)에서 열었다. 1995년 6월 '6·3 조국통일을 위한 남북, 해외청년학생대회'의 개최, 광복 50주년을 기념하여 도쿄 요요기공원(代々木公園)에서 재일동포 통일대축전을 열어 참가자들의 통일의지를 고취시켰다. 분단 반세기만에 처음으로 조총련 예술단인 '금강산가극단'이 2000년 12월 서울에서 공연을 가졌다. 공연의 개최를 조총련은 한반도 평화통일을 위한 노력의 일환으로 주장하고 있다.

③ 해외동포들과의 연대

조총련은 해외동포들의 북한 지지를 이끌어 내려는 의도에서 세계 각지의 동포들과 유대 관계의 조성에 힘을 쏟고 있다. 1992년 조총련은 '조국의 평화와 통일을 위한 범민족운동'을 추진하였다. 이는 조총련이 해외 거주 동포들과 '범민족 연합'을 강화하여 남한 및 민단계 동포들과 민족적 단합사업의 강화를 위한 차원이었다.

1990년 조국통일북미주협회와 재중동포여성의 초청, 1992년 러시아 조선통일위원회 대표단 초청, 여성동맹 창립 45주년 및 남북합의서와 비핵화공동선언의

---

30) 조총련 남승우 부의장 등 대표 3명이 민단 중앙본부를 방문하여 재일한국인의 민족적 권리 옹호운동, 민족성 육성사업의 협력, 양 단체의 화합과 교류를 위한 중앙본부 간 협의기구 설치를 조총련이 제안하였다. 이에 민단이 응하였지만 조총련이 적극성을 보이지 않아 무산되었다(김영의 2011, 62).

이행을 촉구하는 해외 동포여성 대표 초청, 1997년 7·4 남북공동성명 발표 25주년을 기념하여 재미, 재유럽 동포들을 초청한 해외동포통일토론회 개최, 1999년과 2000년 조총련 맹원들의 미국 방문단 파견, 2000년 재일조선청년학생들과 도쿄 조선중고급학교 무용부의 미국 공연과 취주악부 학생들의 중국 공연, 1993년 국제고려인통일연합회 제2차 대회 및 2004년 이 단체의 창립 15주년 행사에 조총련 간부들을 참석시켰다. 이러한 행사를 통해 조총련은 해외동포들과 통일연대를 긴밀히 하고 조총련 활동과 조직의 정당성, 통일에의 노력 등의 모습을 알려서 재외동포들의 지지와 연대를 이끌어 내고 있었다. 민단도 유사하지만, 문제는 북한과 조총련을 지지하는 특정 인사들만 초청하여 참여시키고 있다는 점에서 진정한 민족화합과 통일을 위하기보다는 조총련 지지 세력의 확보 및 홍보를 위한 반쪽자리 행사에 불과하다.

(다) 민난과의 통일교류

4·19 혁명이 발발하자 조총련은 민단에 공동 모임을 제안했으며, 그 결과 조총련과 민단 소속의 기자, 문화인, 경제인, 학생들이 조국의 평화통일을 기원하는 '남북문화교류촉진 합동문화제'를 열었다. 이 집회의 참석자들은 4·19 당시 한국의 대학생들이 주장하였던 '남북학생회담'을 제기하고, 또한 이 당시 학생들이 "가자 북으로! 오라 남으로! 만나자 판문점에서!"라는 구호를 제창하였다(吳圭祥 2005, 54~55). 남북한 정부의 주도로 7·4 공동성명이 발표되자, 조총련은 이를 지지한다는 담화를 발표했으며, 민단과 공동으로 이 성명을 지지하는 동포들의 모임을 약 300여 명이 참석한 도쿄에서 개최하였다(韓德銖 1986, 241). 3·1절 70주년 행사를 공동으로 개최할 것을 제의하기 위해 1989년 조총련 대표단이 민단 중앙본부를 방문하였다.

1991년 세계탁구선수권대회의 공동응원단 결성, 그리고 2000년 남북공동선언을 환영하는 후속조치로 조총련은 재일조선청년축제를 개최하면서 공동선언에 대해 연방제 통일을 지향하는 자주통일선언으로 주장하였다. 그러나 김대중 대통령이 합의한 방안은 한국의 연합제와 북한이 주장하는 낮은 단계의 연방제를 토대로 통일방안의 지향점을 모색하기로 했다는 점에서 조총련은 이를 왜곡하고 있다.

재일동포 사회에서 민족통일운동의 기류와 주변 환경의 변화에도 불구하고 민단과 조총련의 통일운동에 대한 기본 골격은 변하지 않았다. 2000년대 이전과 마찬가지로 남북한의 정세에 따라 약간의 변화가 있었을 뿐이다. 2000년 6월 김대중 대통령과 김정일 국방위원장 간 정상회담이 발표되자 민단계 한청동경본부와 조총련계 조청동경본부는 '남북최고위급회담 개최를 지지하는 동경동포청년학생집회'를 개최하였다. 오사카에서도 '남북정상회담 환영 오사카동포청년학생제'가 열려 재일동포 800여 명이 참여했다. 또한 12일에는 간사이(關西) 지역의 민단과 조총련계 상공인들이 친선 골프모임을 가졌었다(김용찬 2000, 109). 이러한 집회나 모임은 재일동포들이 남북한 관계의 개선에 대한 지지를 보낸다는 의사표시였다. '6·15 공동선언'의 발표 이후, 민단이 재일동포 사회의 현실적인 문제와 통일문제를 논의하기 위해 조총련에 대화를 제의하자 조총련 또한 공동선언의 지지와 함께 남과 북, 해외의 모든 동포들과 같이 조국통일 실현에 기여하겠다는 입장을 발표했다. 조총련은 재일동포의 민족적 권리 옹호, 민족육성사업의 협력, 양 단체의 화합과 교류를 위한 중앙본부 간 협의기구 설치를 제의했으며, 민단은 협력기구 설치에 찬성한다는 의견과 함께 동포단결을 위한 교류와 화합사업, 남북의 평화정착과 교류, 통일에 도움이 되는 사업 추진, 재일동포의 과제를 해결하기 위한 분과위원회 설치를 제안하였다(민단신문, 2000.9.13; 김태기 2001, 244 재인용). 그러나 이 회합 역시 새로운 조건의 추가, 상호간 신뢰의 부족으로 무산되었다.

한편 2000년 '6·15 남북정상회담'이 개최된 후, 2006년 5월 민단은 조총련과 교류를 모색하였다. 하병옥 단장이 조총련을 방문하여 서만술 의장을 만났으며, 이는 최초의 대표자 간 만남이었다. 민단과 조총련은 이른바 '5·17 공동성명'이라는 화해의 결과를 도출하였다.[31] 그러나 지방조직과 보수적 성향의 인사들이 반발한 결과, 성명은 철회되었다. 하병옥 단장이 사퇴하고 후임으로 정진 단장이 선출되었으며, 그 결과 민단과 조총련의 단체 간 대립이 지속되었다.

한국의 노무현 대통령과 북한 김정일 국방위원장의 '정상회남 및 10·4 남북공동선언'이 발표되었다. 민단과 조총련은 이 선언이 한반도의 평화와 번영을 위한 새로운 시대를 열어가는 전기가 된다는 점에서 지지와 환영을 표하였다. 민단은 공동선언을 계기로 비정치적·인도적 분야에서 재일동포 사회의 화합을 위해

31) 첫째, 재일동포 사회의 민족적 단합을 위해 노력하며; 둘째, '6·15 민족통일대축전'에 일본지역위원회 대표단 성원으로 참가; 셋째, '8·15 기념축제'의 공동 개최; 넷째, 새 세대 교육과 민족문화의 진흥에 노력; 다섯째, 재일동포의 권익옹호를 위해 상호간 협조한다(統一日報編輯部 2006, 93).

그림 4-2 민단과 조총련 전경

적극적인 활동을 펼쳐 나간다고 했으며, 조총련 또한 재일동포의 민족적 단결을 강화하고 발전시켜 나가는 공동선언의 실현을 위해 전 민족적인 통일운동에 전력을 다 한다는 의견을 발표하였다. [그림 4-2]는 재일한인을 대표하는 한인회로 민단과 조총련의 전경이다.

3) 한반도 중립화통일론

(1) 개념과 등장 배경

중립화(neutralization)란 주변 국가가 해당 국가의 정치적 독립과 영토의 보존을 보장하고, 해당국은 외국과 군사동맹을 맺지 않으며, 외국군의 주둔을 허용하지 않는 의무를 지는 국제적 관계의 설정을 뜻한다(홍석률 2004, 53; 황인관 1988, 11~24). 즉 이해관계를 갖고 있는 주변 당사국들이 중립국 협정을 통해 특정 국가에 정치적 독립을 부여한 국제적 지위이다. 따라서 중립국은 자국의 자위를 위한 군사력을 제외하고는 타 국가에 반하는 무장을 갖추지 않으며, 중립화를 변경할 수 있는 국제조약과 의무를 수용하지 않는다는 조건으로 강대국들이 특정 국가의 정치적 독립을 협약으로 보장하고 있다. 스위스(Switzerland), 오스트리아(Austria), 라오스(Laos) 등이 대표적인 중립국가들이다.

국가의 중립화는 국민들의 강한 중립화 의지의 표출, 주변국과의 지정학적 관계, 주변국의 중립국 지위에 대한 보장 등의 요건이 수반되어야 추진할 수 있다. 한반도는 역사적으로 주변 강대국들의 침략과 지배의 대상이었으며, 남북한을 둘러싼 주변 4강의 주도권 다툼이 여전히 진행되고 있다는 점에서 중립화의 합당한 조건을 갖추고 있다(Cyril Black 1968, 68~69). 한반도의 중립화가 필요한 이유는 다음과 같다(조배준 2015, 98). 첫째, 지정학적 요인이다. 대륙과 태평양 진출의 진입로 및 남진과 북진정책의 통로, 천혜의 부동항 입지, 사회주의와 민주주의 이념의 방파제와 완충지역 등의 이점은 주변 4강이 한반도에 관심을 갖게 만드는 요인이다. 통일된 남북한이 특정 국가의 영향력과 통제를 받기보다는 중립적 입장의 견지를 주변 4강은 지지할 수도 있다. 그리고 남북한은 한반도 통일의 협력자 혹은 방해자일 수도 있는 주변 4강의 관여를 배제시킬 수 있다는 점은 중립화통일론에 내재된 유용성이다. 둘째, 국제관계학적 요인이다. 세계 초강대국으로 부상하려는 중국, 침략의 역사를 반성하지 않고 반복하고 있는 일본, 여전히 무시할 수 없는 국력을 보유한 러시아, 한미동맹을 통해 분단 이후 남한에 가장 강력한 영향력을 행사해 온 미국과의 관계를 고려했을 때, 통일 후 한반도의 안보 문제는 중립국의 지위를 보장받는 것이 최선의 선택이다.

이러한 중립화통일론이 제기된 배경을 국제정치적 상황과 연관시켜 구분하면 제1단계는 1947년 제2차 미·소 공동위원회가 정당 및 사회단체의 협의대상 자격문제로 결렬을 목전에 두고 있는 상황에서 중립화통일론이 하나의 대안으로 제기되었다. 국내 중도파 인사의 제안과 미국 관변에서 논의된 것 등 두 가지를 들 수 있다.[32] 제2단계는 한국전쟁을 계기로 동서 냉전체제를 재조정하는 과정에서 제기되었다. 1953년 7월 정전협정 체결 전후에 종전처리 방안의 일환으로 미국 관변에서 검토된 것과 오스트리아 중립화 사례를 염두에 두고 국내외에서 제기된 중립화통일론으로 구분할 수 있다.[33] 제3단계는 1970년대 이후 '닉슨 독트

32) 김규식 등은 좌우합작 운동의 연장선상에서 중립화를 제안했다. 한국이 미·소의 완충지대로 되어야 하며, 외국군대 철수 및 외국에 군사기지 제공 금지를 주장했다. 신탁통치 대신에 미·소 점령군의 동시 철수를 전제로 한 중립화 통일방안을 제시하였다. 웨드마이어(Albert C. Wedemeyer) 장군은 트루먼 대통령에게 미국은 "한반도의 영구적인 무장 중립화를 보장해야한다"고 건의하였다. 그의 제안은 조건부적인 무장 영세중립화로서 소련 점령군이 철수하면 미국 점령군 역시 철수하지 않을 수 없지만, 소련의 팽창주의 정책을 저지하기 위해 철군의 대안으로 한반도를 무장 중립화시켜야 한다는 논리였다(강종일 2000, 8~13).

33) 노울랜드(William F. Knowland) 상원의원은 유엔의 신탁통치가 아닌 자유·독립국가로서 모든

재일한인 사회의 분열과 갈등을 봉합하고 민족의 희망을 한반도 통일에서 모색하려는 생각으로 김삼규는 '한국중립화위원회(KCNK)'를 만들었다. 그리고 도쿄에 민족문제연구소를 설립하면서 1957년 월간지 '코리아평론(コリア評論)'을 발행했다. 그는 평생 동안 4대국의 국제적 보장 아래 한반도의 '중립화'와 '통일'을 달성하려는 목적에서 중립화통일론을 주장하여 재일동포 및 한국 사회를 대상으로 지속적인 평화통일운동을 전개하였다.

1953년,[36] 1960년과 1978년에 각각 발표된 김삼규의 '중립화통일론'의 주요 요지는 다음과 같다(황인관 1988, 181~184; 강종일 2000, 8; 한영구 1996, 220~221).[37] 첫째, 한반도는 국제적 동의하에 중립국이 되어야 한다. 둘째, '남북한 정부의 해체'[38]와 통일한국의 단일정부 구성; 셋째, 보통·비밀투표에 의한 총선거 실시; 넷째, 한반도의 모든 정당과 지역 대표로 구성된 중립국가위원회를 중심으로 통일정부 수립까지 한반도를 관리·감독하며, UN기구위원회 구성; 다섯째, UN의 한반도 중립화 승인; 여섯째, 한반도 통일은 자유로운 보통선거 후 창립되는 통일 중앙정부에 의해 실현한다.

김삼규의 주장은 한반도의 중립화만이 통일과 독립, 그리고 평화를 가져올 수 있으며, 이는 양대 진영의 긴장을 완화시키는 대전제가 된다는 가정에서 출발하고 있다. 통일문제를 이념문제로 생각하는 것은 문제의 본질을 곡해하는 것으로 이 두 문제를 혼동해서는 안 된다. 한반도가 통일, 독립한다는 것은 미·소의 세력권 투쟁에서 해방되는 것이며, 이는 남북협상이 아니라 관계 각국의 협상에 의해서만 이루어진다. 한편 한반도를 둘러싸고 4대 강국이 통일을 반대한다는 것

---

36) 1953년 6월 11일, 朝日新聞 논단에 "대외적으로는 중립화, 대내적으로는 민주화가 조선 문제 해결의 길"이라는 논평을 기고하였다.

37) 중립화통일론은 金三奎. 1956.『今日の朝鮮』. 東京: 河出書房; 金三奎. 1960.『朝鮮の眞實』. 東京: 至誠堂; 김삼규, 1960, "통일독립 공화국에의 길,"『사상계』 9, 99~105; 김삼규, 1960, "중립화 통한론을 해부한다,"『새벽』 12, 86~95; 김삼규, 1960, "이승만과 김일성의 비극,"『세계』 2(8), 106~117.

38) 중립화통일론에서 남북한 정권의 해체를 한반도 중립화의 추진과 완성에 필수 조건으로 판단하였다. 양 정권은 외세의 지원으로 성립한 외세 의존적인 존재로 외세의 이익 대변자에 불과하기 때문에 통일을 적극 추진할 능력의 결여, 그리고 분단에 안주하여 자기 정권 강화욕을 극복할 수 없기 때문에 쌍방 정권의 해체 없이는 통일이 어렵다. 또한 양 정권이 존재하는 상황에서 남북한 총선거도 공정성을 지키기 어렵다. 이런 점에서 남북한 양 정권은 근본적으로 냉전적 속성을 갖고 있기 때문에 중립화통일에 대한 합의의 주체로서 적합성을 갖지 못한다(유영철 2014, 15).

은 어느 한쪽에 의한 일방적 통일을 반대하는 것으로 이는 한반도의 통일과 독립 그 자체를 반대하는 것은 아니다. 단지 통일된 한반도가 제3국과 결합하면 자국의 안전보장을 위협할 가능성을 두려워하고 있다. 4대 강국의 안전보장에 위협이 되지 않는 통일한국이라면 그들이 분단의 해제에 반대할 하등의 이유가 없다. 한국의 통일과 독립은 어느 세력권에도 속하지 않아야 한다. 이러한 통일독립국가를 '중립국'이라고 부르며, 중립국을 만드는 운동이 바로 '중립화운동'이다. 중립화운동의 전개는 먼저 인권이 확보된 남한 동포를 중심으로 초당파적 국민운동으로 전개되어야 한다는 논지이다(강광식 1990, 47; 이달순 2013, 280~283).

김삼규의 중립화통일론은 4(미·일·중·러)+2(남·북한)=6의 다자국 회의를 통한 한반도의 중립화가 핵심 요지이지만, 중심적 역할을 미·소에 부여하고 있다. 한국통일의 평화적 실현이 미·소 간의 합의 타협에서만 가능하다고 판단하고, 한반도의 통일중립국 수립만이 미·소가 양보하는 최저선이 될 것으로 주장하였다(한영구 1996, 220). 현재는 중단되었지만 북한 핵문제 해결과 한반도 비핵화를 주제로 미·일·중·러 및 남북한이 2003년부터 2007년까지 6차례 개최하였던 '6자회담'에서 주변 4강의 참여와 협력을 얻어 내려는 것과 유사한 논리이다.

김삼규는 통일문제를 주변 강대국들의 세력균형적 이해관계의 절충이라는 관점에서 접근함으로써 '외세 의존적인 선 통일, 후 중립'의 방식을 선택하였다.[39] 그는 통일문제의 본질을 한반도를 둘러싼 주변 강대국들의 이해관계를 절충하고 조정함으로써 미·소의 세력권 투쟁에서 해방되는 것으로 보고 있다(엄상윤 2003, 109~111). 다시 말해 중립화통일론은 외부 세력들의 경쟁적 간섭을 제도적으로 차단하여 통일문제를 민족 자주적으로 해결하는 여건을 조성하는 방안이다(강광식 1990, 39). 남북한 정권이 각기 자기 쪽에 일방적으로 유리한 통일방안을 제시함은 통일보다는 현상유지를 도모하겠다는 의사이며, 또한 자기 측에 의한 타방의 흡수를 의미하기 때문에 평화적인 통일방안이 될 수 없으며 군사적 대결만이 지속될 것이다(홍임순 2007, 32). 김삼규는 한반도의 중립화와 관련하여 독립과 통일, 평화를 확보하기 위한 수단으로써 강대국들의 국제적 합의에 의해 한

39) 김삼규와 달리 재미교포 김용중 또한 중립화 통일론을 주장하였다. 김삼규와의 차이는 '자주적·점진적 선중립·후통일론'으로 한민족의 주체적 노력을 강조했으며, 남북협상의 전개, 주변 강대국의 제한적 역할-남북한 간의 관계개선, 남북협상의 촉진, 한민족의 자결권 존중-을 주장하였다. 그리고 이념적·외교적 중립적 성향을 띤 남북한 양 정권이 상당기간 동안 공존하는 형태를 상정하고 있다(엄상윤 2003, 112~116).

반도를 완충지대로 만든다면 아시아의 평화에 기여할 것으로 판단하였다.

김삼규의 6개 제안 중, 둘째 사안은 현재의 남북한 정권을 부인하면서 이념과는 무관한 민족자주정부의 구성을 의미한다. 문제는 주도권을 갖고 있는 남북한 정권을 중립화통일 논의에서 배제한다면, 이는 '앙꼬 없는 찐빵'에 불과하다. 이러한 구조 하에서는 한반도 중립화통일에 대한 논의나 담론의 형성조차도 어렵다. 현 정권을 배제하자는 김삼규의 논리는 한반도 내부 사정에 대한 구체적인 고려를 결여한 주장이다. 기존의 남북한 정권을 부인하는 바탕 위에서 중립화통일 방안의 적용을 주장함으로써 중립화의 결과를 과정 속에서 구하려는 논리적 모순을 범하고 있다.

김삼규는 1988년 10월 19일 광주 <무등일보>에 기존의 중립화통일론에 더하여 진전된 내용을 기고하였다(이달순 2013, 284~287).

> 중립화된 조국을 어떻게 실현하는가? 우리가 통일국가를 이루려고 하는 것은 국민의 자유와 인권을 옹호하고 언론과 문화를 신장하며, 생산과 기술을 향상시키고 인류의 문화와 평화에 기여하려는 것이다. 이것을 추진하는 주체는 남북 6천만 동포이므로 통일국가를 실현하는 국내적 조건이 민주화이며, 국민주권의 확립에 있다는 것은 민주국가 성립의 기본 원칙이다. 따라서 통일조국의 헌법을 제정하기 위해서는 남북을 통하여 통일선거에서 제헌국회를 구성하고, 거기서 통일조국의 헌법을 제정한다. <중략> 그것을 실현하는 구체적 방법은 어떤 것인가? 가장 좋은 방법은 남북 수뇌회담으로 통일을 실현하고 4대 강국의 평화공존과 아시아의 평화를 위하여 우리나라를 영세중립국으로 하는 수단을 의논하는 것이다.

김삼규의 중립화통일론의 초기 주장과 1988년 무등일보 기고문을 비교하면 논리의 변화를 알 수 있다. 기존의 남북한 정부의 배제에서 정권의 일정한 역할을 강조하고 있다. 즉 남북한 정권은 중립화에 합의를 볼 당사자이자 주체이기 때문에 해체되어서는 안 된다. 한반도 중립화통일은 남북한 양 정권의 합의로써 가능하기 때문이다. 통일에 의해 남북한 정권이 해체된다면 양 정권은 중립화통일을 거부할 가능성이 높다는 점에서 남북 양 정권의 계속적인 존속을 전제로 중립화통일이 추진되어야 한다(유영철 2014, 15). 따라서 초기에는 남북한 정치 지도자들 간의 남북협상의 여지를 적극 부인한 반면 1980년대에는 남북한 정상회담의 개최를 통해 통일을 실현해야 한다고 주장함으로써 일정한 역할을 부여하고 있다.

한편 1958년 1월 '진보당' 사건에 연루된 이영근은 당국의 체포를 피하기 위해 4월경에 일본으로 망명하였다. 조봉암의 비서를 지냈던 이영근은 일본에서 '조선통일문제연구소'를 설립하여 중립화통일론을 주장하였다. 그리고 조선신문의 창간, 해외평화통일운동 추진체로서 '조선민족통일회의'를 발족하였다.

1958년 8월 이영근은 일본의 『世界』지에 발표한 한반도의 통일과 관련하여 통일을 위한 선거 감시와 외국군 철수 문제가 해결되어야 한다고 주장하면서 첫째, 주한UN군을 한국전쟁에 참여하지 않은 UN경비군으로 교체; 둘째, 한국문제를 제네바식 관련 국제회의에 회부할 것; 셋째, 한국전쟁에 참여하지 않은 국가의 대표로 국제선거감시단을 구성하고, 중립통일선거 실시의 세부 규정을 조정할 것; 넷째, 통일한국의 평화적 발전, 비군사 기지화 및 내정 불간섭 원칙을 국제회의에 참가한 각국이 보장하여야 한다(박규태 1989, 33~34; 홍임순 2007, 33~34 재인용; 강종일 2000, 8~9). 따라서 이영근의 중립화통일론은 남북한 및 관계국 간의 의견 차이에 의해 통일문제가 발생하고 있으며, 통일문제의 핵심은 선거감시 문제와 외국군의 철수 문제로 요약할 수 있다. 이러한 문제가 해결된다면 한반도의 중립화통일이 가능하다는 견해이다.

자유민주주의와 사회주의 체제를 지향하는 미·소의 지원을 받아 수립된 남북한 정권의 재통일을 모색하려는 방안으로 한반도 중립화통일론을 주장한 김삼규와 이영근은 기본적으로 남북한의 중립국가로의 전환, UN의 한반도 문제 관여와 강대국의 한반도 중립화 보장을 주장하고 있다는 점에서 동일한 공감대를 형성하고 있다. 그러나 김삼규는 중립국가위원회를 중심으로 과도정부 구성 후, 보통선거에 의한 통일정부 수립이라는 구체적인 로드맵을 제시하고 있는 반면 이영근은 한국전쟁에 개입하지 않은 중립성향의 국가를 중심으로 UN경비군과 국제선거감시단을 구성하자는 측면에서 중립화통일에 대한 원론적인 수준에서 중립화 방안을 제안하고 있다는 점에서 차이를 보이고 있다.

남북한 정권은 재일동포 사회에서 제기된 중립화통일론을 일관되게 배척하였다(이달순 2013, 277). 중립화통일론에 대한 남북의 반응을 보면, 먼저 남한의 이승만 정권은 한반도 통일방안으로 '북진통일론'을 고수하였다. 한반도 통일은 자유민주주의 체제를 기반으로 북한 김일성의 공산주의 타도를 목표로 중립화통일론에 대한 논의 자체를 금지하면서 반대하였다. 이 당시에 중립화통일을 주장하는 사람들에 대해 이승만 정권은 적색분자라고 비난하였다.

민주당이 집권한 장면 정권에서는 '남북한 총선거' 방식과 '혁신세력'[40]의 중립화통일론이 대립한 시기였다. 민주당 정권의 통일방안은 '유엔 감시하의 남북 자유총선거'였다. 4·19 항쟁으로 이승만 정권이 붕괴하자, 그 동안 금기시되었던 통일 논의가 민간 차원에서 담론을 형성할 수 있는 정치적 공간이 창출되면서 사회대중당, 사회혁신당, 사회당 등 혁신계 및 대학생들은 중립화통일에 호의적 입장을 취하였다. 특히 1960년 6월 김삼규가 일본에서 귀국하여 중립화통일론의 유효성과 타당성을 강연함으로써 이에 동조하는 인사들은 기존의 통일론과 비교하여 참신성을 갖는 것으로 평가하면서 국내에 큰 파장을 일으켰다(홍석률 1993, 85). 김삼규는 한반도 통일과 관련하여 이념에 집착하면 통일은 요원하다는 것을 주장함으로써 기존 통일론의 허구성을 비판하고, 대내적 민주화와 통일 한반도의 극단적 진영 편중을 배격한 대외적 중립이라는 관점에서 통일문제에 접근할 필요성을 강조하여 중립화통일론이 새로운 대안으로 모색될 수 있는 토대를 마련해 주었다(엄상윤, 2003, 112). 당시의 혁신계 및 대학생 일각에서 상당한 공감을 얻을 수 있었던 이유이다. 특히 중립화통일론에 공감대를 갖고 있던 혁신계는 4·19 항쟁 이후, 혁신정당들을 중심으로 1960년 9월, '민족자주통일중앙협의회'(이하 '민자통')을 조직하였다. 그러나 참여자들 사이에는 남북협상론과 중립화통일론을 놓고 내분이 일어났다. 민자통은 민족자주, 평화, 민주 등 3대 원칙에 입각하여 국토통일을 실현하기 위한 국민운동을 전개한다는 내용으로 통일방안을 발표하였다. 통일사회당을 중심으로 한 정치세력은 "민자통의 통일방안은 지도이념의 확립이 없는 무원칙한 통일방안"이라고 비난하면서 새로이 '중립화조국통일운동총연맹'을 결성하여 중립화통일운동을 전개하였다. 이러한 운동은 김삼규의 중립화통일론의 영향을 받은 것이었다(한영구 1996, 221~222).

반면에 중립화통일론을 비판하는 민주당과 보수세력들은 "유엔 감시하에 남북한 총선거를 실시함으로써 평화적 방법에 의한 자유민주통일을 성취하고자 한

40) 혁신은 민중의 보다 큰 감독하에 광범한 사회적 개혁을 실행하는 보다 강력한 정부의 사상이라고 찰스 E. 메리암이 "미국의 정치이념"에서 주장하였다. 즉 혁신은 위로부터의 수정으로 민주사회주의적 진보주의 세력이 주장하는 진보정책이다. 이 시기에 진보정책 대신에 혁신정책이라는 용어의 선택은 공산당이라는 오해를 피하기 위함이었다.

다"고 주장하면서 UN 감시하의 남북 자유총선거를 고수하였다. 또한 그들은 중립화통일론은 한국의 전략적 위치를 도외시한 위험성을 내포하고 있으며, 한국과 공산권 국가의 지리적 인접, 한국과 미국의 원거리, 한국 경제의 낙후로 공산주의 침투 가능성을 이유로 오스트리아 모델의 중립화통일론을 비판하였다(강종일·이재봉 2001, 252; 조배준 2015, 100). 5·16 쿠데타 이후, 박정희 정권은 한반도 통일 논의를 배타적으로 독점하고, 정당 및 민간 부문의 모든 통일 논의를 중지시켰다. 박정희 정권은 한반도 통일에서 '선 건설, 후 통일'을 천명하여 중립화통일론을 주장하는 인사들을 용공세력으로 탄압하였다. 한국에서 중립화통일론의 재부상은 1970년대 국제적 데탕트(detente) 환경의 조성, 그리고 남북대화의 시작으로 일부 인사가 중립화를 주장하였다.

민주기지론을 바탕으로 하여 대남 적화통일에 의한 흡수통일전략을 추구하는 김일성 정권 또한 한반도의 중립화통일에 반대하였다. 북한은 중립화통일론을 한반도 통일과정에서 활용할 수 있는 통일 수단으로 인식하였다. 1957년 5월 소련은 제12차 유엔총회를 앞두고 북한에 남북한 유엔 동시가입 및 중립화 문제를 거론했으며, 1960년 12월 북한 주재 소련 대사 푸자노프(Puzanov)는 북한 외무상 박성철과의 만남에서 한반도 중립화를 제안했지만(방호엽 2011, 70), 북한은 반대하거나 미온적 대처로 일관하였다.

북한의 한반도 통일론은 평화적 방략에 의한 통일, 전쟁에 의한 통일, 중립화 방략에 의한 통일로 대표된다. 김일성은 "남한에 반제자주적인 정권이 서거나 남조선이 중립화된다면 우리 인민 자신의 손으로 나라의 통일을 이룩하는데 사실상 큰 난관은 없게 될 것이라고 가르치시었다"에서 알 수 있듯이 북한의 중립화통일론은 남한의 중립화를 말하며, 북한은 이와는 관계없이 주체사상과 자주노선으로 독립의 주체를 지켜나간다는 주장이다(김창순 1989, 22).

김일성은 집권 기간에 3회에 걸쳐 한반도의 중립화 필요성을 주장하였다. 김일성은 1960년 8월 과도적 조치로서 '남북연방제'를 제안하였다. 외교권과 군사권을 중앙정부가 보유하고 있는 정치체제로 1민족 1국가 2체제 2정부 체제이다. 김일성은 1980년 10월 조선로동당 창당 제6차 대회에서 '고려민주연방공화국 창설안'이라는 총체적인 통일방안을 발표하였다. "고려민주연방공화국은 어떠한 정치와 군사적 동맹이나 블록에도 가담하지 않는 중립국가가 되어야 할 것"이라고 강조하였다. 1993년 4월 최고인민회의 제9기 제5차 회의 연설에서 김일성은 '조국

통일을 위한 전민족 대 단결 10대 강령'을 발표했는데, 첫 번째 강령에서 "전 민족의 대단결로 자주적이고 평화적이며 중립적인 통일국가를 창립해야 한다"고 강조하였다(노중선 1996, 519; 김창희 2006, 379~381). 이러한 김일성의 중립화 관련 발언은 우선적으로 남한에서 미군철수를 위한 선행조치의 차원에서 제기된 것으로 평화통일을 위한 대외 과시용으로 판단할 수 있다는 점에서 선언적 의미에 불과하다. 지금도 북한의 한반도 적화통일이라는 궁극적 목표에는 변화가 없다. 다시 말해 북한에 있어 조국통일은 남조선혁명을 전제로 하는 통일이며, 북한이 주도하는 통일을 말한다.

한편 일본으로 망명하여 한반도 중립화통일론을 제기한 김삼규와 이영근에 대해 재일한인 올드커머, 그리고 민단과 조총련은 냉담하였다. 이들은 주류 올드커머와는 기본적으로 차원이 다른 '한국의 망명객'에 불과했으며, 이 당시 재일한인 사회의 주도권은 조총련이 우위를 점하고 있는 상황이었다. 예컨대, <표 4−1>과 같이 재일한인들의 국적 보유가 한국적 혹은 조선적 국적이냐(문성한 2001, 105)에 따라 조총련(조련·민전)과 민단의 회원으로 활동하였다. 조선적 국적 보유자가 많은 조총련의 입장에서 보면, 재일한인 사회에서 조국지향적 통일 논의의 헤게모니(hegemony) 확보는 회원들을 결집시키는 중요한 요인이었다. 따라서 일차적으로 한국의 망명객들이 주장하는 통일론을 조총련은 수용하기 어려웠으며, 이는 민단도 유사하다.

표 4−1 재일한인의 국적 변천

연 도	외국인등록수	'국적' 기재 내역		비 고
	(한국/조선)	한국적(명, %)	조선적(명, %)	
1947	598,507	일본 국적 보유		
1950	544,903	77,433(14.3)	467,470(85.7)	한국전쟁
1959	619,096	174,151(28.1)	440,945(71.9)	북송귀국운동
1965	583,537	244,421(41.9)	339,116(58.1)	한일협정
1969	607,315	309,637(54.3)	297,678(45.7)	한국/조선적 역전
1970	614,202	331,389(54.0)	282,813(46.0)	

출처: 문성한(2001, 105).

그렇지만 민단과 조총련이 결코 중립화통일론을 수용할 수 없는 보다 근본적 요인은 한반도에 존재하는 남북한 정권의 통일정책과 관련되어 있다. 남북한 정권은 상대를 각기 통일의 동반자로 보기보다는 '적'으로 간주하면서 이승만 정권은 '북진통일론,' 장면 정권은 'UN 감시하에 남북한 총선거,' 그리고 1960년대 박정희 정권은 '국토통일론'을 내세웠다. 반면에 북한의 김일성 또한 '남북연방제' 통일론을 주장하였다. 이렇듯 남북한은 한반도 통일문제에서 상대방을 전복시키고, 남한의 자유민주주의 또는 북한이 지향하는 사회주의 이념을 이식하는 일방적 체제통일론에 집착하였다. 남북한의 통일론은 일본 사회에서 각기 남한과 북한의 대리인 역할을 수행하고 있는 민단과 조총련에 여과 없이 투영된 결과, 두 집단 간 대립과 이념적 갈등이 모국과 마찬가지로 재일한인 사회에 그대로 재현되었다. 민단과 조총련은 친한과 친북 성향의 재일한인 단체이다. 민단은 1948년 9월 이승만 정권으로부터 유일한 해외공민단체로 공인받았다. 그리하여 민단은 대한민국의 국시(國是)인 반공과 자유민주주의를 지지하고 준수한다는 강령을 채택하였다.[41] 조총련 또한 북한의 해외동포단체이며 회원 모두를 북한의 공민으로 규정하고 있다(재일본조선인총련연회 2005, 23). 민단과 조총련의 성립에서 알 수 있듯이 이들 단체의 활동은 각각 남북한 정권에 종속되어 있는 관계로 단체 활동의 자율성을 갖지 못한 구조이다. 이는 통일운동에서도 잘 나타나고 있다.

민단과 조총련은 두 단체가 추종하는 남북한의 통일정책과 방안을 무비판적으로 수용하고 있으며, 재일한인을 대상으로 각각 남과 북의 통일론을 지지하고 홍보하는 활동을 전개하고 있다. 다시 말해 민단과 조총련이 현실과 상황에 적합한 한반도 통일론을 주체적으로 주장하기보다는 남북한 정권의 통일방안을 일방적으로 지지, 홍보하고 있다. 전쟁 혹은 평화적 수단을 활용하여 상대방을 흡수통일하려는 남북한의 통일론에 대해 절대적 찬성을 표명하고 있는 민단과 조총련 입장에서 보면 한반도 중립화통일론은 이단적 통일론이었다. 그리고 한국의 망명객이 제안한 중립화통일론의 재일한인 사회에서의 확산은 통일 논의의 주도권과 관계되는 문제였다. 따라서 민단과 조총련은 모국 정부의 통일론 지지 및 새로운 통일론의 부상을 견제하려는 관점에서 중립화통일론을 배척하였다. 이러한 재일한인 사회의 상황과는 달리 김삼규의 중립화통일론은 4·19 항

41) 현재는 "한국 정부의 국시인 자유와 민주주의, 남북평화통일을 지지하며, 이를 준수합니다"로 변경되었다(이민호 2014, 121).

쟁 이후, 남한의 혁신세력과 대학생을 중심으로 새로운 통일 담론의 형성에 기여하였다.

재일동포들의 중립화통일론 제안은 이론적·현실적 측면에서 적지 않은 비판의 여지를 남겼다. 남북한 정권의 실체와 역할 부인, 한반도 통일문제를 민족 내부의 문제가 아닌 국제문제로 규정, 통일문제 해결과정에서의 지나친 외세 및 UN 의존, UN의 권위 및 역할에 대한 과신 등에서 한계를 보였다. 그럼에도 불구하고 그의 중립화통일론은 타협과 인정을 통한 점진적 통일 방향의 제시, 재일동포 사회를 비롯하여 국내에서 통일 논의의 확산, 기존 통일론의 허구성 비판 등에서 중요한 기여를 한 것으로 평가할 수 있다.

중립화통일론은 남북한 및 재일한인 사회에서 환영받거나 전면적으로 다루어지지 못한 채, 일각에서 주장하는 하나의 통일실현 모델로 간주되었다. 이는 한반도 중립화통일론을 현실주의 대 이상주의라는 관점에서 접근하였기 때문이다. 찬성론자들은 실용주의적 현실론에 근거하여 '최상의 결과'를 기대하였고, 반대론자들은 이 방안의 이상주의적 성격과 '실현 가능성'에 초점을 두며 중립화통일론을 거부하였다(조배준 2015, 104). 중립화통일론은 확실한 평화체제를 기반으로 남북한 통일이 보다 안정되고 예측 가능한 상태로 통일을 이룰 수 있다는 점, 그리고 분단 해소의 기본적 전제로서 '외세격리'가 요구된다는 점에서 중립화통일이라는 제도적 장치의 이점이 있지만, 중립화통일의 유효한 정립을 위해서는 분단된 양 체제가 정치적으로 연립정부 형태의 느슨한 통합이라도 갖추고 있어야 한다. 중립화통일론의 상반된 효과에 대한 이해력이 없다면 중립화 방안은 여전히 극약과 같은 위험한 처방이 될 수도 있다(강광식 1990, 40).

한반도에서 중립화통일론이 각광받지 못한 것은 1972년 7·4 남북공동성명의 자주·평화·민족대단결, 그리고 2000년 6·15 남북공동선언의 '우리민족끼리 힘을 합쳐 통일문제 해결'이라는 통일문제의 한국화이다. 한반도의 통일문제는 주변 열강의 문제에서 점차 남북한의 문제로 그 초점이 이동하였다. 문제는 중립화통일론의 중심에 주변 강대국의 일정한 역할을 부여함으로써 대외의존적 성격을 띠고 있다는 점이다. 이들은 한반도 분단을 미·소 냉전체제 구축의 산물로 보고 있으며, 극복 또한 주변 4강의 관계성 속에서 유인된다는 외인성적(外因性的) 시각을 갖고 있었다. 그 결과, 중립화통일론은 한반도 통일 주체 및 분단 극복의 주체 동력인 남북한의 역할을 간과하였다. 따라서 중립화통일론에 대한 냉철한 판단과 객관적 시각이 요구되고 있다.

4) 재일한국민주통일연합

(1) 단체 형성

가) 한민통의 태동

해방 초기, 조련의 활동과 함께 14개 대학, 300여 명의 재일한인 대학생들이 1945년 9월 14일 와세다(早稲田) 대학에서 '재일조선인학생동맹'(이하 '학생동맹')을 결성하였다. 재일동포 및 재일한인유학생의 권익옹호가 학생동맹의 주된 활동이었다. 이 단체에는 우파와 좌파의 학생 모두가 참여했으며, 초대회장으로 김성린을 선출하였다. 그러나 학생동맹은 민단과 조련의 대립구도에서 벗어나지 못하였다. '조선장학회' 건물의 점거를 놓고 좌파와 우파의 학생들이 충돌하여 조선장학회를 좌파 학생들이 장악하였다. 이들의 충돌로 1949년 5월 재일한인 대학생은 우파의 한학동과 좌파의 '조선학생동맹'(이하 '조학동')으로 분열되었다. 한학동의 초기 핵심 멤버는 박병헌, 정동화, 안기백, 양태근, 조영진 등이다(박병헌 2007, 58). 학생단체의 분열은 근본적으로 재일동포 사회의 민족주의와 사회주의 간 대립, 즉 민단과 조련의 영향을 받아 산출된 결과물이었다.

한편 북한의 외무상 남일이 1954년 10월 통일호소문을 발표하자[42] 민단은 위장평화 공세에 불과하다는 반대성명을 발표하였다(재일본대한민국민단 1997, 259). 그러나 민단 내부에서는 남북한의 반성, 공존, 협상으로서의 통일밖에 없다는 인식에서 권일, 이희원, 박춘금, 원심창 등이 민전과 회합을 가졌다. 1955년 1월 민단과 민전의 인사들을 중심으로 통협의 결성과정에서 민단 동경본부, 군인회, 한학동 등의 돌격대가 회의장에 난입하는 난투사건이 일어났다. 폭력사건의 종료 이후, 통협은 통일중앙정부는 남북을 통한 자유총선서에 의해 수립할 것, 자유총선거와 조국의 통일독립을 국제적으로 보장할 것 등을 내용으로 한 강령을 발표하였다(田駿 1972a, 525).[43] 통협의 통일방안은 남북이 대동단결하여 남북

42) 통일의 방법으로 모든 외국군대는 6개월 내 철수, 남북한의 대표로 전조신위원회를 구성하고, 이 위원회가 선거법을 제정하고, 선거에 필요한 분위기를 조성한다.

43) 통협은 1955년 6월 2차 강령을 발표하였다. 첫째, 통협은 상호협의로 조국의 평화적 통일독립의 달성; 둘째, 조국의 평화적 통일에 장애가 되는 외국군대의 철수 및 외국의 내정간섭 배제; 셋째, 남북의 군비축소와 상호의 경제문화의 교류, 남북회담의 개최; 넷째, 남북의 평화적 통일을 위해 국제연합 및 관계국제회의의 조급한 개최 요구; 다섯째, 남북을 통한 자유총선거에 의한

한 자유총선거를 통해서 통일중앙정부를 수립하는 것을 담고 있다. 통협의 방안은 한국에서 미군정이 추진하였던 좌우합작 방식의 통일운동과 유사하지만, 당시 북한이 주장하는 통일방안을 지지하는 것이었다. 왜냐하면 이승만 정권은 '대한민국 정부'의 유일 합법성을 전제로 하여 국제연합의 감시하에 북한만의 자유총선거를 주장하고 있었다. 따라서 통협의 참여를 놓고 민단 내부는 통협파와 반통협파로 분열되었다(김태기 2003, 41). 통협의 평화적 통일운동과 관련하여 전준은 다음과 같이 분석하였다. "통협은 기본론을 경시하고 방법론에 치중하는 오류를 범하였다. 민족통일의 원칙, 남북정부의 성격분석, 민족이 희망하는 공약수적 형태를 의미하는 기본론을 토대로 통일방법론을 주장했어야 함에도 불구하고 통협은 방법론을 가지고 통일에 관한 논리의 전부처럼 착각했었다"고 평가하였다(田駿 1972a, 531). 통협의 통일운동에 대해 민단은 방해공작을 펼쳤으며, 조총련의 비협조로 인해 통협은 6개월이라는 시한부 활동으로 마감되었다.

1961년 박정희의 5·16 쿠데타(coup d'État)에 대해 민단의 제25대 단장 권일을 중심으로 한 지도부는 지지성명을 발표했으며, 6월 21일 민단 집행부가 한국을 방문하여 "민단의 교포들은 민주구국운동이 되는 5·16 군사혁명을 전폭적으로 지지한다"고 선언하였다(김효순 2015, 215). 반면 쿠데타를 반대한 민단 내 '혁신파'[44]로 분류되는 인사들과 한청, 한학동 등은 민단의 어용화 반대, 한국정부에 대한 주체적 입장의 견지, 쿠데타 반대성명을 발표하면서 1961년 10월 김재화, 배동호, 곽동의를 중심으로 유지간담회를 결성하였다(김상현 1988, 97).[45] 유지간담회는 한청,[46] 한학동 그리고 민단의 혁신파 등이 주도적으로 참여하였다. 5·16 쿠데타를 놓고 민단 내부에서의 찬성과 반대의 지지 표명은 민단 내 비주류가 군사정권의 타도운동과 민주화운동을 펼치는 반한활동의 계기가 되었으며, 민단의 산하단체인 한청과 한학동의 참여는 민단의 분열을 가속화시키는 요인으로 작용

통일정부 수립 등이다(田駿 1972a, 528).

44) 혁신파는 민단 내부의 개혁을 주장하고 있으며, 비주류는 주류의 반대 개념, 자주파는 한국정부의 민단 개입에 대한 반대의 입장을 표명하고 있다. 이 논문에서는 혁신파, 자주파, 비주류를 혼용하여 사용하고자 한다.

45) 민단은 한민통의 기원을 1961년 10월에 발족한 '민단정상화유지간담회'로 규정하고 있다(統一日報編輯部 2006, 189).

46) 대한청년회는 1960년 재일한국청년동맹으로 단체명을 변경하였다. 민단은 산하기관인 한청 위원장 곽동의에 대해 북한의 남북연방제 노선의 추종, 5·16 혁명 반대, 민단에 관한 위해성 발언과 행동을 이유로 1962년 4월 13일 정권 처분을 내렸다(재일본대한민국민단 1997, 266).

하였다.

민단에서 제2의 소용돌이는 한일협정의 체결이었다. 1965년 한일협정을 둘러싸고 민단 내부에서는 찬성과 반대라는 대립이 있었지만, 민단 지도부는 재일동포들이 부당한 처우를 받고 있는 상황을 탈피하기 위해, 그리고 재일동포 사회의 손익을 따지지 않고 조국의 발전이라는 대국적 차원에서 한일협정에 찬성하는 분위기를 이끌어 내었다(박병헌 2007, 120). 한일협정의 체결에 대해 민단의 자주파는 박정희 정권의 타도 운동을 다시 전개하였다. 이 체결은 재일동포에 대한 모욕, 재일동포의 법적 지위 및 영주권 미보장을 이유로 1965년 7월 이영근, 곽동의, 원심창 등이 '한국민족자주통일연맹'(이하 '한민자통')을 조직하였다(정용하 2007, 235). 민단에서 5·16 쿠데타와 한일협정에 관한 주류와 비주류의 찬성과 반대라는 내부의 파벌 싸움은 민단 조직의 장악이라는 주도권과 관계되어 있다. 이러한 갈등의 표출은 민단 단장 선출, 중앙본부 점거와 파괴, 비주류의 제명과 한민통 설립의 단초가 되었다.

조봉암의 비서를 지냈던 이영근이 진보당 사건을 계기로 1958년 일본으로 망명하였다. 이영근의 출현은 재일한인 사회의 통일운동을 촉진하였다. 조선통일문제연구소를 설립하여 '통일조선신문'을 발간한 이영근은 민족자결, 평화적 방법, 민주주의적 수속(手續)을 기본으로 한 이론적 논의를 현실의 실천운동과 결합시키려고 민단 비주류와 한민자통을 결성하였다(고성준 1979, 276; 김효순 2015, 65). 한민자통의 활동목표는 재일동포를 조국의 자주적 평화통일의 추진세력에 결집, 세계 한민족 세력을 조국의 통일 완수에 집중, 남북한의 감군 및 인적·문화적 교류의 촉진 등이다. 통일방안으로는 조선문제 관련 국제회의 소집, 통일선거 전반을 관리하는 전조선위원회 설립, 통일선거를 감시하는 국제감시위원회 설립, 한국에 주둔하고 있는 유엔군을 국제평화유지군으로 교체하고 통일총선거의 선거운동 개시 이전에 철수, 통일국회, 통일헌법, 통일중앙정부 수립을 주요 골자로 하고 있다(田駿 1972b, 268~270).[47] 그러나 재일동포 사회의 기득권을 민단과 조총련이 선점하고 있는 상황에서 망명객 이영근의 일본에서 단체의 구축과 활동의 입지는 매우 좁았다. 그리고 민단과 조총련은 한민자통을 각각 적성(敵性)이라는 구실로 배척했지만, 한민자통은 박정희 정권의 퇴진, 한일협정 반대, 한국군의 베트남 파병 반대와 함께 한반도 통일운동을 추진했다.

---

47) 한민자통은 후에 민단이 '적성단체 규정'을 해제한 후 민단의 산하 공식조직으로 활동하였다.

민단은 재일한인을 대상으로 활발한 활동을 전개했음에도 불구하고 내부적으로는 여러 차례의 위기를 맞았다. 이는 기본적으로 민단 조직의 뿌리 깊은 파벌 다툼에서 비롯되었다. 1969년부터 1973년까지 조직운영에 대한 불만은 민단의 파괴공작과 연계되어 있다. 그 중 첫 번째는 '배동호' 사건이다. 유지간담회를 중심으로 한 비주류 세력은 민단의 주도권을 놓고 치열한 경쟁을 펼쳤으며, 1969년 배동호와 함께 민단 집행부의 운영에 불만을 표출한 단원들이 '민단자주수호위원회'(이하 '자주수호위')를 결성하였다(統一日報編輯部 2006, 194; 지충남 2013, 131). 이들은 한청, 한학동, 민단 동경본부의 지지를 토대로 민단 중앙본부에 대한 불신임과 주일한국대사관의 민단 개입을 규탄하였다. 예컨대, 1971년 단장선거에 비주류의 유석준과 주류의 이희원이 출마하였다. 주일공사 김재권은 선거 며칠 전 유석준 후보가 조총련과 관련되어 있는 녹음파일을 가지고 있다고 주장하였다(미즈노 나오키·문경수 2016, 186). 이 발언 후, 민단 내부에는 냉전 이데올로기(ideology)가 작용하여 전세가 역전되었다. 이희원이 제31대 단장으로 당선되었다. 문제는 비주류가 녹음파일의 공개를 요청했지만, 공개되지 않았다는 사실이다.[48] 따라서 비주류는 박정희 정권과 중앙정보부의 민단 개입을 비난하면서 이 선거는 중앙정보부의 음모에 의한 날조사건으로 규정짓고 정재준, 배동호, 곽동의를 중심으로 비주류는 선거 무효를 주장하였다.[49]

민단을 극도의 분열 상태 혹은 최고의 위기로 넣은 사건은 박정희 정권 지지세력과 반대세력 간의 대립이다. 즉 민단 중앙본부와 동경민단·한청·한학동·자주수호위·김대중구제대책위원회·'민통협'[50] 등 1대 6의 대결이었다. 5·16 쿠데타 및 한일협정의 체결에 대한 민단 집행부의 지지에 대해 자주파가 지속적인 반발을 전개했다. 배동호 및 동경민단의 정재준 단장 등은 민단의 자주성, 녹음파일의 날조사건을 명분으로 민단 집행부를 공격하였다. 그리하여 민단 중앙본부

---

48) 녹음의 당사자는 배동호와 한국에서 일본으로 유학 온 이동일 간 대화이다(이구홍 2016, 117).

49) MBC 이제는 말할 수 있다, "반한 베트콩, 한민통의 진실," http://vodmall.imbc.com/Player/Player.aspx?broadcastid=1000459100000100000&itemid=4758(검색일: 2016.03.30).

50) 자주적 통일운동의 추진을 위해 유지간담회를 중심으로 '민족통일협의회'(이하 '민통협')을 결성하였다. 민통협이 한국의 정치상황과 연동하면서 민단 내부에서는 박정희 정권 지지와 반대라는 분열과 대립이 발생하였다. 민통협은 "한국의 민주화와 통일을 하나의 문제로 간주하고, 민주화는 통일을 최후 목적으로 하는 것이다. 즉 민주화가 당면 과제라면 최종 목표는 통일이다. 왜냐하면 완전한 민주화는 통일이 되어야 완전히 이루어질 수 있다"고 판단하였다(윤상철 2004, 197).

는 동경민단을 직할하겠다는 통고를 하면서 동경민단을 내방하였다. 이에 반발하여 수백 명의 동경민단 지지자들이 반발하면서 폭력이 난무하였다(재일본대한민국민단 1997, 106~108). 이희원 단장을 중심으로 한 민단 중앙본부는 이들 단체가 적성 위장단체 활동을 했으며, 민단 와해 공작의 시도, 불법집회를 조장했다는 이유에서 배동호를 반국가적·반민단 이적 행위자로 간주하여 제명 처분하는 조처를 내렸다.

1972년 4월 동경민단·한청·한학동 지지자들이 민단 중앙본부를 점거하였다. 이들은 중앙대회 소집을 요구하는 각서를 강요하였다(도지미 2003, 64). 민단 집행부가 마비상태에 빠진 상황에서 폭력과 억압에 의해 강요된 각서는 무효이며, 난동행위를 범죄행위로 간주하여 '한청 집행부 난동 규탄대회'를 중앙본부 및 전국의 지방조직에서 개최하였다. 이후 민단은 전국지방단장회의를 소집하여 첫째, 불순세력의 민단침탈에 대한 방어와 배제; 둘째, 단내폭력에 대한 강경한 대처와 조직정비의 추진; 셋째, 민단 운영 합리화와 조직강화 등 3개항을 활동목표로 설정하면서 민단 운영의 정상화에 박차를 가하였다.

민단 집행부는 조직을 위협하는 반체제 혹은 민주화 세력을 3개로 구분하였다(김상현 1988, 114). 첫째, 북한과 조총련의 지령으로 민단에 침투하여 내부혼란을 유발시키는 프락치(fraktsiya); 둘째, 민단 내에서의 푸대접에 불만을 품고 있다가 기회가 오면 분파, 파쟁을 일삼고 침투분자와 어울려 자기존재를 과시하려는 세력; 셋째, 처음에는 조직내부의 부정부패를 일소하고 민간 간부들의 활동능력을 향상시켜 보겠다고 노력하다가 종국에는 침투분자들에게 포섭되어 자신도 보르는 사이에 빈민단주의자가 된 세력으로 분류하였다. 동경민단, 한청, 한학동의 참여 세력을 이들 3개 범주에 포함시켰다.

그 결과 1972년 7월 한청과 한학동을 민단의 산하단체에서 배제했으며, 한청의 곽동의 위원장은 제명, 정재준 동경 민단장은 정권처분을 내렸다. 이 사선을 계기로 민단의 비주류는 박정희 정권을 지지하는 민단 집행부와 본격적으로 대립하였다(지충남 2015b, 95~96). 특히 이들 간에는 한국의 민주화와 본국 정부 지지를 쟁점으로 한 대립구도가 생성되어, 민단에서 대중적 그리고 젊은 청년들의 기반을 갖고 있던 한청과 한학동의 제명으로 민단의 청년 중심의 활동 기반에 타격을 받았다.

박정희 정권이 1972년 10월 계엄령 선포와 함께 '10월 유신'을 발표하자 민단 집행부는 구국적 차원에서 10월 유신을 지지하였다. 박정희 정권이 헌법의 제정과 함께 제4공화국의 수립을 선포하자, 1960년대 후반부터 한국정부의 통제 하에 있었던 민단 지도부는 1973년 1월 김정주 단장이 신년사에서 유신체제의 찬성과 함께 적극 지지한다는 입장을 표명하였다. 그러나 민단에서 이탈한 비주류는 극단의 반대를 나타내었다. 정재준, 곽동의, 배동호 외에도 김재화와 김대중이 있었다. 김재화는 재일교포 출신으로 민단 단장을 8차례 지냈으며, 신민당 비례대표로 제8대 국회의원이었다. 그는 10월 유신의 선포로 국회가 해산되자 일본으로 귀환하여 반유신 활동을 전개하였다. 반면에 무릎 고관절 치료를 받으려고 일본에 체류하던 김대중은 17일 10월 유신의 선포를 접하자 일본과 미국에서 반유신 활동을 전개하면서 박정희의 영구집권 음모, 독재정권을 비난하였다. 민단의 유신체제에 대한 일방적 지지에 반대하는 배동호를 중심으로 한 민통협을 결성하여 반대운동을 펼쳤다.

박정희 정권의 10월 유신은 재일동포 내부의 분열을 가속화시켰다. 즉 10월 유신 이전과 차이점이 있다면 김대중이 대립구도에서 상수로 등장했으며, 그 결과 민단의 비주류 및 이탈자와 김대중이 반유신 투쟁에서 연대를 구축하였다(김효순 2015, 233). 이들은 1973년 3월 해외동포가 단결하여 국내 동포들을 독재에서 구출하자는 명분에서 '민주화운동활동가연수회'의 개최를 제안하였다. 후속 조치로는 동년 7월 한국 민주화와 통일운동을 추진하기 위해 한민통 미국본부를 결성했으며, 김대중을 명예회장으로 선출하였다. 이어서 김대중, 김재화, 배동호, 정재준, 곽동의, 조활준, 민단간부 김용원, 양상기 등을 중심으로 한민통 일본본부를 계획하였다(김삼웅 2010, 367). 그 결과 1970년대 재일한인들의 조국지향적 통일운동에 반발하여 민단과 조총련의 통일운동을 비판하면서 양 단체의 대립 불식과 공존의 장 형성, 통일의 자주를 강조한 한민통이 등장하였다(김태기 2003, 43). 한민통 일본본부의 초대 의장으로 예정된 김대중이 1973년 8월 8일 한국의 중앙정보부에 의해 일본에서 납치되어 서울의 동교동 자택에 연금당하였다(김택근 2012, 106~113; 김삼웅 2010, 375~403). 한민통은 예정된 일정에 따라 8월 13일 한민통 일본본부 발기대회를 개최했으며, 김대중을 의장으로 선출했지만 김대중이 한국에 있는 관계로 김재화가 의장직을 대행하였다. 한민통의 결성은 재일동포 사회에서 조국 민주화의 도화선을 제공하였다.

조국의 반독재, 민주화 운동 및 김대중 지지를 위해 결성된 한민통의 참여

단체로는 한청, 한학동, 민단 동경본부, 민통협 등이다. 한민통은 한국에서 미국의 지배와 간섭을 배제하지 않는 한 진정한 민주화나 남북통일도 있을 수 없다는 관점에서 외세 지배와 간섭의 배제, 민족자주권 회복, 파쇼독재 타도 및 민주연합정부 수립, 분단고착화 반대, 연방제에 의한 자주적 평화통일의 실현 등 5대강령을 채택하였다.[51] 3대 기본원칙으로는 첫째, 선 민주 회복, 후 통일실현; 둘째, 대한민국 절대지지; 셋째, 조총련 및 북한과는 선을 긋는다(김삼웅 2010, 532). 한민통은 이러한 원칙하에 박정희 정권 타도, 민주적 정권 수립, 남북연방제에 의한 점진적 통일, 미군 철수를 주장하였다(지충남 2013, 131). 그러나 한민통의 후신인 한통련의 활동을 보면, 조총련 및 북한과 일정한 거리를 두기보다는 통일운동 차원에서 지속적인 연대를 형성하였다.

한민통 초대 의장과 관련하여 김대중의 의장직 수락 여부는 현재까지도 그 사실관계가 불명확하다. 1980년 '내란음모 및 국가보안법 위반'과 관련하여 비상군법회의 재판에서 김대중은 한국정부가 반국가단체의 수괴라고 표현한 한민통과의 연관성을 전면 부인하였다.[52] 그러나 한민통 결성의 주역이었던 곽동의, 김재화, 배동호 등 핵심 주역들은 김대중이 한민통 초대 의장을 수락하였다고 말하였다. 양측의 증언이 엇갈리는 상황에서 김대중이 한민통 미주본부의 명예회장이었으며, 재판과정에서 한민통과의 연관성 진술이 김대중에게 불리하다는 점, 결성 당일 날 김대중이 한국으로 납치된 상황임에도 불구하고 김대중을 초대의장으로 선출했다는 점을 고려한다면 김대중의 일본 한민통 의장직 수락 가능성이 농후하다고 말할 수 있다.

한편 민단은 반발 단체를 분쇄하기 위해 동년 9월, 한민통을 적성단체, 그리고 한국정부 또한 한민통에 대해 해외에 있는 반정부 세력, 친북세력의 규합 단체로 규정하였다. 그러나 한민통과 북한의 관계에서 곽동의는 조총련으로부터 한민통이 지원받았다는 주장이 제기되자, "지원해주어도 받을 이유가 없다. 북한과 조총련을 지원을 한민통이 받는 순간, 한민통이 전개한 운동은 순식간에 무너져 버리기 때문이지요. 그건 우리 사회에선 철칙입니다"라고 말하면서(신명직

---

51) 이 외의 강령은 첫째, 반전반핵운동 추진, 한반도 비핵지대화; 둘째, 재일동포의 민족적 권익 옹호이다. 韓統連, "韓統連 紹介," http://chuo.korea-htr.org/korean/index.php(검색일: 2016.04.05).

52) 당시 전두환 정권은 김대중이 1973년 7월 8일, 김재화, 배동호, 정재준 등이 조총련으로부터 일환 1,740만 엔을 제공받아 반국가단체를 결성하기로 하고, 7월 13일에 재일동포 사회단체 6개가 모여 한민통을 결성하기로 했다고 발표하였다(이구홍 2016, 122).

2007, 53),[53] 한민통과 북한·조총련 간 밀접성을 부인하였다.

한국정부의 한민통에 대한 반국가 단체 적용은 재일동포 유학생 간첩사건과 관계되어 있다. 1975년 11월 중앙정보부는 20여 명이 연루된 유학생 간첩사건을 발표하였다. 이 사건과 관련하여 1977년 5월 재일교포인 윤효동이 북한 노동당 자금으로 곽동의를 간첩교육 시켰으며, 한민통을 결성하였다는 자수 기자회견을 한국에서 가졌다.[54] 1978년 재판과정에서 재일동포 유학생 김정사, 김원중, 강종헌 등을 한국정부가 간첩으로 조작하면서 재일동포 자수간첩인 윤효동이 "김정사는 한민통과 연계되었다"는 법정에서의 증언이 채택된 결과, 한민통은 반국가단체가 되었다(統一日報編輯部 2006, 198).[55] 이와는 달리 곽동의는 박정희 유신정권은 1978년 김대중을 언제든지 정치적으로 제거하기 위해 한민통을 반국가단체로 만들었다고 주장하였다(신명직 2007, 49~50). 한민통은 김정사 간첩사건, 윤효동의 증언, 대법원의 판결 등으로 한국정부로부터 '친북단체'라는 낙인을 받게 되었다.[56] 그러나 간첩사건의 연루자들이 재판을 통해 무죄판결을 받았기 때문에 한민통의 친북활동 및 반국가단체 규정은 현시점에서 재평가받아야 할 문제로 부상하였다.

한민통은 한국의 민주화 및 김대중 구출운동의 일환으로 1976년 9월 고령의 회원들을 중심으로 단식투쟁을 전개하였다. '민주구국선언'과 함께 재일한인 백만 명 서명운동을 펼쳤다. 이와 더불어서 한민통은 '전태일 평전'의 일본어판 "불꽃이여 너를 감싸라(炎よ君包まと)"를 출간함과 동시에 한국의 열악한 노동운동 현장을 알려 유신독재를 비판하려고 전태일을 소재로 한 '어머니'를 영화로 제작하였다. 약 40만 명이 이 영화를 감상했으며, 이를 통해 한민통의 활동을 재일동포

53) 이 당시 국내언론은 한민통을 "북괴 추종단체, 북한의 재일전위행동대, 반한 베트콩파, 조총련의 행동대"로 보도하였다.

54) 윤효동은 자신이 곽동의를 북한에 보내 교육을 받게 했으며, 간첩교육을 받은 곽동의가 배동호와 함께 한민통을 조직해 반국가활동을 전개하고 있으며, 배동호, 김재준, 정경모가 북한의 간첩이라고 증언하였다(조기은 2015, 179).

55) 2011년 9월, 제1심 법원은 고문에 의한 허위자백 외에는 증거가 없다며 재일동포 유학생 간첩단 사건으로 옥살이를 한 김정사, 유성삼 등을 34년 만에 무죄로 판결했으며, 2013년 5월 대법원이 무죄판결을 확정하였다.

56) 한민통은 한국정부를 상대로 반국가단체가 아니라는 항소를 제기하였다. 1988년 4월, 한국 법원은 한민통 구성원에 대한 성분 분석표, 한민통에 대한 보고 등 영사증명서, 증인 윤효동 등의 법정 진술을 취합한 결과, 한민통 구성원이 조총련 구성원이나 그 동조자임을 인정할 수 있음으로 '반국가단체'라고 판결하였다(이구홍 2016, 122).

들에게 알리고자 했다. 전태일 관련 단행본과 영화의 제작으로 한민통은 회원 600만 명이 활동하는 일본 최대의 노조인 '일본노동조합평의회'로부터 한민통 활동의 지지를 이끌어 냈으며, 일본노동조합평의회가 김대중 구명운동에 동참하는 계기가 되었다.[57)]

미국 대통령선거에서 인권·평화를 주장한 지미 카터(Jimmy Carter)가 1977년 1월 20일 제39대 대통령으로 취임하였다. 그는 선거기간 동안 주한미군의 철수를 주장하였다. 특히 카터 대통령은 박정희 정권의 민주화에 많은 관심을 갖고 있었다. 한민통 미국본부는 뉴욕타임스에 '카터 대통령의 한국 방한 반대'의 광고를 게재하였다. 이와 함께 세계 각국에 분산되어 있는 해외민주화운동의 구심점 역할을 수행하기 위해 한민통은 조직의 일원화 및 통일운동과 민주화를 위한 대안으로 연대를 구상하였다. 1977년 8월 12~14일까지 '해외한국인민주운동대표자회의'를 일본 도쿄에서 개최했다. 한국의 민주화 및 반독재운동에 참여하는 재일동포를 비롯하여 해외에서 임창영, 이용운, 송두율, 윤희상, 이영빈 등이 참석하였다(조기은 2015, 188~190).[58)] 그러나 13일에 민단 중앙본부 및 산하 청년단체가 주동하여 회의장에 난입, 폭력을 행사하면서 방해하였다. 회의는 중단되었지만 마지막 날에 다시 개최되어 '민주민족통일해외한국인연합'(이하 '한민련')을 결성하여 전면적인 반 박정희 운동과 해외민주단체의 연합운동을 전개하기로 결의하였다. 해외동포들의 민주화운동 박정희 정권에 압박으로 작용하였다.

1983년 한민통은 제12차 중앙위원회에서 미국의 지배와 간섭을 배제하지 않는 한 진정한 민주화와 남북통일도 있을 수 없다는 관점에서 새로운 5대 강령을 채택하였다. 첫째, 외세의 지배와 간섭 배제, 민족자주권 회복; 둘째, 파쇼독재 타도, 민주연합정부 수립; 셋째, 분단고착화 반대, 외세의 간섭 없이 (연방제에 의한) 자주적 평화통일 실현; 넷째, 반전반핵운동 추진, 한반도 비핵지대화; 다섯째, 재일동포의 민족적 권익 옹호를 채택하고 반외세 민족자주를 구국운동의 기본노선

57) MBC 이제는 말할 수 있다, "반한 베트콩, 한민통의 진실," http://vodmall.imbc.com/Player/Player.aspx?broadcastid=1000459100000100000&itemid=4758(검색일: 2016.03.30).

58) 한민련의 가입단체는 일본에서 한민통, 민족통일협의회, 미국의 경우 재미민주한인협회·재미구국향군·통일촉진회·미주민주국민연합·미주민주사회건설협의회·재미애국여성동우협의회, 서독은 재서독민주사회건설협의회·남북사회문제연구회·한인노동자연맹·재북유럽한국민주수호국민전선·재서독남북통일촉진기독자협의회·프랑스는 한국자주통일추진회·한국통일문제연구회, 스웨덴에서는 민주수호협의회, 스위스는 민주사회건설협의회 등이다(조기은 2015, 191).

으로 정립한다. 한민통은 반외세민족자주를 강령의 첫 번째에 둠으로써 자주·민주·통일 노선을 정립하는 새로운 5대 강령의 발표를 '제2의 선언'으로 간주하고 있으며, 배동호를 신임 의장으로 선출하였다.[59] 1973년과 1983년 채택한 한민통 강령의 차이는 비핵화 및 재일동포 권익 옹호 활동을 추가한 점이 다르다.

한민통의 활동을 요약하면, 1970년대는 김대중 구출운동과 독재정권 퇴진운동에 주력하였다. 한국 내 정치범 석방운동과 함께 재일교포 유학생(서승, 서준식 등)의 정치범 석방운동에 전력을 기울였다. 1980년대는 광주학살 규탄과 김대중 사형 반대, 6월항쟁 기간에는 민주화 시위, 독재정권타도 운동을 주도하였다(정용하 2007, 245). 한민통의 민주화운동은 조국통일을 위한 선결적 측면의 운동이었다. 한국에서 민주화운동의 귀결은 독재정권의 붕괴로 이어져 민주정권이 수립된다면, 남북한 관계의 개선을 포함하여 평화통일을 촉진하는 수단으로 한민통은 인식하고 있다. 따라서 한반도의 통일을 실현하려는 목적으로 한민통은 민주화운동을 전개하였다.

나) 한통련 계보와 단체 활동

재일한인 단체의 통일운동은 이념과 체제를 달리하는 남북한의 통일을 목표로 설정하기 때문에 강한 정치 지향성을 나타낼 수밖에 없는 구조이다(정용하 2007, 229). 재일한인 사회에서 조국의 민주화와 통일운동의 주축을 담당한 단체 가운데 하나는 한민통의 후신인 한통련이다. 민단과 조총련의 조국지향적 통일운동에 반발하여 이들 단체의 통일운동을 비판하면서 민단과 조총련의 대립 불식과 공존의 장 형성, 통일의 자주를 강조한 한민통이 등장하였다. 그리고 한민통은 1989년 단체 명칭을 한통련으로 변경하였다. 한통련의 계보는 통협 → 유지간담회 → 한민자통 → 자주수호위 → 민통협 → 한민통 → 한통련으로 계승되면서 43년의 역사를 갖고 재일한인 사회에서 조국의 민주화 및 통일운동을 전개해 왔다.

한민통에서 한통련으로의 단체명의 변경과 관련하여 다양한 의견이 주장되었다. 임철 교수에 따르면 조국통일의 실현을 목적으로 한국과 북한, 그리고 재외동포들이 결성한 통일단체인 '조국통일범민족연합'(이하 '범민련')의 결성 과정에서 통일문제를 둘러싼 갈등으로 인해 한민통을 한통련으로 개명했다고 주장하였다(윤상철 2004, 61). 즉 한반도의 '민주'와 '통일'의 논쟁 결과, 기존 단체 활동의

59) 韓統連, "韓統連 紹介,"(검색일: 2016.04.05).

노선을 민주화운동 중심에서 통일운동을 중시하려는 방향 전환의 측면에서 1989년 한민통에서 한통련으로 개칭하였다(이종원 2004, 197). 이와는 다른 견해로 곽수호 부의장은 단체 명칭의 변경은 아무런 의미가 없으며 단지 재일동포만의 조직을 강조한다는 의미에서 한통련으로 바꾸었다고 말하였다. 또 다른 주장으로 김상용 부의장은 김대중 선생의 요청에 의해 한민통을 한통련으로 변경했으며, 이때부터 한통련과 김대중 선생의 관계는 단절되었다고 진술하였다(윤상철 2004, 232; 275). 한민통에서 한통련으로의 개명에 대한 3개의 주장은 그 나름대로 설득력을 갖고 있다. 그러나 한민통의 단체명 변경은 기본적으로 한국의 민주화와 상관성을 갖고 있다. 1987년 6월 항쟁과 6·29 선언 이후, 헌법 개정을 통한 대통령 직선제 도입, 정치적 공간의 상대적 확장, 시민사회에 대한 국가 통제력의 약화, 여소야대의 국회, 5공 청산 등 한국에서 어느 정도 민주화가 진척되면서부터 한민통이 내세웠던 '조국 민주화' 기제는 동력을 상실할 수밖에 없는 구조이다. 조국의 민주화가 달성된 시점에서 새로운 동력이 필요했으며, 이에 따라 한통련은 '민주화' 대신에 '통일'의 명제를 전면에 내세웠다. 한통련의 등장 이후 운동노선을 추적해 보면 민주화운동보다는 통일운동에 주력하고 있다는 점에서 노선 변경에 따른 단체명의 개칭이 있었다고 보아야 할 것이다.

단체명의 변경 이후, 한통련은 반독재 투쟁이나 민주화를 지양하고 민족통일운동에 전념하였다. 선언에서 "조직개편은 국제정세의 새로운 변화에 주도적 대응이 필요하게 된 데에 부응한 것으로 재일민족민주세력으로서 자기의 위상을 명확히 하고, 자주·민주·통일의 새로운 지평을 열 필요성이 있었다." 선언의 발표와 함께 강령에서는 외세의 반대와 민족자주권의 확립, 군부독재의 청산과 진정한 민주화 쟁취, '조국의 자주적 평화통일의 실현,'[60] 반전 반핵운동의 추진으로 한반도의 비핵화, 재일동포의 민족적 권리 옹호, 국제연대운동의 강화한다는 6대 강령을 발표하였다.[61] 여기에서 국제연대운동의 강화는 한반도 통일을 위한 국제연대를 의미한다.

2003년 3월에는 일부 강령의 수정을 통해 첫째, 한국 사회의 비민주적 제도

60) 한통련 전 부의장 곽수호에 따르면 미국이 한국을 지배하고 있는 한 분단이 강하게 고정되고 통일이 멀어져 가고, 대리정부가 한국에 생긴다. 그러면 미국에 대해 자주적인 정부가 아니라면 민주정부라고 할 수 없다. 그리고 자주적·민주적 정부가 아니면 분단을 극복하고 통일을 할 수 없다. 이런 측면에서 한통련은 자주민주통일이라는 논리를 전개하고 있다(윤상철 2004, 231).

61) 韓統連, "韓統連 紹介,"(검색일: 2016.04.05).

와 기구의 청산; 둘째, 6·15 남북공동선언의 지지; 셋째, 일제의 침략과 식민지 지배의 과거 청산으로 조국과 일본의 우호친선; 넷째, 반전 반핵운동으로 한반도의 비핵 지대화를 실현하고 세계평화에 기여한다 등을 추가하였다(박일 2005, 367).[62] 한통련은 재일동포만을 회원으로 받아들였으며, 정책노선도 한반도 통일에 있어 외세의 개입을 배제한 '자주·민주·평화'라는 통일 지향을 전면에 내세웠다. 노선의 기본 배경은 7·4 남북공동성명, 6·15 및 10·4 남북공동선언 등에서 찾을 수 있다. 7·4 공동성명의 지지운동, 평화와 통일을 위한 범민족대회, 6·15 공동선언과 10·4 선언의 고수 이행운동 등 한통련은 재일한인 사회가 한반도 통일운동에 기여할 수 있다는 신념으로 활동하고 있다. 한통련은 조국통일운동에서 '자주성'과 '우리 민족끼리'를 특히 강조하고 있다.[63] 즉 자주성과 민족대단결로 한반도 통일을 방해하고 있는 외세의 배격을 강조하는 통일운동을 전개하고 있다.

한통련은 남북이 서로의 체제를 인정하는 '1민족 1국가 2제도 2정부'라는 연방제에 의한 조국통일의 실현을 통일운동의 목적으로 설정하였다. 한통련 의장을 지낸 곽동호 선생에 따르면 "한통련은 한반도에서 적화통일이나 반공통일을 반대하며, 연방제에 의한 평화적 통일을 지지한다. 남북이 서로 자기 체제를 유지하고, 남북이 공존하는 제도는 연방제이다. 조국의 통일은 어느 체제로 통일을 하느냐가 아니고, 민족이 공존하는 체제 공존의 통일방안이 모색되어야 한다. 이는 6·15 공동선언에서 남한의 국가연합과 북한의 느슨한 연방제에 공통점이 있다는 것으로 입증되었다"고 말하였다(윤상철 2004, 61). 한통련은 통일의 징검다리로써 연방제 통일에 앞서 남북이 상대방의 체제를 인정하는 연합제 방식을 주장한다. 잠정기간 동안 연합제를 실시하고, 궁극적으로는 연방제 통일을 취하는 형태이다. 연방제 통일은 남과 북의 사회제도를 그대로 유지면서 남북 동수의 대표와 적당한 수의 해외동포로 '최고민족연방회의'를 구성한 이후, 연방상설위원회가 남북의 지역정부를 지도하는 시스템이다(황영만 2010, 54~55). 한통련이 주장하는 연방제는 1980년 10월 북한이 주장한 '고려민주연방공화국 창립방안'과 유사한 일면이 있다.

한국에서 민주화가 진행되면서부터 한통련은 평화운동과 재일동포의 권익운동, 재일동포 젊은 세대를 위한 국어강습회, 역사학습회, 민족문화 활동 등의 민

---

62) 韓統連, "韓統連 綱領," http://chuo.korea-htr.org/program.shtml(검색일: 2016.04.05).

63) 시사뉴스투데이, http://sntd.co.kr/bbs/board.php?bo_table=B10&wr_id=380(검색일: 2015.07.25).

족교육, 민주주의의 실천, 그리고 매년 '통일마당' 축제를 통해 재일동포와 일본인의 교류활동에 힘쓰고 있다. 한통련이 개최하고 있는 사업 가운데 매년 6월에는 '통일마당' 축제가 열리고 있다. 2015년 22회를 맞은 통일마당은 문화공연과 문화행사 프로그램으로 진행되고 있었다. 재일동포들의 참여가 많았으며, 소수의 일본인들도 참가하고 있다. 한통련이 다양한 사회활동을 펼치고 있음에도 불구하고 한통련의 핵심운동은 민족과 이념 중심의 통일운동의 추진이다.

한통련 회원은 750여명 정도이며 도쿄(東京), 교토(京都), 효고(兵庫), 히로시마(廣島), 가나가와(神奈川), 도카이(東海), 오사카(大阪) 등 7개 지방본부 체제로 운영되고 있다. 한통련의 회원단체는 '재일한국민주여성회'(이하 '민주여성회'), '재일한국청년동맹'(이하 '한청'), '재일한국인학생협의회' 등 3개 단체가 있다(지충남 2013, 136). 한민통이 결성되자 1973년 11월부터 자체 신문으로 월 1회 발간하는 민족시보(民族時報)를 발행하였다. 민족시보는 한통련에서 계속 기관지로 발간되고 있다.

현재 한통련의 의장은 손형근이다. 손 의장의 인터뷰를 통해 한통련 운동의 목표 및 방향을 보면 다음과 같다(안영민 2009, 91).

> 과거의 한민통을 포함해서 한통련 운동은 조국 민주화와 통일을 위해 전념한 반면에 재일한인을 위한 생존권이나 경제생활은 소홀하였다. 조국의 통일운동단체와 연대하고, 해외 여론에 호소하는 것이 당시 동포운동의 제일 원칙이었다. 따라서 재일한인 사회의 문제를 등한시하였다. 재일동포 운동의 기본정신은 조국의 통일을 이루어내는 것이다. 두 가지 활동은 첫째, 일본 내 양심적인 세력과 적극 연대해 일본 정부의 대한반도 정책, 특히 냉전적이고 대결지향적인 대북정책의 전환을 이루어 내는 것이고; 둘째, 재일동포 사회의 단결과 화합을 이루어 내는 것이다. 이것이 6·15 시대 한통련 운동의 목표이자 방향이다.

한반도 평화통일의 환경을 조성하려는 한통련은 북일 관계의 개선에 힘쓰고 있다. 그러나 일본인 납치 문제에 대한 북한의 소극적 대처, 북한의 지속적인 핵개발과 미사일 발사 등 북일 관계를 가로막는 장애는 일본이 아닌 북한이 유발하고 있다. 일본의 대북한 정책의 전환을 위해서 한통련은 일본 정부를 설득하기보다는 북한의 동아시아 평화를 위협하는 핵과 미사일 실험의 중지를 요구하여야 한다. 또한 재일한인 사회의 대립과 갈등의 해소를 통해 단결과 화합을 이끌어 내려면 한통련은 민족성에 의한 분단 이념이나 제도를 극복해야 한다. 그러나 현실에서 한통련은 이념의 벽을 초월하지는 못하였다(김태영·임영언 2016, 86). 한통련은 일본에서 조국 민주화와 평화적 통일을 위한 활동을 펼치고 있다. 특히 한반도 통일운동과 관련하여 민단과 조총련 중심의 논의를 확장시켜 재일한인 사회에서 통일논의의 개방성과 통일의식을 함양시켜 왔다.

한편 한통련 관계자의 한국 입국이 처음 허용된 것은 노무현 정권 시기인 2003년 9월이다. 민변을 중심으로 한 '고국방문범국민추진위원회'가 한통련 관계자들의 '해외민주인사' 입국을 추진하였다(박지수 2003, 92). 한통련 관계자들의 한국 입국은 해외민주인사의 고국방문 일환이었지만, 한통련은 대법원이 국가보안법을 적용하여 지금까지도 반국가단체로 규정되어 있다. 이들의 한국 입국으로 한통련 관계자들은 부분적으로 명예회복의 첫 단계를 맞이하였다. 양동민, 곽수호 한통련 부의장 등 31명이 1회용 여행증명서를 발급받아 3박 4일의 일정으로 입국했으며, 김대중 전 대통령을 방문하여 면담 시간을 갖기도 하였다. 또한 2004년 10월에도 곽동의 한통련 상임고문을 포함한 147명이 대한민국 여권을 발급받아 입국했으며, 광주의 5·18 묘역 참배, 그리고 김대중 전 대통령의 사저인 동교동을 예방하여 환담을 나누는 일정을 소화하였다.

(2) 통일운동의 전개

가) 자체 통일 활동

조국의 평화적 통일이라는 과제 달성을 위한 한통련의 통일운동을 시계열적 순서로 살펴보면 다음과 같다. 먼저 한통련이 실행한 민족통일운동의 대표적 사례는 1989년 3월과 6월 문익환 목사와 임수경의 방북, 한국 사회단체의 '범민족대회' 제안 등의 영향을 받아 통일운동에 주력한 점이다. 1990년 8월 평양에서 개최된 '제1회 범민족대회'에 참가한 곽동의 대표는 범민련의 결성이 합의되자, 범민련 일본 본부를 만들었다.

1990년 국제사회의 냉전 해체 이후, 한반도 통일은 방법론적으로 이데올로기적 경쟁이 아닌 상호 신뢰와 존중으로 체제를 인정하면서 평화의 틀에서 통일을 모색하는 운동을 한통련은 전개하였다. 예컨대 6·15 남북공동선언에 대한 지지를 표명한 한통련은 '6·15 공동실천선언운동'을 추진하였다. 백낙청, 이석태,

정현백 그리고 일본의 곽동의, 김수식, 조총련의 박구호, 박용, 류상식 등이 참여하였다(정용하 2007, 243~245). 한통련은 한청, 민주여성회와 연명으로 '6·15 공동선언'의 실천 방안으로써 한국의 국가보안법 철폐, 민간통일운동의 자유 인정, 주한미군 철수를 주장하면서 매년 6월 15일과 8월 15일 민족통일대회나 민족통일대축전에 참여하였다. 문제는 재일한인 사회에서 침체 상태의 통일운동이 범민족대회를 계기로 동력을 다시 얻었지만, 참여하는 단체들의 진보적 성향과 북한과의 연합전선 결성으로 인해 재일한인 사회에서 통일운동은 소수 단체나 개인들의 운동으로 전락하였다. 즉 통일운동의 대중성을 확보하지 못한 한계를 노출하였다.

한통련은 북한이 재해와 식량부족 등으로 많은 경제적 고통을 받고 있다는 소식을 접하였다. 한통련은 통일운동의 연장선상에서 '식량지원운동'을 전개하여 1996년부터 2년 동안 1천 톤의 쌀을 보냈으며 옥수수, 밀가루, 기름 등의 생활물자도 함께 보내주었다(윤상철 2004, 234). 한통련의 또 다른 통일운동은 1993년부터 재일동포와 일본인들에게 통일의 필요성을 보여주기 위한 '통일마당'의 개최이다. 통일을 선동하는 춤, 노래, 연주, 연극, 시 등의 문화행사로 통일의 필요성과 분단의 위험성을 대중들에게 알리고 있었다(윤상철 2004, 233). 한통련은 2000년 8월 오사카(大阪)에서 '제7회 통일마당 이쿠노(生野)' 축제를 개최하면서 첫째, 6·15 공동선언의 의의를 살리며; 둘째, 민족대동단결 정신의 구체화; 셋째, 국가보안법 철폐; 넷째, 주한미군 주둔의 불인정 등을 주장하였다.[64] 이쿠노 축제는 일본 사회와의 동화나 공존보다는 이념을 초월한 재일동포의 민족정체성 확립과 통합에 목적을 두고 있었다.

2003년 11월 2일 도쿄에서 한통련 결성 30주년을 기념대회가 열렸다. 곽동의 의장을 비롯하여 홍근수 한통련 대책위 공동대표, 민주사회를 위한 변호사 모임(이하 '민변')의 최병모 회장, 임종인 집행위원장, 진관 스님, 성공회대 한홍구 교수 등 약 500여 명이 참석하였다. 곽동의는 기조연설에서 "6·15 남북공동선언을 이행하는 것, 그것은 우리 민족의 자주적 평화통일을 이루어 내는 유일하게 올바른 길입니다. 그 공동선언을 이행하는 데서 중요한 것은 바로 '우리 민족끼리'의 이념입니다. 외세는 어디까지나 외세일 뿐, 우리 민족의 영원한 동반자가 될 수 없습니다. 그러나 동족은 이념과 사상, 제도가 다르더라도 같이 살아가야

64) 韓統連, "第7回統一マダン報告," http://korea-htr.com/osaka/jisyu/j0009_1.htm(검색일: 2013.09.02).

사를 진행하였다. 일본과 미국을 한반도 평화통일을 가로막는 대표적인 외세로 인식하고 있다. 특히 한통련은 북한의 핵개발과 핵실험에 대한 원인 유발자를 미국으로 지목하면서 북한의 핵 관련 행위를 비판하고 있지 않다. 이는 한통련 강령과 실천운동 간 괴리를 보여주는 행태이다.

나) 한국 및 해외 통일단체와의 연대

국내 통일세력이 남·북·해외 3자 협의에 참가할 수 없는 상황에서 한통련은 재외동포들과 남북한을 연결하는 가교역할을 맡았으며, 1990년 제1차 조국통일범민족연합(이하 '범민련') 평양대회의 개최를 성사시켰다. 범민련은 연방제 통일 지지, 주한미군 철수, 국가보안법 철폐 등을 주장하면서 '전민족의 통일운동조직'을 표방하는 남과 북, 해외에 각각 본부를 두고 3자연대를 민족대단결의 기본 노선으로 정하였다. 범민련 일본본부에는 2개의 지역본부가 있다. 한통련의 범민련 일본지역본부, 조총련의 범민련 재일본조선인본부가 결성되어 별개의 조직체계를 유지하고 있다(박지수 2004, 8). 한통련 내부에서 두 조직을 통합하자는 주장이 제기되었지만, 한통련 집행부는 조국의 상황이 두 조직의 통합을 받아들이기 힘들다는 판단에서 단지 조국통일을 위해 필요할 경우, 힘을 합치는 연대활동을 펼치고 있었다.

범민련 출범과 통일운동에 대해 한국의 공안기관은 이들의 활동을 '친북행위'로 간주하고 있다. 즉 범민련 남측본부를 북한의 지령에 따라 움직이는 이적단체, 범민련 해외본부는 북한의 지령을 전달하는 역할을 맡고 있는 것으로 인식하였다. 범민련 북한본부 또한 반국가단체로 규정하였다(박지수 2004, 6). 이러한 상황에서 한통련은 1999년까지 매년 범민족대회에 참가했지만, 한국에서 개최된 대회에는 입국 불허로 참여하지 못했다. 2004년 인천 대회에 한통련 집행부가 처음으로 참석하였다. 범민련 행사를 통해 한통련은 민간인 중심의 자주·민주·평화의 통일을 염원하는 운동으로 발전시켜 나갔지만, 한국정부는 이들의 주장을 북한에 동조하는 세력으로 인식하였다. 따라서 한통련의 통일운동은 일정한 한계를 갖고 있는 상황에서 통일운동의 대중성을 확보하기는 어려운 구조이다.

2000년 남북정상회담을 계기로 한통련은 남한, 조총련과 연대하여 '6·15 공동선언실천운동'을 전개해 나갔다. 남측에서는 백낙청, 이석태, 정현백 등이 참여했으며, 해외측 위원회는 문동환, 김수식, 차상보, 그리고 일본 지역위원회는 곽동의, 김수식 이외에 조총련에서 박구호, 박용, 류상식 등이 참가하였다(정용하 2007, 246). 2001년 12월 제1차 총회에서 6·15 선언의 실천, 반미민족자주운동으로 주한미군의 철수, 6·15 선언이 지향하는 연합·연방제 통일의 달성, 민중이 주인이 되는 자주적 민주정부 수립을 결의하였다. 2001년 이후, 이 대회는 매년 열리고 있지만, 진보성향의 통일운동이라는 색채가 강한 만큼 한국계 보수 세력의 참여는 거의 없는 상황이다. 재일한인 사회에서 통일의식의 함양이라는 목적은 달성했더라도 한통련이 갖고 있는 이념의 벽을 초월하지 못했다는 점에서 반쪽짜리 행사에 불과하였다.

광복 60주년을 맞이하여 서울에서 노동자, 농민, 청년, 여성, 학생 등 약 1만 5천여 명이 참석한 가운데 '8·15 민족대축전'과 '조국광복 60주년 자주평화통일을 위한 결의의 밤' 행사가 민주노동당, 전국민중연대, 통일연대의 공동주최로 개최되었다. 한통련은 25명의 대표단을 파견하였다. 민주노동당 김혜경 대표는 한반도 평화통일을 위해서는 평화체제의 구축이 필요하며, 주한미군의 확장이전, 전략적 유연화, 한반도 군비증강의 반대를 외쳤다. 한통련의 손형근 대표는 국가보안법 철폐, 연방제와 국가연합을 통한 조국의 통일, 외세의 배격을 주장하였다. 이 대회는 주한미군의 철수, 국가보안법 폐지, 외세의 배격 등을 주장하는 진보성향의 단체를 중심으로 개최된 행사였다.

2006년 6월 광주광역시에서 '6·15 민족통일대축전'이 열렸다. 한통련의 곽동의 상임고문은 6·15 해외측 위원회 공동대표 자격으로 참석하였다. 그러나 일본과 유럽의 대표로 선발된 박용, 임민식, 곽용문, 송학삼, 김용무 등 5명이 사전에 입국신청서를 제출하였지만, 한국정부가 박정희 정권 시절의 반체제운동과 통일운동의 경력을 문제삼아 입국을 불허하여 축전 참가가 불발되었다. 이에 곽동의 상임고문은 한국측 위원회의 방관자석 태도에 불만을 가졌으며, 주최측의 진심을 의심하였다. 곽동의는 광주 시민들의 참여와 열광 속에서 치러신 통일대축전은 통일운동을 발전시키는데 있어서도 큰 기여를 한 대회로 평가하였다(곽동의 2006, 120~123). 그럼에도 불구하고 주최자인 한국위원회가 곽동의 고문의 개막식 연설문 중 '외세 없는 자주적 통일'에 대한 내용을 일방적으로 삭제하여 해외 참가자들로부터 대회의 의미를 살리지 못했다는 평가를 받았다.

남북제정당사회단체대표자연석회의(이하 '4월연석회')의 65돌을 맞아 '4·26 통일토론회 실행위원회' 주최로 2013년 4월 도쿄에서 '민족통일운동의 원점과 오늘의 과제'를 주제로 기념토론회가 진행되었다. 친북 성향의 평통협과 조총련, 한통련과 산하단체 및 재일동포들이 참석하여 조국과 민족 앞에 조성된 난국의 타개를 호소하였다.

6·15 공동선언실천 일본지역위원회 주최로 2014년 6월 도쿄에서 6·15 공동선언발표 14돌 기념 심포지엄이 개최되었다. "제2의 6·15시대를 열어나가자!"는 주제로 한통련, 조총련, 평통협 회원과 재일동포 청년 및 학생 등 150명이 참석하였다. 손형근 의장은 "박근혜 정권의 대북정책에 대한 비판이 쏟아지고 있다. 악화일로로 가는 북남관계를 개선하고 통일을 실현하는 길은 6·15 공동선언과 10·4 선언 이행밖에 없다"며 "통일운동의 주체인 우리가 '우리 민족끼리'의 정신으로 분단의 벽을 무너뜨리기 위하여 힘써나가자"는 내용의 인사말을 남겼다.[73) 평통협 결성 25주년 행사가 2015년 4월 도쿄에서 열렸다. 평통협의 이동제 회장은 "온 민족이 화합하고 단결하면 그것이 바로 통일이다"는 인사말을 했으며, 한통련의 손형근 의장, 한국의 단군민족평화통일협의회 이정희 사무국장 등 평통협 회원과 한통련 회원 등 재일 통일인사 120명이 참석하였다.[74) 민족통일운동을 전개하고 있는 평통협과 한통련의 통일연대의 지속성을 살펴볼 수 있는 사례이다.

2015년 8월 한통련은 조총련과 공동으로 도쿄에서 8·15 해방 70주년을 맞이하여 '재일동포통일축전' 대회를 열었다(이구홍 2015, 6). 한통련과 조총련 관계자 및 다수의 해외 인사 등 약 1,000명이 참석하였다. 조총련 남승우 부의장의 인사, 곽동의 전 의장의 인사를 대신하여 송세일 부의장이 대독하였다. 참가자들은 첫째, 모든 재일동포들이 6·15 공동선언과 10·4 선언을 민족공동의 통일대강으로 변함없이 받들고 남과 북, 해외동포들과 굳게 연대하여 제2의 6·15시대를 열기 위한 거족적 통일운동에 합세해 나갈 것; 둘째, 동족대결과 외세와의 합동군사연습을 반대하고 한반도에 평화체제를 수립하기 위해 투쟁해 나갈 것; 셋째, 동포사회의 단합, 일본과 세계의 양심적인 시민들과의 연대를 이룩하여 그에 기초하여 일본의 과거청산과 동포들에 대한 민족차별의 중지, 한반도의 평화와 통

---

73) 통일뉴스, "6·15일본지역위, 6·15선언 발표 14돌 기념 심포지엄 개최," http://www.tongilnews.com/news/articleView.html?idxno=107755(검색일: 2016.01.30).

74) 통일뉴스, "온 민족이 화합하고 단결하면 그것이 바로 통일," http://www.tongilnews.com/news/articleView.html?idxno=111530(검색일: 2016.01.30).

일을 실현해 나갈 것 등을 결의하였다.

2016년 5월 중국 선양에서 '6·15공동선언실천 민족공동위원회 남북해외위원장회의'가 열렸다. 6·15북측위원회 김완수, 남측위원회 이창복, 6·15해외측위원회 손형근 등이 참석하였다. 한통련 의장 손형근이 6·15일본지역위원장을 맡고 있다. 이 회의에서 6·15민족공동행사는 개성, 8·15민족공동행사는 서울에서 각각 개최하기로 하는 등 활발한 민간교류 추진을 결의하였다.[75] 6·15민족공동위원회는 2005년 3월 6·15공동선언실천을 위한 남북해외공동행사준비위원회로 출범했으며, 6·15 공동선언을 실천하여 민족의 화해와 단합, 통일을 이룩하려는 남북, 해외의 각 정당과 사회단체를 망라한 상설적인 통일운동연대 조직이다.

한통련의 한국 및 해외 통일단체와의 연대는 범민련을 포함하여 조총련, 평통협, 한국의 진보단체 등과 관계의 지속성과 높은 신뢰성을 기반으로 연대를 구축하면서 한반도 통일운동을 펼쳐 나갔다. 특히 한국 및 해외 통일단체의 참여는 통일운동의 활성화를 촉진하는 동력으로 작용했으며, 참여 단체 간에는 6·15 공동선언의 실천, 주한미군의 철수, 연합·연방제 통일방안, 평화체제의 구축, 국가보안법 철폐, 한반도 통일의 장애물인 외세의 배격에 관한 일관된 공감대가 형성되어 있다. 그러나 민단을 포함하여 보수적 성향을 표방하는 단체의 참여가 없었다는 점에서 재일한인 사회의 통일을 둘러싼 갈등과 대립의 단면을 그대로 보여주고 있다.

5) 원코리아페스티벌(One Korea Festival)

(1) 단체 형성

1970년대 일본에서 재일동포에 대한 차별과 철폐운동이 대두되면서부터 동포사회의 내부에서 통합이 과제로 등장하였다. 고착된 분단체제에 균열이 발생하기 시작한 것은 '조국 귀향'을 당연한 것으로 인식하였던 1세대들의 태도에서 비롯되었다. 1975년에 창간한 '계간 삼천리'의 잡지운동, 그리고 재일동포의 민족정체성 확립과 통합을 목적으로 1983년 태동한 오사카 '이쿠노(生野)민족문화제' 등 다양한 문화운동이 전개되었다. 이러한 활동에서 2세와 3세 청년들은 한반도의 분단 상황보다는 '재일'이라는 현실적 조건을 자신의 주된 정체성으로 새롭게 인

75) 통일뉴스, "남북해외 통일운동 거목들 만나다," http://www.tongilnews.com/news/articleView.html?idxno=116834(검색일: 2016.07.14).

식하면서부터 새로운 문화운동을 통한 정체성의 재확립과 재일동포 사회의 통합 및 통일운동을 모색하였다(이신철 2015, 302).

재일동포 사회는 민단과 조총련의 이념적 대립과 반목, 귀국과 정주의 문제, 조국지향성과 재일지향성에 대한 동포사회 내에서의 찬성과 반대, 일본 국적의 획득이냐 영주권의 유지냐 등 다양한 쟁점이 표출되면서 민단과 조총련 등 민족단체를 중심으로 첨예한 분열과 갈등이 지속되었다(정갑수 2008, 16). 그러나 이를 해소하는 뚜렷한 해결책이 제시되지 못하였다. 특히 재일한인 사회의 주도권 및 한반도의 통일문제를 둘러싼 두 단체의 갈등은 재일동포 사회에 많은 영향을 주었고, 친한과 친북이라는 대립구도를 산출해 내었다. 재일한인 사회 내에서 동포들 간 다양한 갈등과 대립의 해결책을 찾지 못한 상황이 지속되었다. 정갑수를 비롯한 동포 2세대는 재일한인들의 화합을 이끌어 내고 분단된 조국의 통일에 기여하려는 생각에서 이들을 하나로 묶을 수 있는 기제가 필요함을 인식하였다.

그 결과, 재일동포 2세대는 민단과 조총련의 대립 상황에서 통일에 대한 강한 의지를 문화와 결합시키는 방법을 찾기 시작하였다. 민단계와 조총련계, 자이니치로 구분되어 분열과 대립하는 재일동포 모두가 이해관계를 청산하고 이념, 사상, 소속, 국적의 차이를 극복하여 '통일의 축제'에 동참한다면, 이는 민족의 화해이며, 재일동포 후세대에게 통일에 대한 새로운 인식을 제공할 것으로 기대하였다. 왜냐하면 재일동포를 비롯한 남북한 국민 모두가 가장 염원하는 것은 한반도의 평화적 통일이다. '통일'의 화두는 한민족을 사상을 초월하여 우선적으로 하나로 결집시킬 수 있는 방법이라고 생각하였다. 그리고 이념적 분열로 대립각을 세우고 있는 재일한인 사회에서 '통일'의 화두는 동포들을 하나로 통합하는 기제가 될 가능성이 있다고 판단하였다(지충남 2013a, 156).

1985년 제1회 대회가 그 깃발을 올렸다. 광복 40주년을 기념하여 하나의 조국을 기원하면서 "8·15 <40> 민족(民族), 미래(未來), 창조(創造)"는 원코리아페스티벌의 출범을 상징하는 테마였다(鄭甲寿 2015, 94). 재외동포를 비롯하여 남북한 국민 모두의 염원은 한반도의 평화적 통일이다. '통일'의 화두는 사상을 초월하여 한민족을 하나로 결집시킬 수 있으며, 재일동포 사회에서 통일의 축제는 동포 모두를 하나로 통합시키는 기제가 될 것이다. 이와 더불어 재일동포가 한반도와 해외동포 간의 연결고리 역할을 담당하여 통일의 상징으로 부각된다면 조국통일에 기여할 것이라는 인식에서 통일과 문화를 접목시킨 축제를 만들어 냈다.

먼저 실행위원회는 정치성을 배제하고 민족문화와 접목시켜 원코리아페스티벌을 태동시켰다. '원코리아(one korea)'는 민단과 조총련 간 이념적 갈등을 봉합하고, 재일동포 세대 간 불통을 극복하여 동포 사회가 하나가 되는 화합과 통일의 장이라는 의미와 함께 모국의 영토적·체제적 분단을 하나의 통일국가라는 상징성을 갖고 있다.[76] 따라서 통일의 문제를 최정점에 놓고 이를 여타의 미해결 문제들과 연계한다면 대립, 갈등, 분산되어 있는 재일동포들을 변화시킬 수 있으며, 동포들이 직면한 여러 가지 문제를 해결해 나가는 전환점이 될 것으로 인식하였다(朴鐘鳴 1999, 299). 통일의 상징성은 동포들의 만남과 참여를 이끌어 낼 수 있을 것이며, 원코리아페스티벌은 재일동포들의 문화와 전통, 민족정체성, 화합과 교류, 공생 등 민족문화의 향유 및 동포 내부에서 소통의 기제로 작용할 것으로 생각하였다. 원코리아페스티벌에 참여하는 재일동포 모두는 서로 쉽게 만나 화해와 교류, 협력을 통해 하나가 될 것이다.[77] 그러므로 원코리아페스티벌은 비정치적 운동과 문화적 운동을 결합시켜 축제로 승화시키려는 통일운동의 롤모델(role model)이었다. 민족단체 간 이념적 갈등을 봉합하고, 재일동포 세대 간 불통을 극복하여 동포 사회가 하나가 되는 화합과 통일의 장을 제공하려는 취지를 갖고 있다. 재일동포, 한국, 북한, 중국 조선족, 타국의 문화단체 등을 초대해서 음악제 형식과 함께 전시, 음식, 참가행사 등의 프로그램을 운영하고 있는 원코리아페스티벌은 현재 공익재단법인으로 등록되어 있다.

원코리아페스티벌 실행위원회는 2014년 30주년을 맞아 9월에 한국·미국·캐나다 등지에서 현지 한인회 및 단체의 협력을 받아 원코리아페스티벌 축제를 공동으로 개최하였다. 이러한 행사는 일본 오사카를 떠나 타국에서 국적과 국경을 초월한 코리안 네트워크의 구축과 기반을 제공하였다. 뿐만 아니라 오사카에서 개최된 제30회 대회에는 기존에 참가하였던 오사카 조선기무단과 한국의 K- POP이 함께 축하의 무대공연을 했으며, 비록 지방 차원이었지만 조총련의 '재일조선인의학협회' 관서지부, 그리고 민단의 '재일교포의사회'의 관서지부가 원코리아페스티벌에 처음으로 동참하였다. 2015년 제31회 원코리아페스티벌은 제1부 셀리

76) 정갑수와 실행위원회는 1985년 제1회 대회를 준비하면서 재일코리언의 최대 조직인 민단과 조총련에 원코리아페스티벌의 참여와 협력을 요청하였다. 두 조직의 협력과 참여는 분열된 재일동포 사회가 하나로 단결된 모습을 보여주는 상징성을 갖고 있기 때문이며, 또한 실행위원회가 목표로 한 1만 명의 인원은 민단과 조총련의 도움 없이는 달성하기 어렵다(鄭甲寿 2015, 115~116).

77) 정갑수, http://www.korean.net/cms/kboard/common/popupprint.jsp(검색일: 2015.08.10).

브레이션 콘서트, 제2부 원코리아 페스티벌 등 2개로 나누어 진행되었으며, 오사카 조선가무단과 한국의 K-POP이 함께 무대 공연을 펼쳐보였다. 그리고 조총련의 재일조선인의학협회 서일본지부와 민단의 재일교포의사회 관서지부가 함께 원코리아페스티벌에 참석하였다. 이는 민단과 조총련 중앙본부 차원의 교류는 단절되어 있지만, 지방 차원에서 민단과 조총련 본부 혹은 지부의 교류는 계속되고 있다는 사실을 알 수 있다. [그림 4-4]는 2015년 제31회 대회 및 2016년 제32회 원코리아페스티벌의 포스터이다.

한편 2017년까지 33년의 역사를 지닌 원코리아페스티벌의 주제를 시대별로 보면 1985~1989년까지는 남북을 연결하는 파이프로서 재일동포의 통일운동에 초점을 두었다. 그러나 1990년대에는 통일운동, 공생, 원아시아를 강조했으며, 2000년 이후에는 아시아 공동체를 지향하는 주제를 선택하여 축제를 진행하고 있다.[78] 이렇듯 원코리아페스티벌의 주제는 시대적 흐름에 따라 변화하고 있었다. 그 이유는 무엇인가. 원코리아페스티벌은 한반도 및 일본의 상황과 정세에

그림 4-4 원코리아페스티벌 포스터

출처: 공익재단법인 ワンコリアフェスティバル.[79]

78) 2008년 테마는 "HANA X 동아시아의 미래," 2009년 "동아시아 문화공생," 2010년 "피스코리아, 피스 아시아," 2011년 "바다로 이어지는 동아시아의 미래," 2012년 "하나가 되는 동아시아의 연(連)," 2013년 "재일코리안 문화 르네상스로 열린 동아시아의 평화", 2014년 "통일과 아시아 평화," 2015년 "해방 70주년" 등으로 매년 새로운 테마를 선정하여 행사를 진행하고 있다.

79) 공익재단법인 ワンコリアフェスティバル, http://hana.wwonekorea.com(검색일: 2016.12.15).

따라 초기의 통일운동 중심에서 원아시아, 다문화공생, 아시아 공동체 등으로 대회의 주제를 확대시켜 나가고 있었다.

한편 정갑수 위원장과 함께 일본에서 원코리아페스티벌을 주도하였던 김희정씨가 2013년 11월 한국 외교부의 인가를 받은 사단법인 '원코리아(One Korea)'를 서울에서 만들었다. 이 단체는 일본의 원코리아페스티벌과 대표나 조직 구성원 모두 다른 별도의 단체로, 단지 일본의 원코리아페스티벌과 뜻을 같이한다고 표명하였다. 설립 취지로는 전 세계에 분산되어 있는 718만 재외한인 동포들과 함께 코리아의 화합과 코리안의 하나 됨을 위해 노력하며, 문화를 통한 자긍심의 고취, 코리안의 세계시민의식 창출과 평화정신을 기리기 위해서 미국, 일본, 중국 등에 지부를 설치하여 '원코리아온누리페스티벌'을 개최한다.[80] 2013년 11월 서울에서 출범식과 함께 '2013 원코리아 온누리 페스티벌 기념공연,' 2014년 10월에는 'DMZ 원코리아 온누리 페스티벌'을 개최하여 DMZ 견학 프로그램과 함께 시민이 참가하는 릴레이 소원 메시지 적기 운동, 록 페스티벌, 백일장, 사진 콘테스트을 열었다. 광복 70주년을 기념하기 위해 2015년 8월 원코리아 온누리 페스티벌 행사를 개최하여 문화예술단의 공연과 사진전을 가졌다. 또한 2016년 8월에는 한반도의 통일과 세계평화를 위한 '원코리아 평화 대축제'를 한류문화 확산을 주제로 한 포럼, 한류문화를 전파하는 공연 프로그램 형태로 진행하였다(원코리아 2016).

(2) 통일운동의 전개

남북한 정부 및 민단, 조총련으로부터 정치적 중립을 표명하면서 재일동포의 화합, 조국 통일에 대한 기여를 목적으로 통일을 문화와 접목시켜 온 오사카 지역의 대표적 축제로 부상한 원코리아페스티벌의 통일운동을 살펴보겠다.

원코리아페스티벌은 1985년 제1회 대회를 시작으로 2016년 제32회까지 긴 역사를 가진 축제이다. 축제의 초창기 키워드는 '통일'이었다. One Korea(하나)는 조국통일을 염원하기 위해 재일동포 사이의 화해와 교류, 통일을 뜻하는 상징성(Symbolism)이었다(鄭甲寿 2015, 94~95). 따라서 '하나'는 축제에서 한반도 통일을 지향하는 한정적 의미로 사용하였다. 문제는 한반도 통일을 위한 축제로 고착화된다면 참가자는 재일동포로 국한될 수밖에 없으며, 동포만을 위한 축제로 전락할 가능성이 높았다. 이런 이유에서 실행위원회는 원코리아에서 원아시아로 주제

80) 사) 원코리아, http://www.onekoreaorg.com/?act=main(검색일: 2016.01.31).

를 확장했으며, '통일'은 아시아 시민 모두의 한마음을 뜻하였다(지충남 2013a, 171~172). 통일의 상징성은 협의적으로는 조국의 통일이며, 광의적으로는 아시아의 평화와 공동 발전을 위해 하나가 되는 통일의 의미로도 해석이 가능하다.

재일동포는 남북을 왕래하면서 통일의 분위기를 조성하고, 남북한의 극단적 대립을 완화시켜 중립적 입장에서 한반도 평화 통일의 가교 역할을 수행할 수 있다(김성윤 2012, 43). 원코리아페스티벌은 재일동포 사회에서 금기어인 통일문제를 거론했으며, 재일동포들이 염원하는 조국 통일을 축제의 이슈로 부각시켰다. 또한 재일동포 사회의 주축으로 등장하고 있었던 제2세대가 민족에 관심을 가져 후속세대가 통일을 보다 가깝게 느낄 수 있는 환경을 조성하였다(황혜경 2010, 478~479). 이 축제는 남과 북을 경계 짓지 않고 남북의 예술인과 문화인들이 함께 공연하는 것 그 자체가 통일에 대한 바람이었다. 원코리아페스티벌은 재일동포를 포함해 한민족 모두가 문화적으로 하나가 되는 '열린 민족공동체'로서의 통일을 추구하고 있다.

원코리아페스티벌의 통일운동에 대한 기여는 첫째, 통일을 상징적 테마로 다루었다는 점; 둘째, 재일동포 사회에서 거의 금기시 혹은 무관심한 통일 정서의 고양; 셋째, 문화와 축제를 통해 30여년 간 통일운동과 재일동포의 화합을 위한 노력; 넷째, 재일동포들의 민족정체성 확립과 통합에서 한 걸음 더 나아가 남북의 통일과 일본인들과의 공생을 목표로 내세웠음; 다섯째, 문화를 소통방식으로 활용하여 정치에 무관심한 젊은 세대들에게 문화를 도구로 이용하여 정치적 이슈인 통일문제에 관심을 불러일으켰다는 점 등은 긍정적 평가를 받아야 한다(이신철 2015, 312).

문제는 원코리아페스티벌이 제안하고 있는 한반도의 평화적 통일에 대한 비전의 제시이다. 한반도 통일에 대한 재일동포의 파이프 역할은 가능하겠지만, 주최측이 민간단체라는 점을 고려한다면 남북한의 통일정책에 영향을 미칠 가능성이 매우 희박하다. 한반도에서 남북한 관계는 여전히 불통이다. 원코리아페스티벌이 주장하는 원코리아는 실천적이기보다는 단지 선언적·추상적 의미에 가깝다. 그것은 "표면적인 제스처(gesture)일뿐 하나의 허상(虛像)이다"는 일부의 비판도 제기되었다(최길성 2001, 10). 현재까지 총 32회의 원코리아페스티벌이 열렸지만,[81] 통일에 대한 구체적 결과물은 산출되지 않았다. 이는 원코리아페스티벌이 추구하였던 목표의 변화와 관련되어 있다. 즉 초기에는 통일을 위한 축제였지만,

사회주의 국가의 해체와 붕괴는 시민적 자유와 인권, 민주주의를 향한 사람들의 염원이 작용한 결과였다. 그리하여 인류 공통의 가치인 자유와 민주주의, 인권이 보장되는 통일을 지향해야 한다는 인식의 변화는 원코리아페스티벌이 추구하는 목표를 변화하게 만들었다. 시민적 자유와 인권, 민주주의 등 인류의 보편적인 가치가 실현되는 자주적이고 평화로운 통일과 동아시아 공동체 실현을 목표로 원코리아페스티벌은 활동하고 있다.

원코리아페스티벌은 2000년대 중반부터 그 한계가 나타나고 있으며, 주변의 협력 여건 또한 좋지 못한 상태이다. 축제와 통일을 접목시킨 원코리아페스티벌이 통일운동을 추진함에 있어 소수 중심의 운동 참여로 전락했으며, 초기와 달리 현재는 통일운동의 동력 또한 많이 저하되었다. 예컨대, 민단과 '조총련의 비협조'[82] 및 참여의 소극성은 재일동포 사회에서 통일운동을 전개하는데 있어 대중적 확산의 어려움을 나타낸 한 단면이다. 여기에 금강산 총격 사건과 천안함 폭파로 한국정부는 대북제재 수단으로 5·24 조치를 취하였다(황지환 2012, 1374).[83] 남북한 관계의 경색 국면의 조성으로 재외동포재단이 2009년 행사 지원을 중단했다가 2010년부터 재지원하고 있지만, 기존의 지원금 중 상당액을 축소하였다. 또한 장소 및 대회 진행의 직접적 도움을 주고 있는 오사카시에서 보수성향의 하시모토 도루(橋下徹) 시장이 취임하였다. 그 후부터 지금까지 대회장의 무료 사용을 유료로 전환했으며, 지하철역에서의 원코리아페스티벌 행사 포스터의 부착 금지, 행사를 지원하는 오사카시청 직원의 감축 등은 이 축제를 위축시키는 요인으로 작용하였다.

---

81) 제30회 축제는 세계탁구선수권 도쿄대회 이벤트로 남북한 단일팀을 구성한 한국영화 '코리아' 시사회를 가졌으며, 한·중·일 탁구친선경기 개최, 가수와 음악밴드의 공연이 있었다. 이와 함께 도쿄에서 열리는 제52회 세계탁구선수권에 출전한 한국과 북한 그리고 중국, 일본 선수를 응원하기 위해 '하나 응원단'을 조직하였다.

82) 초기 원코리아페스티벌은 남북한의 균형을 맞추는데 중점을 뒀다. 따라서 북한의 인권, 민주주의에 대한 지적을 피해왔다는 비난을 받았다. 또한 이 단체가 추구하는 목표의 변화는 조총련의 입장에서 본다면 불편할 수밖에 없다.

83) 정부는 천안함 침몰을 북한 소행으로 간주하고 2010년 '5·24 조치'를 발표했다. ① 북한 선박의 입출항 금지; ② 개성공단의 확대 불허 및 개성공단을 제외한 남북교역 중단; ③ 방북 및 북한에 대한 신규 투자의 불허; ④ 영유아에 대한 인도적 지원을 제외한 대북 지원의 보류 등을 발표했다.

3. 통일운동의 성과와 한계

1) 성 과

재일한인 사회에서 민단과 조총련 중심의 통일운동의 전개는 제1의 통일운동으로 규정할 수 있다. 민단과 조총련의 통일운동은 모국 지향적이면서 상호 적대적 통일론을 추구하였다. 민단과 조총련이 재일한인 사회의 통일운동의 구심점을 형성하고 있지만, 친한 및 친북 성향에 기인한 단체 활동으로 인해 자율성이 약하다. 또한 재일한인 사회에서 한국과 북한의 통일방안과 정책을 대변하고 지지를 이끌어 내는 홍보 활동의 첨병 역할을 수행하고 있었다.

민단은 반공과 자유민주주의를 중시하면서 한국의 평화통일 및 대북정책에 대해 재일한인을 대상으로 홍보와 지지를 펼치고 있었다. 한반도 통일과 관련하여 민단은 2개 기구를 중심으로 통일운동을 전개하였다. 한국의 헌법기관인 '민주평화통일자문회의'의 일본지역협의회와 민단 내부의 '평화통일추진위원회'이다. 반면에 조총련 또한 사회주의를 고수하면서 북한이 주장하고 있는 '낮은 단계의 연방제'와 북한의 통일정책을 대변하고 있다. 이렇듯 재일동포 사회에서 민단과 조총련을 중심으로 한 통일운동의 전개는 남북한 대결구도의 축소판 내지 대리전의 양상을 보여 주었으며, 조국 지향적 그리고 모국 정부의 통제를 받는 통일운동이었다. 민단과 조총련 모두는 상대방의 통일운동을 비난하면서 민단은 조총련에게 한국의 통일방안의 수용을, 그리고 조총련은 민단에게 북한의 통일방안의 수용을 일방적으로 요구하고 있는 실정이다.

민단과 조총련은 본국의 통일정책을 활용하여 재일한인 사회에서 지지 세력의 결집, 회원들의 단체 및 본국에 대한 충성심 유발, 통일문제의 주도권 획득을 위한 대외 홍보용 제안의 난발, 상대방에 대한 책임전가로 인한 회합의 무산, 한국과 북한의 통일정책을 각각 지지하는 특정의 해외동포와의 연대 강화, 남북한 관계가 좋으면 민단과 조총련은 회합과 교류에 노력했지만, 이와 반대일 경우 무감각하였다. 예컨대, 김대중과 노무현 정권에서 민단과 조총련의 교류와 만남이 잦았으며, 상호 한반도 통일문제에 대한 많은 논의가 있었다. 그러나 이명박과 박근혜 정권 하에서는 그러지 못하였다.

민단과 조총련은 남한과 북한의 영향력 하에서 단체 활동을 전개하고 있다.

특히 이념과 관계되는 문제에 대해서는 거의 자율성을 갖지 못했으며, 위에서 언급했듯이 모국의 남북한 관계에 따라 두 단체 간 만남과 단절을 반복하였다. 통일문제 또한 예외일 수 없었다. 그렇지만 재일한인 사회에서 한반도 통일문제를 선도하고 있는 민단과 조총련의 통일의지가 단절된 것은 아니었다. 민단과 조총련은 각각 자체 통일운동을 전개하고 있었으며, 이념적 동질성을 기반으로 다양한 단체와 연대를 형성하여 한반도 통일의 해법, 재일한인의 기여와 역할 등을 모색하고 있었다. 즉 한반도 통일의지를 상실하지 않았다는 점에서 희망을 찾을 수 있었다. 문제는 민단과 조총련이 추구하는 통일의지를 현실에서 어떻게 실천과 행동으로 연계시킬 수 있느냐하는 미해결의 과제가 잔존하고 있다.

중립화통일론의 등장은 제2의 통일운동의 출발이었다. 1945년 한반도 분단과 3년 후 남북한 정권의 수립, 그리고 1950년 한국전쟁의 발발로 많은 인명과 경제적 손실, 휴전협정의 진행 등 한반도를 둘러싼 복잡다단한 상황 속에서 중립화통일론이 제기되었다. 김삼규는 한반도에서 좌우의 이념적 대립을 타파하는 평화체제의 모색, 그리고 재일한인 사회의 분열과 대립의 봉합을 위해 중립화통일론을 구상하였다. 그는 민단과 조총련의 분열을 비롯하여 한반도 분단의 근본 원인을 외세의 한반도 문제 개입에서 찾고 있다. 따라서 외세 개입의 원천적 차단, 한반도 분단의 해소와 재통일, 재일한인 사회의 대립 해소를 위한 방안으로 스위스와 오스트리아 모델을 한반도에 적용하는 중립화통일론을 주장하였다. 중립화통일론은 한반도에 이해관계를 갖고 있는 주변 4강의 국제적 합의 도출로 한반도에 완충지대를 구축한다면 남북한 및 아시아 평화에 기여하는 방안이다.

중립화통일론에 내포된 장점에도 불구하고 남북한 정권은 오직 자기들이 주장한 자유민주주의 혹은 사회주의라는 단일 이념을 토대로 한반도 통일에 집착한 관계로 중립화통일을 결코 수용하지 않으면서 통일 이단론으로 배척하였다. 남북한 정권의 관점에서 보면, 중립화통일을 위한 많은 국제적·국내적 난관의 해소 어려움, 통일의 동반자가 아닌 흡수통일의 상대자, 통일과정에서 현 정권의 배척 등은 중립화통일론을 수용할 수 없는 요인이었다. 모국 정권의 중립화통일론에 대한 배척은 민단과 조총련 모두에게 수용 불가라는 영향을 주었다. 그리고 민단과 조총련은 한반도 통일문제가 재일한인을 결집시키는 중요한 변수였다는 점에서 한국의 망명객이 제기한 중립화통일론에 통일문제의 주도권을 빼앗길 수 없는 입장이었다.

재일한인 사회에서 중립화통일론이 제기되었지만, 이는 기본적으로 국가주의 통일론이었다. 중립화통일론은 남북한의 정부 대표가 참여하는 UN이나 국제회담을 통해서 중립화 보장을 받거나 남북한의 정부 간 협상 혹은 남북한 정부 간에 구성되는 위원회를 통해 법을 제정하는 내용을 담고 있다는 점에서 국가주의 통일론으로 평가할 수 있다(조대엽 2012, 250). 한편 모국 정부의 배척과 민단과 조총련의 견제 등으로 큰 반향을 불러일으키지는 못한 중립화통일론은 4·19 혁명 이후, 통일문제에 대한 자유스러운 담론의 형성과정에서 남한의 혁신계 및 대학생들의 통일운동에 영향을 주었다. 중립화통일론은 타협과 인정을 통한 점진적 차원에서 통일 방향의 제시, 재일한인 사회 및 남한에서 새로운 통일 논의의 확산, 남북한 정권이 주장한 기존 통일론의 허구성 비판 등에서 중요한 기여를 하였다.

제3의 통일운동은 남북한 정부와 연계된 민단과 조총련의 통일운동에 반대 혹은 비판하면서 중립적 입장 혹은 친북성향을 보이는 한통련과 원코리아페스티벌의 통일운동의 추진이다. 즉 남북한 정부의 통일정책에 종속되지 않으면서 민단과 조총련의 통일운동을 제외한 개인 및 특정 단체가 재일동포 사회에서 전개하였던 통일 관련 주장이나 활동을 의미한다.

제3의 민족통일운동은 민단과 조총련의 일방적인 친한과 친북 성향, 지속적인 반목과 주도권 경쟁을 재일동포 사회의 통합과 한반도 통일의 장애로 인식하면서 이 두 단체를 초월한 통일운동의 추진이 발현 배경이었다. 이들의 통일운동은 재일동포 사회의 민족단체 간 이념적 대립과 분열을 불식시키고, 공존의 장을 형성하여 화해와 협력, 교류, 전쟁 반대, 평화통일의 추구 등으로 한반도의 통일을 주장하였다. 축제나 문화제의 개최, 해외동포와의 연계 등 다양한 방법으로 통일을 추구하였다는 점에서 기존의 민단이나 조총련의 통일운동과 달랐다(지충남 2013c, 122). 한민통과 그의 후신인 한통련의 통일운동, 한반도 통일이라는 정치적 쟁점을 비정치 운동과 문화적 운동으로 결합한 원코리아페스티벌 등의 민족통일운동 사례는 남북한 정부 및 민단, 조총련의 통일운동과는 다른 주의나 방식으로 평가할 수 있다.

한통련의 전신인 한민통은 민단의 주도세력에 반대하는 민주화 세력과 김대중의 참여로 결성되었다. 물론 김대중이 박정희 정권에 의해 도쿄에서 납치되었던 관계로 직접적 참여는 불가능했지만, 어쨌든 한국의 민주화와 통일을 목표로 결성되었다. 따라서 한민통은 한국정부에 대해 비판적일 수밖에 없는 구조에서 단체 활동을 전개했으며, 현재에도 한민통의 후신인 한통련의 통일운동은 자주와 민족대단결을 강조하면서 통일의 장애물로 외세의 배격을 주장하고 있다. 이러한 단체 활동은 북한 및 조총련 그리고 한국정부의 통일정책을 비판하는 단체들과의 연대에서 공감대를 형성하는 중요한 요인이었다.

한통련 통일운동의 성과를 보면 첫째, 43년이라는 통일운동의 지속성이다. 재일한인들의 한반도 통일에 관한 무관심에도 불구하고 한통련은 통일대회와 통일마당을 개최하였다. 한통련의 지속적인 한반도 통일운동의 전개는 동포들의 통일의식과 관심을 고취시켜 주었다. 둘째, 연대를 통한 통일운동의 활성화이다. 해외에서 한반도 통일운동을 펼치고 있는 재외한인과 단체들의 경우, 동포들의 무관심으로 인해 통일운동의 정체와 함께 추진 과정에서 많은 어려움을 겪고 있다. 한통련은 일본을 비롯하여 다른 국가에서 재외한인들의 한반도 통일운동의 활성화를 위한 대안으로 통일연대를 모색하였다. 한국과 해외의 민주화 세력과 함께 통일연대를 추진한 한통련의 통일운동은 재일한인들을 비롯하여 재외동포들의 통일운동에 대한 관심을 촉발시켰으며, 그 결과 통일연대를 구축하여 운동의 활성화에 기여하였다.

민단과 조총련의 대결 구도가 고착화된 상황에서 1980년대 중반, 새로운 통일운동을 주창하는 재일한인 세대가 등장하였다. 오사카를 중심으로 남북한 정부에 대한 정치적 중립을 표명하면서 민단과 조총련의 일방적 통일운동의 주도를 반대, 재일동포의 화합, 조국 통일에 대한 기여를 목적으로 정치적 성격이 강한 '통일'을 '문화'와 접목시켜 축제 형태로써 원코리아페스티벌을 개최하였다. 초기의 원코리아페스티벌은 남과 북을 연결하는 파이프로서의 역할에 통일운동 전개의 역점을 두었다.

재일한인 사회에서 발생하였던 통일운동의 특징 및 성과를 보면, 첫째, 이념적 성향에서 민단은 친한국과 우파, 조총련과 한통련은 친북한과 좌파, 중립화통일론은 중도, 원코리아페스티벌은 남북한으로부터의 정치적 중립이라는 차이를 보이고 있다. 둘째, 민단과 조총련 중심의 기존 통일운동에 대해 중립화통일론은 한반도 통일의 장애로 등장하는 주변 4강이라는 외세의 배격 및 이들의 합의에 의한 한반도 중립화, 남북한의 일방적 체제통일론에 대한 비판, 재일한인 사회보다는 남한 사회에 통일 담론의 형성에 영향을 미쳤다. 한통련은 민단을 비판하면서 통일운동의 축제인 '통일마당'의 개최와 재외동포 통일단체와 연대를 통해 한반도 통일문제의 확산에 기여하였다. 반면에 원코리아페스티벌은 이념에서 탈피하여 축제나 문화제의 개최, 해외동포와의 연계 등 다양한 방식으로 통일운동의 외연을 확장시켰다. 셋째, 매년 8천에서 1만 명에 이르는 재일동포의 일본 국적 취득은 우리 한민족의 자산 손실이며 또한 통일 동력의 상실로 나타난다. 그러나 이들의 지속적인 한반도 통일운동은 재일한인들의 민족정체성을 고취시키면서 통일동력의 상실을 부분적으로 만회시켜 주고 있었다.

넷째, 한반도 통일을 사회통합의 한 형태로 본다면 국가와 시민사회의 강제적 또는 자율적 사회통합의 원리는 <표 4-2>처럼 국가주의 통일론과 시민사회통일론의 일정한 준거가 될 수 있다. 이런 점에서 재일한인 사회에서 전개되었던 제1~3 통일운동은 국가주의 통일론과 시민사회통일론이라는 차이를 보였다. 민단, 조총련, 중립화통일론, 한통련은 한반도 통일을 추진하는 주체로 국가권력을 상정하고 있으며, 남북한 정부의 국가권력에 의해 통제되는 국가주의 통일론

표 4-2 국가주의 통일론과 시민사회통일론 비교

	국가주의 통일론	시민사회통일론
역사 국면	분단·국가주의 역사 국면	탈냉전·시장주의 역사 국면
운동 주기	민족민주운동의 주기	시민사회운동의 주기
분단 인식	불완전한 민족국가	불안정한 시민사회(삶의 불안정성)
정체성	냉전적 민족정체성 (진보민족주의와 보수민족주의)	탈냉전적 시민정체성 (시민민족주의, 지구적 공공성)
제도 수단	국가정책과 국가동원	시민사회단체, NGO의 자발적 참여
비제도 수단	급진적 민족민주운동	급진적 평화운동
이념 및 가치	반공주의(자유주의)/사회주의	평화, 인권, 환경, 여성 등 다원적 가치(민족+지구적 가치)
정치 과정	대결과 이념의 정치	화해와 차이의 정치
통일 위상	목표 지향적(국가통합)	과정 지향적(국가통합의 과정)
통일 조건	한계적 상황	일상적 상황

출처: 조대엽(2012, 252).

을 추구하여 시민사회에 대한 배제를 특징으로 하고 있다. 특히 한통련은 연방제 통일방안을 지향하면서 그 여건을 마련하기 위해 주한미군 철수, 비핵화, 국가보안법 폐지, 자주통일을 위한 연대를 실행하고 있다는 점에서 국가주의 통일론의 범주를 벗어나지 않고 있다(조대엽 2012, 250).

반면에 시민사회통일론은 탈냉전과 지구적 시장주의 경향을 기반으로 민주화에 따른 시민사회의 성장과 함께 등장하였다. 이 운동은 남북경협, 사회문화 교류와 같은 시민사회와 시장영역의 자율적 성장에 기반하여 통일 지향적 운동을 추진하였다(조대엽 2012, 251). 제3의 통일운동 중 원코리아페스티벌은 전형적인 시민사회통일론에 해당한다. 추진 주체는 NGO로 분류된 공익법인 성격을 띤 원코리아페스티벌 실행위원회이며, 오사카의 일본인과 한국인을 포함한 외국인들의 자발적 참여로 축제가 진행되고 있다. 그리고 한반도 평화와 통일을 위해 재일한인 간 대립과 분열을 극복하고 화해와 협력을 추구하는 원코리아를 지향하고 있다.

다섯째, 단체 중심의 통일운동 전개는 재일동포들의 한반도 통일의지의 강화, 남북한 간의 파이프 역할의 수행을 강화할 수 있었다.

여섯째, 일본 내에서 재일한인 단체의 모국 통일에 대한 우호적인 여론 형성을 위한 메신저 역할은 재일동포의 역량을 강화하고, 적극적·능동적 참여를 유인하는 활동의 토대가 될 수 있다.

일곱째, 재일동포의 한반도 통일에 대한 우호적인 여론 형성은 일본 사회에서 한반도 평화통일의 긍정적 요인으로 작용하였다.

마지막으로 재일한인의 통일운동은 미래의 한반도 통일준비에 대한 기여 및 역할의 확산이라는 파급효과를 창출할 수 있을 것이다.

2) 한 계

민단 조직의 혼란을 조종하였던 조총련과 민단의 갈등, 육영수 여사 저격사건, 북한의 지속적인 남침야욕 등에 대해 민단은 한반도의 평화를 위해서는 조총련을 분쇄시켜야 한다는 논리로 조직을 유지해 왔다. 이러한 민단의 관점은 조총련과 한반도의 통일을 위해서 화합할 명분이나 이유가 없다는 강한 보수적 인식이 내포되어 있다. 물론 조총련도 민단에 대해 동일한 입장이다.

재일동포 사회의 통일운동을 이끌고 있는 민단과 조총련은 각기 남북한 정부가 공인하고 있는 한인회이자 생활자 단체라는 특성을 갖고 있다. 양 단체는 남북한 정부의 통일정책이나 방안의 지지와 홍보를 수행하고 있다는 점에서 지지하는 모국과 강한연대를 형성하고 있다. 따라서 남북한 정부와는 별개의 독자적 통일정책을 제시할 수 없는 환경 구조이다. 이러한 구조 하에서 이념과 사상을 초월하여 민단과 조총련 또는 민단계 동포와 조총련계 동포가 하나가 된다는 것은 막연한 이야기일 수도 있다. 한국의 국시인 자유민주주의를 지지하고 준수하는 것이 민단의 정체성이다. 반면에 조총련도 북한의 통일정책을 지지하는 공민단체이다. 재일동포를 대표하는 두 단체가 서로 다른 체제를 지지하는 상황에서 이념과 사상을 떠나 '한반도 통일'을 위한 교류와 단합을 이루어 낸다는 것은 결코 쉽지 않은 혹은 불가능한 과제일 수도 있다.

민단과 조총련의 화합이 어려운 이유로는 첫째, 민단과 조총련이 변하지 않고 있다는 점, 즉 조총련은 여전히 민단을 대화의 상대가 아닌 포섭의 대상, 붕괴시켜야 하는 조직으로 간주하고 있다. 이는 민단도 마찬가지이다. 둘째, 일본 내의 반북 여론이다. 북한의 일본인 납치, 핵미사일 개발과 실험은 일본 사회에서 북한의 하수인 역할을 하는 조총련에 대한 부정적 인식의 출발점이었다(남근우 외 2010, 27). 민단이 조총련과 교류협력을 진행하면 일본 사회는 민단과 조총련을 동일 존재로 보면서 민단계 동포들과 그 후손들의 생활에 장애와 어려움을 예상할 수 있다. 따라서 먼저 북·일관계가 회복되어야 민단과 조총련의 원활한 교류도 가능할 것이다. 셋째, 본국 정부의 존립은 재일동포 사회에서 민단과 조총련이 존재하는 기반이다. 이러한 상황에서 두 단체가 각각 남북한 정부의 이념과 지지를 포기한다면, 조직 기반의 붕괴와 함께 존재의 근거를 상실함으로써 단체 존립의 필요성이 없어져 버린다.

재일한인 사회에서 민단과 조총련은 한국과 북한을 절대적으로 지지하는 단체의 특성상 남북한 관계의 변수에 영향을 많이 받는다. 민단과 조총련의 화해나 대립은 본국의 상황 변화의 영향을 받은 결과물이지 재일한인 사회 저변으로부터 변화와 요청에 따른 것은 아니었다. 그리하여 남북한의 또 다른 상황 변화와 내부의 반발이 충돌하면 쉽게 무너지고 만다는 점을 잘 알 수 있다(조세영 2015, 21). 대표적인 사례는 2006년 5월 민단의 하병옥 단장과 조총련 서만술 의장의 합의문이 민단 내부에서 보수 세력의 반발로 무산되었다. 이러한 상황에서 재일한인들의 한반도 통일에 대한 일치된 입장과 관점을 주장할 수는 없다. 왜냐하면 민단과 조총련은 본국 정부의 정책에 비탄력적이기 때문이다. 즉 남북한 정부보다 전향적인 자세나 실천을 할 수 없다는 원천적 제약을 갖고 있는 단체이다. 재일한인 사회의 분열과 대립이 극복되어 상호간 화해와 협력의 모습이 조성될 때, 비로소 남북한의 이념적 대립을 넘어 한반도 통일의 긍정적 역할을 기대할 수 있을 것이다.

한편 민단과 조총련의 통일운동은 이념적 성향을 중심으로 남북한에 대한 일방적 지지와 홍보를 위한 통일운동이었다. 그리하여 민단과 조총련이 주도한 통일운동이 동포사회에서 갈등이나 대립, 분열의 기제로 작용한 반면 통합의 기제로는 미흡하였다. 더불어서 이들 단체의 통일운동은 친한 혹은 친북 성향의 재일동포 위주로 전개됨에 따라 재일동포 모두를 포함하는 대중적 확산의 한계를 표출하였다. 재일동포들의 통일운동의 한계점 노출은 일본에서 민족통일운동의 정체, 동포들 간 이념적 대립과 분열의 존속 및 공감대 형성의 실패, 통일에 대한 무관심, 소수자의 참여라는 결과를 산출하였다.

1950~1960년대까지 김삼규, 이영근 등이 중립화통일론을 제안하였다. 재일한인 사회의 통일운동의 중심축인 민단과 조총련은 이들의 중립화통일론에 대한 한반도 적용 가능성을 검토하지 않은 채 소수 개인의 의견으로 치부하였다. 물론 민단과 조총련의 이 같은 행동은 근본적으로 남북한 정권의 영향을 받고 있는 상황, 특히 국가 존립이라는 이념과 직접 관계되어 있는 통일방안은 절대적으로 각각의 모국 정권이 표명하는 통일론을 수렴하고 지지하는 구조이기 때문에 민단과 조총련은 중립화통일론을 배척할 수밖에 없다. 이런 이유로 중립화통일론이 민단과 조총련의 지지를 받지 못한다면, 재일한인 사회에서 이 논의는 소수 의견에 불과하며 결과적으로 한인들의 대중성을 확보하기가 어렵다.

앞에서 언급했듯이 중립화통일론은 통일의 추진과정에서 남북한 정권의 실체와 역할을 부인하고 있으며, 한반도 통일문제를 주변 4강과 연관시켜 국제문제로 규정하였다. 그리고 통일문제를 추진하는 과정에서 지나친 외세, UN에 대한 의존과 역할을 과대 평가하는 오류를 범하였다는 점에서 일정한 한계를 보여 주었다.

재일한인 사회에서 한국정부와 민단의 통일운동을 방해하는 또 다른 단체는 한통련이다. 한통련은 한반도 통일과 관련하여 외세의 배격, 북한의 통일정책 동조, 주한미군 철수, 한국의 국가보안법 철폐와 반통일정책을 비판하면서 자주적·

민족적 통일을 주장하고 있다. 이러한 한통련의 활동에 대해 한국정부는 이적단체로 규정하고 있으며, 민단 또한 재일한인 사회에서 한통련을 배척하고 있다. 한통련 통일운동의 한계로는 첫째, 이념 탈피의 실패이다. 한통련은 1980년대 후반부터 자주·민주·평화·통일을 기반으로 민주화는 통일의 전제조건이라는 관점에서 선 민주, 후 통일 방식을 채택하였다. 그러나 한통련의 친북한 성향의 통일운동은 민단과 우익의 재일한인들로부터 배척받았으며, 민단 집행부는 한통련이 반국가단체라는 점에서 통일운동을 함께할 수 없다는 입장을 고수하고 있다. 따라서 한통련이 추진한 통일운동은 재일한인 사회에서 이념의 벽을 극복하지 못하면서 대중성 확보에 실패하였다. 둘째, 한민통 활동에서 강령과 실천운동 간 괴리이다. 한통련은 한국의 민주화 문제만 지적하면서 북한 인권, 3대 세습, 정치범 수용소 등 북한의 민주화 문제는 전혀 거론하고 있지 않다. 또한 북한의 핵개발에 대해 자위권이라는 명분을 주면서 핵실험 유발을 미국에 전가하고 있다. 북한의 핵실험을 용인하는 한통련의 입장은 한반도 비핵지대화를 추구하는 그들의 강령과 모순되고 있다.

원코리아페스티벌은 생활중심의 통일운동을 실행하여 재일동포 사회에 새로운 통일운동을 선보였다. 그러나 일회성 및 이벤트성 행사, 초기의 통일 중심에서 동아시아 공동체 실현과 다문화공생이라는 목표의 수정은 재일동포에게 있어 통일의 화두보다는 즐기는 축제로 변질되었다는 느낌을 주었다. 원코리아페스티벌의 초기에는 많은 동포들이 이 축제에 참여했지만, 해마다 참여 수가 감소하고 있는 것으로 나타났다. 2016년 11월 6일 개최되었던 제32회 원코리아페스티벌의 경우에도 프로그램에 큰 변화를 주지 못하여 제31회 대회와 유사했으며, 또한 후원기관의 감소로 인해 축제의 규모도 축소되었다.[84] 그리고 민단과 조총련 중심의 기존 통일운동과 부분적으로 마찰을 빚고 있다는 점에서 원코리아페스티벌의 통일운동 또한 대중적 확산에 미흡하였다는 평가를 내릴 수 있다.

<표 4-3>에 민단과 조총련의 제1 통일운동, 제2 통일운동은 중립화통일론, 한통련과 원코리아페스티벌은 제3 통일운동이었다. 재일한인 사회에서 일어났던 제1~3의 통일운동의 성과와 한계를 비교하였다. 한반도 통일을 위한 재일동포 단체 및 개인들의 노력에도 불구하고 재일동포 사회는 이념적으로 친한과

---

84) 원코리아페스티벌, "ワンコリアフェスティバル2016開催のお知らせ," http://hana.wwonekorea.com (검색일: 2016.12.05).

표 4-3 제1~3 통일운동의 성과와 한계

	성 격	모국성향	특징 및 성과	한 계
민단	• 한인회 • 한국 공인단체	• 친한국	• 한국 통일정책 홍보와 지지를 통한 세력 결집 • 단원의 통일의지 고취 • 통일준비에 기여 • 운동의 주도권 확보 • 국가주의 통일론	• 타 단체의 통일운동 무관심 • 동포 전체로의 확산 미흡 • 활동의 제약과 자율성 미흡 • 통합의 기제 역할 못함
조총련	• 한인회 • 북한 공민단체	• 친북한	• 북한 통일정책 홍보와 지지를 통한 세력 결집 • 회원의 통일의지 고취 • 통일준비에 기여 • 친북동포와 연대 강화 • 국가주의 통일론	• 타 단체의 통일운동 배척 • 동포 전체로의 확산 미흡 • 활동의 제약과 자율성 미흡 • 통합의 기제 역할 못함
중립화 통일론	• 통일운동	• 중립	• 한반도의 지정학적 특수성, 외세의 영향력 배제의 평화통일 방안 • 남북한 정권의 통일론 허구성 비판 • 남한의 혁신계 통일운동에 영향을 줌 • 국가주의 통일론 • 자율성 확보	• 남북한 정권 및 민단·조총련의 배척에 따른 대중성 확보 미흡 • 남북한 정권의 역할 축소 • 이상주의적 통일론 제시 • 통일문제의 한국화 간과
한통련	• 통일운동 • 시민사회단체	• 친북한	• 연방제 통일방안 지지 • 통일마당의 개최 • 남북한, 재외동포와 연대를 통한 통일운동 • 통일문제의 확산에 기여 • 국가주의 통일론 • 자율성 확보	• 친북성향의 통일운동 • 진보성향의 소수자 참여 • 민단의 한통련 배척 • 통합의 기제 역할 못함
원코리아 페스티벌	• 공익재단법인 • 시민사회단체	• 중립	• 통일과 축제의 접목 • 통일운동의 외연 확산 • 자이니치 통일의식 함양 • 생활중심의 통일운동 전개 • 시민사회 통일론 • 자율성 확보	• 선언적 통일운동 치중 • 대중적 확산 미흡 • 민단과 조총련 견제 • 민간단체의 제한적 활동

친북 그리고 중립적 성향의 단체와 개인으로 나누어져 있지만, 한반도의 평화통일에 대해서는 일정한 공감대 및 역할 수행에 동의하고 있다. 문제는 남북한 관계 및 이념에 의한 정치적 영향이 재일동포 사회와 단체에 그대로 투영되고 있다는 점이다.

재일한인 사회에서 통일운동을 전개하고 있는 개인 및 단체의 역할은 극히 제한되어 있다. 예컨대, 재일동포는 모국의 분단으로 인해 숙명적으로 두 개의 조국을 가진 사람들이다. 이들이 한반도 통일과 관련하여 어느 한쪽에 이념적으로 지나친 편향을 보인다면 참된 통일운동을 지속할 수 없을 뿐만 아니라 광범위한 동포사회의 지지도 받을 수 없다는 점을 인식해야 한다.

이와 더불어서 단체 대 단체, 단체 대 개인 등 현재의 불신을 통일 기제와 접목시켜 신뢰 관계를 재형성하는 것이 재일한인 개인과 단체의 한반도 평화통일에 대한 중요한 기여가 될 것이다. 이를 위해서는 한반도 통일을 준비한다는 측면에서 먼저 통일의지의 고취가 필요하다. 통일방안이나 체제에 대한 논의는 그 다음 순서이다. 또한 비정치 분야에서 단체 간 지속적인 교류를 통해 신뢰를 쌓아간다면 통일을 위한 첫걸음이 될 것이다.

제 5 장

재일한인의 통일 인식

1. 설문조사의 개요
2. 일반적 특성
3. 민족정체성
4. 한반도 통일
5. 민족정체성과 통일 인식의 상관성 및 영향력
6. 일본 내 통일운동
7. 통일운동 활성화
8. 소결론

성장한 상공업 중심의 도시이다. 또한 도쿄와 오사카는 일본에서 한류문화의 발신지 역할을 수행한 대도시이다. 도쿄는 114,462명, 오사카에는 118,396명의 재일

표 5-1 조사대상자의 일반적 특성

변인		빈도(명)	비율(%)
성별	남성	117	55.5
	여성	94	44.5
국적	한국국적	168	79.6
	조선국적	23	10.9
	일본국적	20	9.5
	기타	0	0.0
연령대	20대	20	9.5
	30대	40	19.0
	40대	47	22.3
	50대	62	29.4
	60대 이상	42	19.8
거주기간	10년 이하	31	14.8
	11－20년	32	15.1
	21－30년	27	12.9
	31－40년	21	9.8
	41－50년	38	18.1
	51년 이상	62	29.3
세대	1세대	5	2.4
	2세대	37	17.4
	3세대	87	41.2
	4세대	5	2.4
	한국출신	77	36.6
출생	일본	131	62.0
	한국	80	38.0
직업	농축수산업	6	2.8
	소자본 자영업	34	16.2
	중소기업 경영	17	8.1
	판매/서비스직	42	20.0
	기능/숙련공	4	1.9
	일반 노동직	24	11.4
	사무/기술직	24	11.4
	경영/관리직	9	4.3
	전문/자유직	8	3.8
	가정주부	30	14.0
	기타	13	6.1
소득수준	200만엔 미만	18	8.5
	200 이상~300 미만	38	18.1
	300 이상~400 미만	56	26.5
	400 이상~500 미만	50	23.6
	500 이상~600 미만	23	10.9
	600만엔 이상	26	12.4
교육	초등졸	3	1.4
	중등졸	10	4.7
	고등졸	70	33.0
	전문대학졸	41	19.5
	대학교졸	73	34.7
	대학원졸	14	6.7

한인들이 거주하고 있다.[1] 재일한인 중 도쿄에는 뉴커머가 많이 거주하고 있으며, 신오쿠보(新大久保)에 코리아타운이 조성되어 있다. 반면에 오사카의 경우, 일제 강점기에 부산과 시모노세키(下關) 간 관부연락선과 근거리, 제주와 오사카를 왕래하는 기미가요마루(君代丸)의 일본 항구로서 교통 요충지 역할을 했으며, 제주도민의 유입이 많았다(지충남 2015, 73).[2] 올드커머가 다수 거주하고 있는 오사카 이쿠노구(生野區)에 코리아타운이 있다. 한편, 도쿄에는 민단, 조총련, 한통련의 중앙본부가 위치하고 있으며, 오사카에는 원코리아페스티벌 실행위원회 및 민단과 조총련의 오사카 지방본부가 있다.

총 211명 가운데 남성 117명(55.5%), 여성 94명(44.5%)으로 성별에서 남성의 비율이 높았다. 재일한인의 국적을 보면 한국적, 조선적, 귀화 등 3개로 구분된다. 응답자 중 한국 국적을 가지고 있는 빈도는 10명 중 8명으로 나타났으며, 조선국적과 일본국적 보유자는 각각 10명 가운데 1명이었다. 무국적자인 조선국적자의 경우 1945년 해방 이후에 일본에 체류한 거주자 및 그들의 후손으로 일본정부가 재일한인들에게 부여한 외국인 등록 상의 명칭이다. 1952년 발효된 샌프란시스코 평화조약의 체결 이후, 재일한인은 무국적자가 되었다. 그러나 1965년 한일협정의 체결로 한국적을 선택한 동포들은 새로운 국적을 취득했지만, 국적을 신청하지 않은 동포들은 무국적자로 남았다. 일본 정부는 1990년 한국정부와 협의하여 재일동포 3세와 조선적 동포에게 '특별영주권'을 부여하였다. 2015년 기준 전체 재일한인 가운데 조선적 보유자는 33,900명(7%)으로 알려졌다.[3] 재일한인 중 조선적은 북한계인 조총련과 관련된 동포, 그리고 남북한이 아닌 한반도 통일국가의 국민이 되고 싶다는 이유로 무국적으로 남은 동포로 구분할 수 있다. 재일한인 조선적 국적자들은 김대중·노무현 정부 시절에는 여행증명서를 발급받아 한국을 방문할 수 있있지만, 이명바 정부의 등장 이후 여행증명서 발급이 까다로

1) 일본 법무성(法務省) 2015 재류외국인통계(在留外国人統計)의 도도부현별재류외국인수(都道府県別 在留外国人数)에 따르면 도쿄도의 한국인 국적자 비율은 19.3%, 오사카부는 50.6%로 나타났다. http://www.moj.go.jp/content/001212973.pdf(검색일: 2017.04.20).

2) 1934년 재일제주인은 남자 29,360명, 여자 20,685명 등 총 50,045명, 1993년 한국과 조선적 재일제주인은 117,513명, 귀화자 3만 명 등 약 15만 명으로 추산된다. 재일재주인은 도쿄를 중심으로 관동지방과 오사카 중심의 관서지역에 90%가 거주하였다. 디지털제주시문화대전, "재일제주인," http://jeju.grandculture.net/Contents?local=jeju&dataType=01&contents_id=GC00711476(검색일: 207.11.13).

3) 시사저널, "한일 양국에서 이방인 취급바든 '조선적' 재일동포들," http://www.sisapress.com/journal/article/170923(검색일: 2017.08.18.).

워 신청자가 급격히 감소하였다.

5개 연령대의 경우 50대는 62명(29.4%)으로 가장 빈도가 높았으며, 차순위로는 40대 22.3%, 60대 이상 19.8%, 30대 19% 순이었다. 60대 이상 가운데 1930~1939년 사이의 연령대 8명, 1940~1949년생 또한 11명이었다. 거주기간을 보면 51년 이상 거주자는 62명(29.3%)로 응답자 10명 가운데 3명의 빈도를 보이고 있으며, 41~50년 사이에 38명(18.1%), 11~20년 거주자는 32명(15.21%), 21~30년 거주자는 27명(12.9%), 10년 이하 거주자는 31명(14.8%)으로 이들의 경우 다수가 한국에서 태어나 일본으로 건너간 뉴커머 범주에 속한다. 출생지역은 한국보다는 일본 출생자의 비율이 높게 나타났다. 일본 출생자는 131명(62%)인 반면에 한국 출생자는 80명(38%)이다. 세대와 관련된 항목에서 한국출신은 77명, 출생지 한국인은 80명으로 3명의 차이를 보였다. 이는 해방 이후 청년기에 일본으로 단독 이주한 응답자 본인이 그 자신을 재일동포 1세대로 표기하였기 때문이다.

11개 항목으로 분류한 직업을 보면 판매/서비스직 종사자 42명(20%), 소자본 자영업 종사자 34명(16.2%), 가정주부 30명(14%) 순으로 나타났는데 오사카에서 60대 이상 연령대 및 전업주부 여성이 많은 것에서 기인하고 있다. 최저빈도는 농축수산업으로 6명(2.8%)이었다. 소득수준의 경우, 300만엔 이상~400만엔 미만이 56명(26.5%)으로 가장 높았으며, 그 다음으로는 400만엔 이상~500만엔 미만이 50명(23.6%), 200만엔 이상부터 300만엔 미만은 38명(18.1%) 순으로 나왔다. 교육수준은 대졸 73명(34.7%), 고졸 70명(33.%), 전문대학졸 41명(19.5%) 순으로 나타났으며, 비율 6.1%는 중졸 미만으로 결국 고졸 이상자는 10명 중 9명 이상이었으며, 재일한인 10명 가운데 약 6명(60.9%) 정도는 전문대학교 이상의 졸업 학력을 보유하고 있다.

3. 민족정체성

한민족의 유전적·문화적 특징, 주변 민족과의 차이점과 공통점, 어떤 역사를 갖고 있는가? 민족의식과 공동체 의식은 어떻게 발전해 왔는가? 남북한의 분단과 함께 국제이주가 증대되고 있는 상황에서 민족정체성이 어떻게 변화하고 있는가? 등을 규명하는 문제는 민족정체성과 관련되어 있다. 특히 민족주의가 공동체의 불가피한 생존전략과 연계되면서 민족정체성 연구가 중요해졌다. 한반도 통일의 가능성과 당위성의 근거는 같은 민족이라는 공동의 정체성에서 출발한다. 민족정체성이 민족통일, 공동체 통합, 민족의 전통문화 유지, 모국과의 관계 등과 관계되어 있다는 점에서 연구의 중요성을 알 수 있다(정영훈 2010, 1~2).[4]

민족정체성은 같은 민족 안에서 그리고 한민족으로서 살아간다는 구성원들 간의 공유된 인식과 자신의 민족에 대한 공유된 소속감으로 정의한다. 따라서 민족정체성은 민족에 대한 의미들의 집합이며, 그 의미들의 집합은 구성원들 간의 호혜적 인식, 혈연 공동체 및 민족에 대한 소속감의 합으로 구성되어 있다(정호영 2001, 68). 민족정체성에 대한 또 다른 정의를 보면 민족정체성은 동일한 전통적인 문화와 생활양식을 갖는 집단이 동일한 귀속의식을 갖고, 그것에 의해서 자기 집단과 타 집단을 구별하는 감정이다(황혜경 2015, 295). 정영훈(2010, 3~4)은 민족정체성을 민족성원들 사이에 공유되어 있는 객관적 특성과 주관적 특성으로 정의했다. 즉 민족집단의 특유한 종족적·문화적(언어, 종교, 생활방식) 특징, 역사적 유래 등과 같은 객관적 지표, 그리고 개인들이 본인을 누구로 인식하는가에 대한 주관적 소속 의식(귀속의식－민족의식) 등의 결합으로 규정하면서, 종족적·문화적 고유한 특징의 보전 여부는 민족정체성을 유지 혹은 타 민족 문화에의 동화를 구분하는 기준으로 제시했다. 민족정체성은 민족국가들의 인민 주권과 민주주의의 기초를 제공했다는 점에서 인간이 공유하고 있는 집합적 정체성(Smith 1991, 58), 조상 대대로 관계를 가지고 있는 한 집단에 대한 충성(Edward 1985, 22)을 말한다. 민족정체성은 혈연 공동체에 대한 믿음이다. 즉 민족정체성은 성원들 간 호혜적 인식과 민족에 대한 성원들의 소속감으로 민족이 유구한 역사가 지속될 것이라는 혈연적 공동체의 믿음이다(Tamir 1995, 432).

위와 같이 민족정체성은 민족 구성원 간 공유하는 소속감, 객관적·주관적 특성, 집합적 정체성, 혈연 공동체의 믿음, 민족 집단에 대한 충성 등을 담고 있는 복합적 개념이다. 한민족의 뿌리에서 출발하는 재일한인의 민족정체성은 혈연, 언어, 민족문화의 공유 등을 통해 후세대로 계승되고 있다. 따라서 재일한인의 민족정체성은 '한민족'이라는 연속선상에서 나타나는 한국어 사용, 민족과 모국 역사에 대한 자긍심, 모국에 대한 관심과 재일한인 시회의 참여 등으로 정의

4) 포스트 모더니즘(post modernism) 민족주의 연구자는 민족을 '상상의 공동체'로 인식하거나 또는 민족주의라는 이데올로기가 만들어낸 허구의 것으로 간주하고 있다. E. Gellner(1964); E. Hobsbawm & Terence Ranger(2012); B. Anderson(1983) 참조.

할 수 있다.

한편 후쿠오카(福岡安則)·김명수는 재일한인들의 생활방식의 지향성, 그리고 민족의식의 강약 정도에 근거하여 민족정체성을 조국지향형, 동포지향형, 공생지향형, 개인지향형, 귀화지향형, 갈등회피형, 갈등형 등 7개 유형으로 분류하였다. 민족정체성이 강한 집단의 유형은 조국·동포·공생·개인지향형 순이었으며, 약한 집단은 갈등회피·갈등·귀향지향형 순으로 구분하였다(福岡安則·김명수 1997; 임영언 2008, 434 재인용; 김정구 2004, 273~277). 그러나 이러한 유형의 분류는 재일한인과 일본 사회와의 관계만을 상정하는 지역적인 한계와 함께 일본의 다문화 공생 시대의 도래 이후, 재일한인들의 정체성의 변화나 또는 이중정체성을 갖는 변화에 대한 설명으로는 부족하다. 이와 더불어서 한인회 활동을 전개하고 있는 민단, 조총련, 재일연합회 등을 조직한 재일한인들은 한국/북한 및 일본의 양 국가와 복잡한 절충, 교섭을 통해 재일한인들의 다양한 권리를 획득하면서 대중적인 교육·문화·사회 활동으로 민족정체성을 유지하고 있었다(이마사토 하지메 2016, 52). 신기욱(2009)은 민족정체성과 통일의식의 상관성에 있어 민족의 동질성이 통일에 귀중한 자원이라고 주장하면서 민족정체성과 통일의식 간 강한 관련성을 갖고 있다고 분석하였다.

민족정체성은 민족이나 개인이 처한 환경, 조건, 정체(政體), 제도 등 다양한 상황에 따라 변화할 수 있다는 점에서 결코 고정적인 것은 아니다. 민족정체성은 강화, 약화될 수 있으며, 또는 유지되거나 소멸할 수 있다. 모국을 떠나 타국에 정착한 유대인, 중국의 화교·화인, 재일한인은 100년 이상의 이주역사를 갖고 있음에도 불구하고 민족정체성을 유지하고 있었다. 다만 이들 민족들이 거주국에서 갖고 있었던 초기의 강한 민족정체성은 시간의 흐름과 적응과정에서 다소 약화되었을 뿐이다.

재일한인들 가운데 조국지향적 고령세대는 감소하고 있는 반면 정주지향적 젊은 세대는 증가 추세에 있다. 또한 재일한인의 일본 국적 취득의 증가, 조총련계 동포를 제외한 재일한인 세대의 모국어 사용의 감소와 일본계 학교 진학, 일본 정부의 적극적인 동화 유인정책의 추진, 일본 문화에의 적응 등 복합적 요인이 작용한 결과, 재일한인의 민족정체성은 강화, 약화, 유지, 소멸, 분화 등 다양한 관점과 주장이 제기되었다. 특히 재일한인의 민족정체성과 관련하여 사카나카(坂中英德, 1999)는 '자연소멸론,' 그리고 김왕식(2005, 45)은 50년 이내에 소멸할 것으로 예상했지만, 재일한인들은 여전히 민족정체성을 갖고 거주하고 있다. <표 5-2>는 재일한인의 민족정체성에 대한 빈도분석의 결과이다. 모국어 사용, 한

표 5-2 재일한인의 민족정체성 N(%)

	전혀 그렇지 않다	비교적 그렇지 않다	보통이다	그런 편이다	매우 그렇다	평균(표준편차)
한국식 본명이 있으며, 자기소개를 할 때 한국명을 사용한다	29(13.7)	41(19.4)	38(18.0)	33(15.6)	70(33.2)	3.35(1.45)
한국어로 읽고 쓰고 말할 수 있다	27(12.8)	39(18.5)	49(23.2)	21(10.0)	75(35.5)	3.37(1.45)
가족, 한국인(조선인)과 대화할 때 한국(조선)어를 사용한다	33(15.6)	47(22.3)	45(21.3)	27(12.8)	59(28.0)	3.15(1.44)
한민족의 시조로서 단군을 잘 알고 있다	30(14.2)	23(10.9)	58(27.5)	49(23.2)	51(24.2)	3.32(1.34)
한민족의 전통과 문화에 관심이 많다	15(7.1)	15(7.1)	63(29.9)	62(29.4)	56(26.5)	3.61(1.16)
한민족의 전통 명절(설, 추석)을 가정에서 지내고 있다	29(13.7)	47(22.3)	70(33.2)	35(16.6)	30(14.2)	2.95(1.23)
재일동포 단체에서 회원으로 활동하고 있다	69(32.7)	32(15.2)	36(17.1)	40(19.0)	34(16.1)	2.71(1.49)
일본 극우단체의 혐한시위에 무조건 반대한다	12(5.7)	9(4.3)	36(17.1)	47(22.3)	107(50.7)	4.08(1.17)
모국(한국 및 북조선)에 자부심을 갖고 있다	3(1.4)	14(6.6)	58(27.5)	66(31.3)	70(33.2)	3.88(.10)
한반도 뉴스에 관심이 많다	3(1.4)	11(5.2)	45(21.3)	80(37.9)	72(34.1)	3.98(.95)
민족정체성 전체[5]	3.44(.74)					

5) 민족정체성의 신뢰도(Cronbach' α): .78

민족 역사와 문화, 한반도 관심 및 재일한인 사회 등 민족정체성 관련 10개 문항으로 구성되어 있다.

재일한인의 민족정체성 관련 10개 문항을 5점 Likert 척도로 조사하였다. 재일한인들에게 있어 국적을 제외하면 가장 명확한 민족 표시는 본명의 사용이다. 개개인의 이름은 인격의 상징성을 내포하고 있으며, 출생과 관련한 집단의 역사와 기원이기 때문이다(김명수 2017, 57).[6] 먼저 '한국식 본명(本名)이 있으며, 자기소개를 할 때 한국명을 사용한다'에 대해 70명(33.2%)이 '매우 그렇다'고 응답하였고, '그런 편이다'가 33명(15.6%)으로 과반에 가까운 재일한인들이 한국명을 사용하는 것으로 나타났다. 이러한 결과는 윤일성(2003, 294)의 연구와 배치(상반)되고 있다. 그의 조사에 따르면 재일한인 106명의 설문 응답자 가운데 본명 사용자는 37명(34.9%), 통명(通名) 사용자는 69명(65.1%)으로 본명보다 통명을 더 많이 사용한다고 응답하였다. 본명 사용에 부정적 의견을 보인 응답자는 70명(33.1%)으로 나타났다. 통명 사용자의 경우 한국계 혈통이라는 출신 배경의 감추기, 어렸을 때부터 통명의 사용, 일본 생활의 익숙함 등의 요인에 의해 본명보다는 통명 사용을 선호하고 있었다.

한편 재일한인들의 다양한 민족정체성 유형 중 일본 사회에서 민족적 차별의 철폐를 중요한 것으로 인식하고 있는 공생지향형은 '함께 더불어 살아가는 사회'를 실현하고자 노력한다. 공생지향형은 민족차별과 투쟁하는 삶 속에서 본명인 민족명을 사용하면서 살아가는 것을 중시한다. 즉 재일한인으로서 살아가는 새로운 삶의 방식을 스스로 모색하려는 의지에서 재일한인으로서의 자신의 민족정체성을 찾고자 한다(김정구 2004, 273~274). 이러한 경향의 영향을 받은 재일한인들은 일본에서 본명 사용에 주저하지 않고 있음을 알 수 있다. 이 외에도 민족교육의 영향으로 인한 본명의 사용, 그리고 한국국적을 보유하고 있는 뉴커머의 경우 임시 체류라는 점을 고려한다면 타인과의 관계에서 굳이 통명의 사용 필요성이 적기 때문에 본명을 사용하고 있었다. 결과적으로 과반에 가까운 재일한인들이 본명을 사용하고 있다는 점에서 민족정체성이 유지되고 있었다.

언어는 공동체 구성원 간 상호 의사소통을 할 수 있는 기호이다. 재외동포들

6) 김태기(2007)는 소수 조총련계 청소년 일부를 제외하면 대부분의 재일 청소년이 통명(通名)으로 생활하고 있다고 주장한 반면, 김명수(2017)는 2013년 조사에서 본명(本名)을 사용하고 있는 재일한인들이 증가 추세에 있다고 주장했다.

이 비록 다른 나라에 살고 있더라도 모국어를 사용하여 의사소통을 할 수 있다는 것은 같은 민족으로서의 자긍심과 동질성을 공유하는 것이다. 또한 동일한 언어의 사용은 사회화와 연계되어 있다는 점에서 언어는 사고를 조직화하고 사회적 관계를 형성하기 때문에 동일 언어를 사용하는 사람이나 집단은 언어를 통해 내부 결속력을 강화할 수 있다(임채완 외 2015, 106~107). 이런 점에서 언어는 종교와 함께 민족을 통합하는데 가장 중심적인 요소이며, 재일한인도 예외는 아니다. 민족정체성과 관련한 설문에서 일부 재일한인 후손들은 한국 국적을 유지하며 살고 있다. 재일동포에게 우리 말과 글은 단순한 언어가 아니라 가치이고 뿌리이다. 이들이 한글을 읽고, 쓰고, 말하는 것 자체가 민족정체성을 판별하는 하나의 요인일 수 있다.

재일한인들에게 모어(母語)는 일본어이며, 한국어는 외국어인 것이 오늘날 일본 재일한인 사회의 현실이다(한경구 2002, 143)는 말처럼 모어(母語)의 적용 기준은 다를 수도 있다. 예컨대, 재일한인이 일본에서 출생하여 성년까지 정착하면서 한국 국적을 보유하고 있다면 이 사람의 모국어는 일본어인가 아니면 한국어인가? 적용 기준을 국적으로 본다면 언어도 일치해야 한다는 논리에서 한국어가 모국어가 될 수 있다. 그러나 재일한인 개인적 관점에서 본다면 그의 모국어는 한국어가 아닌 일본어일 가능성이 높다.

'한국어로 읽고 쓰고 말할 수 있다'라는 문항에 대해서는 75명(35.5%)이 '매우 그렇다'고 응답하였고, '그런 편이다'는 21명(10%)으로 96명(45.5%)이 한국어를 사용함에 있어 불편을 느끼지 않았다. '보통이다'라고 응답한 사람은 49명(23.2%)이며, 한국어 사용을 잘 못하는 응답자는 66명(31.3%)이다. 이 문항에서 한국어 사용에 대한 조사자의 응답 결과는 주관적 평가 성향이 강하다. 본인 스스로 한국어에 대해 읽고, 쓰고, 말할 수 있다는 주관적 사고를 기반으로 응답하였지만, 어느 정도 '잘 읽고, 쓰고, 말할 수 있다'를 5개 척도 중 응답자의 자의적 판단에 의해 '매우 그렇다'와 '그런 편이다'에 응답했다면 객관적 평가에서는 미흡할 수도 있다. 그럼에도 불구하고 어느 정도 한국어를 사용할 줄 아는 응답자는 모국이나 일본에서 민족학교 및 한글학교 출신들이 많았다. 이들은 한글 교육을 받았기 때문에 모국어를 사용하여 의사소통을 할 수 있었다. 그리고 또 다른 외적 배경으로는 한국의 국력 신장과 한류의 영향으로 민족정체성에 대한 관심이 증가하였기 때문이다.

반면 66명(31.3%)은 한국어를 사용할 줄 모른다고 답하였다.[7] 이들의 경우 일본 학교에 진학, 한글 교육을 받을 수 있는 기회의 상실, 가정에서 한글을 전혀 사용하지 않는 재일한인들이다. 한글 사용을 기피하는 재일한인들은 정주 과정에서 '조선인'이라는 차별을 받으며 살아 왔다. 따라서 다수의 재일한인들에게 있어 한국어는 '외국어'처럼 인식되었다. 재일한인 사회의 한국어 사용 실태를 잘 알 수 있는 사례를 보면 민단의 간부급 상당수가 한글을 사용하지 못하기 때문에 2009년 광복 이후 처음으로 민단 내부적으로 '우리말 사용 권장운동' 결의대회를 열었다(지충남 2015, 164). 민단 간부들 스스로가 간단한 인사말, 전화 응대부터 한국어를 사용함으로써 민족정체성을 강화하자는 취지를 담고 있었다.

'가족, 한국인(조선인)과 대화할 때 한국(조선)어를 사용한다'는 문항에 대해 '매우 그렇다'와 '그런 편이다'에 응답한 비율이 86명(40.8%)으로 10명 중 4명 정도가 한국어를 사용하고 있다. '전혀 그렇지 않다'와 '비교적 그렇지 않다'에 응답한 비율이 80명(37.9%)으로 한국어 사용자와 비사용자의 응답의 비율이 대동소이하다. 모국어 사용과 관련하여 중국의 화교·화인들은 가정에서 중국어로 대화하고 있으며, 같은 동포끼리는 현지 국가의 언어를 사용하기보다는 중국어로 대화하는 편이다. 예컨대, 한국 화교·화인과 마찬가지로 말레이시아, 인도네시아, 일본, 미국에 정착하고 있는 중국계 동포들은 정착국의 공식 언어가 있음에도 불구하고 차이나타운을 중심으로 일상생활에서 중국인 간 대화할 때 주로 모국어를 사용하고 있었다.

그러나 재일한인들은 가족이나 동포 간 대화에서 각각 40% 정도가 모국어를 사용 또는 비사용으로 나타났다. 특히 한국어 미사용자의 경우 가정에서 부모들이 모국어를 사용하지 않고 일본어로 대화하거나, 응답자가 한글을 배우지 않았거나 조금은 알고 있지만, 일본어를 사용한 대화가 익숙한 사람들은 일본에서 태어나 생활하고 있는 올드커머의 후손들이다.

"단군은 우리 민족 정체성의 상징이다"[8]와 같이 건국 시조인 단군을 기리는 날로 한국정부는 10월 3일을 개천절로 지정했다. 북한 또한 단군을 종교적 의미

---

7) 2013년 재일한인 조사에서 첫째, 일본 출생; 둘째, 18세~35세 연령을 대상으로 한 결과에 따르면, 426명 중 248명(58.2%)이 독해에서 '한국어를 거의 읽을 수 없다'고 응답했으며, 회화와 관련하여 422명 가운데 165명(39.1%)이 '거의 말할 수 없다'고 답하였다(김명수 2017, 53).

8) 현대불교, "단군은 우리 민족 정체성의 상징이다: 고영섭 교수의 삼국유사 인문학 유행<1>," http://www.hyunbulnews.com/news/articleView.html?idxno=271942(검색일: 2017.08.27).

가 아닌 민족적 개념으로 수용하고 있다. 단군의 존재는 고조선 건국의 신화이지만 남북한 정부 모두는 단군을 고조선의 시조로 수용하고 있다. 우리는 단군의 자손이라는 혈연적·문화적 공동 기반과 단일국가 안에서 살아온 역사 속에서 민족적 동질성과 공동체 운명의식을 키워왔다. 민족정체성과 관련하여 한민족의 일원으로서 역사에 대한 소양 측면에서 재일한인의 단군, 세종대왕, 이순신, 광복절 등의 인지 여부가 있겠지만, 이 조사는 건국 시조인 '단군'을 알아보았다.

'한민족의 시조로서 단군을 잘 알고 있다'는 문항에 대해 '보통이다'가 58명(27.5%)으로 가장 많았으며, '매우 그렇다'는 51명(24.2%), '그런 편이다'는 49명(23.2%) 등으로 재일한인 응답자 중 절반(100명, 47.4%)에 가까운 사람들이 단군을 알고 있는 반면 53명(25.1%)은 모른다고 답하였다. 김명수(2017, 15)가 2013년 실시한 설문조사의 경우, 세종대왕을 알고 있다는 응답은 40.6%, 광복절은 29.5%, 이순신 장군은 28.2%로 나타났다. 민족적 지식의 획득 측면에서 재일한인들은 모국의 건국시조인 단군을 가장 많이 인지하고 있었다.

민족정체성을 문화적 측면과 결부시켜 본다면 생활문화, 전통 풍속과 같은 한민족 고유의 문화를 계승 또는 알고 있는가를 적용할 수 있다. 재일한인들은 '한민족의 전통과 문화에 관심이 많다'는 문항에 대해 '보통이다'가 63명(29.9%), '그런 편이다'는 62명(29.4%), '매우 그렇다'는 56명(26.5%)으로 과반을 넘는 118명(55.9%)이 한민족 문화에 관심을 갖고 있었지만, 30명(14.2%)의 재일한인들은 무관심한 것으로 나타났다. 황혜경(2017, 340)의 오사카시를 대상으로 한 연구에 따르면 제사에 참석하는 사람은 71%, 전혀 참석하지 않는 빈도는 20%로 나타났다.

위 문항과 유사한 맥락에서 재일한인들에게 '한민족의 전통 명절(설, 추석)을 가정에서 지내고 있다'를 질문하였다. 그 결과 '보통이다'에 70명(33.2%)이 응답하였고, '비교적 그렇지 않다'가 47명(22.3%), '그런 편이다'가 35명(16.6%)이었다. 따라서 76명(36%)은 가정에서 한민족의 전통 명절을 지내지 않은 반면 10명 가운데 3명에 해당하는 65명(30.8%)은 설과 추석을 가정에서 지내고 있었다. 일본의 2대 명절은 설과 추석이다. 양력 1월 1일은 우리의 설날에 해당하는 '오쇼가쯔(お正月, しょうがつ)'이다. 조상에게 제사를 지내는 추석과 유사한 '오봉(お盆)'은 양력으로 8월 15일 전후이다. 일본인은 2대 명절 기간 동안 각각 3일 정도의 휴가를 갖고 있었다.[9] 그러나 모국의 대표적 명절인 설과 추석은 음력을 기준으로 차례를 지

9) 일본에서 7~10일 휴가를 즐길 수 있는 '황금연휴(Golden Week)'가 있다. 4월 29일 식목일부터 5

내고 있다. 재일한인들의 입장에서 모국의 명절은 일본에서 평일에 불과하다는 점을 고려한다면, 생활 여건 상 모국의 명절을 가정에서 지내기가 쉽지 않은 상황이다. 결국 재일한인들의 한민족 전통과 문화에 대한 관심은 높은 편이었지만, 가정에서 전통 명절을 지내는 비율은 그다지 높지 않았다.

특정 단체에 회원으로 참여하는 목적은 개인적인 이해관계, 친목도모, 경제적 혜택, 사회적 명성 획득, 동질성 확보 등 여러 요인들이 복합적으로 작용한 결과이다. 재일한인들은 친목도모, 이익보호, 사회봉사, 사회정의의 실현, 공익문제의 해결 등 다양한 이유로 한인회, 연고단체, 직능단체, 문화·예술단체, 시민봉사단체, 재향군인단체, 체육 동호회, 전문가단체, 종교단체 등에서 회원으로 활동하고 있다. 2012년 재일한인을 대상으로 설문조사를 실시한 지충남(2015, 154)의 연구결과에 따르면 도쿄에 거주하는 재일한인 208명 중 절반에 해당하는 105명(50.5%)이 단체 활동을 하고 있는 것으로 나타났다.

'재일동포 단체에서 회원으로 활동하고 있다'는 문항에서 '전혀 그렇지 않다'가 69명(32.7%)로 가장 높게 나타났다. 즉 과반에 가까운 101명(47.9%)은 재일한인들이 중심이 된 단체에 참여하고 있지 않은 반면 74명(35.1%)은 참여하고 있다. 참여자와 비참여자의 차이는 단체 목표 및 활동에 대한 개인의 가치관이 작용하고 있다. 특히 비참여자의 경우 각종 재일한인 단체의 가입에 대한 필요성이나 동기부여가 낮았기 때문이다. 단체회원의 참여 여부를 민족정체성에 적용한 결과 재일한인들의 민족단체에 대한 민족정체성은 높지 않았다.

특정 민족, 국적을 가진 사람들에 대한 '혐오표현(hate speech)'이 전 세계적으로 심각한 문제로 부각되었다. 유럽 극우정당들의 이슬람인에 대한 반감과 혐오, 미국에서 인종과 성별에 대한 혐오, 일본의 역사인식과 영유권 관련 한국인과 중국인에 대한 혐오표현과 시위는 각 국가에서 사회문제로 대두되었다. 혐오표현이 특정한 집단이나 그 구성원에 대한 차별적·적대적 공격 내지 표현이라는 것을 알 수 있다(조규범 2016, 1~2). 일본에서 혐한의 단초는 2012년 8월 이명박 대통령의 독도 방문과 '일왕 사죄'의 발언이었다. 특히 일본인들의 반감은 이명박 전 대통령이 그들의 정신적 지주이자 상징적 존재인 천황을 욕보였다는 것이다. 이는 많은 일본인의 공분을 자극했으며, 이때부터 재일한인에 대한 혐한시위가 발발하였다. '재특회(在特會, 재일특권을 허용하지 않는 시민모임)' 중심의 혐한시위는 한류

월 3일 헌법기념일, 4일 국민휴일, 5일 어린이 날까지 연휴가 이어진다.

붐에 찬물을 끼얹고, 일본 사회의 한류 분위기를 바꾸어 버렸으며, 재일한인에 대한 배척과 한일 국교 단절 등을 주장하면서 동포들의 생활을 위협하였다(지충남 2017, 194).

'일본 극우단체의 혐한시위에 무조건 반대 한다'의 경우, '매우 그렇다'와 '그런 편이다'고 응답한 사람은 154명(73%)으로 이들은 재특회가 주도하는 혐한시위에 매우 부정적이었다. 그러나 10명 중 1명에 해당하는 21명(10%)은 혐한시위에 무관심한 반응을 보였다. 재일한인을 대상으로 한 혐한시위는 일본인으로 하여금 반한감정을 자극하고 있으며, 주로 도쿄의 신주쿠(新宿), 오사카(大阪)의 한국 총영사관 주변에서 혐한시위가 전개되었다. 인종차별주의와 배외주의(排外主義)를 기반으로 한 혐한시위는 올드커머 재일동포들에게 많은 상처를 주었다. 모국으로 돌아갈 곳이 없는 올드커머에게 돌아가라는 것은 심각한 언어 폭력성이 내재된 말이다. 4명 가운데 3명 정도의 재일한인들은 혐한시위에 적극 반대할 수밖에 없다는 입장이다.

친한국계 재일한인의 모국에 대한 자부심의 근원은 우리 민족의 위대한 역사와 문화의 이해, 무(無)에서 유(有)를 창조한 경제발전, 1997년 외환위기의 단기간에 걸친 극복, 일본과의 대등한 국격 유지 등이 자리하고 있다. '모국에 자부심을 갖고 있다'는 문항에 대해 '매우 그렇다'가 70명(33.2%), '그런 편이다'가 66명(31.3%)으로 긍정적 응답자는 136명(64.5%)이었다. 그러나 부정적 응답자도 17명(8%)으로 나타났다.

재일한인들의 긍정적 응답이 많은 이유로는 모국(한국) 공헌에 대한 자부심이 변인으로 작용하고 있다. 한국전쟁에서 재일학도의용군 624명의 파견, 한국 최초의 수출공단인 '구로공단'의 28개 기업 가운데 재일동포 투자 기업 18개사, 신한은행 설립에서 재일동포 경제인들의 250억 원 출자, 1988년 서울올림픽에 100억 엔의 성금 기부, 외환위기 극복을 위한 15억 달러의 송금과 300억 엔의 국채매입(이민호 2014) 등 재일한인들이 중심이 되어 모국에 기여했다는 자부심을 갖고 있었다.

'한반도 뉴스에 관심이 많다'는 문항에 대해서는 '그런 편이다'가 80명(37.9%), '매우 그렇다'가 72명(34.1%) 등 4명 중 3명에 해당하는 152명(72%)이 관심을 갖고 있는 반면 14명(6.6%)은 그렇지 않았다. 재일한인들의 한반도 뉴스에 대한 관심은 한일 관계, 북일 관계, 남북한 내부의 정치·경제·사회·문화 등으로 특히 한국과 일본 간 독도 문제, 위안부 사과 및 소녀상 설치, 북한의 미사일 및 핵실험 등 민감성을 동반하는 문제로 재일한인들의 생활에 직·간접적으로 영향을 줄 수 있는 사안들이다.

한편 재일한인들의 민족정체성에 관한 10개 문항의 전체 평균을 살펴보면, 5점 만점에 3.44점으로 중간점인 3점보다 높게 나타났다. 각 문항별로는 '한민족의 명절'(2.95점)과 '단체활동'(2.71점)을 제외한 나머지 문항에서 모두 3점 이상으로 나타났다. 가장 높은 점수를 보인 영역은 '혐한시위 반대'로 4.08점이었다. 다음은 '한반도 뉴스에 대한 관심'이 3.98점, '모국에 대한 자부심'이 3.88점, '한민족의 전통과 문화에 대한 관심'이 3.61점으로 나타났다.

4. 한반도 통일

재일한인들에게 있어 한반도 통일에 대한 관심은 민족적인 정치문제, 그리고 민족사로서 역사적·심리적 동일화의 정도를 대표하는 문제이다(김명수 2017, 25~26). 재일한인의 한반도 통일에 관한 인식은 다음 <표 5-3>과 같다.

먼저 "나는 한반도 통일문제에 관심을 갖고 있다"는 문항에 대해 '매우 그렇다'가 83명(39.9%), '그런 편이다'는 62명(29.4%)으로 총 145명(69.3%)이 긍정적으로 답하였다. 부정적 응답자는 19명(9%)이며, 재일한인 10명 중 7명 정도는 한반도 통일에 관심을 갖고 있는 반면에 1명은 무관심하였다.

이와는 달리 김명수의 2013년 통일 관심도 조사를 보면, 재일한인 청년 가운데 통일에 대한 관심은 36%, 무관심은 28.6%, 그리고 보통이 35.4%로 나타났다(2017, 26). 이러한 차이는 지역적 그리고 세대별 차이에서 기인하고 있는 것으로 추정할 수 있다.

재일한인의 통일에 대한 관심은 첫째, 한반도 통일은 한민족 모두의 역사적 과제; 둘째, 한반도 분단은 민족 발전의 저해 요인; 셋째, 재일한인 사회에서 친한국과 친북한 성향을 표명하는 민단과 조총련의 대립, 그리고 두 진영 간 끝없는 분열과 갈등이 표출하는 근원을 민족 분단에서 찾고 있다. 넷째, 한반도가 통일된다면 동포사회에 내재된 이념적 문제의 해소가 가능하다. 다섯째, 한반도 통일은 재일한인들의 위상을 강화시켜 줄 것이다. 한반도 통일에 대한 긍정적 답변이 많았지만, 재일한인들의 통일에 대한 관심이 낮은 경우에는 한반도 통일은 당위성에

표 5-3 재일한인의 한반도 통일에 관한 인식 N(%)

	전 혀 그렇지 않 다	비교적 그렇지 않 다	보 통 이 다	그 런 편이다	매 우 그렇다	평 균 (표준편차)
나는 한반도 통일문제에 관심을 갖고 있다	8(3.8)	11(5.2)	47(22.3)	62(29.4)	83(39.9)	3.95(1.08)
한반도 통일은 나에게 이익이 될 것이다	16(7.6)	29(13.7)	83(39.3)	45(21.3)	38(18.0)	3.28(1.14)
남북이 합의한 6·15 선언과 10·4공동선언은 이행되어야 한다	6(2.8)	25(11.8)	110(52.1)	41(19.4)	29(13.7)	3.29(.95)
나는 현재의 남북한이 통일되어야 한다고 생각한다	6(2.8)	14(6.6)	55(26.1)	58(27.5)	78(37.0)	3.89(1.07)
한반도 통일은 전쟁이 아닌 평화적으로 이루어져야 한다	2(0.9)	4(1.9)	27(12.8)	51(24.2)	127(60.2)	4.41(.85)
한국 또는 북조선 등 어느 일방의 주도로 통일될 수 있다	21(10.0)	41(19.4)	72(34.1)	57(27.0)	20(9.5)	3.07(1.12)
나는 한반도의 중립화 통일을 찬성한다	14(6.6)	18(8.5)	106(50.2)	39(18.5)	34(16.1)	3.29(1.05)
한반도 통일은 미국·일본·중국·러시아의 협력을 받아야 한다	18(8.5)	24(11.4)	48(22.7)	69(32.7)	52(24.6)	3.54(1.22)
한반도 통일은 재일과 재외동포의 참여로 이루어져야 한다	8(3.8)	24(12.3)	74(35.1)	57(27.0)	46(21.8)	3.51(1.08)
한반도 통일 이슈는 재일동포 사회의 갈등과 대립을 해소할 수 있다	8(3.8)	17(8.1)	71(33.6)	63(29.9)	52(24.6)	3.64(1.06)
한반도 통일이 동아시아 평화와 공존에 중요한 역할을 한다	5(2.4)	17(8.1)	45(21.3)	63(29.9)	81(38.4)	3.94(1.07)

불과하며, 현실적 과제가 아니다. 다시 말해 일부의 재일한인들에게 있어 한반도 분단의 폐해에 대한 무감각한 인식, 재일한인의 다수는 1945년 모국의 해방 이후에 출생한 관계로 통일에 대한 정서적 열망이 낮음, 한반도 통일문제는 재일한인들 생활에 영향을 주는 요인이 아니다는 점에서 무관심한 반응을 보일 수 있다.

"한반도 통일은 나에게 이익이 될 것이다"는 문항의 경우 가장 많은 83명(39.3%)은 '보통이다'에 응답하였고, '그런 편이다'는 45명(21.3%), '매우 그렇다'가 38명(18.0%)으로 나타났다. 즉 응답자 중 83명(39.3%)은 긍정 반응이나 또는 보통을 선택하였으며, 부정적 응답자는 45명(21.3%)이었다. 재일한인들이 인식하는 한반도 통일에 대한 이익으로는 첫째, 재일한인의 단합 가능성이다. 친한국과 친북한 성향의 재일한인들로부터 시작된 분열과 갈등의 대립은 모국의 분단과 상이한 정권의 등장에서 기인하였다. 이를 대표하는 조직은 민단과 조총련으로 조국이 통일된다면 이념에 따른 지지의 차이를 극복하고 재일한인들이 하나로 단합될 가능성이 높다. 그렇지만 두 조직의 상대 단체에 대한 불신의 굴곡이 큰 관계로 회원들 간 단기간에 신뢰가 회복되기는 쉽지 않을 것이다. 둘째, 남북한 정부의 눈치를 보지 않아도 모국을 자유롭게 왕래할 수 있다. 현재 민단과 조총련 회원들의 북한과 남한에 대한 방문은 쉽지 않은 편이다. 예컨대, 한국 국적의 재일한인들이 당국의 허가 없이 북한을 방문하기는 어려운 실정이다. 또한 재일한인 조선적 국적자의 한국 입국의 경우, 이명박 정권부터 재일대사관이나 영사관에서 임시여행증명서를 잘 발급하고 있지 않는 것으로 나타났다. 셋째, 통일비용의 절감이다. 민단, 조총련, 재일한국인연합회, 삼천리철도, 한통련, 평화통일연합 등은 매년 단체의 예산 가운데 일정 비용을 할당하여 한반도 통일과 관련한 세미나 개최, 통일교육, 남북한 정부의 통일정책에 대한 지지 및 반대 운동을 전개하고 있다. 통일이 된다면 이러한 비용은 재일한인들의 인권, 복지, 권리, 교육 등에 투입될 것이다.

"남북이 합의한 6·15선언과 10·4공동선언은 이행되어야 한다"는 문항에 대해서는 '보통이다'는 110명(52.1%)이었고, 다음은 '그런 편이다' 41명(19.4%), '매우 그렇다'는 29명(13.7%) 등 긍정적 응답은 70명(33.1%), 부정적 의견은 31명(14.6%)으로 나타났다. 2000년 6·15선언과 2007년 10·4공동선언은 남북한 정상들이 회담의 결과물로써 서명한 것으로 통일문제의 해결과 평화체제의 구축을 위한 노력이다. 이 문항에서 과반이 넘는 수의 '보통이다'에 대한 응답은 두 선언의 이행

주체는 남북한 정부라고 인식하고 있기 때문이다. 긍정적 응답자의 경우, 6·15선언과 10·4공동선언이 한반도의 평화 및 남북한 교류협력을 활성화시키는 상징성을 내포하고 있으며, 또한 이 선언에 대한 남북한 당국의 실천은 재일한인 사회에서 민단과 조총련의 교류협력에 영향을 줄 것으로 기대하고 있다. 즉 김대중 대통령과 김정일 국방위원장 간 공동선언의 발표 이후, 민단의 김재숙 단장은 한덕수 조총련 의장에게 대화와 교류를 제안했으며, 후속조치로 8월에 조총련 지도부가 민단 중앙본부를 방문하여 문화와 체육행사, 공동의 사업 추진, 화합과 교류를 위한 협의기관의 설치 등을 논의하였다.

"나는 현재의 남북한이 통일되어야 한다고 생각한다"는 문항의 경우 '매우 그렇다'가 78명(37.0%), '그런 편이다'는 58명(27.5%)으로 응답자 10명 중 6명에 해당하는 136명(64.5%)이 통일에 대해 긍정적 태도를 갖고 있었다. 20명(9.4%)은 통일에 무관심하거나 혹은 현재의 남북한 상태의 유지를 원하고 있다. 2017년 서울대학교 통일평화연구원은 한국인 1,200명을 대상으로 통일에 대한 인식, 북한 및 대북정책 평가, 주변국 인식 등을 조사하였다. 2007년과 2017년 조사 결과를 비교하면 '통일을 해야 한다'는 문항의 응답을 보면 2007년 63.8%에서 2017년 53.8%로 10% 정도 하락하는 결과가 나왔다. 이를 재일한인과 비교하면 64.5% 대 53.8%로 10.7%의 차이를 보였다. 오히려 한국인보다 재일동포의 통일에 대한 열망이 더 높음을 알 수 있다.[10)]

재일한인들의 한반도 통일에 대한 관심은 69.3%로 높게 나왔지만, 통일이 되어야 한다는 비율은 이보다는 조금 낮은 64.5%이다. 또한 한반도 통일에 대한 부정적 인식자는 9%였으며, 이와 유사하게 통일 무관심 비율도 9.4%로 나타났다. 따라서 첫째, 재일한인의 통일에 대한 관심; 둘째, 통일이 되어야 한다는 두 문항의 응답 결과, 긍정적 반응과 부정적 반응의 비율이 대동소이하다는 점을 알 수 있다.

"한반도 통일은 전쟁이 아닌 평화적으로 이루어져야 한다"는 문항에서 127명(60.2%)이 '매우 그렇다'고 응답하였고, 51명(24.2%)은 '그런 편이다'고 응답하여

10) 2017년 조사에서 "현재가 좋다"는 응답은 24.7%, "통일에 관심이 없다"는 8.4%로 총비율은 33.1%이다. 재일한인의 9.4%와 비교하면 23.7%가 통일에 무관심 혹은 현상유지를 더 원하고 있다. 오마이뉴스, "2017 한국인의 통일의식은?" http://www.ohmynews.com/NWS_Web/View/at_pg.aspx?CNTN_CD=A0002367117&PAGE_CD=N0002&BLCK_NO=&CMPT_CD=M0142(검색일: 2017.09.26.).

178명(84.4%)이 한반도에서 무력통일이 아닌 평화적 통일을 원하고 있었다. 단지 6명(2.8%)의 극소수는 평화적 방법이 아닌 전쟁을 통한 한반도 통일도 상관없다는 반응을 보였다. 1950년 북한의 침공으로 시작된 한국전쟁의 결과, 한국군, 유엔군, 북한군, 중공군, 그리고 남북한의 민간인 등 약 300만 명 이상의 사상자가 발생하였다. 남북한의 공업·발전·탄광·주택 등 약 50%에 달하는 물적 피해를 입었다. 영국의 경제리서치 연구기관인 캐피털 이코노믹스(Capital Economics)가 발행한 보고서에 따르면 한반도에서 전쟁이 일어나면 세계 GDP 75조 3,000억 달러의 1% 감소, 한국 GDP(2016년 기준)의 50%인 7,000억 달러가 소멸하여 한반도 전쟁은 곧바로 세계 경제의 충격으로 귀결될 수 있다고 지적하였다. 한국은 지역 및 글로벌 제조 공급망과 긴밀하게 연결되어 있어 영향을 줄 것으로 예상하였다.[11]

한반도에서 또 다시 전쟁이 일어난다면 현대화된 살상 무기로 인해 과거의 피해보다 더 많은 인명 손실과 함께 남북한, 특히 한국의 피해가 북한에 비해 압도적으로 높을 것이다. 그리고 제2차 한국전쟁은 미국, 일본, 중국, 러시아 등 주변 국가의 직·간접적 참전 가능성이 높다는 점에서 국제전쟁으로 분화되어 동아시아의 평화를 파괴할 것이다. 특히 북한의 6차 핵실험 성공으로 일본은 북한의 핵 공격 사정권에 위치하고 있으며, 재일한인들도 한반도 전쟁의 피해자가 될 수 있다. 따라서 한반도 통일은 현재의 안보지형의 균형을 유지하면서 평화적 방법과 과정을 통해 통일을 모색하여야 한다. 설령 전쟁을 통해 한반도가 통일되더라도 우리의 산천에는 파괴의 흔적만이 잔존할 것이다.

"한국 또는 북조선 등 어느 일방의 주도로 통일될 수 있다"는 문항에서는 '보통이다'가 72명(34.1%), '그런 편이다'가 57명(27.0%), '비교적 그렇지 않다'가 41명(19.4%) 등 다양한 응답이 나왔으며, 긍정적 응답자는 77명(36.5%), 부정적 응답은 62명(29.4%)이었다. 이 문항에서 보통 또는 긍정에 대한 응답률이 높은 이유로는 동·서독 통일의 다양한 변수 가운데 서독의 우월한 경제력이 동독을 흡수통일하는 요인으로 작용하였다. 물론 독일 통일에 대한 소련의 수수방관 또한 결정적 요인이었다. 마찬가지로 북한의 경제력에 비해 남한의 경제력이 월등하다. 예컨대, 2016년 기준 남한의 국내총생산(GDP)은 2,172조원, 북한의 국내총생산은 45조원으로 약 48배의 차이를 보이고 있다. GDP 세계 순위는 남한 14위, 북한은

---

11) 머니투데이, http://v.media.daum.net/v/20170929120409650(검색일: 2017.09.29.).

115위이다.[12] 이렇듯 남북한의 경제력 차이를 근거로 남한의 북한에 대한 흡수통일이 대두되었다. 그리하여 보통이나 긍정의 응답자는 전쟁에 의한 일방의 통일은 불가능하다는 전제하에 우월한 경제력에 기반하여 한반도에서 한국의 북한에 대한 흡수통일이 가능하다고 인식하고 있다.

중립화(neutralization)란 특정 국가와 이해관계를 갖고 있는 주변의 국가들이 해당 국가의 정치적 독립과 영토의 보존을 보장하고 해당국은 외국과 군사동맹을 맺지 않으면서 외국군의 주둔을 허용하지 않는 국제적 관계를 의미한다(황인관 1988, 11). 다시 말해 이해관계를 갖고 있는 주변 당사국들이 중립화 협정을 통해 특정 국가의 정치적 독립을 부여하는 것이다. "나는 한반도의 중립화 통일을 찬성한다"는 문항에서는 106명(50.2%)이 '보통이다'에 응답하였고, '그런 편이다' 또는 '매우 그렇다'가 73명(34.6%)으로 나타났다. 부정적 응답자는 32명(15.1%)이다. 34.6%가 중립화 통일론을 수용하는 이유로는 첫째, 한반도 통일의 평화적 방안 중 하나로 한반도를 둘러싼 주변 외세의 협력을 받아 통일을 추진할 수 있다. 이들은 외세의 방해 때문에 한반도 통일이 어렵다는 인식을 갖고 있다. 둘째, 주변 4강의 이해관계 속에서 통일 한반도는 완충지대에 위치한다. 셋째, 미·일·중·러 사이에서 편향된 정치 이념을 초월할 수 있다. 넷째, 교착상태에 처한 남북한 관계를 고려한다면 한반도 통일을 위한 돌파구가 될 수 있다.

"한반도 통일은 미국·일본·중국·러시아의 협력을 받아야 한다"는 문항의 경우 '그런 편이다'가 69명(32.7%), '매우 그렇다'가 52명(24.6%)으로 과반을 약간 상회하는 57.3%는 한반도 주변 4강의 도움을 받아 통일을 추진해야 한다고 생각하고 있다. 반면에 42명(19.9%), 즉 10명에 2명은 한반도 통일은 남북한이 주도해야 한다는 인식을 갖고 있다. 한반도의 평화적 통일은 남북한의 내부 문제일 수도 있지만, 또 다른 측면에서 보면 주변 4강의 협력을 받아야 한다는 점에서 국제 문제의 성격을 띠고 있다. 남북한 당사국과 주변 4강들의 참여를 전제로 추진하였던 사례는 6자회담이다. 2003년 8월 발족한 6자회담은 북한 핵문제 해결 및 한반도 비핵화를 위해 한국, 북한, 미국, 중국, 러시아, 일본 등 6개 나라가 참가하는 다자회담의 형태로 구성되었다. 이후 2007년 9월까지 모두 6차례에 걸쳐 회담이 열렸지만 미국은 선 핵포기, 후 보상을 주장한 반면 북한은 핵 동결과 불가

12) 헤럴드경제, http://news.heraldcorp.com/view.php?ud=20170829000831(검색일: 2017.09.26).

침 조약 체결, 경제지원을 주장하면서 타협점을 찾지 못해 현재 멈춰버린 상태이다. 이후 북한은 지속적으로 핵실험을 강행하였다.

한반도 분단과 전쟁은 냉전이라는 국제정치의 산물이었기 때문에 주변 강대국의 합의에 의하지 않고 독자적으로 통일을 이룬다는 것은 불가능에 가깝다는 견해가 국제정치의 관점이다. 즉 주변 4강의 통일을 위한 필요조건으로 이들과의 정치적·외교적 협력은 필수적이다. 특히 한·미·일과 북·중·러는 각각 통일 한반도가 특정 체제에 편입되는 것을 원하지 않는다는 점에서 영향력 축소에 대한 우려의 입장에서 현상유지(status quo)를 원하고 있다. 이는 한반도 통일에 있어 국제적 차원의 '원심력'이 커진 상황을 의미한다. 이러한 점을 고려한다면 한반도 통일문제는 우선적으로 남북한이 주도해야 되지만, 이에 상응하여 주변 강대국의 통일에 대한 협력과 지지가 수반되어야 한다.

"한반도 통일은 재일동포를 포함한 재외동포들의 참여로 이루어져야 한다"는 문항에 대해 74명(35.1%)이 '보통이다'고 응답하였고, '비교적 그렇다'는 57명(27.0%), '매우 그렇다'가 46명(21.8%)으로 나타났다. 응답자의 절반에 가까운 103명(48.8%)이 통일 논의에서 재외동포들의 참여를 긍정적으로 인식하였다. 32명(16.1%)은 부정적으로 응답하였다. 재일한인들의 통일문제에 관심 문항에서 긍정적 응답은 약 70%였으며, 남북한의 통일을 원하고 있다는 문항의 경우 찬성 응답자 비율은 약 65%에 달하였다. 그러나 통일 참여와 관련하여 긍정 응답자는 약 50%로 앞의 두 항목에 비해 더 낮은 비율이었다. 이는 한반도 통일에 대한 관심 혹은 통일되어야 한다는 인식과 통일과정에 참여하려는, 즉 이상과 현실적 실천 사이에 차이가 있음을 보여주고 있다.

재외동포는 현지에 정착하고 있는 국가의 시민권을 획득한 동포, 그리고 모국 국적을 보유하면서 정착한 동포로 구분할 수 있다. 재일한인의 경우 일본 국적자, 3개월 이상 장기적으로 체류하고 있는 한국 국적자, 조선적 국적자(무국적)를 포함한 올드커머 특별 영주권자 등으로 나눌 수 있다. 한반도 통일과정에서 참여와 관련하여 그 주체를 남북한 국민으로 국한하는 '제도의 통일'인가 아니면 모국의 국적을 보유하고 있지 않아 참정권이 배제된 재외동포까지도 참여할 수 있는 '사람의 통일'인가의 문제가 제기될 수 있다. '제도의 통일'은 정치·경제 제도를 하나로 만드는 데 초점을 두었다면, '사람의 통일'은 분단으로 인해 서로 달라진 가치관, 정서, 생활문화 등을 확인하고 공통점을 확대해 갈 수 있는 방법,

경로를 모색하는 것이다(김진환 2015, 98). 따라서 이상적인 통일은 제도의 통일과 사람의 통일을 복합적으로 추구하는 것이며, 이는 분단을 극복하는 진정한 통일로 나아가야 할 루트이다.

재일한인을 포함한 재외동포들이 한반도 통일과정에서 주체적 역할을 수행할 수 있는 이유는 첫째, 한민족이 하나의 민족공동체를 형성하는데 있어 다양한 계층에서 역할을 할 수 있다. 둘째, 동포들은 남북한 모두를 접촉할 수 있는 가교 역할을 수행할 수 있다. 셋째, 한반도 통일의 최종 종착점은 민족공동체의 구성을 의미한다는 점에서 재일한인 모두가 한반도 통일과정에 참여할 수 있다고 생각한다.

"한반도 통일 이슈(쟁점)는 재일동포 사회의 갈등과 대립을 해소할 수 있다"는 문항의 경우 71명(33.6%)은 '보통이다'고 응답하였고, '그런 편이다'가 29.9%, '매우 그렇다'가 24.6% 등 115명(54.5%)이 갈등의 대립 해소에 찬성한 반면에 25명(11.9%)은 부정적으로 반응하였다. 재일한인 사회를 대표하는 한인회는 민단과 조총련이다. 민단과 조총련은 재일한인 사회에서 각각 남북한의 대리인 역할을 수행하는 단체이다. 한국의 김대중·노무현 정권하에서 남북한 간 경제협력, 대북지원 등 교류협력이 이루어졌지만, 이명박·박근혜 정권에서는 남북관계가 단절되었다. 민단과 조총련 활동은 남북한의 영향을 직접적으로 받고 있음을 알 수 있다. 이렇듯 모국에서 남북한 간 교류와 협력이 활성화되면 민단과 조총련 또한 교류협력을 위해 상호 접촉하고 있지만, 그렇지 않을 경우 일체의 교류가 단절되어 있다는 점에서 남북한의 영향을 받고 있다. 한반도 통일 쟁점이 재일한인 사회의 갈등과 대립을 해소할 수 있다는 문항에서 약 55% 찬성 응답률의 경우 남북관계의 해빙이 재일한인 사회에 영향을 주어 친한국계와 친북한계 간 전개되고 있는 첨예한 갈등과 대립을 완화시킬 수 있다는 인식을 갖고 있다.

"한반도 통일이 동아시아 지역의 평화와 공존에 중요한 역할을 할 것이다"에 대해 81명(38.4%)이 '매우 그렇다'고 응답하였고, 63명(29.9%)은 '그런 편이다'고 응답하였다. 응답자 중 144명(68.3%)이 긍정적으로 답하였지만 22명(10.5%)은 그렇지 않다고 했다. 한국의 사드(THAAD) 배치 및 북한의 핵실험과 미사일 발사에 대해 한·미·일과 북·중·러의 대결 구도가 형성되었으며, 북한에 대한 유엔 제재의 수위를 놓고 안전보장이사회 상임위원회에서 갈등이 표출되었다. 동북아에서 화약고로 부상할 가능성이 높은 한반도 문제에서 통일은 남북간 전쟁 위협의 제거, 한반도의 비핵화, 동북아시아의 지정학적 안정과 평화 정착의 유인 등 많은 유용성을 내포하고 있다는 점에서 재일한인 10명 중 7명 정도는 한반도 통일이 동북아시아의 평화와 공존에 기여할 것으로 인식하고 있다.

한편 재일한인들의 한반도 통일에 관한 인식에서 각 문항의 평균을 살펴보면 다음과 같다. 11개 문항에서 중간점인 3점 이상을 나타냈는데, '한반도의 평화적 통일'에 대한 인식도가 가장 높은 4.41점이었고, '통일에 대한 관심'은 3.95점으로 나타났다. '한반도 통일의 동아시아 내 역할'에 대한 인식도 또한 3.94점으로 높게 나타났고, '한반도 통일 기원'은 3.89점으로 나타났다.

한반도에서 통일이 어려운 이유 및 분단 극복을 위한 과제의 인식도는 <표 5-4>와 같다. 54명(25.6%)은 남북한의 상호 적대와 불신 때문에, 그리고 48명(22.7%)과 47명(22.3%)은 각각 남북한이 자기 위주의 통일정책 고수와 북한의 핵무기 개발을 선택하였다. 소수 의견으로 16.6%는 주변 4강의 통일방해와 분단을 유지하려는 남북한 정부의 태도에 응답하였다. 한반도 통일의 당사자는 남북한이다. 1989년 독일의 통일 사례를 보면 통일 이전에 동서독 정부는 상호방문, 편지교환, 서독정부의 동독 지원 등 지속적인 교류를 통해 신뢰를 축적했으며, 동서독을 둘러싼 미국, 영국, 프랑스, 소련 등이 독일 통일에 협조적 환경 조성, 그리고 소련 내부의 개혁·개방정책으로 인한 동독에 대한 통제 불가능 요인 등은 독일 통일에 긍정적 변수로 작용하였다. 그 결과, 동독과 서독으로 분할되었던 2개 국가가 독일이라는 1개 국가로 통일을 달성하였다.

표 5-4 한반도 통일이 어려운 이유 및 분단 극복을 위한 과제 N(%)

한반도에서 통일이 어려운 이유		한반도 분단 극복을 위한 우선 과제	
변 인	전 체	변 인	전 체
북조선의 핵무기 개발	47(22.3)	상호 신뢰성 회복	103(48.8)
주변 4강의 통일 방해	35(16.6)	군사적 긴장완화	57(27.0)
남북이 자기 위주의 통일정책 고수	48(22.7)	문화교류	23(10.9)
분단 유지하려는 남북한 정부의 태도	27(12.8)	경제협력	22(10.4)
한국과 북조선의 상호 적대 및 불신	54(25.6)	외세의 배제	6(2.8)
전체	211(100.0)	전체	211(100.0)

독일 사례에서 알 수 있듯이 한반도의 평화통일 과정은 남북한의 정치·경제·사회·문화 등 다양한 분야에서 교류와 협력의 활성화를 통한 신뢰의 기반 위에서 통일문제를 논의할 수 있을 것이다. 김대중과 노무현 정부 하에서 북한 김정일 국방위원장과의 정상회담은 남북한 관계를 진일보시킨 사례이다. 그러나 이명박 정부의 대북 강경정책의 추진은 남북한 관계의 부분적 단절을 촉진했으며, 북한의 핵실험과 미사일 실험은 박근혜 정부의 개성공단 폐쇄로 이어졌다. 이렇듯 남북한의 상대방에 대한 극단적인 적대와 불신은 현재의 관계를 변화시킬 수 없다는 판단에서 재일한인 4명 중 1명이 이 응답을 선택하였다.

재일한인 응답자 중 2순위와 3순위 선택의 22,7%와 22.3%는 통일정책의 고수, 북한의 핵무기 개발을 한반도 통일의 장애요인으로 인식하였다. 통일정책은 "통일에 유리한 환경을 조성하면서 남북관계를 관리하고 개선하려는 정부의 정치적 선택을 말한다"(통일부 통일교육원 2016, 135). 북한의 대남정책의 기조는 해방 이후부터 현재까지 무력적화통일 노선을 유지하고 있으며, 남한의 경우 정권의 성향에 따라 대북정책의 기조에 차이가 있었다. 그렇지만 남북한의 상대방에 대한 기본노선은 배려가 아닌 우위를 통한 통일정책의 유지였다. 따라서 남한은 북한의 무력통일의 위협, 그리고 북한은 경제력을 앞세운 남한의 흡수통일에 반감을 갖고 있다. 또한 남한의 통일방안은 '민족공동체 통일방안'으로 자유민주주의와 통일 접근 시각으로서의 민족공동체 건설을 제시하면서 화해협력 단계, 남북연합 단계, 1민족 1국가의 통일국가 완성을 목표로 하고 있다. 반면 북한은 1민족 1국가 2제도 2정부에 기초한 '고려민주연방제'를 주장하면서 낮은 단계의 연방제 통일을 내세웠다. 즉 자유민주주의 대 사회주의 체제에 의한 조국통일을 남과 북이 추구하고 있다. 이같이 상이한 한반도 통일 목표를 달성하려는 남북의 입장은 통일정책의 추진에서 불협화음의 평행선을 표출하는 구조적 모순을 내포하고 있다.

재일한인의 응답 3순위는 북한의 핵무기 개발이 통일을 저해한다는 의견이었다. 북한은 1985년 12월에 '핵확산금지조약(NPT)'에 가입했지만, 1993년 3월 돌연 NPT 탈퇴를 선언했다. 그리고 UN의 각종 제재에도 불구하고 2006년 10월 제1차 핵실험을 시작으로 2017년 9월까지 6차례의 핵실험을 강행하였다. 북한의 핵무기 개발은 동북아의 군사적 안정을 깨뜨리는 행위이다. 향후 북한이 수소폭탄급 장거리 핵무기(ICBM)를 보유한다면 미국, 일본, 한국 등 어떤 국가에 대해서도 발사할 수 있으며, 이는 동북아의 긴장완화의 파괴 및 주변 국가들의 핵무기 개발과 도입을 자극하고 있다. 한국과 일본은 미국의 핵우산 정책에 의해 보호를 받고 있으며, 트럼프(Trump) 대통령 또한 핵우산 제공을 확약하고 있지만 국제정치에서 힘의 논리를 고려한다면 핵무기를 개발할 수 있는 충분한 기술과 경제력을 보유하고 있는 한국과 일본도 핵무장 국가로 등장할 수 있다. 재일한인 중 22.3%는 북한의 핵무기 개발과 실험을 통일의 장애요인으로 인식하고 있다.

한반도에서 분단 극복을 위한 과제에 대해 103명(48.3%)은 압도적으로 남북한의 '상호 신뢰성 회복'을 선택하였다. 57명(27%)은 군사적 긴장완화에 응답했으며, 문화교류(10.9%), 경제협력(10.4%), 외세의 배제(2.8%) 항목을 선택한 소수 의견도 제시되었다. 한반도의 평화적 통일을 위한 선결 조건은 남북한의 지속적인 교류와 협력을 통해 분단 구조를 타파하고 통일환경을 조성하는 것이다. 비정치적 분야의 교류를 시작으로 점차 정치적 분야까지 확대하는 신기능주의적 접근을 실행한다면 남북한의 상대에 대한 신뢰는 높아져 갈 것이다.

재일한인들은 남북한의 화해 및 적대 국면의 뉴스를 일본과 한국의 언론, 민단신문, 조총련 기관지 조선신보 등 각종 매체를 통해 입수하고 있다. 특히 남북한의 교류와 협력의 활성화는 신뢰 형성에 긍정적으로 작용하여 군사적 긴장을 완화 모드로 조성할 수 있다. 그렇지만 적대적 관계의 지속은 군사적 위협이라는 반대 상황을 연출할 것이다. 재일한인들은 한반도 관련 뉴스와 정보를 통해 남북한의 신뢰성 회복을 분단 극복의 최우선 과제로 인식하는 경향이 가장 많았다.

한반도 통일의 직접적 이해당사자는 남북한이다. 남북한이 화해 국면을 조성한다면 자연스럽게 주변 4강의 통일 협력을 유인해 낼 수 있지만, 적대 국면은 방해나 방관의 환경을 조성하여 협력을 이끌어 낼 수 없다. 한반도에서 평화적 통일환경을 구축하려면 먼저 남북한의 상호간 신뢰 회복과 형성이 반드시 필요하다. 남북한의 신뢰 회복과 형성 단계가 1989년 통일 직전의 동서독 관계의 신뢰에 버금간다면 재일한인 응답자 27%가 선택한 한반도의 군사적 긴장완화를 부수적으로 이끌어 낼 가능성이 높을 것으로 기대할 수 있다.

<표 5-5>는 재일한인들의 통일 한반도의 중요 가치 및 한반도 통일을 반대하는 국가에 대한 인식이다. 먼저 통일 한반도의 중요 가치에서 재일한인들은 보편적 인권(60명, 28.4%), 민족 주체성(53명, 25.1%), 정치적 자유(50명, 23.7%), 경제적 평등(43명, 20.4%), 환경 친화적(5, 2.4%) 순으로 응답하였다. 환경 친화적 문

표 5-5 통일 한반도의 중요 가치 및 한반도 통일 반대 국가 N(%)

통일 한반도가 추구해야 할 중요 가치		한반도 평화통일 반대 국가에 대한 인식	
변 인	전 체	변 인	전 체
정치적 자유	50(23.7)	한국(남조선)	30(14.2)
민족 주체성	53(25.1)	북조선	26(12.3)
경제적 평등	43(20.4)	미국	45(21.3)
보편적 인권	60(28.4)	일본	34(16.1)
환경 친화적 생활	5(2.4)	중국	64(30.4)
		러시아	12(5.7)
전체	211(100.0)	전체	211(100.0)

항을 제외한다면 4개 항목의 빈도는 큰 차이를 보이지 않았다. 28.4%의 재일한인들은 1순위로 보편적 인권을 선택하였다. 인권이란 인간의 존엄성을 표현하는 절대적 가치의 의미를 담고 있다는 점에서 천부인권을 말한다. 인간은 자유롭게 살아갈 권리, 인간다운 삶을 보장받을 권리, 평등하게 누릴 수 있는 권리를 갖고 있으며, 대표적인 인권으로는 자유권이나 사회권 등을 지칭한다.

제2차 세계대전에서 독일 히틀러(Hitler) 정권이 유대인을 대상으로 집단학살을 자행한 홀로코스트(holocaust), 일본의 만주 점령지역에서 731부대의 생체실험, 그리고 재일동포와 관련해서는 1970년 12월 박종석의 히타치제작소(日立製作所) 취업차별 소송 제기, 간사이 지방에서 공동주택 입주 차별과 아동수당 지급에 따른 국적조항 철폐, 재일한인의 변호사·공사 직원·지방공무원 임용에 대한 국적차별 철폐 투쟁, 일본 정부의 외국인 영주권자 및 정주자에 대한 지문날인 강요, 특별 영주권자들의 지방참정권 요구 묵살, 가장 최근에는 재특회의 혐한시위 등 재일한인들은 모국이 아닌 일본에 정주하면서 이 사회로부터 유·무형의 무수한 차별과 배제를 경험했기 때문에 통일 한반도의 중요 가치로 보편적 인권을 선택한 것으로 추정할 수 있다.

민족 주체성을 중요 가치로 응답한 재일한인들의 경우 역사적·지정학적으로 한반도는 대륙과 해양을 연결하는 반도라는 특성상 주변 강대국에 의한 끊임없는 영향력 행사와 위협에 시달려 왔으며, 1945년 미·소의 한반도 분할 통치, 그리고 한반도 통일을 방해하면서 남북한의 현상유지를 원하고 있는 국가와 세력들이 존재하기 때문에 한반도 통일이 어렵다고 인식하고 있다. 통일 한반도는 외세의 영향력을 받지 않고 정부와 국민 스스로 민족과 국가의 이익을 수호하는 민족 주체성의 가치를 기반으로 대외관계를 형성해 나가야 한다는 인식을 갖고 있었다.

정치적 자유를 선택한 재일한인들은 남북한 정부의 대리인 역할을 수행하고 있는 민단과 조총련 사이에서 특정 이념에 의한 피해를 피부로 느껴왔다. 예컨대, 1971년 민단장 선거를 놓고 유석준 후보가 조총련과 연계되었다는 김재권 공사의 발언, 1970년대 중반 한국에서 '재일동포 유학생 간첩사건'의 발생 등은 기본적으로 조총련이라는 매개체와 관련되어 있다. 지금은 많이 완화되었지만 과거에는 같은 동포일지라도 이념과 가입 조직이 다르면 상호 기피하는 경우도 비일비재하였다. 특정 이념을 추종하는 정치적 성향에 따라 적과 아군을 구분하는 이분법적 태도로 인해 동포 간에도 적대시하는 경향이 많았다. 바로 이러한 것들의 근저에는 이데올로기(ideologie)가 작용한 결과이며, 재일한인들은 자유로운 이념적 선택에서 제한적일 수밖에 없는 정치적 환경에서 생활하였다.

경제적 평등을 통일 한반도의 중요 가치로 선택한 응답자는 일본에서 외국인으로 살아가는데 있어 경제적 어려움으로 인한 고난을 겪었기 때문에 이 문항을 선택한 것으로 추정할 수 있다. 다수 재일한인들의 일상적 생활수준을 보통의 일본인과 비교한다면 높지 않을 것이다. 문화방송의 토요일 인기 프로그램 '무한도전'은 교토(京都) 남쪽에 위치한 우지시(宇治市)의 우토로(ウトロ)에 거주하고 있는 재일한인 집거지를 방송하였다. 1941년 일제 강점기에 강제징용된 한국인들이 비행장 건설과 관련하여 무허가 주택을 짓고 살았지만, 해방 이후에도 세대별 수도관이나 정수 시설 없이 공동으로 살고 있는 낙후지역이다. 1970년대 한국의 달동네를 연상하는 유사한 환경을 갖고 있었다. 문제는 토지 소유주가 68가구 177명의 재일한인들을 대상으로 강제철거를 법원에 요청하면서 우토로의 실상이 알려졌다. 물론 재일한인 모두가 우토로 동포들과 같은 생활을 하고 있지는 않지만, 동포들이 풍족한 경제생활을 영위하고 있다면 통일 한반도가 추구해야 할 가치의 하나로 경제적 평등을 선택할 가능성은 낮았을 것이다.

한반도의 평화통일을 반대하는 6개 국가를 제시하였다. 재일한인 10명 중 3명에 해당하는 64명(30.4%)은 중국을 선택했으며, 차순위로는 미국 45명(21.3%), 일본 34명(16.1%), 한국 30명(14.2%), 북한 26명(12.3%), 러시아 12명(5.7%) 등으로 나타났다.

한승주 전 외교부 장관은 2014년 동반성장연구소가 주최한 포럼에서 "한반도 통일과 주변 4강의 입장"의 주제를 발표하였다.[13] 그는 주변 4강의 한반도 통일에 대한 부정적 시각으로 미국의 경우 한미 동맹의 필요성과 명분의 감소, 중미 간 한국의 등거리 정책 가능성, 한국의 정치적·경제적 중국 영향권에의 흡입 가능성, 한국에 대한 미국의 영향력 감소, 한일관계의 악화 가능성을 말하였다. 일본의 부정적 시각으로는 강력한 경쟁국의 등장, 북한이라는 일본의 군사화 명분 제거, 남북한 간의 분할 지배(divide and rule) 가능성 박탈, 통일 한국의 친중국 성향의 표출 가능성 등을 반대 이유로 주장하였다. 중국은 북한이라는 완충 지역(buffer zone)의 제거, 북한과 동북 3성과의 경제적 협력관계에 지장 초래, 북한 난민의 유입 가능성, 한미 동맹의 유지와 미군 기지의 존속 가능성, 통일 한국이라는 경쟁국 출현, 그리고 러시아는 "흙탕물에서 이득을 취하는(fishing in troubled waters)" 기회의 박탈, 남북한 간의 경쟁에서 영향력을 증대하는 기회의 소실, 통일 한국에 대한 중국의 영향력 증대 가능성을 들어 통일 한반도에 반대할 것이다.

분단된 남북한에 대해 주변의 열강들은 각각 남북한을 상대로 자국에 유리한 외교정책을 전개하여 각종 이익을 취할 수 있다는 점에서 통일을 반대할 수 있다. 그렇지만 한반도에서 전쟁이 발생한다면 이들 국가들 또한 직·간접으로 개입해야 할 국면이 전개될 수 있다는 점에서 평화를 유지하면서 한반도 통일에 협력할 필요성도 있다. 그리하여 주변 4강들은 통일보다는 동북아에 큰 지정학적 변화가 없이 분단된 남북한이 지속되기를 원하고 있는 현상유지(status quo)를 선호하는 경향이 강하다. 그 이면에는 남북한에 대한 자국의 영향력 축소 문제가 자리하고 있다.

재일한인들은 통일 한반도에 대한 반대 국가 1순위로 중국을 지목하였다. 중국은 북한의 정치적·경제적·군사적 최대 지원국이다. 북한의 핵실험과 장거리 미사일 발사를 놓고 UN의 여러 제재조치에 대해 중국은 적극적으로 북한의 입장을 대변하고 있다. 즉 중국에 대해 대북 석유 및 금융거래를 포함한 경제조치를 요구하는 UN의 결정에 대해서도 항상 북한을 두둔하고 있다. 중국의 대북제재에 대한 동참에도 불구하고 '외교적 제스처'에 불과하기 때문에 실질적 효과를 기대

13) 한승주, "한반도 통일과 주변 4강의 입장," http://blog.naver.com/PostView.nhn?blogId=kuciss&logNo=220289521882(검색일: 2017.09.25).

하기는 어려운 실정이다(이성현 2017, 22). 또한 중국은 북한의 석탄, 철광 등 많은 지하 광산권 채굴을 장기간 임대하여 경제적으로 북한을 지원하고 있다. 이러한 정황을 고려한 재일동포들은 중국을 1순위 국가로 지명하였다.

2순위 미국과 3순위 일본의 비율 차이는 5.2%로 재일한인들은 미국과 일본을 통일 한반도를 반대한 순위 국가로 선택하였다. 미국과 소련은 한반도 분단과 관련하여 원천적 책임이 있으며, 올드커머 재일동포들을 일본에 정주하게 만든 요인으로 인식하고 있다. 한국은 2006~2015년까지 미국으로부터 36조 360억원의 무기를 구매한 최대 수입국이었다.[14] 이는 한국의 자국 방위를 위한 측면도 있지만, 또 다른 측면에서 보면 남북으로 분할되어 군사적 경쟁을 하고 있기 때문에 미국이 반사적 이익을 취한 결과이다. 일본 역시 한반도 통일보다는 분단에 의한 이익이 많다고 동포들은 인식하고 있으며, 북한의 핵개발로 인해 향후 통일된 한반도가 핵무기를 보유한 국가가 성립될 수 있다는 위기감도 통일을 반대하는 이유이다.

재일한인 응답자 중 14.2%와 12.3%는 남과 북에 대해서도 통일을 반대하고 있다고 생각하였다. 재일한인은 남북한의 강경한 적대정책의 추진, 흡수 또는 적화통일 가능성의 표출, 군비경쟁, 상호불신의 증대 등을 보면서 과연 남북한이 한반도에서 평화통일을 하려는 의지가 있는가에 의문을 제기하고 있다. 친한 성향의 동포는 북한에 대해, 친북성향의 동포는 남한에 대해 각각 통일의 반대세력으로 인식하고 있다. 한편 러시아를 반대 국가로 지명한 비율은 5.7%로 소수 의견이 제시되었다. 한반도 핵문제 해결 및 비핵화를 위해 만들어진 6자회담에서 러시아의 역할과 비중은 참석자에 불과했으며, 북한에 대한 러시아의 정치적·경제적 측면에서의 약한 영향력을 고려하여 재일한인들은 한반도 통일을 가장 반대하지 않은 국가로 선택하였다. 결국 한반도 통일을 반대하는 국가의 항목에서 재일한인들은 중국을 1순위 국가로 지명한 반면에 러시아를 6순위 국가로 응답하였다.

14) BreakNews, "한국, 이제부터 중국-러시아산 무기수입 고려해봐야 한다," http://www.breaknews.com/sub_read.html?uid=507134(검색일: 2017.09.26).

5. 민족정체성과 통일 인식의 상관성 및 영향력

재일한인의 민족정체성과 통일 인식에 대한 상관성 및 영향력 정도를 살펴보기 위해 상관관계와 회귀분석을 실시하였다. 먼저 민족정체성 10개 문항 중 4개 문항, 그리고 한반도 통일에 관한 11개 문항 중 2개를 선정하였다.

1) "한국어로 읽고 쓰고 말할 수 있다."
2) "한민족의 시조로서 단군을 잘 알고 있다."
3) "한민족의 전통과 문화에 관심이 많다."
4) "모국(한국 및 북조선)에 자부심을 갖고 있다."
5) "나는 한반도 통일문제에 관심을 갖고 있다."
6) "나는 현재의 남북한이 통일되어야 한다고 생각한다."

민족정체성과 통일 관심 및 통일 기원의 일반적 경향은 <표 5-6>과 같다. 민족정체성 전체는 3.55점으로 중간점인 3점보다 높은 것으로 나타났다. 민족정체성을 하위영역별로 보면, '모국에 대한 자부심'이 3.88로 가장 높았고, '한민족의 시조로서 단군을 잘 알고 있음'이 3.32점으로 가장 낮은 것으로 나타났다. 통일에 대한 관심은 3.95점, 통일 기원은 3.89점으로 중간점인 3점보다 높게 나타났다.

표 5-6 재일한인의 민족정체성과 통일 관심 및 통일 기원의 일반적 경향[15)]

		m(sd)
민족 정체성	한국어 사용	3.37(1.45)
	단군을 알고 있음	3.32(1.34)
	전통과 문화 관심	3.61(1.16)
	모국에 대한 자부심	3.88(1.00)
	정체성 전체	3.55(.91)
통일 관심		3.95(1.08)
통일 기원		3.89(1.07)

재일한인의 민족정체성과 통일에 대한 관심 및 통일을 기원하는 정도 간 상관관계를 살펴보기 위해 피어슨 적률상관계수(Pearson product-moment correlation coefficient)를 산출하였는데, 그 결과는 <표 5-7>과 같다. 민족정체성 전체와 통일 관심, 통일 기원 간 상관은 정적 상관관계를 갖는 것으로 나타났다. 민족정체성이 높을 때 통일에 대한 관심도는 높았으며(r=.42, p<.001), 남북한이 통일되어야 한다고 생각하는 정도 역시 높은 것으로(r=.26, p<.001) 나타났다.

민족정체성의 각 하위영역과 통일 관심 및 통일 기원 간 상관관계를 살펴보면 통일에 대한 관심도는 민족정체성의 각 하위영역 모두와 유의한 정적 상관을 나타냈다. 한국어 사용 능력이 높을 때(r=.22, p<.01), 한민족의 시조로서 단군을 잘 알고 있을 때(r=.26, p<.001), 한민족의 전통과 문화에 대한 관심이 많을 때(r=.38, p<.001), 모국에 대한 자부심이 높을 때(r=.45, p<.001) 통일에 대한 관심도 높은 것으로 나타났다. 통일에 대한 기원 정도는 한국어 사용 능력을 제외한 나머지 항목에서 유의한 정적 상관을 나타냈다. 한민족의 시조로서 단군을 잘 알고 있을 때(r=.15, p<.05), 한민족의 전통과 문화에 대한 관심이 많을 때(r=.27, p<.001), 모국에 대한 자부심이 높을 때(r=.40, p<.001) 통일에 대한 관심도 높은 것으로 나타났다. 한편 통일에 대한 관심과 기원 간은 비교적 높은 정적 상관관계를 나타냈다(r=.63, p<.001).

표 5-7 재일한인의 민족정체성과 통일 관심 및 기원 정도 간 상관관계

	1	2	3	4	5	6
1. 한국어 사용						
2. 단군을 알고 있음	.49***	1				
3. 전통과 문화 관심	.33***	.63***	1			
4. 모국에 대한 자부심	.20***	.24***	.35***	1		
5. 정체성 전체	.74***	.83***	.78***	.55***	1	
6. 통일 관심	.22***	.26***	.38***	.45***	.42***	1
7. 통일 기원	.01	.15*	.27***	.40***	.26***	.63***

* p<.05 ** p<.01 *** p<.001

15) 민족정체성 4문항의 신뢰도(Crinbach' α)는 .71

재일한인의 통일 관심 및 통일 기원에 미치는 민족정체성의 영향력은 <표 5-8>과 같다. 재일한인의 통일 관심 및 통일 기원에 미치는 민족정체성의 영향력을 탐색하기 위해 중다회귀분석(Multiple Regression analysis)을 실시하였다. 회귀 가정의 만족 여부를 파악하기 위해 VIF계수를 조사하였는데, 두 회귀식에서 VIF 계수는 1점대에 머물러 다중공선의 문제가 없는 것으로 나타났다.

통일에 대한 관심에 영향을 미치는 변인을 살펴보면, 민족정체성의 하위영역 중 '전통과 문화에 대한 관심', '모국에 대한 자부심'이 통일에 대한 관심도에 유의한 영향 변인으로 나타났는데, 이 변인들은 통일에 대한 관심도의 25%를 설명하고 있다. 한민족의 전통과 문화에 대한 관심이 높을수록($\beta=.24$, $p<.01$), 모국에 대한 자부심이 높을수록($\beta=.35$, $p<.001$) 통일에 대한 관심도 높아지는 것으로 나타났다.

통일에 대한 기원에 영향을 미치는 변인을 살펴보면, 민족정체성의 하위영역 중 '전통과 문화에 대한 관심', '모국에 대한 자부심'이 통일에 대한 관심도에 유의한 영향 변인으로 나타났다. 이러한 변인은 통일에 대한 기원의 18%를 설명하고 있다. 한민족의 전통과 문화에 대한 관심이 높을수록($\beta=.18$, $p<.05$), 모국에 대한 자부심이 높을수록($\beta=.36$, $p<.001$) 통일에 대한 기원 또한 높아지는 것으로 나타났다.

표 5-8 통일 관심도 및 기원도에 미치는 민족정체성의 영향력

	통일에 대한 관심도		통일에 대한 기원도	
	b	β	b	β
한국이 시용	.06	.05	−.09	−.12
단군을 알고 있음	.02	−.02	.00	.00
전통과 문화에 대한 관심	.22	.24**	.17	.18*
모국에 대한 자부심	.38	.35***	.39	.36***
F	18.02***		12.49***	
Adjusted R^2	.25		.18	

** $p<.01$ *** $p<.001$

재일한인의 모국에 대한 자부심은 정치, 경제, 사회, 문화, 역사 등 다양한 부문에 대한 개인의 주관적 평가이다. 통일에 대한 관심 및 기원은 모국에 대해 자부심을 갖는 영향력에서 매우 높게 나타났다. 일반적으로 국가에 대한 자부심의 척도는 "나는 다른 나라 국민보다는 모국의 국민이 더 좋다"와 "내 나라가 다른 나라보다 더 나은 나라다"는 질문을 던져 이에 대한 반응으로 평가하고 있다.[16] 국가 자부심의 근원은 민족정체성에서 출발하고 있다. 이와 관련하여 모국에 대한 자부심을 묻는 질문에서 재일한인 응답자의 136명(64.5%)이 자부심을 갖고 있다고 답하였다. 한국의 경우 한류의 세계적 확산, IT 강국, '한글'이라는 우수한 언어, 세계적인 문화유산의 보유, 한국 여권 보유자의 전 세계 117개국 무비자 여행 가능, 민주 정치체제의 구축, 특히 한강의 기적을 일구어 낸 경제력 등은 한민족 구성원 모두에게 민족에 대한 긍지와 함께 모국에 대한 자부심을 갖게 만드는 요인이었다.

문제는 재일한인의 일본 귀화와 민족정체성의 관계이다. 재일한인 사회에서 일본 귀화를 통한 '권리획득'이라는 관점과 '재일(在日)의 민족정체성 소멸'에 대해 재일한인이 일본인으로 귀화하는 것은 민족정체성을 포기하는 행위라는 진창현의 주장과 민족정체성과 일본 국적의 취득은 별개의 문제라는 한창우 입장이 충돌하였다. 상반된 두 관점에 대해 라경수와 송석원 교수는 "일본인으로 귀화했다고 해서 민족정체성이 반드시 약화되는 것도 아니다"라고 했다.[17] 재일한인 올드커머는 일본에서 출생하여 일생을 타국에서 정주하고 있지만, 이들의 뿌리는 한민족이다. 재일한인이 일본 국적을 취득한다면 그렇지 않은 사람과 비교하여 민족정체성이 약화되는 것은 사실이다.[18] 그렇다고 귀화자의 민족정체성이 소멸된다는 논리는 다소 비약된 측면이 강하다는 점에서 이 문제는 별개로 취급되어야 한다.

한편 재일한인의 지속적인 국가에 대한 자부심의 고양을 위해서는 그 무엇보다 교육이 필요하다. 한민족은 5천년의 역사를 갖고 있으며, 타국의 많은 침략,

---

16) 한국기독교사회문제연구원, "한국인 민족 자부심 33국중 22위…호남주민은 높아," http://jpic.org/life/?uid=939&mod=document(검색일: 2017.11.04.).

17) 민단신문, "재일동포 주류화? 특수성, 시대성 맞는 새 기준 필요," http://www.mindan.org/sp/kr/newsDetail.php?newsId=15736(검색일: 2017.11.04).

18) 최영호 교수는 재일한인 사회의 '탈민족' 현상을 지적하면서 특별영주권자, 즉 올드커머 후손들의 경우, 출생률 감소, 일본 국적의 취득 용이성에 따른 귀화자의 증가, 일본인과 재일한인 간의 결혼 등이 원인으로 작용하여 민족·역사 의식이 희박해져 가면서 과거와 비교하면 전반적으로 민족성의 약화현상이 나타나고 있다고 주장하였다(2008, 92~95).

전쟁에도 불구하고 이를 극복하였다. 또한 한글을 언어로 사용하는 우수한 민족이다. 그러나 재일한인들이 한민족의 역사와 국가 발전의 과정을 모른다면, 자부심을 느낄 수 없을 것이다. 이를 보완하는 방법은 강의, 모국 방문 등을 포함하는 교육이다. 예컨대, 재일한인들은 모국 방문을 통해 통일교육을 받고 남북한의 경계선인 DMZ 견학, 한국의 전통문화 체험을 하고 있다. 모국 방문 동포와 그렇지 않은 동포 간에는 한반도 통일에 대한 인식 측면에서 차이가 있는 것으로 나타났다. 따라서 동포들이 모국에 대해 지속적인 자부심을 갖게 하려면 교육이 필요하다. 이 교육은 재일한인들의 모국에 대한 자부심을 더 높게 만드는 것으로 추정할 수 있다.

6. 일본 내 통일운동

일본 내 통일운동에 대한 5개 문항의 인식과 관련된 재일한인의 응답을 <표 5-9>에 제시하였다.

표 5-9 재일동포의 일본 내 통일운동에 관한 인식 N(%)

	전혀 없다	별로 없다	보통 이다	약간 있다	매우 많다	평균 (표준편차)
한반도 분단이 귀하에게 주었던 피해 정도	51(24.2)	42(19.9)	49(23.2)	38(18.0)	31(14.7)	2.79(1.38)
일본에서 한반도 통일을 위한 재일동포의 역할을 수행할 의향	22(10.4)	22(10.4)	75(35.5)	48(22.7)	44(20.9)	3.33(1.22)
일본 내 한반도 통일 축제가 재일동포 사회에서 통일문제의 확산에 기여한다고 생각	14(6.6)	24(11.4)	91(43.1)	46(21.8)	36(17.1)	3.31(1.09)
한반도 통일과 관련된 활동에 참여할 의향	17(8.1)	29(13.7)	70(33.2)	44(20.9)	51(24.2)	3.39(1.22)
일본인에게 한반도 통일 필요성 설명한 경험	40(19.0)	42(19.9)	51(24.2)	49(23.2)	29(13.7)	2.93(1.32)

‘한반도 분단이 귀하에게 주었던 피해 정도’에 대해 ‘전혀 없다’가 51명(24.2%), ‘보통이다’가 49명(23.2%), ‘별로 없다’가 42명(19.9%)으로 나타났다. 경중의 사안에 따라 약간은 다르겠지만, 피해를 받았다는 재일한인의 총합은 69명(32.7%)이었고, 한반도 분단으로 피해를 받지 않았다는 응답자 총합은 93명(44.1%)이었다. 한반도 분단으로 인한 피해를 받지 않았다는 재일한인의 경우 1965년 한일협정의 체결 이후, 비자를 받아 일본으로 건너간 뉴커머와 올드커머 3~4세의 후손으로 추정할 수 있다. 뉴커머는 자영업자, 유학생, 기업 주재원, 결혼, 취업 등 다양한 목적으로 도일한 자발적 이주자로 한반도 분단으로 인한 피해와는 상관성이 낮을 것이며, 올드커머의 후손 가운데 일부는 일본에서 출생하여 생활하고 있는 관계로 피해를 받고 있지 않다고 인식하고 있다.

반면 한반도 분단으로 피해를 입었다는 재일한인들은 올드커머 1~3세대로 분류되는 응답자이다. 이들은 기본적으로 재일한인의 일본 정주를 일제의 식민지 통치와 한반도의 분단에서 비롯된 것으로 생각하고 있다. 그리고 1990년대 후반까지 일본 사회의 미성숙한 시민의식의 표출, 타 민족에 대한 배외주의(排外主義) 경향으로 다수의 재일한인들은 차별과 박해를 받으면서 생활하였다. 재일한인 1~2세대는 조국지향성이 무척 강했지만 미·소에 의한 한반도의 분할 통치, 남한 내에서 좌우의 충돌과 분열, 사회적 혼란의 가중과 탄압 등의 이유로 모국에 귀국하지 못한 사람들이 많았으며, 약 22,000명이 밀항 루트를 통해 한반도에서 일본으로 역류한 사람들도 있었다(미즈노 나오키·문경수 2016, 110~111). 경상도와 재일제주인들이 이 범주에 속한다.

“일본에서 한반도 통일을 위한 재일동포의 역할을 수행할 의향이 있습니까?”라는 문항에서 75명(35.5%)이 ‘보통이다’고 응답하였고, 긍정적 인식은 92명(43.6%), 부정적 답변은 44명(20.8%)이었다. 부정적 응답자의 2배를 상회하는 긍정적 응답자가 높게 나왔다. 이 문항을 ‘나는 한반도 통일문제에 관심을 갖고 있다’는 설문과 비교하면 145명(69.3%)이 긍정적으로 응답했던 것에 비해 그 차이는 25.7%로 한반도 통일에 관심은 있지만, 적극적인 역할 수행에 있어 미온적 응답자가 많았다.

재외동포재단은 2017년 내국인 820명을 대상으로 ‘재외동포에 대한 국민인식조사’를 실시하였다(이성준 외 2017, 173~178). 설문대상자에게 “향후 통일에 앞으로 어느 지역 동포들의 역할이 가장 중요하고 생각하십니까?”를 질문하였다. 그 결과 1순위 북미(45.0%), 2순위는 중국(35.5%), 3순위 일본(11.7%), 4순위 CIS(4.1%)

등으로 나타났다. 또한 "통일과 관련된 재외동포의 중요한 역할"을 묻는 문항에서 '통일에 대한 우호적인 국제여론 조성 역할'(43.2%), '경제적 협력을 포함한 남북교류협력 활성화'(25.9%), '남북관계 중재자 역할'(19.8%), '북한주민 의식변화 촉진역할'(11.2%) 순으로 조사되었다. 이렇듯 내국인은 재일한인의 지역적 중요성, 그리고 한반도 통일과정에서 일정한 역할 수행을 기대하고 있다.

한반도 통일을 위한 재일한인들의 일정한 역할 수행은 개인적 활동을 비롯하여 단체 활동에의 참여, 즉 한반도의 평화적 통일 홍보와 담론 형성, 세미나와 포럼 참석, 통일축제나 통일운동의 참여 등 다양한 방법이 있다. 문제는 생각과 행동 사이의 거리감이다. 보통의 사람들도 그러하겠지만 어떤 담론에 대한 긍정적 사고를 갖고 있다고 해도 이 생각이 반드시 현장에서 행동하는 실천으로 연계되지는 않는다. 내국인이나 동포들이 한반도 통일문제에 대해 관심은 갖고 있지만, 적극적인 행위와 연결되는 것은 결코 쉬운 일이 아니기 때문이다. 그럼에도 불구하고 재일한인들이 조국의 통일문제에 대해 관심을 갖고, 일정한 역할 수행에 참여하겠다는 것 그 자체도 어쩌면 고마운 일이 아닐 수 없다.

"일본 내 한반도 통일 축제가 재일동포 사회에서 통일문제의 확산에 기여한다고 생각하십니까?"라는 문항에 대해 91명(43.1%)이 '보통이다'고 응답하여 가장 높은 빈도를 보였다. 차순위로 '약간 있다'와 '매우 많다'가 각각 46명(21.8%)과 36명(17.1%)으로 나타났다. 재일한인 10명 중 4명은 긍정적 반응을 보였으며, 약 2명 정도는 부정적으로 응답하였다.

1985년부터 오사카에서 시작된 '원코리아페스티벌'은 동포들의 친목과 통일을 기원하는 행사로 2017년 제33회 대회를 맞이하였다. 한통련이 1994년부터 매년 도쿄, 오사카, 고베(神戸)에서 개최하는 '통일마당,' 민단·조총련·한동련이 2000년 8월에 주최한 '조국광복 55주년 재일동포 통일축제,' 2015년 8·15 해방 70주년을 기념하는 '재일동포 통일축전', 2001년과 2003년 오사카에서 민단과 조총련 동포들이 주최한 '하나마쓰리(花祭り),' 2005년 쿄토(京都)와 야마구치(山口)에서 민단과 조총련 지방본부가 6·15 공동선언 5주년을 기념하려는 취지에서 공동주최한 '코리안페스타(korean festa)' 등 다양한 통일축제가 열렸다.

일본에서 재일한인을 대상으로 열리는 통일축제의 공간은 동포들의 한반도 통일에 대한 관심의 제고와 함께 참여를 자극하는 동기부여의 요인으로 작용할 수 있다는 점에서 지속적인 통일축제가 개최되어야 한다. 통일축제는 연극, 노래, 사물놀이, 한국 음식, 통일에 대한 결의문 낭독 등 다양한 장르(genre)와 연출로 구성되어 있어 세미나와 간담회, 결의대회, 통일행진과 비교하여 재일한인들의 통일에 대한 관심과 참여의 효과를 극대화시켜 주는 유용성을 갖고 있다.

"한반도 통일과 관련된 활동에 참여할 의향이 있습니까?"의 경우 70명(33.2%)이 '보통이다'고 응답하였고, '매우 많다'는 24.2%, '약간 있다'가 20.9%로 긍정 응답자는 95명(45.1%), 그리고 부정적 응답자는 46명(21.8%)로 나타났다. 재일한인 10명 중 4.5명은 참여에 적극적인 반면에 2명은 부정적 반응을 보였다. "한반도 통일은 재일동포를 포함한 재외동포들의 참여로 이루어져야 한다"는 이전 문항에서 103명(48.8%)이 통일논의의 참여에 대해 동의했다는 점을 고려한다면 두 문항 간 3.7%의 차이에도 불구하고 큰 차이는 보이지 않았다.

재일한인들의 통일운동을 보면 주로 단체를 중심으로 전개되고 있다. 민단, 조총련, 한통련, 삼천리철도, 원코리아페스티벌 실행위원회, 평화통일연합, 재일코리아협의회, (사)통일맞이, 민주평통 일본지역협의회, 일본의 시민사회단체 대표들과 재일한인들이 결성한 통일을실천하는사람들 일본지부, 민주화·인권·통일운동을 하고 있는 교토의 히가시쿠죠(東九條)마당 등 여러 단체들이 일본 전국에서 통일운동을 전개하고 있다. 재일한인은 이 단체들이 주최하는 통일 세미나와 포럼 참석, 뉴커머 한인회를 대표하는 재일한국인연합회의 산하단체로서 통일운동을 전개하고 있는 삼천리철도의 '비무장지대 4km 철도 연결'을 기원하는 경의선 철도의 기부금 동참, 통일축제의 참가, 한반도 통일펀드 조성 기금 참여, 한반도 평화통일을 촉진하는 통일대회 참석 등 여러 통일행사에 참여할 의향이 있다고 답하였다. 따라서 재일한인 중 과반에 조금 못 미치는 동포들이 한반도 통일 활동에 참여할 의향을 갖고 있으며, 이들의 지속적인 관심과 참여 의향의 표시는 한반도 통일을 달성하는 데 있어 커다란 기여이다.

"일본인에게 한반도 통일의 필요성을 설명한 경험이 있습니까?"라는 문항에서 '보통이다'는 51명(24.2%), '경험이 있다'는 78명(36.9%), '경험이 없다'는 82명(38.9%)으로 일본인에게 한반도 통일에 대한 필요성을 설명하지 않은 동포들의 빈도가 조금은 높게 나왔다. 한반도 문제와 관련하여 일본인들은 북한의 핵실험과 보유, 장거리 미사일 발사에 위협을 느끼고 있다. 또한 남북한 간 전쟁이 발발한다면, 그 여파 또한 일본에 미칠 것이다. 한반도 통일은 일본에게 북한의 핵과 미사일 위협의 제거, 동북아의 평화 유지, 시장경제의 확대, 재일한인들 사이에서 친한국계와 친북한계의 갈등 해소 등 여러 부문에서 유용성을 내포하고 있다. 일본인의 한반도 통일에 대한 비판이 제기된다면, 위와 같은 이점을 기반으로 재일한인들은 그들에게 통일이 절대적으로 필요하다는 논리와 당위성을 주장해야 한다. 재일한인들이 일본인을 대상으로 한반도 통일의 필요성을 적극적으로 대변하고 홍보하는 것은 일본 내에서 한반도 통일에 대한 긍정적 여론을 형성하는 기반이 될 수 있기 때문이다.

한편 재일한인들의 일본 내 통일운동에 관한 5개 항목의 인식수준을 평균으로 살펴보면, '피해 정도'(2.79점)와 '한반도 통일 필요성 설명'(2.93점)은 중간점인 3점보다 낮게 나타났다. 그러나 '통일을 위한 역할 수행 의향'(3.33점), '통일축제의 기여도'(3.31점), '통일 관련 활동 참여 의향'(3.39점)은 3점 이상으로 나타났다.

재일한인 사회의 전반적인 한반도 통일 의견을 평가하였다. 재일동포 사회의 한반도 통일에 대한 의견 및 관심이 낮은 사람에 대한 인식은 <표 5-10>과 같다.

재일한인 응답자 중 약간 긍정 및 적극적 빈도는 각각 76명(36.0%)과 26명(12.3%)으로 102명(48.3%), 즉 10명 중 약 5명 정도는 동포사회의 통일에 대한 관심, 참여, 역할 수행에 긍정적으로 답하였다. 반면에 부정적 응답자는 51명(24.1%), 그리고 무관심 또한 58명(27.5%)으로 나타났다. 이러한 결과를 해석하면 재일한인 사회의 한반도 통일에 대한 여론은 찬성 48.3%, 부정적 또는 무관심 응답자 51.7%를 반대로 본다면 찬성과 반대(무관심 포함)는 대동소이(大同小異)하다.

표 5-10 재일한인 사회의 한반도 통일 의견 및 통일 관심이 낮은 사람 N(%)

재일한인 사회의 한반도 통일에 대한 의견		한반도 통일에 대한 관심이 낮은 사람	
변 인	전 체	변 인	전 체
매우 부정적	14(6.6)	뉴커머	28(13.3)
약간 부정적	37(17.5)	올드커머	17(8.1)
약간 긍정적	76(36.0)	초중고 학생	65(30.8)
매우 적극적	26(12.3)	대학생	7(3.3)
무관심	58(27.5)	일본 귀화자	94(44.5)
전체	211(100.0)	전체	211(100.0)

재일한인 사회에서 한반도 통일에 대한 부정적 응답 24.1%를 통일이 불가능하다고 생각하는 응답자로 분류한다면, 2017년 서울대 통일평화연구원의 통일의식 설문조사에서 '한반도 통일은 불가능하다'고 인식한 24.7%와 비교해도 큰 차이를 보이지 않았다. 즉 한국인이나 재일한인 4명 가운데 1명은 통일이 불필요 또는 불가능하다고 생각하고 있다. 이러한 결과는 남북의 장기간에 걸친 적대관계의 지속, 군사적 경쟁의 가속, 북한의 핵실험, 이명박·박근혜 정부의 대북 강경정책의 실행 등 한반도에서 평화통일 환경이 조성되기보다는 오히려 악화되고 있다는 판단에서 통일이 불가능하다고 생각하고 있다.

"재일한인 중 한반도 통일에 대한 관심이 가장 낮은 사람은 누구라고 생각하는가?"를 묻는 질문에 1순위로 일본 귀화자(94명, 44.5%), 2순위는 초중고 학생(65명, 30.8%), 소수의견으로는 뉴커머(28명, 13.3%), 올드커머(17명, 8.1%), 대학생(7명, 3.3%) 순으로 통일에 대한 관심이 낮다고 응답하였다. 재일한인 응답자 가운데 한국인·조선인 신분에서 일본 국적을 취득한 귀화자들은 향후 한반도 통일과 직접적 이해관계가 낮은 사람들로 인식하여 이들을 1순위로 선택하였다. 올드커머와 뉴커머 출신의 귀화자 또한 가족, 친척의 일부가 모국에 정주하고 있음에도 불구하고 이러한 결과가 도출된 것은 귀화자의 일본 국적 취득으로 이들은 더 이상 한국인(조선인)이 아니며 따라서 한반도 통일에 대한 관심이 낮은 것으로 판단한 것이다. 1990년대 중반부터 2000년 중반까지는 매년 1만 명의 재일한인이 일본 국적을 취득했지만, 그 이후부터는 5,000명으로 감소하였다.

한반도 통일에 대한 관심에서 2순위는 초중고 학생이다. 이들은 올드커머 4~5세대 또는 뉴커머 2~3세대이다. 재일한인 응답자들은 학생들은 기본적으로 학교 공부에 전념하기 때문에 모국의 통일문제에 관심이 낮을 것으로 판단하였다. 재일한인 학생들이 민단·조총련계 학교를 다니지 않는다면 수업시간에 한반도 통일을 공부할 기회가 없기 때문에 자신과는 별개의 문제로 생각할 수 있다. 도쿄와 오사카의 한국계 민족학교 학생을 대상으로 '나는 평소 남북한 통일문제에 관심이 많다'는 문항의 결과를 보면, 관심이 많은 학생의 비율은 21.0%, 관심이 없다는 30.7%로 조사되었다(이상걸 2015, 84). 따라서 재일한인 학생들의 통일에 대한 관심도 비율에서 2개의 설문 결과가 거의 유사함을 알 수 있다. 이 밖에도 재일한인의 통일 관심을 묻는 질문에서 뉴커머, 올드커머, 대학생 순으로 낮다는 소수의견이 제시되었다.

표 5-11 재일한인 역할의 어려움 및 재일한인 사회에서 가장 필요한 것 N(%)

한반도 통일을 위한 재일한인 역할의 어려움		통일을 위해 재일한인 사회에서 가장 필요한 것	
변인	전체	변인	전체
동포들의 관심 부족	90(42.7)	사상과 이념보다 동포들의 통일 의지 고취	64(30.3)
단체 지지에 따른 대립과 불이익	53(25.1)	특정 사상과 이념에 기반한 통일 운동 전개	39(18.5)
시간과 비용 부족	18(8.5)	친한국계와 친북한계의 분열과 대립 청산	58(27.5)
네트워크 부족	13(6.2)	자주적인 통일운동의 전개	21(10.0)
활동방법 잘 모름	37(17.5)	일본 정부, 국민의 한반도 통일 지지 여론 형성	29(13.7)
전체	211(100.0)	전체	211(100.0)

<표 5-11>은 한반도 통일을 위한 재일한인의 역할에서 어려움 및 가장 필요한 것을 질문하였다. '동포들의 관심 부족'(90명, 42.7%), '특정 단체의 통일운동 지지에 따른 상호 대립과 불이익'(53명, 25.1%), '활동방법을 잘 모름'(37명, 17.5%), 그리고 소수의견으로는 '시간과 비용 부족'(18명, 8.5%), '네트워크 부족'(13명, 6.2%) 등으로 나타났다. 재일한인의 경우 일본 국적자, 영주권자, 일시 체류자 등 다양한 자격으로 정주하고 있다. 이들은 한반도 통일문제와 관련하여 이해관계가 낮기 때문에 관심 또한 적을 수밖에 없는 구조이며, 재일한인들은 통일에 필요한 존재이지만 현실적으로 참여가 불가능하거나 어려운 경우가 많다. 이러한 이유로 재일한인들의 한반도 통일에 대한 관심이 낮은 것으로 평가할 수 있다.

이 문항의 차순위 빈도는 특성 단체의 통일운동 지지에 따른 상호 대립과 불이익으로 나타났다. 재일한인 사회는 과거부터 현재까지 친한과 친북을 추종하는 민단과 조총련을 중심으로 각종 통일운동이 전개되고 있으며, 이 외에도 한통련, 삼천리철도, 원코리아페스티벌 등이 비주류 통일운동을 펼치고 있다. 문제는 재일한인 개개인이 사상의 자유를 토대로 민단이나 조총련·한통련 가운데 어느 단체를 지지하느냐에 따라 친한, 친북으로 분류되며 상대 단체와 회원으로부터 배척 혹은 의혹의 눈초리를 받고 있는 것이 현재의 재일동포 사회이다. 특히 통

일문제에서 개인의 이념적 성향과 지지단체의 선호는 적과 아군이라는 피아를 구분하는 척도가 되었다. 이런 점은 재일한인들의 폭넓은 통일운동의 전개를 구조적으로 막고 있는 제약요인으로 작용하였다. 그 결과 재일한인 사회는 다른 재외동포 사회와 비교하여 여전히 특정 이념에 대한 지지와 반대라는 대립 구도가 해소되지 않았음을 알 수 있다.

통일운동에 대한 참여, 홍보를 포함한 활동방법을 잘 모른다는 응답 빈도는 3순위로 나타났다. 통일운동의 활동에는 여러 형태가 있지만, 주로 단체 중심의 통일운동 행사가 진행되고 있다는 점에서 먼저 행사 개최의 정보를 입수해야 한다. 그 다음으로는 재일동포 개개인의 자세에 따라 한반도 통일운동에의 적극적 참여나 비참여가 결정된다. 통일행사를 주최하는 단체는 지역을 중심으로 행사에 대한 적극적인 홍보가 필요하다. 한편 개인적 측면에서 통일운동의 활동은 기회가 있다면 가족, 친척, 친구, 동료, 선후배, 이웃 등 인적 네트워크를 활용하여 한반도 통일의 필요성과 유용성을 어필하는 것이다. 이를 위해서는 한반도 평화통일과 관련된 세미나 참석, 교육을 받는 것이 도움이 된다. 그리고 주변의 통일운동 단체나 활동가들에게 통일운동의 방법에 대해 상담, 조언을 듣는 것 또한 하나의 방법이 될 수 있다.

"한반도 통일을 위해 재일한인 사회에서 가장 필요한 것이 무엇인가?"를 질문하였다. 그 결과 재일한인은 '사상과 이념보다는 동포들의 통일의지 고취'(64명, 30.3%), '친한국계와 친북한계의 분열과 대립 청산'(58명, 27.5%)을 1순위와 2순위로 선택하였다. '특정 사상과 이념에 기반 한 통일 운동 전개'(39명, 18.5%), '일본정부와 국민들의 한반도 통일 지지 여론 형성'(29명, 13.7%), '자주적인 통일운동의 전개'(21명, 10%) 등 3개 문항에 소수의견이 나타났다.

1~3순위로 선택된 세 개 문항은 상호 관련되어 있다. 단지 무엇을 선순위의 문항으로 선택했느냐의 차이가 있을 뿐이다. 재일한인들은 통일을 위해서 그 무엇보다 통일의지의 고취를 가장 심각하게 고민하였다. 통일된 한반도의 정치체제, 통일방안을 논의하기에 앞서 평화통일을 추진하는 과정의 일환으로 먼저 통일을 하려는 의지가 필요함을 주장하고 있다. "일치하는 점은 취하고, 의견이 다른 것은 잠시 보류하다"는 구동존이(求同存異)처럼 선 통일의지의 결집과 고취, 후 정체(政體), 통일방안과 방식 등 세부적 사항을 남북한이 협의하는 절차에 따라 진행되어야 한다고 생각하고 있다. 재일한인 사회의 통일문제 논의와 관련하

여 친한국계와 친북한계의 대립과 분열은 동포사회의 갈등을 조장했으며, 민단과 조총련의 한국과 북한의 통일정책에 대한 절대적 지지와 홍보는 특정 이념에 기반한 통일운동이었다. 따라서 어느 한쪽에 대한 찬성과 지지를 강요하는 통일 환경은 동포들의 통일 논의의 확장을 저해하였다. 그리하여 이들 단체와 회원들의 활동은 원천적으로 모국 정부의 영향을 많이 받고 있는 관계로 비교적 자율성이 약한 편이다. 한편, 한반도 통일을 쟁취하려는 남북한 정부, 국민들의 의지가 충만하여도 통일의 길은 결코 쉽지 않은 여정이다. 한반도 통일 과정에서 모국의 정부와 국민, 그리고 재외동포 모두에게 우선적으로 요구되는 것은 통일을 하려는 의지의 고취가 절실히 필요하다. 통일을 하려는 의지의 표출은 평화통일을 추진하는 과정에서 핵심 동력이기 때문이다.

한반도 통일운동에 가장 적극성을 보이는 단체와 단체의 통일운동이 확산되지 못한 이유에 대한 의견은 <표 5-12>에 나타나 있다. 조총련(64명, 30.3%), 민단(58명, 27.5%), 원코리아페스티벌(45명, 21.3%), 그리고 소수의견으로는 한통련(27명, 12.8%), 재일한국인연합회(17명, 8.1%) 순으로 나타났다. 재일한인들은 조총련을 통일운동에서 가장 적극인 단체 1위로 평가하였는가? 조총련(2005, 27)은 강령에서 '조국의 자주적 평화통일 성취'를 강령으로 제시하고 있다. 민단(2006, 3) 또한 '자유와 민주주의, 남북평화통일을 지지하며 준수'라는 국시를 갖고 있다.

표 5-12 가장 적극적인 단체 및 단체의 통일운동이 확산되지 못한 이유 N(%)

통일운동에 가장 적극적인 단체		단체의 통일운동이 확산되지 못한 이유	
변 인	전 체	변 인	전 체
조총련	64(30.3)	친한국계와 친북조선계의 분열과 대립	57(27.0)
한통련	27(12.8)	어느 한쪽 지지에 다른 불이익 우려	18(8.5)
원코리아페스티벌	45(21.3)	한국/북조선을 일방적으로 지지하는 운동전개	20(9.5)
재일한국인연합회	17(8.1)		
민단	58(27.5)	상대방 단체에 대한 신뢰부족	38(18.0)
		홍보 부족에 따른 동포들의 무관심	78(37.0)
전체	211(100.0)	전체	211(100.0)

그렇지만 통일과 관련하여 재일한인 사회에서 통일의 필요성을 세미나, 선언문, 통일행사 등에서 빈번하게 주장하고 있는 단체는 조총련 구성원과 지지자들이다. 논의의 정당성 여부를 떠나 조총련 민족학교의 교육 내용 자체가 통일지향적이며, 통일의 주체임을 강조하고 있다(김웅기 2015, 3). 이렇듯 조총련은 학교 통일교육을 기반으로 회원과 지지자를 대상으로 한반도 통일 논의의 재생산 구조를 지속적으로 확대하고 있었다.

반면에 민단은 1977년 조직 내부에 평화통일촉진본부를 결성하여 통일 세미나와 행사 참여, 매년 통일부의 협조를 받아 민단 간부들의 통일연수의 실시 등을 추진하고 있지만, 주로 간부급 중심의 통일교육에 치중하고 있다. 민단의 임원급 상당수가 한국의 헌법기관인 민주평통 일본협의회의 주요 보직과 자문위원으로 활동하고 있기 때문에 민단은 재일한인 사회의 통일문제를 등한시하고 있다. 그리고 민단의 임원들은 각 지역에서 민주평통 지역 회장 및 자문위원으로 활동하고 있는 관계로 응답자들은 민단과 민주평통의 통일 활동을 동일시하였다. 예컨대, 민단 중앙본부 단장을 맡고 있는 오공태는 제17기에 이어 제18기에도 민주평통 일본지역협의회 부의장 직책을 수행하고 있다.

원코리아페스티벌은 한반도 통일문제를 문화운동으로 접근하였다. 축제를 개최하여 남북한의 원코리아를 주장하면서 통일의 화두를 재일동포 사회가 통합하는 기제로 내세웠다. 그러나 원코리아페스티벌은 초기의 통일운동 중심에서 1990년에는 다문화공생, 그리고 2000년 이후에는 아시아 공동체를 지향하고 있다. 문제는 원코리아페스티벌의 프로그램 및 참가자 규모의 축소, 오사카시 정부의 지원 중단, 민단과 조총련 중앙본부의 참석 거부 등으로 위기에 처해 있다. 한편, 이 설문의 응답자 중 107명은 오사카 거주자이다. 오사카시를 중심으로 매년 개최되고 있는 원코리아페스티벌에 대한 친숙한 인지도와 축제의 참석 경험은 이 단체를 3순위로 선택하게 만든 요인이었다.

재일한인 단체의 통일운동이 동포사회에서 대중적으로 확산되지 못한 이유에 대한 응답을 보면 '홍보 부족에 따른 동포들의 통일운동 무관심'(78명, 37.0%)이 가장 높게 나왔으며, 다음으로는 '친한국계와 친북조선계의 분열과 대립'(57명, 27.0%), 3순위는 '상대방 단체에 대한 신뢰 부족'(38명, 18.0%)으로 나타났다. 나머지 2개 문항은 각각 9.5%와 8.5%라는 소수의견이 제시되었다.

통일운동을 전개하고 있는 단체들은 각종 통일행사를 홈페이지, 신문(민단신문, 조신신보, 민족시보), 소식지, 메일 등으로 홍보하고 있다. 문제는 신문의 경우 사전 공지보다는 사후에 행사를 진행하였다는 보도의 형태를 취하고 있다. 다수의 재일한인들은 통일 관련 행사에 관심이 있더라도 이를 인지하지 못해 참석하지 못하는 경우가 많았으며, 이는 동포들의 무관심으로 연결되었다. 통일행사를 진행하는 단체는 홍보에 치중하여 많은 동포들이 참여할 수 있는 시스템을 갖추어야 한다.

빈도가 높은 2순위부터 5순위 문항을 동일 맥락에서 논의할 수 있다. 친한 또는 친북을 지지하면서 상대의 통일운동을 비하하는 일방적 통일운동의 전개는 민단과 조총련 간 적대감 형성, 분열과 대립을 산출했으며, 재일한인 사회는 이분법적 구조하에서 상대방이나 단체를 불신하게 되었다. 그리고 동포들은 특정 이념을 지지하면서 다른 쪽으로부터 받을 수 있는 불이익이나 배제 또한 두려워하고 있다. 이렇듯 재일한인 사회에서 통일문제에 대해 개개인의 다양성이 표출되지 못하는 환경은 통일운동의 확산을 막고 있다. 올드커머나 뉴커머 중 한국 국적의 재일한인들은 모국 정부의 통일정책에 반하는 행위나 사고에서 자유롭지 못하기 때문이다. 조총련 동포 또한 이와 유사하다.

재일한인 통일운동 단체들이 잘 협력하지 못하는 이유에 대한 의견은 <표 5-13>과 같다. 재일한인들이 선택한 문항을 보면 '통일에 대한 사상(생각)이 다름'(65명, 30.8%)이 가장 높게 나왔다. 2순위와 4순위는 거의 차이가 없었지만 '단체의 설립 성격이 다름'(45명, 21.3%), '단체 활동의 친한국 또는 친북한 성향'(44명, 20.9%), '이념적으로 진보와 보수로 분리'(43명, 20.4%) 순으로 나타났다. 소수의견

표 5-13 재일한인 통일운동 단체가 협력하지 못하는 이유 N(%)

변 인	전 체
단체의 설립 성격이 다름	45(21.3)
통일에 대한 사상이 다름	65(30.8)
이념적으로 진보와 보수로 분리	43(20.4)
각 단체의 업무가 많아 협력할 이유 없음	14(6.6)
단체 활동의 친한국 또는 친북조선 성향	44(20.9)
전체	211(100.0)

으로는 '각 단체의 업무가 많아 협력할 이유 없음'(14명, 6.6%)이 제시되었다.

재일한인들은 여러 통일운동 단체가 활동하는데 있어 기본적으로 한반도 통일에 대한 서로 다른 방식, 접근법, 이념적 지향점에 차이가 있다고 인식하고 있다. 즉 통일에 대한 근본적 사상이 달라서 단체 간 상호 협력이 어렵다고 생각하였다. 재일한인 통일단체는 자유민주주의를 추구하는 한국계, 사회주의를 기반으로 통일을 지향하는 친북한계, 친한국과 친북한 사이에서 중립적 성향의 통일단체로 구분할 수 있다. 친한국계 통일단체는 민단, 민주평통 일본협의회, 삼천리철도 등이다. 친북한계는 조총련, 그리고 한통련의 통일운동은 부분적으로 친북한(조총련)에 가깝다. 중립계는 원코리아페스티벌, 재일코리아협의회이다. 특히 재일한인 사회를 주도하고 있는 민단과 조총련이라는 양대 산맥의 한반도 통일을 추구하는 이념적 차이는 상호간 통일운동의 협력을 어렵게 만들고 있다. 그리고 중립적 성향의 통일운동 단체의 영향력 또한 민단과 조총련을 압도하지 못한 한계로 중재도 어려운 상황이다.

민단과 조총련의 존립 기반은 남한과 북한이기 때문에 단체활동도 친한이나 친북 범주에서 탈피할 수 없다. 이런 이유로 재일한인 사회에서 두 단체는 각각 남북한 정부의 대리인 역할을 수행하고 있다. 민단과 조총련 활동의 기본은 한인회 역할이다. 이들 단체에 있어 통일문제는 단체활동의 전체라기보다는 일부분이다. 민단과 조총련은 각각 친한국과 친북한 재일동포를 대상으로 상대방 조직을 붕괴시키려는 활동의 전개와 함께 재일한인 사회의 헤게모니 경쟁에 몰두하고 있다. 이러한 상황을 고려한다면 민단과 조총련 간 통일문제에서 협력과 교류는 쉽지 않다. 그렇지만 남북한 정부라는 변수가 있다. 남북한 정부 간 교류와 협력이 활성화되었을 때, 민단과 조총련 또한 모국의 영향을 받아 상호간 접촉과 노력을 했다는 점을 상기해야 한다. 결국 민단과 조총련의 협력, 적대관계의 조성은 한반도 상황에 따라 변화하고 있었다. 한편, 한반도 통일과 관련하여 재일한인 10명 중 2명은 진보와 보수로 분리되어 통일문제를 접근하려는 관점의 차이가 협력을 어렵게 만들고 있다고 생각하였다. 주한미군의 철수, 한미 팀스프리트 훈련, 평화협정의 체결 등의 문제에서 찬성과 반대의 시각은 진보와 보수의 주장을 구분하는 기준이 될 수 있다. 특히 진보적 주장은 한반도에서 미군과 관련된 문제의 해결은 한반도 통일을 가로막는 장애물의 해소와 함께 통일을 촉진하는 요인으로 접근하고 있다.

7. 통일운동 활성화

재일한인의 한반도 통일운동의 활성화는 6개 문항으로 구성되어 있으며, <표 5-14>에 그 결과를 정리하였다. 이전 문항에서 “일본에서 한반도 통일을 위한 재일동포의 역할을 수행할 의향?”에 대해 질문한 결과, 긍정적 응답자의 비율이 43.6%로 나타났다. 이 질문의 연장선상에서 한반도 통일을 위한 재일동포의 역할이 얼마나 중요하다고 생각하는지를 질문하였다. 긍정 응답은 116명, 54.9%, 보통은 58명, 27.5%, 부정은 37명, 17.5%로 나타났다. 역할 수행에 대한 긍정 답변보다 역할의 중요성에 대한 비율이 더 높게 나왔다. 한반도 통일에서 재일한인들의 역할은 현실적 측면에서 제한적임에도 불구하고 재일한인 10명 중 과반수 정도는 자신들의 역할을 중요하다고 인식함으로써 재일한인 사회의 한반도 통일 의지는 결코 낮지 않다고 평가할 수 있다.

한반도 통일을 위한 재일동포의 역할이 중요한 이유에서 1순위는 ‘통일이 재일동포에게 미치는 영향이 크기 때문’(76명, 36.0%), 차순위로는 ‘일본에서 더 객관적인 시각과 관점이 가능하기 때문’(47명, 22.3%), 그리고 소수의견으로는 ‘일본에서 한반도 문제에 관심이 많기 때문’(35명, 16.6%), ‘일본 정부에 대한 재일한인의 외교력’(27명, 12.8%), ‘일본에서 한반도 문제를 이슈화, 여론화 가능’(26명, 12.3%) 등으로 나타났다.

표 5-14 한반도 통일을 위한 재일한인 역할의 중요성과 이유 N(%)

재일한인 역할의 중요성		재일한인 역할이 중요한 이유	
변 인	전 체	변 인	전 체
전혀 중요하지 않다	11(5.2)	통일이 재일한인에게 미치는 영향이 큼	76(36.0)
중요하지 않다	26(12.3)	일본에서 한반도 문제에 관심이 많음	35(16.6)
보통	58(27.5)	일본에서 객관적인 시삭과 관점이 가능	47(22.3)
중요하다	60(28.4)	일본 정부에 대한 재일한인의 외교력	27(12.8)
매우 중요하다	56(26.5)	일본에서 한반도 문제를 이슈화, 여론화 가능	26(12.3)
전체	211(100.0)	전체	211(100.0)

그러나 일본에서 한반도 문제의 이슈화 및 여론화를 보면, 2018년 문재인 대통령과 김정은 국무위원장 간 3차례의 정상회담과 남북한 교류의 재개, 5월의 트럼프 미국 대통령과 김정은 국무위원장의 북미정상회담의 개최 등으로 한반도에 평화·화해 분위기가 조성되었음에도 불구하고 일본 국민의 65%가 이를 부정적으로 평가하고 있으며, 긍정적 평가는 27%에 불과하다는 점을 고려한다면 일본인을 대상으로 한반도 평화 및 통일운동이 결코 쉽지 않다는 것을 알 수 있다.[19] 따라서 일본인은 한반도 통일보다는 남북한 분단을 선호하고 있다.

재일한인들은 현재 일본에 정주하고 있지만 한반도 통일을 그 어떤 재외동포보다 기원하고 있다. 만약 통일이 된다면, 첫째, 한민족에 대한 자부심 증대; 둘째, 재일한인 사회의 분열과 갈등의 해소; 셋째, 남북한이 추구하는 이념의 편향성에서 탈피; 넷째, 무국적 동포들의 통일 한국 국적 회복; 다섯째, 재일한인 탈북자를 포함하여 자유로운 모국 왕래 가능; 여섯째, 동포 생활의 신장과 복지 향상에 전념하는 한인회 본연의 활동 강화; 일곱째, 일본에서 90만 재일동포의 단합을 기반으로 영향력 증대; 여덟째, 북한의 핵무기 공격으로부터 위협 감소 등의 유용성을 갖고 있기 때문에 통일에 많은 관심을 갖고 있다.

재일한인들은 한반도 통일에서 역할과 관련하여 2순위로는 객관적인 시각과 관점으로 통일문제를 접근할 수 있다고 생각하고 있다. 재일한인 정주자 중 특별영주권자와 일본 귀화자는 남북한과 민단·조총련이 주장하는 이념의 편향성에서 자의적 선택이 가능한 존재이다. 그리고 일본의 언론매체를 통해 한반도 정보를 입수할 수 있다는 점 또한 통일문제의 객관성을 유지할 수 있다. 즉 중립적 입장에서 한반도 통일문제를 접근하고 판단할 수 있기 때문에 이 문항을 선택하였다.

재일한인 사회에서 통일운동을 확산시키는데 가장 어려운 점에 대한 응답은 <표 5-15>와 같다. 가장 많은 응답자가 '통일문제에 대해 재일한인끼리의 의견 대립(68명, 32.2%)'을 선택하였다. 2~4순위 선택의 경우, 10명 내외의 빈도 차이가 있었다. '한반도 통일은 일본에 살고 있는 나하고 관계없는 문제라고 생각'(41명, 19.4%), '한반도 통일이 불확실한 상황에서 통일문제를 거론하기 어려움'(34명, 16.1%), '현재의 남북한 정세를 잘 모름'(34명, 16.1%) 순으로 나타났으며, 가장 낮은 빈도는 '통일 필요성의 설명에 대한 방법을 잘 모름'(29명, 13.7%)이었다.

---

19) 헤럴드경제, "'응원 안해줬다' 삐진 일, 정작 '남북화해 분위기'엔 65%가 부정적," http://v.media.daum.net/v/20180703112644781(검색일: 2018.07.03.).

표 5-15 재일한인 사회 내 통일운동 확산 어려움 및 통일 여론 확산 방법 N(%)

통일운동 확산이 어려운 점		통일 여론 확산을 위한 필요 방법	
변 인	전 체	변 인	전 체
통일문제의 재일한인 간 의견대립	68(32.2)	일본 언론매체를 통한 통일 홍보	66(31.3)
통일 필요성 설명 방법 잘 모름	29(13.7)	통일 홍보의 일본어 자료 배포	14(6.6)
통일은 나와 관계없는 문제라고 생각	41(19.4)	통일 세미나, 포럼, 강연회 개최	56(26.5)
		통일을 촉구하는 서명운동	16(7.6)
한반도 통일의 불확실성	39(18.5)	모국 방문과 통일교육 개최	59(28.0)
현재의 남북한 정세 잘 모름	34(16.1)		
전체	211(100.0)	전체	211(100.0)

이전 문항에서 재일한인들에게 “단체의 통일운동이 대중적으로 확산되지 못한 이유”를 묻는 질문에서 1순위 응답자의 37%는 ‘홍보 부족에 따른 동포들의 무관심’을 선택하였다. 그리고 이번 문항에서는 ‘통일운동의 확산이 어려운 점’을 질문하였다. 1순위 문항을 선택한 32.2%는 ‘통일문제에서 재일한인 간 의견 대립’을 지목하였다. 다시 말해 두 문항의 차이는 ‘단체 중심의 통일운동의 확산’과 ‘재일한인 사회 전체에서 통일운동의 확산’이 어려운 점을 알아보려는 의도에서 제시된 질문이었다.

재일한인 사회에서 통일운동을 확산시키는데 있어 가장 큰 어려움은 민단과 조총련의 분열과 갈등이 아무런 여과를 거치지 않고 재일한인 사회의 분열과 갈등으로 직접 투입되고 있다는 사실이다. 두 단체가 남북한 정부의 통일정책을 일방적으로 홍보, 주장하고 있으며, 이분법적 통일 논리의 적용 등으로 이들 단체의 대립과 분열이 재일한인들에게 영향을 주고 있었다. 지속적으로 분열과 대립이 재생산되고 있다는 점에서 이 문제의 심각성을 알 수 있으며, 동포 모두가 공감하고 있는 팩트이다. 남북한의 적대적 대립 상황에서 민단과 조총련 간 회해와 협력을 위한 해법의 모색은 요원하다. 중립적 성향의 동포들이 이들의 분열과 갈등을 해소할 수 있겠지만, 재일한인 사회에서 영향력이 미미하다는 점을 고려하면 이 또한 어렵다. 더불어서 민단과 조총련을 중재하려는 중립적 성향의 개인과 단체는 오히려 양 단체로부터 공격을 받을 수 있기 때문에 전면에 나서기를 누려워하고 있다.

2순위 선택을 받은 '통일은 나와 관계없는 문제'라고 인식하고 있는 재일한인들은 첫째, 통일문제의 주도권은 남북한 정부에 있다고 인식하고 있다. 둘째, 현재 나는 일본에 정주하고 있다. 셋째, 한반도 통일 논의에서 재일동포의 역할은 미미하다. 이는 '국민(민중)이 부재하는 통일 지향'으로 해석할 수 있다(김시종 2017, 223). 넷째, 한반도가 통일이 되든 혹은 현재 상태를 유지하든 간에 개인적 차원에서 직접적인 상관성이 없다 등을 이유로 이 문항을 선택하였다.

한편 재일한인 응답자 중 '통일의 불확실성'을 선택한 3순위 비율은 18.5%였다. 통일의 가능성이 희박한 상황에서 통일운동의 확산은 불필요하다는 생각이다. 2017년 서울대 통일평화연구원이 실시한 '한국인 통일의식'의 결과에 따르면 "통일은 언제?"라는 질문에서 응답자의 20.1%는 30년 이상을 선택했으며, 통일이 불가능하다는 응답 또한 24.7%로 조사되었다.[20] 결국 한국인과 재일한인 10명 중 2명 정도는 한반도에서 평화통일의 가능성을 어렵다고 인식하고 있다.

재일한인을 대상으로 일본 사회에서 한반도 통일 여론의 확산을 위한 필요한 방법을 질문하였다. 1순위 응답은 '일본의 신문, TV 등 언론매체를 통한 한반도 통일 홍보'(66명, 31.3%)로 나타났으며, 2순위는 '모국 방문과 통일교육 개최'(59명, 28.0%), 3순위로는 '한반도 통일문제를 주제로 한 세미나, 포럼, 강연회 개최'(56명, 26.5%), 그리고 소수의견으로 '서명운동'과 '통일 홍보의 일본어 자료 배포'가 제시되었다.

재일한인들이 민단과 조총련 회원으로 활동하고 있다면, 각각 민단신문과 조선신보를 구독할 수 있다. 그렇지만 재일한인의 다수는 아사히신문(朝日新聞), 요미우리신문(讀賣新聞), 마이니찌신문(每日新聞), 니혼켄자이신문(日本経済新聞), NHK, 후지TV 등 일본 국내의 언론매체를 구독하거나 시청하고 있다. 따라서 한반도 통일행사의 개최를 일본의 주요 신문과 방송을 통해 홍보한다면 많은 재일한인들이 행사의 개최 관련 정보를 입수할 수 있다는 점에서 1순위로 선택하였다.

통일 여론의 확산을 위한 2순위 방법으로 재일한인들은 모국 방문과 통일교육의 개최를 선택하였다. 피교육자를 대상으로 최고의 학습효과를 산출하는 것은 시청각 교육이다. 더불어서 피교육자 자신의 시각, 경험을 통한 현장 체험 또한

---

20) 오마이뉴스. "2017 한국인의 통일의식은?" http://www.ohmynews.com/NWS_Web/View/at_pg.aspx?CNTN_CD=A0002367117&PAGE_CD=N0002&BLCK_NO=&CMPT_CD=M0142(검색일: 2017.09.26.).

교육적 효과가 높은 것으로 나타났다. 재일한인을 대상으로 모국 방문을 통해 비무장지대, 판문점, 통일전망대의 견학은 현재의 남북한 상황을 이해할 수 있는 효과를 연출할 수 있다. 그리고 한반도 통일에 관한 일본과 한국에서의 교육도 통일 여론의 확산과 파급에 긍정적 효과로 작용할 수 있다고 생각하였다. 교육의 연장선상에서 통일 세미나, 포럼, 강연회의 개최도 필요하다고 56명이 응답했다. 결과적으로 재일한인 사회에서 통일 여론의 확산을 위한 필요 수단은 통일 홍보, 모국 방문과 통일 교육, 세미나와 포럼 등으로 요약할 수 있다.

재일한인 사회에서 한반도 통일운동의 활성화를 위해 민단, 조총련, 한통련, 원코리아페스티벌 등을 포함한 단체들의 연대가 가능한가를 질문하였다. 이에 대한 응답은 <표 5-16>과 같다. 4개 단체의 통일성향을 보면 민단, 조총련·한통련, 원코리아페스티벌로 구분할 수 있다. 연대의 가능성에 긍정을 보인 응답자는 84명(39.8%), 부정적 응답자는 56명(26.5%)으로 나타났다. 현재 재일한인 사회의 갈등구조를 본다면 통일문제라는 의제를 놓고 단체 간 연대는 쉽지 않다. 왜냐하면 민단과 조총련의 경우, 남북한 정부의 영향력 하에서 단체운동을 전개하고 있기 때문에 모국의 상황에 따라 협력과 대립을 반복하고 있다. 단지 긍정 응답자는 동포 사회의 영원한 숙제인 두 단체의 분열과 대립의 해소를 염원하고 있다는 의미 이외에도 한반도 통일을 위해 재일동포 모두가 합심해야 한다는 뜻에서 연대가 가능하다고 인식하고 있었다.

표 5-16 통일운동의 활성화를 위한 재일한인 단체의 연대 가능성 및 활성화 방안 N(%)

재일한인 단체의 연대 가능성		통일운동 활성화 방안	
변 인	전 체	변 인	전 체
전혀 그렇지 않다	27(12.8)	사상과 이념 탈피, 통일의지 결집	57(27.0)
그렇지 않다	29(13.7)	통일운동 단체의 연대를 통한 통일운동 전개	36(17.1)
보통이다	71(33.6)		
그렇다	61(28.9)	남북한 교류와 협력의 통일 환경 조성	74(35.1)
매우 그렇다	23(10.9)	지역에서 통일 축제의 개최 확대	16(7.6)
		전 세계 한민족 통일단체와 연대 구축	28(13.3)
전체	211(100.0)	전체	211(100.0)

재일한인 사회 내 한반도 통일운동의 활성화를 위한 가장 좋은 방안은 무엇인지를 질문하였다. '한국과 북한의 교류와 협력을 위한 통일 환경 조성'에 74명(35.1%), '개인 및 단체의 사상과 이념을 탈피한 통일의지의 결집'(57명, 27.0%), '통일운동 단체들 연대를 통한 통일운동의 전개' 36명(17.1%), 그리고 소수의견으로는 '지역에서 통일축제의 개최,' '전 세계 한민족 통일단체의 연대 구축'이 제시되었다.

응답자 중 1순위를 선택한 재일한인들은 남북한의 통일환경 조성을 지목하였다. 남북한 통일의 직접적 이해당사자는 남북한이다. 남북한의 화해와 교류협력 또는 적대적 관계 등의 상황에 따라 재일한인 사회의 통일 분위기는 변화하였다. 한반도 평화통일을 달성하기 위한 선결 방안으로 약 35%의 재일한인들은 이 문항을 선택하였다. 제2순위로 선택한 27%의 재일한인들은 사상과 이념을 탈피하여 먼저 통일의지를 결집해야 한다고 답하였다. 재일한인들의 경우 동포사회에서 전개되고 있는 현재의 국면을 고려한 응답이었다. 자유민주주의와 사회주의라는 이념에 기반한 재일한인들의 통일운동 전개는 오히려 동포사회의 통일 확산을 가로막는 장애요인이다. 그 결과 동포사회에서 한반도 통일운동은 정체되어 있다. 따라서 현재 정체된 통일 국면의 전환을 위해 통일의지의 결집이 필요하다고 생각하였다.

재일한인의 17.1%는 통일운동의 활성화를 위해 통일운동 단체의 연대를 3순위로 선택하였다. 재일한인 사회 내부에서 분열된 통일운동의 전개는 각자도생을 취하고 있는 형태이다. 현재 상황에서 재일 통일단체 간 '통일'을 위한 연대의 구축은 어렵지만, 개개 단체의 통일의지를 하나로 결집하려는 노력은 필요하다. 결국 재일한인들은 통일운동의 활성화를 위한 방안으로 1~3순위를 선택, 즉 통일환경의 조성, 통일의지의 결집, 연대를 통한 통일운동의 전개 등 3개 방안을 선호하고 있었다.

8. 소결론

한민족 구성원 모두는 남북한의 분단 현실을 극복하여 한반도가 하나의 민족과 국가로 통합되는 평화통일을 염원할 것이다. 재일한인 또한 예외일 수 없다. 그러나 재일한인 사회의 통일 환경이 그다지 좋은 편은 아니다. 조국지향적 성향이 강한 올드커머 고령 세대의 퇴장과 정주지향 세대의 증가, 2000년 중반까지 재일한인 가운데 매년 1만 명의 일본 국적의 취득, 민단과 조총련의 분열과 대립의 지속으로 인한 재일한인 사회의 친한과 친북의 이분법적 사고의 구축, 특정 이념에 몰입된 남북한 통일정책의 홍보와 지지 등은 통일담론의 활성화가 아닌 쇠퇴로 나타났다.

이 연구는 재일한인의 한반도 통일과 통일운동의 전개에 대한 인식을 살펴보려는 목적에서 설문조사를 진행하여 내용을 분석하였다. 그 결과를 요약하면 다음과 같다.

재일한인의 민족정체성을 조사하기 위해 모국어 활용, 한민족 역사와 문화, 한반도 관심, 재일한인 사회 문제 등 10개 문항을 구성했다. 최고 빈도는 재일한인 사회의 문제로 인식되는 '혐한시위에 대한 반대'(73%), 최저 빈도는 한민족의 문화와 관련된 '한민족의 전통명절을 가정에서 지내고 있다'(30.8%)로 나타났다. 최고 빈도를 기록한 문항은 재일한인들과 직접적 이해관계가 있다는 점에서 긍정적 답변이 많았다. 전통 명절에 대한 최저 빈도는 민족문화에 대한 관심은 있지만 이를 실천하기는 어려운, 즉 시대적 가치관의 변화 및 재일한인들이 처한 특수적 상황 때문에 긍정 응답자가 적었다.

먼저 재일한인의 민족정체성에서 ① 한국식 본명(本名)과 한국명 사용의 경우 응답자의 과반에 가까운 사람들이 본명과 한국명을 사용하고 있었다. ② 한국어로 읽고, 쓰고, 말하기는 45.5%가 가능하다고 답하였다. ③ 한국어 사용은 10명 중 4명 정도가 한국어를 사용하고 있었다. ④ 단군에 대한 인식의 경우, 절반에 가까운 47.4%가 알고 있었다. ⑤ 재일한인의 한민족 전통과 문화에 대한 관심은 55.9%가 긍정적으로 응답하였다. ⑥ 설, 추석을 가정에서 지내고 있느냐에 대한 문항에서 36%는 부정적, 30.8%는 긍정으로 답하였다. ⑦ 재일동포 단체의 회원 활동 여부 문항에서 47.9%는 참여하고 있지 않은 반면에 35.1%는 참여하고 있었다. ⑧ 일본 극우단체의 혐한시위에 반대한다는 문항에서 73%가 혐한시위를 부정적으로 인식하고 있다. ⑨ 모국에 대한 자부심을 묻는 질문에서 64.5%가 긍정적으로 답하였다. ⑩ 한반도 뉴스에 대한 관심을 묻는 질문의 경우, 4명 중 3명에 해당하는 72%가 긍정적 응답을 보였다.

결국 재일한인의 민족정체성은 자신들과 직·간접적 이해관계의 여부에 따라 높게 또는 낮게 나타났음을 발견할 수 있었다. 재일한인의 민족정체성은 결코 소멸되지 않았으며, 이들은 민족정체성을 유지하면서 거주하고 있었다. 그리고 재일한인 민족정체성이 약화되고 있다는 선행연구와 비교하여 유사한 결과를 도출하였다. 재일한인 민족정체성의 약화를 촉진하는 보편적 요인은 고령세대의 감소, 젊은 세대의 증가와 정주지향성 경향이다. 개개인이 자신의 민족정체성을 선택하는 것은 자기결정권이자 권리이지만, 재일한인의 민족정체성 약화는 국가적·민족적으로 바람직한 현상은 아니다.

다음은 재일한인의 한반도 통일에 대한 일반적 인식에서 첫째, 통일에 대한 관심, 남북한의 통일, 평화적 통일, 통일을 위한 주변 4강의 협력, 통일은 재일한인 사회의 대립 해소에 기여, 통일은 동아시아 평화에 기여 등 6개 문항에서 과반을 상회하는 긍정적 응답이 있었다. 그리고 재일한인의 통일 참여 또한 약 50%에 근접하였다. 반면에 재일한인 개인의 통일 이익, 남북한 공동선언의 이행, 한국과 북한 중 일방에 의한 통일, 중립화 통일 등은 재일한인 10명 중 4명 미만이 동의하였다. 둘째, 재일한인들은 통일이 어려운 이유로는 남북의 상호 적대와 불신, 분단극복을 위해서는 상호 신뢰성 회복, 통일 한반도의 중요 가치는 인권, 통일을 반대하는 1순위 국가는 중국을 선택하였다.

재일한인의 일본 내 통일운동 관련 문항에서 ① 한반도 분단으로 인한 피해 정도에 대해 피해를 받은 한인은 32.7%, 피해를 받지 않은 한인은 44.1%이다. ② 통일축제의 통일문제 확산에 기여 문항의 경우 10명 중 4명은 긍정적 반응, 2명 정도는 부정적으로 응답하였다. ③ 한반도 통일과 관련된 활동에 참여할 의향을 묻는 질문에서 10명 중 4.5명은 긍정, 2명은 부정적 반응을 보였다. ④ 일본인에게 한반도 통일의 필요성을 설명한 경험을 묻는 질문의 경우, '있다'는 36.9%, '없다'는 38.9%였다. ⑤ 한반도 통일을 위한 재일한인 역할의 어려움은 1순위로 동포들의 관심 부족(42.7%)을 지적하였다. ⑥ 통일을 위해 재일한인 사회에서 가장 필요한 것으로는 사상과 이념보다는 동포들의 통일의지의 고취(30.3%)가 필요하다고 인식하고 있다. ⑦ 통일운동에 가장 적극적인 단체는 조총련(30.3%), 민단(27.5%) 순으로 나타났다. ⑧ 재일한인 통일운동 단체 간 협력이 어려운 이유는 통일에 대한 사상(생각)이 다름(30.8%)이 가장 높았다.

통일운동의 활성화를 묻는 문항에서 ① 한반도 통일을 위한 재일한인 역할의 중요성을 묻는 질문의 경우 긍정 응답은 과반을 조금 넘는 54.9%이다. ② 통일에서 재일한인의 역할이 중요한 이유로 36%가 재일동포에게 미치는 영향이 크기 때문이라고 답하였다. ③ 재일한인 사회에서 통일운동을 확산시키는 데 가장 어려운 점으로는 32.2%가 통일문제에 대해 재일한인끼리의 의견 대립을 선택하였다. ④ 일본 사회에서 한반도 통일 여론의 확산을 위한 필요한 방법 가운데 1순위 응답은 일본의 언론매체를 통한 한반도 통일 홍보(31.3%)로 나타났다. ⑤ 통일운동의 활성화를 위한 재일한인 단체의 연대 가능성을 묻는 문항에서 긍정 응답자는 39.8%, 부정 응답자는 26.5%였다. ⑥ 재일한인 사회 내 한반도 통일운동의 활성화를 위한 가장 좋은 방안에 대해 35.1%는 한국과 북한의 교류와 협력을 위한 통일 환경 조성이라고 답하였다.

한반도 통일과 관련하여 현재 재일한인 사회는 친한과 친북이라는 이념적 지지의 결과, 대립과 분열의 영향으로 소통의 부재가 지속되고 있다. 소통의 단절은 동포사회의 통합을 가로막는 장애물이다. 재일한인 사회의 소통, 연대, 통합을 위한 최적의 기제는 '통일'이다. 한반도 통일은 한민족 구성원 모두에게 있어 성취해야 할 역사적 과제이기 때문이다.

한반도 평화통일 문제와 관련하여 재일한인 10명 중 4명은 동포들의 관심 부족을 지적하였다. 그리고 통일운동의 활성화를 위해서는 그 무엇보다 통일에 대한 의지의 고취가 필요하다고 인식하였다. 첫째, 통일의지의 결집을 위해 전제(前提)되어야 할 점은 구동존이(求同存異)이다. 재일한인의 통일의지의 결집을 선행적으로 추진하고, 이 과정의 진전에 따라 통일 한반도의 정체(政體), 통일방안이 논의되어야 한다. 만약 후자를 선행 쟁점으로 거론한다면 협상 이전부터 통일의 공론장은 파행을 거듭할 가능성이 높기 때문이다.

둘째, 재일한인들의 통일의지를 결집하려면 통일환경의 조성이 필요하다. 남북한의 화해와 교류의 협력 분위기는 동포사회에 직접적인 영향을 줄 수 있다는 점에서 중요하다. 모국의 긍정적 통일환경 조성은 민단과 조총련 간 소통의 부재를 소통 국면으로 유인할 수 있다.

셋째, 재일한인의 통일에 대한 관심 제고를 위해서는 지속적인 통일 홍보와 교육이 필요하다. 통일과 관련된 세미나, 축제, 결의대회가 일본에서 개최되고 있었지만, 다수의 재일한인들은 행사의 개최를 알 수 있는 정보를 입수하지 못했다. 재일한인 통일단체, 일본의 언론매체를 통한 통일 행사의 사전 홍보는 동포들의 관심과 참여를 유인할 수 있다. 그리고 한반도 통일의 필요성, 남북한 상황 등의 통일교육 또한 통일 여론의 확산과 파급에 긍정적 요인으로 작용할 수 있다.

넷째, 올드커머 고령세대의 현역 은퇴를 고려하여 올드커머 후손에 해당하는 차세대 청년들의 한반도 통일에 대한 인식의 개선에 주력해야 한다. 민주평통은 매년 일본지역위원회와 공동으로 '재일동포 모국연수'를 진행하고 있다. 2017년도의 경우, 35세 이하의 연령대로 구성된 53명의 재일한인 3~4세 청년들이 3박 4일 일정으로 모국 방문연수를 이수하였다. 교육 내용은 한국정부의 한반도 평화정책, 조국과 통일, 전쟁과 평화, 재외동포 청년의 역할 등으로 구성되어 있다. 방문연수를 마친 재일청년들의 통일 만족도나 교육효과가 높은 것으로 나타났다(민주평화통일자문회의 2017, 48~49). 재일한인 청년들을 대상으로 실시하는 모국 방문연수의 결과는 이들 청년들의 의식을 일깨워 주었다는 것으로 귀결지울 수 있다. 한편 민주평통 외에도 재외동포재단 또한 매년 재외 청소년과 대학생을 대상으로 글로벌 리더 양성 차원에서 '모국방문사업'을 진행하고 있다. 프로그램은 한국의 사회·역사·문화를 체험하고, 한민족으로서 정체성 함양에 중점을 두고 있다. 그렇지만 이 프로그램에 한반도 평화통일에 대한 교육과 남북한 분단 현실을 체험할 수 있는 DMZ 견학 등이 포함되어야 한다. 통일운동은 단절되지 않고 세대를 초월하여 지속적으로 전개되어야 최대의 효율성을 창출할 수 있다. 재일한인 차세대는 통일을 준비하는 과정에서 구심점 역할을 수행해야 한다. 통일 관련 세미나와 포럼의 경우, 참석자는 수동적 역할을 하는 구조이다. 따라서 문화 차원의 접근이 필요하다. 예컨대, 통일 콘서트, 힙합과 랩을 통한(k-pop) 통일노래 경연대회, 남북한 음식 체험 등의 통일 프로그램을 통해 차세대 재일한인들의 한반도 통일에 대한 관심을 제고시켜야 한다.

다섯째, 제도적 통일보다는 사람의 통일을 추구해야 한다. 재일한인들이 한반도 통일의 당위성을 주장하면서도 실제로는 무관심 또는 거부감을 표출하고 있다. 이는 기존의 한반도 통일론이 체제·이념·제도적 측면을 중심으로 거론되었던 관계로 재일한인의 삶을 향상시키고, 그들의 행복을 증진시키는 접근은 아니었다. 통일론이 재일한인의 삶에 영향을 주기보다는 관련이 없는 형태로 진행된 결과, 재일한인 다수는 통일운동에서 소외되는 한계를 노출하였다(손석춘 2016, 34). 제도적 통일도 중요하지만, 한반도 분단의 고통과 아픔을 함께 해소하려는 노력, 보다 많은 동포들이 참여할 수 있는 구조, 한민족 구성원 간 통합을 달성하려는 목적을 최상위에 두는 사람의 통일이 요청된다.

제 6 장

제4의 민족통일운동 탐색

1. 재일한인과 통일담론
2. 통일운동의 환경
3. 제4 통일운동의 개념과 기제

제 6 장

제4의 민족통일운동 탐색

1. 재일한인과 통일담론

1) 통일담론의 충돌

탈냉전의 세계사적 흐름에도 불구하고 남과 북은 여전히 냉전의 굴레에서 벗어나지 못한 채 적대적 대결과 갈등을 지속하고 있다. 상대방에 대한 비방과 위협, 그리고 팽팽한 긴장 속에서 그 동안 대치해 왔으며, 이러한 상태는 변화의 기미가 없는 '유일한 냉전의 섬'으로 남아있다. 문제는 세계적 추세는 탈냉전이지만 한반도는 냉전 혹은 준냉전 시대에 처해 있음으로써 세계적 공간과 한반도의 공간 사이에 시대적 괴리가 존재한다. 바로 이 두 공간이 지닌 비동시성(非同時性) 때문에 우리는 탈냉전이라는 외적 환경에 포위되어 준(냉전)지역인 한반도에 살고 있다(이종석 1998, 11~12). 준냉전 상황에서 분단의 한반도는 여전히 아군과 적군을 가르는 냉전적 이분법, 사상의 획일주의, 군사주의, 국가주의, 그리고 민족주의 경쟁이 산실루 존재한다. 이분법적이고 대립적인 사유 방식, 적대와 위기의식 등으로 표출된 분단 주체들이 생산되고 사회의 경직화와 의사소통의 황폐화가 일어난다(이수정 2012, 97). 이는 창조적 시고, 토론과 협상을 통해 통일을 해결하려는 사회적 역량의 제약 요소로 작용하고 있다.

세계화 및 초국가 시대에는 개개인의 삶의 경계가 불분명해지고 배타적 민족주의에 대한 비판과 자성의 목소리가 높아지면서 통일담론은 매력이 없는 담론이 되어가고 있다. 사람들은 묻는다. 왜 꼭 통일을 해야 하느냐고? 국경을 넘어 쉴새없이 이동하는 자본, 사람, 물건을 경험하고 온-오프 라인에서 다양한 차원의 공동체를 만들어 내는 후기 근대사회의 다중적 주체들은 추상적인 '민족'이라는 호명에 쉽게 동원되지 않는 세대이다. 이들에게 민족의 비극을 극복하고 민족국가의 완성태로서의 통일을 이루는 것이 사명이라고 설득하는 것은 비현실적일 수도 있다(이수정 2012, 99~100). 이렇듯 한반도 통일담론의 쇠퇴는 변화하는 세계사적 맥락과 이로 인한 민족과 통일에 대한 인식의 변화와 밀접한 관계가 있다. 통일담론의 쇠퇴에도 불구하고 한반도 통일을 열망하는 사람들에게는 그들 나름의 통일의 이유들이 있을 것이다. 한민족으로서의 동질성 회복이라는 당위적 차원에서부터 통일이 수반하게 될 실리적·실용적 보편주의 내지 인도주의에 이르기까지 한반도 통일이 필요한 이유와 근거는 개인, 단체, 정부 차원에서 다양할 수 있다(변종헌 2014, 321).[1] 따라서 왜 통일이 이루어져야 하는가에 대한 대답 속에는 통일에 대한 재외동포 및 국민들의 다양한 생각과 정서는 물론 한반도 통일환경의 변화와 같은 여러 가지 요인들에 대한 판단이 반영되어 있다.

한반도 통일에 대한 상이한 담론들의 충돌 속에서 간과하지 말아야 할 점은 통일문제는 '따듯한 마음과 냉정한 머리'로 접근해야 되며, 이를 활용하여 권력을 유지하는 수단으로 삼아서는 안 된다. 통일은 수단이 아니라 목적이며, 국민의 행복을 위한 통일이기 때문이다(미야자와 시게키 1989, 236). 어쩌면 한반도 통일은 복잡다단하며 당사국 간 첨예한 이해관계가 상충되는 문제이다. 특히 통일을 추진함에 있어 체제의 이념 요인이 포함될 경우, 수많은 고뇌와 과정을 거쳐야 비로소 평화적 통일의 조건이 확보될 수 있다는 점을 고려해야 한다.

2) 민족동질성

통일담론을 논의함에 있어 민족동질성을 활용한 접근에 대해 찬성과 반대의 입장이 상충하면서 논란이 되고 있다. 1945년 해방 이후 남과 북으로 분단된 한반도는 한국전쟁으로 인해 민족분단이 고정화되었으며, 남북한이라는 자유민주주의와 사회주의 국가 체제가 성립하였다. 남북한은 같은 민족으로서의 앤더슨(Anderson 1983)이 말한 '상상의 공동체(imagined community)'이면서 동시에 두 개의 국가 속에서 살아가는 두 개의 서로 다른 국민으로 존재하고 있다.

두 개의 국가를 하나로 합치는 통일을 주장할 때, 그것이 전제하고 있는 것

1) 실리주의, 보편주의와 인도주의와 관련하여서는 함규진(2016, 399~405) 참조.

은 두 국가에 소속되어 있는 사람들이 서로를 '하나의 민족'이라고 믿고 있다는 '믿음의 체계'이다. 그러나 역사적으로 하나의 정치·경제·문화·혈연 공동체를 이루고 살았던 사람들이 반드시 하나의 국가를 구성하고 살아가는 것은 아니었다. 혈연이 다르고 문화가 달라도 그들은 하나의 국가 구성원으로 소속감을 가지고 살아간다. 뿐만 아니라 두 국가를 하나로 합치는 통일은 서로 다른 두 국가에서 살아온 사람들을 하나의 국가로, 하나의 국민으로 합치는 것이기 때문에 가치, 정서, 문화상의 차이로 나타나는 갈등과 분열을 해소하기 위한 사회적 비용을 부담해야 한다. 물론 하나의 민족이라는 믿음은 통일을 만들어가는 동력이기는 하지만 그것으로 충분한 것은 아니다.

과거의 통일론은 '우리는 하나의 민족'이라는 민족주의와 '하나의 민족은 하나의 국가를 이루고 살아야 한다'는 당위성에 지배되었다. 민족주의에 기반한 통일론은 하나의 민족이라는 민족동질성을 근거로 통일을 정당화하면서 통일의 과제로 삼았다(박영균 2016, 43). 민족동질성은 통일이라는 새로운 상황에서 남북을 통합하는 강력한 동인이 될 수 있다는 주장처럼(윤민재 2003, 106), 민족동질성은 남북한 통합과 통일에 기여하는 긍정적 효과, 그리고 유구한 역사를 통해 남북이 공유해 온 종족적 공통분모로 통용되고 있다는 점에서 한반도 통일의 당위성을 이끌어 내는 강력한 기제이다. 동일 민족이라는 의식이 한반도 통일의 중요한 추동력임을 보여주고 있다.

민족 개념 및 이와 연관된 여러 개념들은 그 자체의 이론적 맥락과 한반도 평화통일이라는 실천적 맥락 사이에서 중요성을 갖는다. 민족동질성이 "우리는 같은 피와 운명을 공유하고 있는 한 민족이다"는 명제에서 알 수 있듯이 민족동질성은 한반도 통일 논의에서 매우 중요한 전제로 작용했으며, 통일을 유인할 수 있는 근본적 기반으로 중요시되었다. 그러나 2000년대에 들어서면서 통일과 민족이 서로 갈라지기 시작한 무렵 민족동질성에 대한 논의는 새로운 전환을 맞이하였다. 서구의 민족주의 연구 성과 및 탈현대 담론의 수용, 자본주의적 세계화의 본격화 속에서 구축된 자본주의 초국가체제의 경험, 다문화 및 다민족 사회로의 진입, 남북의 적대적 대립의 심화 등은 민족과 민족주의 개념에 대한 비판적 성찰을 불러왔다. 이러한 변화는 민족과 민족주의가 여전히 분단극복을 위해 실천적으로 유효하며, 앞으로도 계속될 것이라는 긍정적 관점이 있는 반면 통일문제와 관련하여 더 이상 어떠한 실천적 기능도 담당할 수 없다는 비판을 공존하게 만들었다.

민족동질성을 기반으로 한반도 통일에 접근하려는 관점에 대한 비판이 제기되었다(변종헌 2014, 327~330). 첫째, 민족적 동질성의 이념적 토대인 민족주의 자체에 대한 문제 제기이다. 한민족이 혈연, 지연, 문화적 동질성을 기반으로 하나의 민족공동체를 형성해 왔다는 것 자체가 허구적 신화에 불과하다. 앤더슨(Anderson)이 주장하였듯이 민족 개념은 근대에 이르러 형성되었기 때문에 고대부터 민족이 존재해 왔다는 것은 신화적 상상에 불과하다. 따라서 단일민족 관념으로부터 한반도 통일의 필요성을 도출하는 것은 현실에 적합하지 않을 수 있다. 한반도 통일을 민족동질성을 기반으로 하나의 민족, 하나의 국가를 형성하는 문제로 환원시키는 것은 적절치 않다.

둘째, 단일민족의 관념은 통일을 위한 비전보다는 과거 회귀적 인식을 강화할 수 있다. 통일을 한반도 전체 구성원의 미래 비전과 연계한다면 민족으로서의 동질성을 토대로 한반도 통일의 필요성을 주장하는 논거는 설득력이 약화될 수밖에 없다. 이는 인류의 보편적 가치 지향과는 상이한 부정적이고 퇴행적인 성격을 갖고 있기 때문이다. 같은 민족으로서의 단순한 혈연적 민족 관념에 토대를 둔 통일 필요성의 논지는 자유와 평등의 근대정신에 반하는 것일 수 있다. 한반도 통일을 미래 비전이라는 측면에서 보면 분단 상태를 해소하고 다양한 구성원들의 자발적 참여에 기초한 통일공동체의 구현을 위해 민족적 특수성의 논리보다는 보편적 가치를 강조해야 한다.

셋째, 한반도 통일의 걸림돌은 한민족 동질성이라는 신화에 대한 집착이다(Grinker 1998, 47~48). 남북한이 민족적 동질성을 유지하고 있다는 인식은 70년 넘게 지속되어 온 분단체제를 통해 와해되었지만 민족동질성을 하나의 신화처럼 생각하고 있다. 이는 같은 민족이라는 명분을 앞세워 무비판적으로 통일을 정당화하고 있기 때문이다. 그 결과 민족동질성이 낭만적인 통일론을 형성하였지만 남북한의 견고한 분단체제의 지속은 한민족이 지향하는 민족동질성을 파괴하였다.

이렇듯 한반도 통일과 관련하여 민족동질성을 고민하는 논의에는 통일을 위해 생래적으로 주어진 민족동질성을 어떻게 유지하고 강화해 나갈 것인지를 묻는 흐름과 반대로 통일 한반도의 정체성을 민족이 아닌 다른 것들로 구성하자는 담론이 공존하고 있다. 전자의 입장은 민족을 통일 주체로 설정하면서 민족동질성에 기반한 민족정체성의 확립을 선언적으로 이야기하는 반면 후자는 민족 대신 시민을 통일의 주체로 설정하고 이에 기초한 새로운 집단정체성 구성을 주장한다. 하지만 이들 양사에 대해 우리는 막연한 민족적 전통을 강조하거나 추상적인 수준에서 민족동질성의 회복을 주장하는 방식, 그리고 여전히 강한 현실적 규정력을 갖는 민족이념을 용도폐기하고 새로운 정체성을 구축하는 방식 모두가 과연 얼마만큼 실효성을 가질 수 있는가라는 비판을 던질 수 있다(박민철 2016, 57).

통일은 분단 이전의 상태로 회귀하는 것이 아니라 분단 이후 이질화된 남북한 및 재외한인들의 민족동질성을 회복하고 훼손된 민족정체성을 새롭게 정립하여 하나의 한민족공동체로 발전해 가는 창조적인 과정이다(전형권 2015, 84). 통일에 대한 인식과 가치 부여는 동질성 및 정체성과 관련된 문제이다. 한반도 통일 논의에서 민족동질성과 정체성 문제가 중요한 것은 재일한인들 또한 통일의 중재자이자 주체이기 때문이다.

“재일한인들의 정체성은 ‘한국인 뿌리’에 대한 동질감에 기반하고 있다.” 남성욱은 이러한 근원적인 뿌리의식이 재일한인들이 행동하고 있는 통일운동의 정신적 기반이라고 주장한다(2016, 15). 문제는 이러한 민족정체성 주장이 한반도 통일운동에 일정 부분 기여할 것이다. 그러나 재일한인들이 장기간에 걸쳐 일본의 문화와 생활에 적응하는 과정에서 다중 정체성(multiple identities)을 띠는 경향이 높다. 재일한인들은 모국과 거주국에 동시 다원적으로 정치, 경제 및 사회활동에 참여하는 과정에서 민족성과 정체성은 다중적 정체성으로 변화하고 있었다. 한반도 통일의 필요성에 대한 인식의 고취 및 역할에 대한 확실한 목표의 제시는 재일한인들이 나아가야 하는 행동지침이 될 수 있다. 따라서 통일운동의 올바른 방향 설정은 재일한인들이 모국의 통일정책에 대한 유연성·합리성을 고취하고 인식하게 만들어 개개인이 자발적으로 통일운동에 동참하는 요인이다(남성욱 2016, 14).

재일한인을 대상으로 민족정체성을 연구한 조사 결과에 따르면 재일한인 10명 가운데 4명 정도는 자신의 종족적 뿌리에 대한 강한 애착을 보여주었다. 민족정체성 질문에서 “내 선조의 뿌리가 있는 곳”이라는 이유로 재일한인들은 남과 북 어느 한쪽을 선택하기보다는 통일된 한반도를 조국으로 인식하고 있었으며, 10명 가운데 2명은 한반도와 일본을 조국으로 선택하였다(김익현·나지영 2012, 281). 즉 남한과 북한이라는 각각의 분리된 국가를 조국으로 인식하지 않고 통일된 한반도를 조국으로 인식하고 있다는 점에서 강한 민족의식을 갖고 있다.

제5장의 민족정체성 관련 재일한인 211명을 대상으로 분석한 결과에서도 알 수 있었듯이 재일한인의 한민족 문화에 대한 관심(55.9%), 모국에 대한 자부심(64.5%), 한반도에 대한 관심(72%) 등의 문항은 50% 이상의 긍정적 응답이 도출되었으며, 한국명 사용(48.8%), 한국어 표현(45.5%), 단군 인식(47.4%), 한국어 사용(40.8%) 등의 문항 또한 40% 이상으로 나타났다. 단지 가정에서 전통 명절 지내기(30.8%), 재일동포 단체 활동의 참여(35.1%) 등은 10명 중 3명 정도가 긍정적인 답변을 하였다. 따라서 재일한인의 민족정체성은 이들이 일본에서 생활하면서 본인들과 이해관계가 높은 것과 그렇지 않은 것 사이에서 높거나 혹은 낮게 나타나고 있었다. 재일한인의 강한 민족정체성은 일본 사회의 유·무형의 차별과 배제, 지속적인 동화정책의 추진에 대한 저항에서 나왔다. 그리하여 장기간의 일본 생활에도 불구하고 재일한인의 민족정체성은 소멸하지 않은 채 유지되고 있었지만, 과거와 비교한다면 민족정체성의 다양화나 약화 또한 부인할 수 없는 사실이다.

그러나 재일한인 사회의 일각에서는 자신들은 이미 '민족'이나 '조국'에 대한 어떤 감정도 없으며, 자신이 한국인(조선인)이라는 데 집착할 생각이 없다는 목소리도 있다. 이들은 자신이 이미 한국인이 아니며 한국인이 될 수도 없다고 생각하고 민족으로부터 이탈을 모색하고 있다. 또 다른 한편에서는 한국어나 문화 등 소위 민족적 소양을 익혀 완전한 한국인에 한 발자국이라도 가까이 가려는 사람들이다. 재일한인들의 이 같은 상반된 의식, 즉 조국지향 또는 정주(재일)지향에 의해 민족을 받아들이는 의식도 다르다(서경식 2006, 141).

재일한인들의 정주화(定住化) 지향성은 1960년대를 전후하여 등장하였다. 이 시기를 전후하여 일본 사회에서 살아가기 위한 시민적 권리에 대한 의식이 나타났다. 언젠가는 조국에 돌아갈 것이라는 생각에 크게 중요시되지 않던 일상생활 속에서의 여러 가지 권리들이 문제되기 시작하였고 그러한 권리를 획득하기 위한 활동들이 시작되었다. 공영주택의 입주, 금융기관으로부터 융자자격, 인권침해나 차별을 반대하는 운동이 출발점이었다(문옥표 2006, 25). 재일한인들의 정주지향의 결과, 재일한인 2명 중 1명은 일본인 배우자를 선택하는 비율이 증가했으며, 재일한인들의 일본 귀화 또한 지속적인 증가 추세이다. 이러한 증가는 재일한인 사회의 세대교체와 더불어 일본 사회에 정주 및 영주 지향성이 강화되고 있음을 보여주면서 국적과 민족을 분리하여 별개의 범주로 인식하고 있음을 보여주고 있다.

3) 통일 당위성과 무관심

(1) 통일 당위성

한반도 통일의 당위성은 민족이라는 귀속단위에 관한 정체성에서 출발한다. 인종적 공동체로서의 동일민족이라는 '민족정체성'은 국가주의 통일론이 추구하는 핵심가치이다. 국가주의 통일론은 불완전한 민족국가를 단일한 민족국가의 건설을 통해 완성하는 데에 초점이 맞추어지거나, 통일 추진의 주체가 국가권력이고 추진의 수단이 국가권력에 의해 통제되는 것을 의미한다(조대엽 2012, 246). 문제는 분단 이후 한반도 통일과 관련하여 한민족 모두에게 있어 통일은 합리적 판단의 문제이기보다는 정서적 당위의 차원에서 민족동질성에 기초한 통일의 당위성을 강요하고 수용한 구조에서 통일에 대한 반론이나 의구심 제기는 불순분자로 취급받았다. 이는 분단의 고통과 통일의 염원에 대한 한민족의 정서와 분위기를 반영한 것이었다(변종헌 2014, 322). 그러나 통일의 당위성을 언급할 때, 가장 핵심적인 것은 분단 상황이 남북한 국민과 재외동포들의 '인간다운 삶'을 구조적으로 위협하기 때문이라는 점을 간과해서는 안 된다. 통일문제는 체제나 국가의 문제이면서 동시에 우리 삶의 문제임을 인식한다면 통일은 우리가 진정으로 지금과는 다른 세상을 지향할 의지가 있느냐의 문제와 더불어 논의되어야 한다(이병수 2010, 385; 조배준 2015, 107). 통일을 삶의 문제와 연계한 접근, 그리고 국제사회 및 한반도를 둘러싼 환경적 변화 등은 민족동질성에 기초한 통일 필요성 논거의 호소력을 점차 약화시켜 나갔다.

이러한 변화를 고려하여 한반도에서 통일은 남북한이 가진 각각의 내적 문제와 상호간의 갈등·충돌을 해소하는 방향으로 진행되어야 한다. 통일은 한반도의 평화정착이라는 차원을 넘어서 인류가 당면한 전 지구적 문제에 대한 해결방안을 모색하며 새로운 발전모델을 구상하는 맥락에서 이루어질 때, 주변 강대국의 이해득실을 넘어서 국제사회에서 통일의 당위성과 정당성을 확보할 수 있나(김형찬 2012, 83).

한편 남북한의 사회구성원 및 재일동포들이 한반도 평화통일에 대한 당위론을 주장하면서도 실제로는 무관심하거나 또는 거부감까지 보이는 이유는 지금까지의 통일담론들이 사람다운 삶을 향상시키고 그들의 행복을 증진시킨다는 차원의 접근이 아니었다. 기존의 통일담론들은 통일이 구성원의 삶에 영향을 주기보다는 개개인과 큰 관련이 없는 체제·이념·제도의 차원에서 다루어져 왔기 때문에 구성원들은 소외되고 무관심하였다(손석춘 2016, 34). 제5장 <표 5-5>와 같이 '통일 한반도의 중요 가치'를 묻는 질문에서 재일한인의 28.4%는 보편적 인권, 25.1%는 민족주체성, 23.7%는 정치적 자유를 선택하였다. 즉 미래의 한반도 통일은 구성원의 삶과 행복을 증진시키는 가치관을 중심으로 통일 논의가 전개되어야 한다는 의견이 많았다. 그렇지 않다면 많은 국민과 재외동포들은 한반도 통일에 대해 무관심할 것이다.

통일은 분단체제에 내재된 서로에 대한 적대성과 증오를 극복하려는 노력이 간과되었고, 논리적인 당위성이 아니라 그 지역에 살고 있는 사람들의 정서와 욕망, 가치의 문제임에도 불구하고 아젠다로 다루어지지 않았다(배성인 2016, 918). 통일담론이나 통일운동은 통일의 당위성도 중요하지만 한반도 분단의 고통과 아픔을 해소하려는 현실적 필요성을 강조해야 한다. 그리고 보다 많은 사람들이 참여할 수 있는 구조를 만들어야 한다. 그렇지 않고 국민과 동포들이 배제되고 참여가 없는 통일운동은 무의미하며, 선전에 불과하다는 비난을 받을 수도 있다.

(2) 통일 무관심

우리 사회의 통일의식은 대체로 통일을 민족의 가장 중요하고 절실한 문제로 보면서 반드시 성취해야 할 민족의 과업이라고 인식하고 있다. 그러나 통일의 필요성에 대해서는 충분히 인식하면서도 통일이 이루어지기를 바라는 실제적인 통일 욕망이나 적극적인 통일의지에 대해서는 남의 일처럼 무관심한 생각을 하고 있는 것이 현재 우리의 보편적인 통일의식이다. "손바닥도 마주쳐야 소리가 난다"는 속담처럼 통일에 대한 구성원의 관심을 유발하려면 부단한 남북한 간 교류가 있어야 한다. 2000년과 2007년 남북한 정상들의 회담 개최는 남북한의 국민들을 비롯하여 많은 재외동포들 또한 관심을 갖고 지켜보았다. 그러나 이명박 정부의 등장 이후, 대북강경책으로 일관하면서 남북한 관계는 냉각기로 접어들었으며, 박근혜 정부의 개성공단 폐쇄 조치로 인한 관계의 단절은 통일 관련 이슈를 사라지게 만들었다. 그 결과 국민과 재외동포들의 낮았던 통일 관심은 더 무관심 쪽으로 선회하였다.

개성공단이 폐쇄된 이후, 1년이 지난 시점에서 국회는 '2017년 대북정책에 대한 국민의견' 조사를 실시하였다. 그 결과에 따르면 개성공단의 전면중단 조치에 대해서 75.9%의 응답자들이 남북관계에 부정적인 영향을 미친 것으로 평가했으며, 54.6%는 개성공단 조업을 재개해야 한다고 응답하였다. 그리고 향후 대북정책의 방향에 대해서는 응답자의 80.6%가 남북대화의 필요성에 공감하였다. 조사 결과는 한국 국민들이 북한의 도발에 대한 제재의 필요성을 느끼고 있지만, 전쟁기간에도 대화는 재개되어야 한다는 점에서 아무리 어려운 환경 속에서도 남북 간 대화의 끈을 놓아서는 안 될 것이라는 견해가 압도적이었다. 남북관계는 단절이 아닌 제재와 대화의 병행이 있어야 함을 알 수 있다(이승현 2017 1~4). 남북한 간 대화와 교류의 지속은 통일문제에 관한 구성원의 관심과 지지를 이끌어 낼 수 있다는 점에서 지속되어야 한다.

정부의 통일 무관심 유발 이외에도 후기산업사회로 진입해 가는 시대적 경향은 통일에 관한 무관심을 자극하였다. 예컨대, 한국 대학생의 경우 갈수록 경쟁이 심해지고 학점 취득, 취업 공부, 아르바이트, 연애 등 해야 할 일과 또 하고 싶은 일이 많아지는 사회에서 대학생을 포함한 다수의 국민들은 구태여 통일이라는 문제에 관심을 가져야 할 이유를 알지 못한다. 자신의 개인적 삶을 꾸리는 것 자체로 충분히 바쁘기 때문이다. 갈수록 자신의 삶과 직접적으로 관련이 되는 것 같지 않은 문제에는 관심을 쏟지 않게 되어간다(조한혜정 2000, 341).

남한의 젊은 세대가 통일에 대해 별다른 관심을 갖지 않듯이 재일한인 또한 유사하다. 제5장 <표 5-3>과 같이 재일한인의 한반도 통일에 관한 인식을 살펴본 결과, "나는 현재의 남북한이 통일되어야 한다고 생각한다"는 문항에서 응답자 10명 중 6명은 통일에 대해 긍정적 태도를 갖고 있었던 반면, 1명 정도는 통일에 무관심한 것으로 나타났다. 그리고 재일한인 가운데 통일에 대한 관심이 가장 낮은 집단을 일본 귀화자(44.5%)로 지목하였다. <표 5-12>에서 재일한인들 간 통일운동이 확산되지 못하는 이유로 동포들의 무관심(37.0%)이 가장 높게 나왔다.

모국의 분단을 극복하기 위한 통일문제에 대해 재일한인들의 관심은 높은 편은 아니다. 위와 같은 결과를 놓고 본다면 이들에게 한반도 통일은 당위로 존재할 뿐, 더 이상 현실적 과제가 아닐 수도 있다(이수정 2012, 98). 그 이유로는 첫째, 재일한인들이 모국의 분단 상황에 익숙해져 있기 때문에 분단의 폐해를 심각하게 인식하지 않고 있다. 둘째, 재일한인의 다수는 남북한의 분단 이후에 태어난 사람들로서 한반도 통일에 대한 정서적 열망이 크지 않음으로써 재일한인들에게 있어 한반도 분단은 자연스러운 삶의 조건이 되었다. 셋째, 한반도 전쟁으로 인한 직접적인 피해를 받지 않을 가능성이 높다. 넷째, 한반도 통일문제는 재일한인들이 사회생활 혹은 개인생활을 하는데 있어 별다른 이해관계가 없다는 점 등은 이들의 통일에 대한 무관심을 확산시키는 요인이었다.

2. 통일운동의 환경

1) 조국지향성에서 정주지향성

사회변동의 기저에는 가치관의 변화가 작용하고 있다. 정치·경제·사회·문화 등 한 사회의 제 영역에서 나타나는 외적 변화는 그 사회의 구성원들이 지닌 의식, 감성, 욕망, 자아상, 타자상 등을 통어하는 일련의 가치체제의 변화에 의해 추동되는 것이다. 이런 의미에서 한 사회를 지배하는 가치관의 변화는 사회변동의 근원적인 동인이라 할 수 있다. 동시에 가치관의 변화는 사회변동의 반영이자 결과이기도 하다. 사회적 변화는 가치관의 변화를 촉발시키기도 하고, 새로운 가치관을 잉태하기도 하면서 한 사회의 가치 지형을 바꾸어 놓는다. 결국 가치관의 변화는 사회변동의 모태이자 산물이다는 점에서 가치관의 변화가 사회변동, 문화변동의 근원적 동인으로 작용하고 있다(김누리 2016, 11).

재일한인 1~2세대는 모국과의 지속성 유지, 강한 민족정체성 표출, 조직에 대한 높은 충성심을 갖고 있는 반면에 3~4세대는 일본 귀화, 재일한인 단체 활동의 미흡, 모국과의 거리감, 모국문제에 대한 낮은 관심을 보이고 있다. 재일한인 가운데 고령세대는 분단의 극복과 통일을 자신들의 삶과 연계된 것으로 인식하는 조국지향적 성향을 갖고 있다는 점에서 여전히 강한 통일의식에 사로잡혀 있다. 그러나 재일한인 3세, 4세의 젊은 세대의 경우, 민단이나 조총련에 좌우되지 않으며, 본국의 존재를 절대시하지 않고 필요에 따라서 자신의 정체성과 연결하려는 실용적 특징을 갖고 있다는 점에서 한반도 통일에 대한 관심은 낮다(김광민 2010, 29).

1980년대 후반에 접어들면서부터 재일한인 사회에서 세대교체가 진행되었다. 과거의 조국지향의 정서는 이제 정주지향으로, 그리고 정치지향으로부터 비정치지향으로 바뀌어 감에 따라 정치적 색채가 강한 통일운동은 점차 약화되거나 새로운 방식으로 변화하고 있다(정용하 2007, 222; 조세영 2015, 22). 서경식은 재일한인들의 정체성을 3가지로 분류하였다(서경식 2006, 156). 첫째, 조국지향형으로 통일 한반도를 지향하는 층과 네이션(nation)을 지향하는 층이 중층적으로 혼재하고 있으며, 네이션 지향은 남한과 북한으로 대상이 구분된다. 조국지향형은 재일한인 공동체, 즉 민족학교, 민족단체, 민족계 기업을 향한 귀속의식이 강하다. 둘째, 정주(재일)지향형이다. 한국 또는 조선 국적을 포기하지는 않지만 일본 사회의 시민의식이나 지역주민을 지향하고 있다. 이 부류는 일본 사회에서 한인과 일본인의 공생을 강조한다. 셋째, 일본지향형으로 일본국적 취득자나 귀화를 통해 일본 국민화를 지향한다.

1990년대는 재일한인 사회가 내부적으로 변화하고 있다는 점에서 역사적 전환기이다(강재언 1996; 김찬정 1997). 올드커머 세대의 교체, 국제결혼의 증가, 귀화자 증가 등으로 국적과 민족을 분리하고 남과 북 어느 쪽과도 동일시하지 않는 제3의 독자적인 정체성을 주장하는 경향과 관계되어 있다. 또한 이들은 일본 사회에서 시민으로서의 동등한 권리를 주장하며, 인권 차원에서 소수민족으로서 문화적으로 다름의 권리를 인정받고자 한다. 재일한인 사회의 변화는 한반도 통일에 대한 무관심의 팽배, 그리고 참여에 영향을 주어 통일운동의 동력 저하를 초래하여 운동의 정체를 가져왔다.

한편 민단은 한국 정부의 통일정책 지지와 홍보에 전념하면서 단원들의 민주적 요구를 수용하지 않은 결과, 재일한인들의 지지를 잃어갔다. 조총련 또한 북한이 표명한 남조선 혁명수행, 조국의 통일, 주체사상의 확립과 김일성 주석에 대한 충성 등을 중요한 과제로 실천하였다. 민단과 조총련이 재일한인들이 직면하고 있는 현실사회의 생활문제 및 정주(재일) 지향적 경향을 무시하고 유리화된 정치활동에 주력한 결과, 재일한인들의 민단과 조총련 활동은 소극적 참여로 변화하였다(전북대학교 재일동포연구소 2010, 249~250). 1980년대 후반부터 재일한인 사회는 통일된 조국으로의 귀국에서 일본에서의 정주와 일본 사회와의 공생으로 서서히 변화되었다. 그 결과 재일한인 사회는 민단과 조총련으로부터의 조직이탈과 일본 국적의 취득이 증가하였다. 이 같은 재일한인 사회의 변화에도 불구하고 여전히 민단과 조총련을 중심으로 조국지향적 한반도 통일운동이 전개되고 있다는 점에서 통일운동이 지속성을 확보하고 있지만, 두 단체는 특정 이념에 몰입된 가치관을 탈피하지 못하고 있다. 반면 재일한인 사회에서 제3의 정체성을 지향하는 자이니치들이 등장하면서 한반도 통일문제에서 일방적인 조국지향성을 추구하지 않고 있다. 문제는 이들의 정주지향성 성향이 확대되면서 한반도 통일은 나와는 상관없는 문제로 부상하여 소수의 재일한인들만이 열성적으로 참여하는, 즉 통일운동의 대중성을 상실하고 있었다.

2) 갈등과 대립

재일한인 사회는 조련의 결성부터 시작하여 현재까지 민단, 조총련, 중립화 통일론, 한통련, 원코리아페스티벌 등 다양한 통일론의 제시와 함께 제1~3의 민족통일운동이 추진되었다. 김삼규의 한반도 중립화통일론을 제외한다면 4개 단체의 통일운동은 현재에도 여전히 진행형이다. 민단은 1994년 발표된 한국정부의 '민족공동체 통일방안'을 지지하고 있다. 이 통일방안은 남북한이 화해협력 단계와 남북연합 단계를 거쳐 1민족 1국가 1체제 1정부의 통일국가를 수립한다는 단계적·점진적 통일론이다. 북한은 2000년부터 한반도 통일방안으로 '낮은 단계의 연방제'를 주장하였다. 조총련은 북한의 통일방안에 대해 절대적 지지를 보내고 있다. 이 방안은 1민족 1국가 2제도 2정부의 원칙에 기초하여 남북의 현 정부가 정치, 군사, 외교권을 비롯한 현재의 기능과 권한을 그대로 보유한 채 그 위에 민족통일기구를 구성하는 방식이다(통일부 통일교육원 2016, 156; 권양주 2014, 162). 이렇듯 남북한은 각기 다른 통일방안을 놓고 상대방의 의사를 수렴하기보다는 각각의 통일방안을 일방적으로 강요하는 전략으로 일관하여 왔기 때문에 한반도 통일의 진전이 없었다.

한편 한통련은 남북이 서로의 체제를 인정하는 1민족 1국가 2제도 2정부로 구성된 연방제를 공식 통일방안으로 채택하였다. 중립화통일론은 한반도의 평화보장을 위해서는 강대국의 승인을 받은 협약 체결을 통해 통일중앙정부를 구성하며, 재통일된 한반도는 중립국으로 전환한다는 요지이다. 원코리아페스티벌은 재일한인들의 분열과 대립 구도를 민단과 조총련의 이념 투쟁의 결과로 보았다. 이념을 탈피하여 생활과 연계된 문화운동을 기획하고 오사카를 중심으로 한반도 통일과 축제를 접목시킨 통일운동을 펼쳤다. 이렇듯 재일한인 사회에서 다양한 통일운동이 전개되었지만, 그 중심에는 민단과 조총련이 자리하고 있다. 민단과 조총련의 협력과 지지를 받지 못한 통일운동은 단기간에 소멸되거나 혹은 단체명만 유지한 채 별다른 활동을 펼치지 못하고 있었다.

재일한인 사회의 통일운동은 민단과 조총련이 친한 및 친북 성향을 띠면서 주도하였다. 그리고 1950년대에 등장한 김삼규의 중립화통일론은 남한의 장면 정권 하에서 혁신정당 및 대학생들에게 새로운 한반도 통일론으로 각광받았지만 남북한 정권과 민단, 조총련은 중립화통일론을 배척하였다. 1970~1980년대에는 한민통이 한국의 민주화운동과 연계하여 재일동포 사회에서 통일운동을 추진하였다. 1980년대 중반부터는 이념을 탈피하여 일상생활과 연계된 통일운동이 나타났는데 원코리아페스티벌, 그리고 2000년대 중반의 삼천리철도, 재일코리아협회 등이 대표 단체이다.

[그림 6-1]과 같이 재일한인 사회에서 통일운동을 주도한 단체들의 관계를 보면, 남북한이 최정점에 위치하고 있으며 남북한에 대한 호불호에 따라 협력, 대립, 중립, 배척의 구도를 형성하고 있다. 한국·민단과 북한·조총련·한통련의

그림 6-1 통일운동 단체의 관계

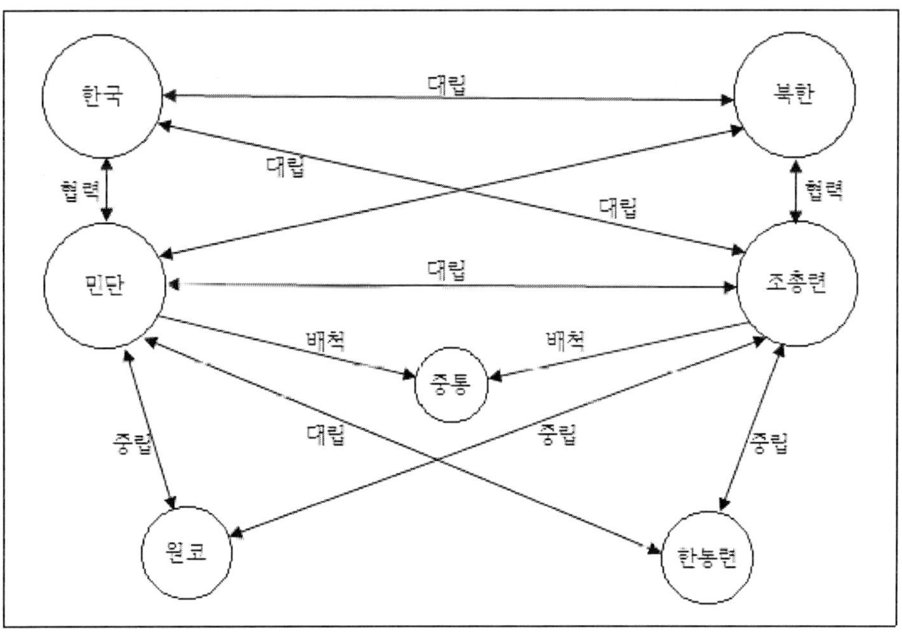

관계는 강경한 대립 구도로 적대적 관계인 반면, 조총련과 한통련은 협력관계, 원코리아페스티벌은 출범 초기에는 민단 및 조총련과 협력관계를 유지했지만 현재는 두 단체가 중립적 태도를 취하고 있다. 중립화통일론은 민단과 조총련 모두 이단 통일론으로 취급하면서 배척하였다.

재일한인 사회의 대립, 협력, 중립, 배척의 관계, 즉 남북한을 정점으로 민단과 조총련를 중심으로 끊임없는 갈등과 대립을 양산하고 있다. 문제는 모국의 분단 상황으로 인한 이념적 영향의 결과, 재일한인들이 추구하는 지향성은 친한, 친북, 그리고 자이니치(ざいにち, 在日)라는 제3의 정체성을 가진 존재로 구분할 수 있으며, 이들의 모국에 대한 사상이나 통일에 대한 인식도 상이하다.

민단과 조총련 간 이념적 대립과 갈등은 재일한인 사회의 화합과 단합을 가로막는 장애물이자 분열의 근원으로 작용하였다. 그 결과 재일한인 사회는 남북 대립의 축소판과도 같은 양상을 보여 왔으며, 분열과 대립의 고착화는 동포 간 화해와 통합을 어렵게 만들었다. 특히 한반도 통일문제는 이념과 결부된 관계로 재일한인 및 단체들에 있어 접근이나 언급은 매우 민감한 사안이었다. 제5장 <표 5-11>과 같이 '한반도 통일을 위해 재일한인 사회에서 가장 필요한 것'을 묻는 문항에 대해 사상과 이념보다 동포들의 통일의지 고취(30.3%), 친한국계와 친북한계의 분열과 대립 청산(27.5%) 순위로 나타났다. 재일한인들은 수십 년 간 지속되어온 민단계와 조총련계 간 반목(反目)의 청산이야말로 재일한인의 통합을 유인하는 것으로 생각하고 있다.

재일한인 사회의 대립과 분열의 상황은 개인 및 단체의 한반도 평화통일에 대한 역할을 제한시켰다. 예컨대, 재일동포는 모국의 분단으로 인해 숙명적으로 두 개의 조국을 가진 사람들이다. 이들이 한반도 통일과 관련하여 이념적으로 어느 한쪽에 편향을 보인다면 참된 통일운동을 지속할 수 없을 뿐만 아니라 광범위한 동포사회의 지지도 받을 수 없다는 점을 인식해야 한다.

3) 통일운동의 활성화 방안

재일한인 사회에서 통일운동의 방향, 연대, 남북한 관계를 놓고 단체 간에 이념적 갈등이 심각하였다. 그 중심에는 민단과 조총련이 있다. 해방 이후 재일한인 사회의 다양한 통일운동 단체의 명멸과 이합집산도 결국 이념의 갈등이나 대립에서 비롯되었다. 통일운동 단체는 이념적으로 친한과 친북, 중립 등으로 사분오열되었다. 이러한 이념갈등으로 단체의 해체와 재창립이라는 과정을 반복하고 있다. 제5장 <표 5-16>은 재일한인들에게 통일운동의 활성화 방안을 질문한 결과, 1순위는 남북한 교류와 협력의 통일 환경 조성(35.1%), 2순위 응답은 사상과 이념 탈피, 통일의지 결집(27.0%) 등으로 나타났다. 이처럼 재일한인 자신들 또한 한반도 통일을 위한 활성화 방안으로 총 5개 문항 가운데 1순위와 2순위 응답을 가장 많이 선택하였다. 재일한인 사회에서 통일운동의 활성화를 위해 필요한 것은 무엇인가?

재일한인 사회에서 통일운동의 활성화를 위한 방안 가운데 먼저 이념갈등의 극복을 위한 것으로 5가지를 제안할 수 있다(배한동 2014, 143~149). 첫째, 이념에 치우친 분열적인 통일운동을 지양해야 한다. 좌우 편향의 통일운동과 이념의 과잉이 재일한인 사회의 통일운동을 축소시키고 다양한 재일한인들의 참여와 협력을 유도하지 못했다. 과거의 극단적인 흑백논리, 이분법적 사고의 집착은 재일한인 사회의 통일에 관한 여론을 분열시켰다.

둘째, 통일운동 단체들은 대화를 통해 이념과 노선의 대립을 변증법적으로 조화하도록 노력해야 한다. 통일운동 단체 간의 상호 입장 이해와 양보, 수렴, 연대라는 지혜가 요구된다.

셋째, 통일운동 단체들은 이념보다는 역할 분담을 통해 효율적인 통일역량을 결집시켜야 한다. 재일한인 사회 구성원 다수의 한반도 통일에 대한 무관심의 표출은 동포사회의 이념적 대립, 그리고 개개인의 한반도 통일의 이해와 관계되어 있다. 이러한 상황의 지속은 결국 재일한인 사회의 통일 동력의 추락과 함께 정체로 나타났다. 현 시점에서 가장 요구되는 것은 통일의지의 결집이다.

넷째, 통일운동은 재일한인 사회 내의 통일과 관련된 갈등을 해소하기 위해 통일문제의 공론화가 필요하다. 현실적으로 좌우로 치우친 통일운동 단체는 집단적, 폐쇄적 이념에 사로잡혀 미래를 보지 못하고 통일과는 동떨어진 갈등을 심화시키고 있다. 이는 통일운동 단체들의 이념에 바탕을 둔 조직 형태에도 기인하지만, 일반의 재일한인들을 배제하고 지도부 중심으로 운영되는 단체들이 과거의 관행적인 인식의 틀을 깨지 못하기 때문이다. 한반도 통일운동은 이념, 세대, 계층을 초월해서 민족통일과 동포통합을 위해 역량을 모아가는 과정이 되어야 한다. 이러한 갈등이 극복되지 않은 한 통일운동은 소기의 성과를 거둘 수 없을 것이다.

다섯째, 통일운동의 지지기반 확보이다. 통일운동의 성공 여부는 구성원의 관심과 참여를 통한 통일운동 단체 조직의 확대와 활성화에 달려 있다. 통일운동이 소수 지도부 중심의 이데올로기 운동에 치우칠 때 구성원은 외면하고 운동의 폭이 협소해지며, 그 성과는 저조할 수밖에 없다. 통일운동이 폭넓은 구성원들의 참여를 기반으로 연대와 단결을 이룰 때 재일한인 사회의 통일에 관한 열망은 조직화될 수 있다. 그러므로 한반도 통일운동에 있어서 통일을 열망하는 구성원들의 통일 구심력과 폭넓은 참여를 전제로 한 '운동의 대중화'가 핵심적인 과제로 등장한다. 통일운동의 성공 요건은 이념의 합리성과 조직 대중성의 조화에서 찾아야 할 것이다.

과거의 통일운동은 한반도에 국한된 정치지향적인 통일운동이었다. 통일운동 과정에서 대중과 국민은 특정한 정치세력의 동원세력이 되기도 하였고, 폐쇄적 민족주의에 기반하여 타자를 배제하고 민족적 동질성만을 기계적으로 강조하는 성격이 강하였다. 그러나 탈냉적, 탈영토, 세계화 시대의 통일운동은 한민족 모두에게 이익이 되면서 동시에 미래의 후손들에게도 현실적·긍정적으로 작용할 수 있는 공동체여야 한다(윤민재 2016, 58). 우리는 그동안 통일의 주체 범위를 남북한으로만 인식하며 통일과정에서 재일동포를 비롯한 재외동포의 역할을 남북한 간 중개자 혹은 매개적 역할로 국한시켜 왔다.

그러나 한반도 통일을 남북한의 통일을 넘어서 전 세계 재외동포들을 포함하는 한민족공동체의 범위로 확장한다면, 재외동포들은 단순한 중재자를 넘어서 통일과정의 주체 역할도 가능하다(이상걸 2015, 3). 재외동포는 한민족의 일원이며, 이들의 모국은 한반도이다. 한반도 통일은 미시적으로는 남북한의 문제이지만, 광의적으로는 한민족공동체 구성원 모두의 문제이다. 재외동포는 한민족공동체의 일원으로서 한반도 통일과 관련하여 객체가 아닌 주체자로 참여할 수 있을 것이다. 그렇지만 지금까지는 한반도 통일에 있어 재외동포의 역할은 중재자 역할에 초점이 맞추어져 있다. 왜냐하면 통일을 실질적으로 결정하는 주체는 남북한 국민의 동의를 얻어 이를 실행하는 정부이기 때문이다.

현재 재일한인 사회에서 통일운동의 활성화를 위해 필요한 것은 자유민주주의, 사회주의, 사회민주의의 등의 이념을 포함한 체제문제, 그리고 국가형태와 관련하여 단방국가냐 아니면 연방국가냐, 연합제냐 연방제냐를 포함한 통일 한반도의 구체적 로드맵에 대한 협의는 현 시점에서 잠정적으로 미뤄두고 모든 사안을 백지상태에서 논의하려는 자세를 갖고 통일운동의 활성화에 초점을 두어야 한다.

첫째, 통일 논의의 개방성과 통일의식을 함양하는 것이다. 민단과 조총련이 주도하는 통일운동은 남북한의 영향을 받아 각각 자유민주주의와 사회주의 체제를 절대적으로 지향하는 통일방안으로 자유롭게 통일문제를 논의할 수 있는 개방성을 제한하고 있다(장재철 2016, 96). 두 이념을 벗어난 절충적 형태의 통일운동에 대해서는 민단과 조총련이 논의 자체를 거부하거나 또는 적대시하고 있다. 이러한 폐쇄적 구조 하에서는 새로운 통일운동이 등장하기 어렵다. 현재 재일한인 사회의 구성원 다수는 한반도 통일운동에 관심이 없는 관계로 통일운동의 정체 현상이 나타났다. 통일운동의 활성화를 위해서는 먼저 재일한인들 간 민단과 조총련이 지향하는 이념 이외에도 제3 혹은 제4의 통일 의견이 제시될 수 있는 열린 공간의 기반 조성이 필요하다. 즉 한반도 통일문제를 논의함에 있어 특정 이념의 지향이라는 편협한 '동굴의 인식'에서 벗어나야 한다. 그리고 한반도 통일에 관한 재일한인 개인 및 단체의 의견을 민단과 조총련은 배척하지 않고 수용해야 한다. 작금의 재일한인 사회에서 통일운동의 정체 책임이 민단과 조총련에 있기 때문이다.

이렇듯 재일동포 사회에서 자유롭게 통일을 논의할 수 있는 환경의 조성이 필요하다. 동포사회에서 통일을 향한 과거의 역사를 보면 장애물로 작용했던 요인은 재일동포 사회의 역할이 아닌 남북한 정부의 민단과 조총련에 대한 통제와 견제였다(김태기 2001, 248). 재일동포 사회를 이끌고 있는 민단과 조총련은 친한과 친북 성향을 갖고서 일본에서 통일문제를 주도하려는 입장이다. 특히 조총련의 경우 '내가 아니면 안 된다'는 논리로 통일문제의 대표성을 주장하고 있다.

문제는 한반도의 통일을 논의하는 데 있어 민단은 '민족공동체 통일방안,' 조총련은 '낮은 단계의 연방제방안'을 갖고서 재일한인을 대상으로 홍보와 지지를 얻고자 한다. 이러한 통일방안의 홍보는 재일한인 사회에서 분열의 고정화를 초래하고 있다. 어느 사회에서나 신생 단체의 출현은 기존 단체가 이들의 주장과 이익을 충분히 대변하고 보호해주지 못하기 때문에 나타나는 현상이다. 민단과 조총련의 통일운동과는 다른 제2 혹은 제3의 통일운동의 출현이 이를 증명하고 있다.

재일한인 사회가 한국 혹은 북한의 통일방안을 절대적으로 지지한다고 하더라도 한반도 통일에 대한 역할은 독립변수가 아닌 종속변수일 가능성이 높다는 점에서 통일문제를 주도하고 결정하는 것은 이 땅에 살고 있는 국민과 정부이다. 그럼에도 불구하고 재일한인 사회의 다양한 통일운동이나 주장의 출현은 통일문제에 대한 분열이 아닌 통일의지의 고취라는 측면에서 긍정적으로 작용할 수 있다. 따라서 재일한인 사회에서 개방적 통일 논의의 활성화를 위한 환경의 조성이 필요하다. 민단과 조총련이 소규모 통일단체와 소통하고 협력하려는 자세가 요구된다.

둘째, 통일의식의 함양이다. 통일의식이란 한반도 통일에 대한 태도 전반을 지칭하는 것으로 통일에 관한 인식(cognition), 감정(affection), 행태(behavior)를 포괄하는 개념이다(박명규 2009, 4). 김현옥은 통일의식에 대해 통일에 대하여 부여하는 의미, 북한을 바라보는 시각, 통일을 자신과 관계있는 것으로 느끼는 것, 통일과정에서 스스로의 역할이 중요하다고 느끼는 것, 참여하거나 통일을 실천하려는 의지는 가지는 것으로 정의하였다(김현옥 2001, 65~66). 통일의식은 한반도 통일문제에 관해 무엇을 얼마나 알고 있고, 어떻게 느끼고, 실제로 어떻게 행동하고 있는가 하는 것이다. 이러한 통일의식에는 한반도 통일문제 이외에도 다양한 요인들이 밀접하게 관련되어 있다. 요컨대 통일의식은 통일문제를 포함해서 북한에 대한 이해와 인식, 남북관계와 대외관계에 대한 인식, 대북정책 및 통일정책에 대한 평가 등을 포괄하는 총체적 성격을 지니고 있다.

한반도 통일을 위한 재일한인 사회의 통일운동은 단체 중심으로 그리고 소수의 동포들만이 통일에 대한 관심을 갖고서 참여하고 있다. 통일운동의 정체 원인의 규명과 함께 통일운동의 재추진 동력의 확보는 재일동포의 통일의 준비, 역할, 기여와 상관성을 갖고 있다. 통일의지의 함양은 통일의 당위성 인정, 통일의 촉진 요인, 통일로 인한 이익의 기대, 통일한국의 미래상에 대한 긍정적 전망, 통일 동력의 확보 측면에서 필요한 것들이다. 이를 위해 재일한인들의 통일 의지의 결집이 우선적으로 선행되어야 한다. 재일동포의 통일의지가 미결집된 상황에서 미래의 통일방안이나 통일체제에 대한 논의는 오히려 통일단체나 동포들 간 분열과 불신을 초래할 가능성이 높다는 점에서 이 문제는 후차적으로 논의될 사안이다. 남북한에 상이한 체제가 존립하고 있는 상황에서 재일한인들이 특정의 통일방안과 체제를 지지하더라도 큰 효과나 영향력은 소소하다. 한반도 통일의 주도권을 남북한 정부가 갖고 있기 때문이다. 이 같은 상황을 고려한다면 재일동포들의 통일의지의 결집과 함양이 그 무엇보다 필요한 시점이다.

셋째, 상대방을 인정하고 존중하는 바탕 위에서 교류, 협력과 신뢰의 분위기를 형성하는 것이다(오인탁 1997, 140). 신뢰(trust)의 사전적 의미는 타인의 미래 행동이 자신에게 호의적이거나 또는 최소한 악의적이지는 않을 가능성에 대한 기대와 믿음을 말한다. 즉 신뢰는 상대가 어떻게 행동을 취할 것이라는 자발성이며 불확실성에 대한 위험을 감수하려는 태도이다(Mayer 1985). 한반도 통일과정에서 신뢰는 남북관계의 발전, 한반도 평화정착, 통일기반의 구축을 가능하게 만드는 토대인 동시에 국민적 지지와 국제사회와의 협력 하에 통일을 추진할 수 있는 사회적 자본(social capital)이자 인프라(infra)이다. 이처럼 신뢰는 사람들 간의 관계에서 파생되는 개인적 차원의 판단, 기대, 태도를 의미하지만 또 다른 측면에서 보면 개인뿐만 아니라 집단, 조직을 그 대상으로 할 수도 있다. 그리하여 신뢰는 개인이 다른 사람들이나 특정 집단 내지 조직에 대해 가지는 믿음과 기대, 태도를 의미한다(변종헌 2014, 191).

문제는 남북한과 마찬가지로 재일한인 사회의 이념적 대립의 결과 상호간 신뢰를 쌓기 위한 접촉과 지속적인 대화, 그리고 교류의 실종과 결핍은 냉전시대의 전형적인 사고인 적과 아군이라는 이분법적 신념을 갖게 만들었다. 이러한 사례는 민단과 조총련의 통일운동에서 잘 나타나고 있다. 민단과 조총련, 한통련 등은 통일운동을 추진함에 있어 '이념의 주홍글씨'를 벗어나야 한다. 이념을 기반으로 한 편협한 '동굴의 인식'에서 탈피한 통일운동에 주력해야 한다. 신뢰 형성의 당사자 간 공동의 이해관계가 일치한다면 상호간 신뢰를 구축할 가능성이 높을 것이다. 그렇지 않고 통일운동 단체들이 편견과 예단에 사로잡혀 협상과 대화를 추진한다면 아무런 결과도 도출하지 못할 것이다. 한반도 평화통일이라는 목표의 달성을 위해서는 적대구조를 해소하려는 노력이 필요하기 때문에 신뢰의 회복과 형성이 중요하다.

넷째, 통일은 그 동안 알지 못했던 남한과 북한 사회를 새롭게 발견하는 것이다. 이런 맥락에서 통일교육은 이론과 실천이 함께하면서 제도적 차원 및 일상성의 변화를 다루어 내는 사회운동이어야 한다(조한혜정 2000, 334~335). 통일교육은 새로운 세계질서 개편의 차원에서 새로운 인식을 하는, 즉 지구상의 인류공동체, 전지구적 시민사회, 국가 및 지역 공동체, 대결보다는 공존과 공동 이기의 추구 등의 인식 아래 통일의 과제를 풀어 가게 하는 교육이다. 지식 위주의 교육보다는 사고의 틀을 흔들어서 새로운 사고가 가능하도록 하고, 그 사고에 맞추어

원코리아페스티벌, 재일코리아협회 등 다양한 단체들이 이념적 스펙트럼을 기반으로 각양각색의 통일운동을 전개하고 있지만 친한국, 친북한, 중립적 성향을 보이면서 하나의 통합된 통일운동이 아닌 단체별로 각계약진의 형태를 취하고 있다. 이러한 전개는 단체 중심의 통일운동, 일회성 대회 및 세미나 개최, 이해관계가 있거나 또는 동원된 소수의 동포들만이 민족통일에 관심을 갖고 참여하는 구조로 고정화되었다.

통일운동이란 한반도 평화통일을 목표로 전개되는 운동, 즉 1948년 8월부터 남북한이라는 2개의 국가체제로 고착된 분단을 극복하려는 활동과 운동을 의미한다. 따라서 재일한인들의 통일운동은 한반도 통일을 위해 개인과 단체가 통일을 홍보하고, 지지 세력을 결집시켜 나가는 운동이다.

재일한인 사회에서 특정 단체가 주도한 통일운동은 동포 간 갈등이나 대립, 분열의 기제로 작용한 반면에 통합의 기제 역할을 수행하지 못하였다. 제1~3의 통일운동이 전개되었지만, 일본에서 통일운동의 정체와 함께 무관심의 팽배, 소수의 참여, 공감대 형성의 실패를 초래하면서 한계점이 노출된 결과, 대중운동으로의 전환에는 부족하였다. 현재 재일한인들의 통일운동의 동력 또한 많이 저하되었다. 통일운동의 정체에는 분명히 그 원인이 있으며, 원인의 규명과 함께 새로운 통일운동의 재추진 동력의 확보가 필요한 시점이다. 재일한인들의 상황을 고려한다면 한반도 평화통일을 위한 준비 및 일정한 역할 수행이라는 차원에서 새로운 통일운동이 제기되고 있다. 이는 재일한인을 포함한 전 세계 재외동포의 한반도 평화통일의 준비, 역할, 기여와 관련되어 있기 때문이다.

재일한인 사회에서 정체된 민족통일운동의 재점화를 위한 동력 차원에서 기존의 접근방식과 차별화된 통일운동이 요구된다. 통일은 둘로 나눠진 한민족, 남북한 정부, 국토가 하나가 되어 분단을 극복하는 한반도의 통일이며, 통합은 사상, 이념, 계층, 세대 등 행위자 집단 간의 결합을 의미한다. 제4의 통일운동의 추진은 재일한인 사회에서 새로운 통일운동이다. 이 운동은 한반도 통일을 추진하거나 또는 성취하는 과정에서 단체 및 개인을 포함한 재일한인 모두가 대립과 분열을 극복하고 하나로 통합하여 전개되는 운동이다. 즉 한반도 통일의 실현을 목표로 재일한인 사회에서 민간 주도로 실행하는 일체의 활동으로 언론 홍보를 비롯하여 세미나, 포럼, 집담회, 가두행진, 통일교육, 청원서 및 요망서 제출, 연구 등 한반도 통일과 관련된 제반 활동을 포함하고 있다.

제4의 통일운동은 재일한인 사회에서 '통일'을 활용하여 동포들을 하나로 결집시켜 나가는 '통합' 기제(mechanism) 역할의 수행, 다시 말해 통일운동을 통해 분산된 재일한인들을 하나로 결집시켜 통합으로 유인하는 기제이다. 제4의 통일운동의 전개를 통해 '통일' 기제가 재일한인 간 갈등과 반목을 교류와 화합이라는 '통합' 기제로 작용할 수 있어야 한다. 제4의 통일운동은 재일한인 사회의 분열과 갈등의 극복, 한반도 평화통일에 대한 공감대 형성 및 확산을 통한 통일의지의 제고, 평화통일의 환경과 기반 조성, 재일한인의 적극적·능동적 참여와 통일과정에서 일정한 역할 부여, 재일한인 미래세대의 통일의지의 고양, 한반도 평화통일을 위한 재외동포 단체 간 통일 네트워크 구축 등 많은 유용성을 갖고 있다. 그리고 일본을 중심으로 한 제4의 통일운동의 성공적 전개는 외연을 확장하여 전세계 한민족 재외동포가 참여하는 '글로벌 코리안 통일네트워크'로 발전시켜 나가야 한다.

통일운동의 부흥을 위해서는 그 동안 재일한인 사회에서 전개되었던 통일 관련 적폐(積弊) 청산이 필요하다. 이를 위한 3개의 기본 전제로는 통일운동에서 이념의 탈피, 자율성 확보, 참여자의 자격과 전력(前歷)의 문제이다. 첫째, 이념의 탈피이다. 민단과 조총련은 상호간 적대적 의존관계를 형성하여 상대방과의 적당한 긴장과 대결국면의 조성을 통해서 친한국계나 친북한계를 통합하거나 조직 안정화에 이용하고 있다. 이는 냉전기에 민주주의와 사회주의를 특징지어온 핵심 개념이다. 문제는 특정 이념에 대한 지나친 추종의 결과, 재일한인 사회에서 통일운동의 정체를 초래하였다는 점이다. 남북한의 영향을 받은 민단과 조총련의 특정 이념을 기반으로 한 일방적인 통일운동의 홍보와 지지는 재일한인 사회의 통일운동의 정체를 가져왔다.

이러한 구조 하에서 통일운동을 주도하고 있는 민단이나 조총련과 동떨어진 통일운동을 전개한 단체는 두 단체 모두로부터 또는 어느 한 단체와 대립관계를 형성하거나 배척받았다. 일본 사회에서 재일한인들은 이념적으로 한국, 북한, 일본을 지지하거나 혹은 완전한 중립적 성향을 갖고 생활하는 동포들이다. 재일한인들이 제3의 이념을 토대로 통일운동을 전개하고 싶어도 남북한을 지향하는 이념의 벽에 부딪혀 소멸하거나 포기하고 있는 실정이다. 재일한인 사회에서 민단계, 조총련계, 그리고 자이니치계 등이 "서로의 타자성을 인정하면서 지난한 대화를 통해 식민지 지배와 한반도 분단이라는 역사를 공유하는 '새로운 우리,' 또는 '미래의 우리'를 이루어갈 수 있는 가능성을 모색"하는 것(서경식 2009, 6) 또한 제4의 통일운동에서 하나의 모델이 될 수 있을 것이다.

재일한인 사회에서 한반도 통일문제와 관련하여 먼저 이념 문제를 논의하는 것 그 자체로는 어떤 성과도 산출하기 어렵다. 이러한 상황을 고려한다면 현재 가장 시급한 것은 통일운동의 활성화이다. 운동의 활성화를 위해 우선적으로 민주주의와 사회주의 이외에도 제3의 이념도 허용하는 통일 환경이 조성되어야 한다. 이념의 문제가 통일운동의 초기부터 쟁점으로 등장한다면 지금까지의 경험으로 보아 통일운동을 절대 활성화할 수 없다는 점에서 '이념'을 내려놓고 백지상태에서 통일운동의 논의를 시작해야 한다.

둘째, 자율성의 확보이다. 모국으로부터 통일운동의 참여와 관련하여 일정한 자율성을 가져야 한다. 모국과의 종속적 관계의 형성은 재일한인 사회가 통일운동을 전개함에 있어 타율적으로 움직일 수밖에 없는 구조이다. 민단과 조총련은 남한과 북한의 영향력 하에서 단체 활동을 펼치고 있으며, 대리인 역할을 수행하고 있다. 이념적 문제와 관련된 사안에 대해 두 단체는 거의 자율성을 갖고 있지 않다. 따라서 일정한 자율성의 확보가 필요하다.

남북한 정부는 재일한인들에게 이분법적 사고를 가지고 있다. 재일한인 사회를 민단과 조총련이라는 이분법으로 파악해 구성원들의 다양한 인식과 대응을 간과하거나 과대 또는 과소평가하는 오류를 범하고 있다. 재일한인 사회에서 통일의 필요성을 강하게 주장하고 있는 것은 제5장 <표 5-12>에서 알 수 있듯이 조총련의 구성원 및 지지자들로 나타났다. 조총련계 통일 논의의 정당성 여부를 떠나 조선학교의 교육 내용 자체가 통일지향적이며, 통일의 주체임을 주입함으로써 국가 및 조직의 정당성을 확보하고자 하는 시도가 엿보인다.

반면에 민단은 한국과 밀접한 관계를 유지해야만 정당성을 확보할 수 있는 취약성을 지니고 있다. 이는 동포들의 권익보다 한국정부의 눈치를 보지 않을 수 없게 되는 부작용을 수반하여 통일문제에서 한국정부보다 전향적인 자세나 실천을 할 수 없다는 제약이 따른다. 조총련 또한 북한과의 관계에서 민단과 비교하여 자율적이지는 않다. 분단의 일상을 살고 있는 재일한인들이 민단과 조총련의 통일 이념을 뛰어넘어 정치적 이슈에 적극적으로 참여하는 순간부터 정치성을 의심받고 있다. 그러나 분단이 상존한다는 점이야말로 재일한인들이 한반도 통일을 간절히 원하고 있는 이유가 되고 있다. 통일문제에서 본국의 접근이 지나치게

안보논리로 구성되어 있다는 점은 이들의 역량을 통일과정에 유인하는 것을 어렵게 만들고 있다(김웅기 2015). 결국 종북·종남 프레임으로부터 자유롭지 못한 상황은 통일문제를 논의함에 있어 민단과 조총련의 자율권을 제한하고 있었다.

그리하여 남과 북의 관계에 따라 두 단체는 교류와 협력이 활성화 또는 단절되는 상황을 연출하고 있다. 통일운동의 자율성은 통일 한반도의 국가체제, 통일방안을 결정할 수 있는 자율성은 아니다. 이 운동의 자율성은 단지 통일의 추진이라는 목적에 맞추어 이념적 측면에서 적대 혹은 배척관계를 형성하고 있음에도 불구하고 상대방과 자유로운 접촉과 협력을 통해 통일문제를 논의하거나 연대를 모색할 수 있는 것을 의미한다. 예컨대, 제41회 세계탁구선수권 대회의 공동응원의 실행, 2002년 한일 월드컵과 아리랑축제를 맞이하여 민단계와 조총련계의 서울과 평양에 대한 교차 방문의 실시, 2006년 하병옥 민단장과 서만술 조총련 의장의 공동성명 발표 등은 남북한 간 대화와 교류의 국면에서 전개된 것들이었다. 반면 이명박과 박근혜 정부의 강경 대북정책, 그리고 북한의 지속적인 핵개발과 미사일 발사는 남북관계를 경색국면으로 전환시켜 교류와 협력을 단절시켰다. 이러한 영향을 받은 민단과 조총련의 교류 또한 중지되었다. 결국 민단과 조총련의 통일운동은 자율성이 억제된 것이었다.

한편 한반도 통일과 관련하여 남한에 의한 독일식 흡수통일이나 북한에 의한 베트남식 무력통일은 실현 가능성이 매우 희박하다(임현진·정영철 2006, 26). 이러한 상황을 고려한다면 어느 일방의 통일정책과 방안을 상대방에게 강요하거나 주장하는 통일운동은 현실과 동떨어진 것이며, 오히려 역효과를 조장할 가능성이 높다. 따라서 남북한의 정세에 좌우되는 통일운동의 구조는 절대 지속성을 담보할 수 없다. 한반도 통일의 필요성에 대한 공감대 형성, 그리고 통일에 기여하려는 의지를 갖고 있는 민단과 조총련을 비롯한 모든 단체는 통일운동의 주체로서 통일의 정체현상을 극복하고 운동의 활성화를 위해 모국 정부로부터 일정한 자율성을 갖는 통일운동을 전개해야 한다. 통일운동의 자율성 확보는 보다 자유로운 접촉과 폭넓은 통일 논의를 담보할 수 있기 때문이다.

셋째, 통일운동의 참여 자격과 전력(前歷)을 문제삼지 않아야 한다. 제4 통일운동의 추진은 정체된 통일운동의 활성화에 목적을 두고 있다. 특정 체제나 이념의 지향성은 차후 문제이다. 1945년 12월 모스크바 3상회의의 협정에 따라 한반도 통일문제를 논의하는 미소공동위원회가 1946년 3월 20일과 1947년 5월 21일

표 6-1 이념 성향에 따른 단체 분류[2)]

이념 성향	단체명
친한국계	민단 중앙·지방본부 및 산하단체, 도쿄 재일연합회 및 4개 지역연합회, 삼천리철도, 민주평통 일본지역협의회, 평화통일운동연합 등
친북한계	조총련 중앙·지방본부, 한통련, 재일한국청년동맹, 재일한국민주여성회, 한일민중연대전국네트워크, 재일조선인평화통일협회 등
중립계	원코리아페스티벌 실행위원회, 재일코리아협회, 코리아NGO센터, 성공회 이쿠노센터, 재일코리안협의회, 재일코리안청년연합, 교토코리안생활센터, 민족차별과 싸우는 연락협의회 등

표자 및 관계자들이 참여한다. <표 6-1>에 참여단체를 정리하였다. 통일운동과 관련하여 개인 차원에서는 재일한인 통일문제의 전문가 및 지지자로 분류되는 서경석, 서승, 서용달, 이철, 박일, 문성한, 강상중, 강덕상, 윤건차, 김찬정, 리정애, 김경득, 양석일, 한창우 등 학계, 문화예술계, 경제계, 전문직에 종사하는 이들을 총망라하여 제4 통일운동에 참여시킨다. 그러나 제4 통일운동의 일차적 목표가 통일운동의 활성화라는 점을 고려한다면 이러한 회합을 함에 있어 시작 단계는 앞에서 언급한 3개의 사항을 전제로 민단과 조총련, 코리아NGO센터가 주도적 역할을 수행해 주어야 한다. 물론 민단과 조총련이 각각 남북한 정부를 지지하는 이념단체이지만, 현재까지 재일한인 사회에서 통일운동을 이끌어 온 대표성, 그리고 재일한인 사회에서 영향력이 큰 단체라는 점에서 민단과 조총련이 제4 통일운동의 초기에는 일정한 역할을 해야 한다. 세 단체가 사전에 정지(整枝) 작업을 할 수 있다면, 중구난방(衆口難防)의 개연성이 높은 통일 논의의 중심 아젠다를 설정할 수 있기 때문이다.

그 동안 재일한인 사회에서 펼쳐졌던 통일운동의 실패, 소멸 혹은 반쪽자리 운동의 경우 두 단체 모두 또는 어느 한 단체가 반대함으로써 나타난 결과였다. 민단과 조총련이 초기 단계에서 단체의 규모는 적지만 오사카를 중심으로 활동하고 있는 그리고 이념적 중립을 표방하고 있는 코리아NGO센터와 공동으로 제4의 통일운동을 주도한다면, 다수의 통일단체의 참여 가능성이 높아짐으로써 공감대 형성에 효과적일 것이다.

2) 재일한인 직능단체 및 이익단체는 제외하였다.

(2) 추진 단계

통일이란 한반도를 포함하여 전 세계에 분산되어 있는 한민족을 근대 국민국가의 개념인 하나의 '국민'으로 만들어가는 과정이다. 남한과 북한이라는 두 정체(polity)와 그 곳의 한민족뿐만 아니라, 전 세계의 한민족을 결집시키는 통일이야말로 진정한 민족의 통일이자 19세기 이래로 추구해 왔던 국민국가를 사실상 완결하는 의미를 갖는다(이진영 2014, 64). 한반도 통일을 달성하기 위해 다양한 접근법이 제시되고 있지만, 경제와 문화 등 비정치 분야의 교류가 발전하면 그 파급효과의 확장에 의해 남북의 정치적 통합이 촉진될 것이라는 신기능주의 관점이 가장 각광을 받고 있다(Jeppe Tranholm-Mikkelsen 1991, 4~5). 재일한인 사회의 제4의 통일운동 또한 단체 간 불신이 팽배한 상황을 인식한다면, 비정치 분야의 접촉과 교류를 통해 신뢰를 쌓아가야 한다.

제4 통일운동의 목표 달성과 효율성을 높이기 위해서는 각 단계별 로드맵(road map)을 만들어 진행시켜야 한다. 이러한 단계는 모색단계, 부분 통합단계, 전체 통합단계 등 3개로 구분된다. 그러나 각 단계를 진행함에 있어 가장 중요한 것은 신뢰의 형성이다. 과거 민단과 조총련 간 교류를 위한 다수의 사전 협상이 있었지만, 결렬의 원인 중 하나는 상대방에 대한 불신을 갖고 대화에 임했다는 점이다. 협상 상대를 믿지 못하고 상대방이 원하는 계략에 휘말리지 않을까하는 의구심을 갖고 협상의 자리에 나갔다. 이렇듯 신뢰가 전혀 형성되지 못한 상황에서 수많은 논의가 오갔지만 아무런 성과를 산출하지 못했으며, 결과적으로 오히려 불신을 조장한 시간의 낭비였다. 불신이 팽배한 협상은 공염불에 불과하며, 절대 소기의 목적을 달성할 수 없다. 따라서 각각의 단계를 추진함에 있어 상대방을 신뢰한다는 믿음을 갖고 진행되어야 한다. <표 6-2>에 제4 통일운동의 각 단계별 로드맵을 요약하였다.

제1단계는 통일운동의 의제를 놓고 단체 간 교류를 모색하는 단계이다. 먼저 친한, 친북, 중립을 대표하는 3개 단체가 본격적인 통일운동을 위해 교류를 모색한다. 그러나 민단과 조총련은 교류를 위해 각각 모국 정부로부터 상이한 이념단체와의 접촉에 대한 자율성을 확보해야 한다. 예컨대, 민단은 한국정부가 불법단체로 규정한 조총련이나 한통련 등 종북단체와 통일문제를 논의하는 데 있어 제한을 받지 않아야 한다. 그리고 통일운동의 활성화라는 제1차 목표의 달성을 위

표 6-2 단계별 로드맵

단 계	1단계: 모색	2단계: 부분 통합	3단계: 전체 통합
내용	• 통일운동의 교류 모색 • 민단, 조총련, 코리아NGO 센터 등이 주도함 • 이념 탈피와 자율성 확보 • 개요단계로 통일운동의 기본 원칙과 내용, 조직체계 결정 • 재일한인 44%의 지지와 운동의 정당성 확보	• 참여자격과 과거 전력을 문제삼지 않음 • 통일운동 단체 및 통일운동 관련 개인으로 국한 • 3개 이념성향에 따른 동수의 위원회 구성 • 모색단계의 결정 사안을 재논의 및 수정 • 통일운동 프로그램 확정 • 중앙과 지방에서 부분적인 통일운동 전개	• 재일한인 모든 단체 및 개인의 참여 확대로 전국 차원의 통일운동 전개 • 부분적 통일운동 과정에서 나타난 문제점 수정 및 재실행 • 제4 통일운동을 지지하는 일본 사회단체의 협력과 지지 유인

해 이념을 탈피한 논의, 즉 통일 한반도의 국가체제나 통일방안 등 이념과 관련된 문제는 의제로 상정하지 않는다는 원칙에 입각하여 교류를 모색해야 한다. 이 문제는 재일한인들이 결정할 범주에 속하지 않기 때문이며, 모색단계에서 이 문제가 거론된다면 파행으로 끝날 가능성이 높기 때문이다.

모색단계는 논의의 구체적인 내용과 원칙, 조직체계를 설정하는 개요 단계로 통일에 대한 의지나 공동의 관심사를 확인한다. 그리고 운동의 활성화를 위한 의제를 선정하고 참여 방식, 개인 및 단체의 참여 형태와 범위 등 전체적인 아우트라인(outline)을 결정한다. 모색단계는 제4 통일운동의 사전 정지(整枝) 과정으로 민단과 조총련, 코리아NGO센터 등 3개 단체가 주도적인 역할을 수행하는 것을 전제로 한다. 재일한인 사회의 통일이념과 관련하여 중립성을 표방하는 단체의 대표성, 인지도, 활동의 규모면에서 단체 상호간 우열을 가리기 힘들다. 그리고 민단과 조총련은 중립을 표명하는 단체 활동을 소수 그룹의 활동으로 인지하는 경향이 강하다. 그럼에도 불구하고 코리아NGO센터가 민단 및 조총련과 비교하여 회원 수, 단체 활동의 범위, 재일한인 사회에서의 영향력 등은 낮지만 첫째, 중립성향을 표방하는 활동의 전개; 둘째, 올드커머가 제일 많은 오사카 지역을 거점으로 활동하고 있으며; 셋째, 남과 북을 떠나 자율성을 갖고 민족교육과 통일운동을 실천하고 있다는 점을 고려하였다.

재일한인 사회에서 3개 단체의 제4의 통일운동에 관한 합의의 도출은 파급력이 클 것으로 예상할 수 있다. 약 85만 6천 명에 달하는 재일한인 가운데 민단 회원은 32만 명, 조총련 5만 명, 코리아NGO센터 1천 명, 그리고 모색단계의 참여단체는 아니지만 뉴커머를 대표하는 재일연합회 1만 명 등 4개 단체의 한인회 회원은 약 38만 명이다(지충남 2015a, 149). 재일한인의 44%가 4개 단체의 회원으로 활동하고 있다는 점을 감안한다면, 통일운동의 추진에 대한 정당성과 지지를 확보할 수 있을 것이다.

제2단계의 부분 통합단계는 특정 단체의 참여 자격과 과거의 전력을 문제 삼지 않아야 한다는 조건이 참여자 모두에게 적용되어야 한다. 이 단계는 3개 단체 이외에 재일한인 사회에서 통일운동을 펼치고 있는 단체 및 개인들의 참여로 국한된다. 구체적으로는 이 단계에서 민단과 조총련의 통일 관련 산하단체, 그리고 다른 친한, 친북, 중립성향의 통일단체들이 참여한다. 뿐만 아니라 통일에 대한 식견과 전문성이 있는 개인들의 참여도 가능하다. 이 단계는 제1단계의 모색단계에 비해 많은 단체의 대표 및 개인들이 참여하기 때문에 3개의 이념 성향에 따라 동수가 참여하는 위원회를 구성하여 전체 의사를 최종적으로 결정하는 권한을 부여한다.

부분 통합단계는 민단, 조총련, 코리아NGO센터 등이 모색단계에서 합의하고 결정한 통일운동 안건을 상정하고, 재논의 과정을 거쳐 중지를 결집시킨다. 참여 단체 및 개인들의 의견을 수렴하여 모색단계에서 결정된 사안에 대해 추진을 결정하거나 혹은 일부 안건은 부결시킬 수 있다. 확정된 안건의 추진과 더불어서 통일운동의 홍보, 포럼, 세미나, 토론회 개최, 한반도 비무장지대(DMZ) 견학 등 이론과 실전 교육 프로그램의 구체화, 참여 단체 및 개인들의 역할 분담 등을 통해 중앙과 지역 차원에서 부분적으로 통일운동을 전개한다. 그리고 통일운동의 전개 과정에서 드러난 문제점은 향후 전체 통합의 단계에서 재논의되어야 한다.

제3단계는 전체 통합의 단계이다. 부분 통합단계에서 결정된 사안과 문제점을 수정하고, 이를 적용하여 재일한인 사회를 대상으로 한반도 통일을 위한 전국적 차원의 운동을 전개해 나가는 단계이다. 3단계는 민단, 조총련, 재일연합회 등 3개 한인회를 비롯하여 제2단계의 참여단체, 그리고 재일한인 사회에서 활동하고 있는 모든 단체와 재일한인 개개인까지도 통일운동에 동참시켜 나가는 완결 단계이다. 따라서 2단계 참여단체가 통일운동을 실행하고 있는 단체의 참여였다면, 3단계는 봉사, 인권, 교육, 직능, 경제, 문화, 체육, 언론, 학술, 종교 등 재일한인들이 결성한 모든 단체와 개개인의 참여까지로 통일운동을 확장시켜 나간다.

한편 제4의 통일운동은 일본 사회와 직접 관련된 쟁점은 아니지만 운동의 공간은 일본이다. 일본에서 재일한인들이 중심이 되어 추진하는 제4 통일운동의 대외적 명분의 획득과 협력 분위기 조성을 위해서는 한반도 통일에 관심을 보내준 일본 단체의 지지와 협력을 이끌어내야 한다. 예컨대, 일한의원연맹, 북한난민구제기금, 북한귀국자의 생명과 인권을 지키는 모임, 관서국제교류단체협의회, 오사카변호사회, 오사카시 민족강사회, 일한친선협회, 부락해방동맹, 반차별국제운동, エルフア友の會, 사회복지협의회, 도쿄 국제앰네스티 일본지부, 한크네트워크, 모두 모이자, 일본노동조합총연합회 등은 민단, 조총련, 재일연합회, 원코리아페스티벌, 한통련, 코리아NGO센터 등과 함께 한반도 통일을 지지한 단체이다. 일본노동조합총연합회는 회원 수 650만 명을 보유한 노동조합으로 이 단체의 협력을 받는다면 통일운동의 동력은 배가될 것이다.

제4 통일운동은 한민족의 역사적 과제인 한반도 통일운동의 활성화를 위해 재일한인을 대상으로 3단계 로드맵에 따라 진행된다. 이는 모국 정부에 대해 평화적 통일을 위한 교류와 협력을 촉구한다는 의미, 통일을 활용하여 재일한인 사회의 분열과 대립의 극복 및 통합의 모색, 그리고 일본에서 한반도 통일에 대한 우호적 분위기 조성 등 복합적 성격을 지닌 통일운동이다.

(3) 통일연대의 구축

연대(network)는 단체나 개인을 포함한 행위자들 사이에서 상호의존적 관계가 형성되는 사회적 공간이다. 이러한 연대는 관계의 친근성, 밀도, 지속성, 유사성, 영향력, 편익의 증대, 연대의 폭, 개방적 혹은 폐쇄적 형태의 조직체계 등의 요인에 따라 강한연대 혹은 약한연대를 구성한다는 점에서 연계의 빈도가 높을수록 신뢰의 수준 또한 높아가고 있다. 제4 통일운동의 경우 모색단계, 부분 통합단계, 전체 통합단계 등 각 단계별 로드맵을 추진함에 있어 가장 중요한 것은 참여구성원 간 신뢰를 갖고 동참해야 성공적인 소통과 연대를 이끌어낼 수 있다.

남북한이 소통을 만들어가는 것은 민족의 동질성을 회복하고자 하는 민족주의적 열정만으로 가능한 것은 아니다. 오히려 그런 열정으로부터 벗어나 남과 북이라는 '둘'을 인정하고 차이를 통해서 관계를 만들어가는 연대성의 관점을 취했을 때에만 남북의 관계는 제대로 작동할 수 있다. 그것은 우리의 관점이 그들의 관점과 반드시 동일하지는 않지만 우리와 그들의 관점은 곧 수렴될 수 있고 또 쉽게 서로 배울 수 있다는 관점이다. 하지만 이를 위해서는 무엇보다도 먼저 둘의 차이를 인정하고 그 둘을 연대의 두 주체로 바꾸어놓아야 한다(박영균 2016, 163). 이렇듯 남과 북을 크게 보면 연대의 주체는 '둘'이다. 그러나 재일한인 사회에서 통일운동의 주체는 다원적이다. 모색단계에서는 3개 단체에 불과하지만 부분 통합단계를 거쳐 연대가 확대되는 전체 통합단계에 이르면 참여 단체 및 개인은 유한대(有限大)로 추정할 수 있다. 연대를 위해서 남과 북이 둘의 차이를 인정하듯이 제4통일운동에 참여하는 단체 및 개인 또한 상호 다름을 인정하는 자세로 연대를 형성해 나가야 한다.

서로 다른 사고방식과 생활양식을 가진 채 적대적으로 상대를 인식해 온 재일한인들이 한반도 통일운동의 활성화 차원에서 이념적·정서적·문화적으로 하나가 되어 가는 과정은 결코 쉽지 않다(조배준 2015, 107). 재일한인들은 가족처럼 서로 닮아 있지만 어느 하나의 닮음을 가지고 있는 것이 아니라 다양한 차이를 지니고 있다. 재일한인들은 정치체제와 생활환경이 다른 지역에 분산하여 살면서 정체성의 다양한 요소들을 변형시켜 왔지만, 집단적 유대의 끈을 유지하면서 스스로를 한민족의 구성원으로 여기고 있다(이병수·김종군 2012, 39). 문제는 재일한인들이 스스로를 한민족의 구성원으로 인식하고 있더라도 한반도 통일운동에서 적극적인 참여를 담보할 수는 없다. 특히 재일한인 젊은 세대의 경우 자신들의 필요에 따라 민족정체성을 연결하는 경향이 있다. 이러한 점을 고려한다면 한민족으로서의 정체성이나 민족의식 등 추상적인 이념으로 재일한인 단체와 개인을 연결하기보다는 이들이 형성하고 있는 실질적인 연대를 기반으로 통일운동의 망(網)을 구축해야 한다.

민단, 조총련, 재일연합회의 연대를 고찰한 지충남(2008)의 연구에 따르면 3개 단체의 연대는 이념적 성향과 정체성에 따라 활성화 혹은 비활성화되었다. 예컨대, 민단과 재일연합회의 네트워크는 친한국적 동질성을 기반으로 활발한 연대가 있었으며, 민단과 재일연합회가 타 단체와 구축한 연대의 경우도 친한국적 성향을 지향하는 단체들이 주류를 이루고 있었다. 조총련의 연대도 이념적 요인의 작용으로 친북한 성향의 단체가 많았다. 따라서 3개 단체의 연대는 특정 단체와의 연대가 집중된 편향성, 그리고 지속성이 결여된 일회성 연대가 많았다.

재일한인 사회에서 민단과 조총련 이외에 통일 관련 활동을 전개하고 있는 30개 단체를 대상으로 통일연대를 분석한 정용화(2007)에 따르면 통일 활동을 펼치고 있는 단체 17곳 중 연대 활동 경험이 있는 단체는 13곳으로 76.5%였다. 즉 다른 단체들과 연대하여 통일운동을 진행하고 있었으며, 연대의 내용은 포괄적 교류(71.4%)의 빈도가 높게 나왔다. 이는 기존의 통일운동이 갖는 폐쇄적, 분절적인 한계를 연대를 통해 개방적, 지속적인 운동으로 전환하고 있음을 보여주고 있다. 또한 정용화의 연구는 재일한인 통일운동 단체들이 취하고 있는 연대방식과 관련하여 재일한인 단체 60.7%, 일본 시민단체 82.1%로 나타난 빈도는 재일한인 통일운동 단체들이 일본의 시민사회단체와의 연대를 더 적극적으로 추진하고 있음을 보여주었다. 재일한인의 통일운동이 일본 시민 속으로 나아가 국제적인 차원으로 확대되고 있음을 보여준 사례이며, 실제 통일운동은 일본 및 국제 NGO의 평화운동과 서로 연계하면서 활동영역을 확대해 가고 있었다.

통일연대의 구축은 제4 통일운동의 모색단계, 부분 통합단계, 전체 통합단계 등 3개의 단계별 로드맵을 기반으로 연대가 형성되어야 한다. 먼저 제1단계 모색단계의 경우, 통일운동의 기본 원칙과 내용, 조직체계 등의 쟁점을 놓고 민단과 조총련 간 주도권 확보 과정에서 많은 갈등과 대립이 노출될 것이다. 출발점인 교류를 모색하는 단계부터 3개 단체 간 연대를 구축함에 있어 불협화음이 발생한다면 통일운동은 표류할 것이며, 연대의 구축도 불가능할 것이다. 특히 민단과 조총련 간 발생할 수 있는 갈등에 대한 조정과 중재는 중립성향을 표방하고 있는 코리아NGO센터가 맡아서 해결해 나가야 한다.

모색단계의 연대에서 자주 만나지 않으면서 알고 지내는 사이, 또는 평상시 자주 만나는 사이의 관계를 의미하는 접촉에 대한 친밀도가 중요하다. 통일운동을 전개함에 있어 기본적인 원칙과 내용에 대한 협의는 빈번한 접촉을 통해 신뢰를 형성하면서 연대를 구축하기 때문이다. 그리고 한반도 통일운동이라는 3개 단체 사이의 상호 유사성은 공감대 형성을 유인해 낼 수 있는 요인이다. 네트워크 관계에서 활동의 유사성이 클수록 강한연대의 가능성이 높다고 판단하고 있다. 결국 모색단계에서 성공적인 혹은 강한연대를 구축하기 위해서는 관계의 친밀도와 유사성을 토대로 단체 간 협의를 진행해 나가야 한다.

다음으로 부분 통합단계의 연대는 재일한인 사회에서 통일 활동을 하고 있는 단체 및 개인들의 참여로 모색단계의 연대와 비교하여 참여 네트워크의 넓이가 확대됨으로써 단체 간 신뢰도가 낮을 가능성이 있지만, 통일운동을 위한 참여라는 일차 목표에 의해 단체 및 개인들의 상호 유사성은 유지될 것이다. 그러나 부분 통합단계의 연대는 모색단계의 결정 사항에 대한 재논의, 3개 이념 성향에 따른 동수의 위원회 구성, 통일운동 프로그램 확정 등의 쟁점을 상정하여 논의한다는 점에서 연대 구축이 쉽지는 않을 것이다. 여러 참여 단체 및 개인들의 의견을 수렴하여 정책에 반영하는 절차가 단순하지 않기 때문이다. 이 과정에서 분란의 여지가 많다.

부분 통합단계에서 연대가 구축되지 않으면 통일운동의 표류 가능성이 높다. 모색단계에 참여한 3개 단체가 통일운동의 활성화 목표를 강조하면서 포용과 관용의 태도를 견지하고, 참여자 간 중지를 결집시키는 주도적 역할을 행함으로써 여타의 잡음을 제거하고 순조로운 연대를 구성해 나가야 한다. 그리고 이 단계에서 통일연대가 구축된다면 후속조치로는 일본의 각 지역에서부터 통일운동의 활성화를 위해 부분적으로 통일 활동단체들이 운동을 전개해 나간다. 이는 지역 차원에서 통일운동의 바람을 형성하고 지지자를 결집하려는 의도를 내포하고 있다.

마지막으로 전체 통합단계에서 연대 목표는 일본 전국으로 제4 통일운동을 확산하여 한반도 평화통일의 정체와 무관심을 극복하고 활성화하는 것이다. 제2단계 연대와 비교하여 보다 많은 재일한인 단체 및 개인의 참여가 이뤄지는 연대이며, 일본에서 한민족 통일운동의 시너지(synergy) 효과를 산출하기 위해 한반도 통일에 우호적인 일본 시민사회단체와의 연대를 통해 지지를 이끌어내야 한다. 문제는 많은 단체의 참여로 이 단계는 강한연대보다는 약한연대가 구축될 가능성이 높다. 제4 통일운동의 동력 확보를 위해서는 반드시 연대 및 운동의 지속성을 확보해야 한다. 통일운동을 전개하고 있는 활동 단체 간 다회성 접촉을 통해 일회성 운동과 참여가 아닌 네트워크로 만들어 감으로써 한반도 통일의 활성화를 촉진하는 운동으로 발전해 갈 것이다.

제 7 장

글로벌 코리안 통일네트워크

1. 한민족공동체
2. 통일네트워크
3. 재외한인의 민족 자산화

제7장

글로벌 코리안 통일네트워크

재일한인 사회에서 발화된 제4의 민족통일운동, 즉 정체된 통일운동의 국면 전환과 재동력 확보 차원에서 모색단계, 부분 통합단계, 전체 통합단계라는 재일한인 사회의 3단계 통일운동을 기반으로 남과 북, 미국, 중국, 유럽, CIS 등 재외한인 사회를 대표하는 단체가 참여하는 통일네트워크를 모색할 것이다. 따라서 제7장은 민족통일운동의 외연 확대를 위해 재일한인 사회의 통일운동을 다른 대륙과 지역의 재외한인 사회와 연대하는 '글로벌 코리안 통일네트워크'의 구축을 중심으로 그 가능성을 기술하고자 한다.

'글로벌 코리안 통일네트워크'는 한반도 평화통일에 대한 모국과 재외동포들의 통일의지의 저하와 정체를 다시 발화시켜 전 세계 한민족 모두가 동참하는 통일운동의 고취를 목표로 하고 있다. 통일네트워크는 모색단계를 거쳐 제2단계 부분 통합, 그리고 제3단계 전체 통합으로 확장된다. 이런 점에서 통일네트워크는 한반도 평화통일을 위한 동포들의 능동적 참여와 역할, 기여의 지향, 신뢰기반 구축을 위한 전제 조건, 병렬적·수평적·직접적 네트워크 구조, 남북한 및 거주국 상호간 다양한 프로세스의 진행 등 글로벌 차원의 접근이 될 것이다.

한편 '글로벌 코리안 통일네트워크'의 첫 번째 목표가 민족통일운동의 고취라는 점에서 단체의 활동 성격이 친한·친북·중립적 성향을 지향하거나 또는 남북한 정부가 반국가·이적단체로 규정했을지라도 이것들을 초월하여 단체 간 네트워크를 구상하고자 한다. 제7장에서는 모색단계를 중심으로 기술할 것이며, 이 단계의 참여 단체는 대륙과 지역을 대표하는 단체 또는 민족통일운동에 전념하고 있는 단체로 제한하였다. '글로벌 코리안 통일네트워크'의 부분 통합과 전체 통합단계의 추진은 재일한인 사회의 제4 통일운동과 유사한 방식으로 전개될 것이다. 다만 참여 단체 및 개인들의 대륙별·지역별 소속에 차이가 있을 뿐이다.

1. 한민족공동체

한민족공동체(Global Korean Community)는 1990년대 이후 한반도 통일의 새로운 접근방안으로 제시되었다. 이 방안은 기존의 모국 국민 중심의 논의를 확장하여 재외한인을 포함하여 한반도 통일문제를 다루자는 입장이다. 한민족공동체는 우리 민족이 역사적·문화적 전통을 공유하여 하나의 민족공동체를 이루고 있다는 것을 전제로 하고 있으며(김인영 2002, 268), 공간적으로는 한반도를 초월한 초지역적 의미의 포괄적 공동체의 형성을 뜻한다.

먼저 한민족공동체에 대한 정의를 살펴보면 이재석은 "민족정체성을 기초로 한반도와 전 세계에 흩어져 있는 한민족 구성원들이 관계망과 정보 네트워크를 활용하여 다양한 상호작용을 통해 공동의 유대감과 귀속감을 갖고 이를 토대로 정치적·사회적·경제적·문화적 교류를 통해 번영을 함께 도모하는 공동체의 형성"을 한민족공동체로 정의하였다(이재석 2009, 140). 강광식 또한 한민족공동체에 대해 "넓은 의미의 민족공동체로서 한반도라는 구체적인 지역 개념을 넘어서 세계 도처에 산재해 있는 한인사회를 두루 포괄할 뿐만 아니라, 나아가 '한민족네트워크공동체'라는 가상공간까지 포괄하는 하나의 추상적인 집합체"로 정의했다(강광식 2002, 39). 정영훈의 정의에 따른 한민족공동체는 한민족으로의 민족적 정체성을 유지하고 세계 각국의 한민족의 결속과 상호협조를 강화하고 민족성원의 복지를 도모하며, 나아가 인류공동의 발전과 공존협력을 추구하는 것이다(정영훈 2005, 435). 결국 한민족공동체는 한민족으로 분류되는 모든 구성원이 영토적 경계를 초월하여 '민족성'을 토대로 연대를 통해 공동의 발전과 번영을 모색하는 공동체를 추구하고 있다.

한민족공동체의 출현 배경으로는 첫째, 세계화라는 새로운 도전이다. 세계화에 수반된 글로벌 경쟁을 돌파해가기 위해서는 세계 각지에 분산되어 살고 있는 한민족 동포들의 역량이 최대한 활용되어야 한다는 문제의식이 한민족공동체에 대한 관심으로 이어졌다.

둘째, 정보기술혁명으로 불리는 일련의 범지구적 차원의 변화가 한민족공동체 관념을 키우는 데 기여하였다. 인터넷의 발전과 온라인 서비스의 확대는 지구촌 곳곳에 멀리 떨어져 살고 있던 한민족 성원들에 대한 관심을 키웠고, 상호간 정보를 교환하고 공동의 사업을 논의할 수 있는 장을 제공하였다.

셋째, 탈냉전과 공산권 붕괴라는 세계사적 변화도 한민족공동체의 출현 배경으로 작용하였다. 냉전시대를 통하여 한민족은 이념적으로 분리되어 대결해야 하였지만, 사회주의 진영이 붕괴되었다. 소련, 중국 등 사회주의권의 개방으로 그 지역에 살고 있던 동포들이 한국과 연결되고 교류할 수 있게 되었다. 그리고 냉전체제의 붕괴와 함께 세계 각지에서 민족주의가 부활하여 CIS지역에 살고 있는 고려인들이 생존의 위협에 직면하게 되었고, 한민족 내부에도 민족주의적 사고가 성장하게 되었다.

넷째, 한민족의 정치적·경제적 위상의 강화이다. 한국의 경제발전은 재외한인들에 대한 관심을 갖고 배려할 수 있는 여유로 이어졌다. 또한 재외한인을 대상으로 민족교육을 강화하고 교류하는 각종 프로그램과 사업이 전개되었다.

다섯째, 탈국가적 사고가 성장하면서 단일국가 통합에 집착하던 종래의 통일관에 변화가 있었다. 냉전체제하에서 국가주의적 관념과 결합하여 힘을 얻었던 '단일국가통일론'은 지금, 분단현실을 긍정하는 가운데 대안을 찾으려는 현실주의적 사고가 성장하면서 남북의 두 개 국가를 그대로 존치시키는 가운데 평화로운 공존협력 관계로 바꾸자는 방향으로 정리되고 있다(정영훈 2005, 447~449; 양호민·김용호 2002, 24~39).

여섯째, 공공외교(public diplomacy)의 확산이다. 공공외교는 타국 사회의 일반 대중 및 비공식적 특정집단, 기구, 개인을 대상으로 소프트 파워(soft power)라는 자원과 자산을 동원하여 수평적이고 쌍방향의 교류와 대화를 추구하는, 즉 포괄적인 외교 행위를 의미한다. 이러한 공공외교는 9·11 테러 이후, 미국의 이슬람권에 대한 공공외교의 필요성이 대두되면서 약소국가를 중심으로 중요한 외교적 수단으로 의미를 갖게 되었다(Melissen 2005, 6~7). 한반도 통일문제는 주변 4강과 직·간접으로 연결되어 있다는 점에서 이들 지역에 살고 있는 다수의 재외한인들이 거주국 정부 및 대중을 상대로 중개·조정·소통자로서 모국의 외연을 넓힐 수 있는 공공외교를 펼친다면(홍면기 2014, 435), 한반도 통일의 긍정적 여건을 조성할 수 있을 것이다.

현재 재외한인은 194개국에 약 718만 명이 거주하고 있다. 재외한인에 대한 개념은 첫째, 한국 국적을 보유하고 있는 '재외국민'이다. 이들은 단기간에 걸쳐 외국에 체류하고 있는 사람들이며, 일부는 체류국가의 영주권을 갖고 있다. 둘째, 한국 국적을 버리고 정주국의 국적으로 귀화한 '외국적 동포'이다. 미국으로 이주한 다수의 한국인들이 해당된다. 남북한 총인구를 7,500만 명으로 추산한다면 9.6%의 재외한인들이 모국을 떠나 다른 국가에 정주하고 있다.

한민족공동체의 핵심은 모국과 재외한인 간 네트워크를 갖고 유기적인 관계를 형성하여 상호 공통의 관심사를 논의하는 것이다. 재외동포의 참여는 필수적이다. 문제는 그 동안 재외동포를 한반도 문제에서 제외하는 경향이 많았다. 그러나 세계화 및 초국가주의의 확산은 재외한인의 중요성을 부각시켜 주었으며, 한국을 비롯해 재외동포를 보유하고 있는 여러 국가에서 나타나는 현상이다. 예컨대, 일본의 경우 국내 노동력이 부족하자 남미의 일계인을 자국에 초청하여 부족한 노동력을 채웠다. 한국 또한 조선족, 고려인의 국내 취업을 허용하여 내국인이 기피하는 3D 업종에 종사시켰다. 그리하여 국내의 노동력 부족을 이들로 충원함으로써 중소기업의 경영 활동에 도움을 주고 있다.

이렇듯 재외한인의 중요성에 대해 이진영 교수는 다음과 같이 설명하였다(이진영 2014, 70~71). 첫째, 재외동포 경제력 규모의 확대이다. 2012년 기준 재미한인들이 보유한 경제력은 에콰도르, 도미니카 등과 같은 수준으로 한인 스몰 비즈니스의 평균 수익은 연 40만 달러로 미국 스몰 비즈니스의 연간 수익 15만 달러를 훨씬 상회하고 있다. 재미한인들은 한·미 경제관계에서 중요한 행위자로 부상하고 있다는 점에서 재외동포의 역할이 중시되고 있다. 또 다른 사례로는 외교적 분쟁의 소지가 높은 쟁점은 한국정부가 적극적으로 추진하기 어려운 것들이다. 예컨대, '위안부 소녀상 설치,' '동해 병기 법안' 등의 문제에 대해 동포들이 참여함으로써 이들 문제의 국제화에 기여하였다. 재외동포와의 경제적 네트워크 구축은 한국이 국가 경쟁력을 강화하고 세계로 진출하는 데 있어 유용성을 갖고 있다. 투자·무역·사회적 기부·송금·노동은 물론 우리 기업의 해당 국가 진출시 통역이나 합작 등의 매개적 역할의 수행, 해당 국가의 코리아타운 유지를 통한 지속적 발전에서도 코리안 네트워크의 경제적 효과가 있다.

둘째, '공공외교(public diplomacy)' 측면에서 재외동포의 중요성이 부각되었다. 공공외교는 비교적 소프트한 문화나 가치 전파를 통해 이루어지는 글로벌 시대 외교의 한 형태이다. 행위자는 정부 이외에도 다양한 민간인들도 포함될 수 있다.

공공외교를 통해 한국의 국가브랜드를 높이는 것은 매우 중요하다. 왜냐하면 재외동포는 외교의 최전선에 있는 사람들로 거주국의 여론을 변화시킬 수 있는 역량을 갖고 있다. 이런 점에서 재외한인은 우리에게 있어 매우 귀중한 인적·물적 자원이다.

그러나 한국의 정치권, 특히 국회는 재외한인들을 소홀하게 다루었다. 한국 정부는 2012년부터 재외국민들의 국회의원과 대통령 선거에서 투표를 허용하였다. 그리고 '국민투표법'은 2014년 7월 헌법재판소로부터 "재외국민의 투표권 행사를 제한한다"는 이유로 헌법 불합치 결정이 내려졌으며, 2016년부터는 그 효력이 상실됐다. 국회가 국민투표법을 개정하지 않으면 개헌에 대한 재외국민들의 국민투표 참여 자체가 불가능하다고 선관위가 유권 해석을 내렸다(동아일보 2018.04.10, 10). 2018년 시점에서 헌법 개정이 논의되고 있지만, 국회가 '국민투표법'을 개정하지 않으면 재외국민들의 참여가 불가능하다. 이렇듯 소중한 인원 자원에 대한 정치권의 냉대가 여전히 진행형을 띠고 있다.

한민족공동체는 기본적으로 한국 민족주의가 오랫동안 확인하고 추구해온 동포의식과 공동체 의식의 산물이며, 민족의 통일과 발전을 향한 모색의 연장선 위에서 출현한 개념이다(정영훈 2005, 427). 한민족공동체는 이미 형성된 것이 아니라 전 세계의 한민족이 연대하여 함께 논의하며, 고민하는 과정에서 도출된 공동체라는 점에서 민족정체성의 공통성에 기반한 집단으로 규정될 수 있다. 그리고 한민족공동체는 특정 국가가 통일 논의를 주도할 수 없고 서로 대등한 관계 속에서 공동체 방안이 논의되는, 즉 수평적이고 민주적 방식으로 민족통일을 논의하는 공동체이기 때문에 개방적이고 열려진 공동체로서 결과보다는 과정으로서의 통일을 중시한다는 특징을 갖고 있다(윤민재 2016, 56). 그리하여 한민족공동체는 한반도 중심적 사고에서 벗어나 각 지역의 코리안 디아스포라와 연결하는 다중심적 네트워크이다.

한편 한민족공동체를 한반도 통일과 연관시켜 접근하면 현재의 한반도 분단구조를 타파하고 화해와 협력, 평화공존을 정착시키며, 궁극적으로는 평화통일을 위한 사전적 조치로써 냉전문화와 대결의식을 탈피하는 통일운동이 전개되어야 한다. 한민족공동체의 통일운동은 남북한 주민과 재외한인 간의 교류협력에 있어서 중앙정부만을 전제로 하지 않고 다양한 해외동포들을 포함하고 있다(윤민재 2016, 41). 남북한의 한반도 통일에 대한 무관심과 정체의 증가로 인해 통일운동이 방향성을 상실한 상황에서 한반도 통일에 대한 통일의지의 고취와 여론 형성은 재외한인으로부터 동력이 마련될 수 있다. 재외한인은 한민족공동체의 일원으로 통일의 중심축을 형성할 수 있으며, 국제사회의 한반도 평화통일 여론을 조성하는데 기여할 수 있기 때문이다.

2. 통일네트워크

세계시장의 통합화 경향, 그리고 무한경쟁 시대로 접어들면서 국가 간의 경쟁이 공동체 간의 경쟁으로 옮겨지고, 이에 따라 민족국가 시대에서 보유했던 정보와 기술을 엮는 네트워크화(networking)는 시간이 갈수록 중요성을 더해 가고 있다. 네트워크가 전 지구적 차원에서 빠르게 이루어져 정교하고 치밀한 네트워크를 가진 개인·집단·국가 등이 경쟁력을 가지고 생존하게 된다. 이렇듯 정보화 시대는 지배적인 기능과 과정이 점차 네트워크를 둘러싸고 조직화되는 추세임이 명백해지고 있다(남성욱 2016, 19~20).

통일운동은 특정 집단이나 특권세력들이 독점하는 구조가 되어서는 성공할 수 없으며, 이는 자연스럽게 여러 계층의 사람들을 배제하는 형태가 될 수 있다. 진정한 통일운동은 보통 사람들의 통일운동으로부터 시작되어야 한다. 다시 말해 남북한 국민과 재외한인 모두를 포함하는 통일운동의 글로벌적 차원의 접근이 필요하다. 재외한인의 통일준비 과정에서의 역할이 곧 통일 후 한국이 추구하는 비전인 글로벌 코리안 통일네트워크의 기반이 될 것이기 때문이다(이진영 2014, 80). 이러한 통일네트워크는 병렬적·수평적 네트워크를 구축하여 남북한과 전 세계의 한민족이 통일 공동체를 이루는 계기를 제공할 수 있을 것이다.

'글로벌 코리안 통일네트워크'의 적절한 모델로는 2002년부터 시작된 세계한상대회(世界韓商大會)이다. 세계한상대회 또한 1991년부터 중화경제권의 통합을 위해 결성된 '세계화상대회(世界華商大會)'를 벤치마킹(bench marking)하였다. 화상은 경제활동에 종사하는 화인·화교를 지칭하는 말이다. 세계화상대회는 화상들 간 협력 및 교류 강화를 목적으로 2년마다 격년제로 대회를 주최하고 있다(임채완 2005, 122~124).

세계한상대회는 매년 10월 재외동포재단의 주관으로 한민족 혈통을 가진 재외한인 경제단체와 개인들이 참가하는 경제모임의 성격을 띠고 있다. 2002년 제1

회 대회를 시작으로 2017년까지 16차례에 걸쳐 한국의 여러 도시에서 개최되고 있다. 참석자의 면면을 보면 내국인 2천 명과 한상 1천 명 등 보통 3천여 명 정도가 참가하고 있다. 재외한상의 경우, 모국을 떠나 전 세계 국가에서 자영업, 무역, 제조업 등 다방면에 걸쳐 사업을 하고 있는 동포들이다. 세계한상대회에 참석하는 재외한상들은 모국의 정부 및 기업과 네트워크를 구축함으로써 상품 정보, 최신 세계 경제의 기류, 인적 네트워크 확장, 모국과의 유대감 형성 등의 측면에서 시너지를 얻고 있는 것으로 나타났다. 세계한상대회의 개최는 재외한인들을 민족의 자산으로 재평가하고, 이들과의 네트워크를 결집해 한민족 경제자본을 이끌어 내었으며, 또한 재외동포들과 모국과의 유기적 연대를 구축하는데 일조하였다.

통일네트워크의 또 다른 벤치마킹으로는 세계한상대회 외에도 유대인 네트워크를 들 수 있다. 미국 워싱턴 D.C.에 있는 '미국이스라엘공공정책협의회(American Israel Public Affairs Committee: AIPAC)'는 미국과 이스라엘의 관계 개선을 목적으로 미국 정계를 대상으로 친이스라엘 정책을 만들어 낼 수 있도록 압력을 행사하는 로비단체이다. 이 단체는 미국 사회에서 유대인들의 권익과 이스라엘의 국가 이익을 옹호하기 위해 활동을 전개하고 있다. 대표적인 활동으로는 미국 상원과 하원의원을 대상으로 한 낙선운동의 추진, 미국 의회에 대해 '이란 핵 협정'에 대한 반대와 부결을 위한 로비를 펼쳤다(남성욱 2016, 25; 최창모 2005, 16). AIPAC의 결속력과 활동은 재외한인들이 글로벌 네트워크 차원의 통일운동을 전개하는 데 있어 좋은 사례가 될 수 있다.

1) 참여 단체

'글로벌 코리안 통일네트워크'는 일본에서 재일한인을 중심으로 발흥된 제4의 민족통일운동의 연장선상에서 추진되어야 한다. 이 네트워크에 참여하는 단체들이 친한과 친북, 혹은 중립적 성향의 단체운동을 전개하고 있더라도 제4 통일운동의 고취 및 글로벌 네트워크 확산이라는 목표 달성을 위해 특정 단체가 추구하고 있는 편향적 성향과 이념을 이유로 '글로벌 코리안 통일네트워크'의 참여에서 배제하지는 않았다. 단지 남북한 정부의 헌법기관, 또는 단체 운영에 있어 통일보다는 안보단체의 성격이 강한 단체는 제외하였다.

그리고 한국정부가 국가보안법을 적용하여 이적단체로 규정한 단체도 일부

'범민련남측'은 1988년부터 한반도 통일방안과 통일실천 과제를 논의하면서 조직을 결성했지만, 정식으로는 1995년 2월 25일 "자주 없이 통일없다"는 일관된 기치 아래 전민족의 단결된 힘으로 나라의 통일을 가로막는 외세를 몰아내고 진정한 통일을 이루기 위해 남한에 결성된 조직이다. 범민련은 남과 북, 해외동포를 하나로 묶는 범민족적인 조직이며, 남북한 및 해외조직이 하나의 강령과 규약을 가지고 활동하고 있다. 매년 한국에서 범민족대회를 개최하고 있으며, 범민련의 최고의결기구로 '공동의장단회의'를 두어 1992년 제1차 공동의장단회의부터 2017년 제17차 공동의장단회의를 갖고 있다.[4)]

북한의 '글로벌 코리안 통일네트워크' 참여 단체는 북한 민족화해협의회(이하 '북한민화협'), 6·15 공동선언 실천 북측위원회, 범민련 북측본부 등 3개 단체이다. '북한민화협'은 1998년 6월 8일 북한의 8·15 통일대축전 제의(6.10)에 앞서 북한의 정치, 사회, 문화, 종교계 등 각계 단체들과 인사들로 구성한 통일전선단체 중 하나이다. 북한민화협은 2005년의 '조용필 평양공연'을 비롯한 각종 방북 공연, 남쪽 언론사의 대북사업, '아리랑' 공연 참관사업, 우리민족서로돕기운동, 우리겨레하나되기운동본부 등 여러 대북 지원단체와 사업을 진행하고 있다. 특히 한국 지방자치단체의 인도적 사업과 관련하여 북한의 주관기관 역할을 수행하고 있었다. 한편 2005년부터는 남한의 겨레말큰사전남북공동편찬사업회와 겨레말큰사전 편찬사업, 그리고 2007년부터 남북역사학자협의회와 공동으로 '개성 만월대 발굴 사업'을 추진하였다.[5)]

'범민련북측'은 1991년 1월 25일 당비서 겸 조평통 부위원장인 윤기복을 의장으로 하는 범민련 북측본부를 구성하였다. 이 단체의 구성 및 조직 결성은 범민련남측과 유사하다. 6·15 공동선언 실천 북측위원회 또한 남한의 6·15남측위 결성 배경과 유사하며 남측, 북측, 해외위원회(미국, 일본, 유럽 등) 등이 운영되고 있다.

중국의 재외한인 참여단체는 재중국한국인회(이하 '중국한인회'), 재중조선인총연합회(이하 '조교'), 길림성조선족경제과학기술진흥총회(이하 '길림총회')로 '중국한인회'는 한국, 조교는 북한, 그리고 길림총회는 중국 조선족을 대표하는 단체이

---

4) 조국통일범민족연합 남측본부, http://www.tongil-i.net(검색일: 2018.02.15.).

5) 한국민족문화대백과사전, "민족화해협의회: 북측 민화협," http://100.daum.net/encyclopedia/view/14XXE0070293(검색일: 2018.02.15.).

다. 중국한인회는 1999년 12월 19일에 결성되어 64개 도시를 대표하는 한국인회의 중국 본부로서 중국 내 80만 한국 교민들의 권익을 대변하고 한국인사회 발전을 위해 봉사하는 비영리 민간조직이다. 지회 조직으로는 화북, 동북, 산동, 화동, 화남, 중서 등 6개의 지역연합회가 있으며, 회원들은 주로 중국에서 경제활동에 종사하는 사람들 위주로 구성되어 있다.[6)]

'조교(朝橋)'는 1991년 3월 3일 중국 조교를 중심으로 재중조선공민총연합을 결성한 재중조선인 운동단체이다. 1998년 현재 명칭으로 개칭하고 조선족을 대상으로 단체운동을 전개하고 있다. 활동목적을 보면 "공민들을 묶어세워 조국통일과 조국의 강성대국 건설에 이바지하며 한·중 친선을 강화하는 데 이바지함"으로 되어 있다. 조교의 본부는 랴오닝성 선양에 있으며, 본부 현판에는 '조총련'으로 표기되어 있다. 산하협회는 요녕, 연변, 길림, 가목사, 목단강, 하얼빈, 중남 등 동북지구와 베이징을 중심으로 활동하고 있으며, 지구협회는 약 61개를 두고 있다. 관련된 계층별 조직으로는 재중조선경제인연합회, 재중조선청년연합회, 재중조선여성위원회 등이 있다.[7)]

'길림총회'는 1988년에 결성되었다. 이 단체의 전신(前身)은 '중국로지역기술개발연구촉진회길림성조선족총회'였다. 1990년에 단체명을 변경했으며, 길림성민정청에 등록되어 법인 자격을 갖춘 비영리 사회단체이다. 길림총회는 길림성의 경제, 과학, 문화교육 영역의 우수한 조선족 전문가와 교수, 기업가, 기관 간부를 비롯한 유명인사, 그리고 소수의 기타 민족의 인원으로 구성되었다. 현재 길림총회 산하에 18개 단체회원이 있다.[8)] 2013년 11월에는 전국의 대표적인 25개 조선족사회단체가 참여한 '조선족사회단체 사업포럼'을 주관했으며,[9)] 이 포럼에서 향

---

6) 중국한국인회, http://www.koreanc.com(검색일: 2018.02.15).

7) 한국민족문화대백과사전, "재중조선인총연합회," http://100.daum.net/encyclopedia/view/14XXE0070141(검색일: 2018.02.15).

8) 길림성조선족경제과학기술진흥총회, http://kr.jlcxzzh.com(검색일: 2018.02.15).

9) 길림신문사, 중국조선족과학기술사업자협회, 중국조선민족사학회, 중국조선족로인협회, 동북조선족축구련의회, 북경시조선족기업가련의회, 중국조선족기업가협회 회장단, 북경조선족애심녀성네트워크, 흑룡강성조선족상공회, 연변조선족기업가협회, 료녕성조선족애심조학경로기금리사회, 대련금주신구조선족문화예술추신회, 료양시조선족기업가협회,길림성조선어학회,길림성문련민속학회, 연변청소년문화진흥회, 연변문화예술발전촉진회, 연변생태문화예술협회, 연길해외귀국자창업협회, 길림신문발전연구회, 장춘시조선족차세대관심사업위원회, 장춘시조선족로인협회, 장춘조선족녀성협회, 장춘시조선족사회과학사업자협회, 길림성민위, 장춘시민위, 중국국제라지오방송 동북아중아센터, 흑룡강신문사, 료녕조선문보, 연변텔레비죤방송국 등이 포럼에 참여하였다. 길림신문, "중국 첫 조선족사회단체 사업포럼 장춘서 개최," http://www.jlcxwb.com.cn/

후 조선족 사회단체의 발전과 대안을 논의하였다.

남·북미 대륙을 대표하는 참여 단체는 미국에서 활동하고 있는 조직을 선정하였다. 먼저 미주한인회총연합회(이하 '미주총연')는 1977년 워싱턴 D.C.에서 창립되었다. 설립이념으로는 "미주지역 한민족을 대표하는 민족 대표 단체로 고국에는 미주 한인 동포 사회를 대표하는 한인사회 대표 단체로서 민족 전통문화를 창조적으로 계승, 발전시키고 이민의 정착, 안정 그리고 번영된 미래를 위하여 필요한 사업을 개발하고 추진하여 미합중국 내 건실한 한민족 문화 공동체를 건설에 기여한다"고 되어 있다. 미주총연은 서북미연합회, 서남부연합회, 중서부연합회, 중남부연합회, 동북부연합회, 동중부연합회, 동남부연합회, 플로리다연합회 등 8개 연합회가 50개 주의 지역한인회를 대표하고 있다.[10)]

재미동포전국연합회(Korean American National Coordinating Council: KANCC)는 1977년 1월 3일 미국 뉴저지주에서 하나의 코리아를 만들자는 명분으로 범미주 친북조직의 규합 차원에서 결성된 미국 최대의 친북단체이다. 이 단체는 한민족의 화해와 통일을 촉진하고자 교육, 봉사, 문화, 연대 활동을 펼치는 비영리 민간단체로,[11)] 재미 조총련으로 보아도 무방하다. 산하기구로는 '평화를사랑하는여성회'와 '주미주체사상연구소'가 있다. 미주대륙을 대표하는 또 다른 단체는 6·15공동선언실천 미국위원회이다.

독립국가연합(CIS) 지역은 러시아, 카자흐스탄, 우즈베키스탄 등 3개국에서 활동하고 있는 고려인 중심의 대표 단체를 선정하였다. 1993년 4월 이후에 러시아 전역에서 여러 고려인 단체가 설립되었다. 하지만 통일된 의견을 도출할 때마다 비효율성이 나타나 이들 단체를 통합하여 고려인 사회를 일원화하기 위해서 1999년 1월에 '전러시아고려인협회'가 결성되었다. 단체 결성의 목적으로는 러시아 고려인을 대상으로 한 민족문화의 부흥, 고려인 기업인의 상호 정보교환, 남북한과 네트워크 구축, 고려인들의 이익 증진을 위해서 조직되었다.[12)]

카자흐스탄 고려인협회(이하 '카고협')는 1989년도에 창립하였다. 5개 지역에 지회를 두고 있으며 본부는 알마티(Almaty)에 있다. 카자흐스탄 고려인은 105,400

---

society/content/2013-11/30/content_125839.htm(검색일: 2018.02.15).

10) 미주한인회총연합회, http://usa.korean.net/main(검색일: 2018.02.15.).

11) 재미동포전국연합회, http://www.kancc.org(검색일: 2018.02.15.).

12) 한국민족문화대백과사전, "전러시아고려인연합회," http://100.daum.net/encyclopedia/view/14XXE00722920070141(검색일: 2018.02.15.).

여 명으로 추산된다. 카고협의 전신인 카자흐스탄 고려문화센터가 1989년 재소고려문화센터 결성과 함께 조직되어 오래 전부터 카자흐스탄 고려인을 대표하는 유일한 기관으로 자리 잡았다. 1995년 제3회 고려인문화센터 공화국회의를 거쳐 현재의 카고협으로 명칭을 변경하였다. 카고협에는 카자흐스탄 정계·관계·재계 등에 종사하는 성공한 고려인들이 모두 망라되어 있으며, 고려인을 대표하여 국가를 상대하는 기관도 카고협이 유일하다. 카고협은 출범 초기에 모국어와 한민족 전통 명절 되살리기 등 민족문화의 부흥과 재생을 목표로 출범하였다. 그리하여 당시 알마티에 개원되었던 한국 교육부 산하 한국교육원과 협력하여 카자흐스탄 전역에 모국어 부흥운동을 일으켰다. 고려인 카자흐스탄 이주 60주년을 맞은 1997년에 카고협은 이 목적이 어느 정도 달성되었다고 판단하고 이제는 '민족사회의 큰 문제해결'에 힘을 집중하고 있다. 카고협은 2000년 11월 총회를 열어 당면과업으로 '고려인회관 건립'과 '젊은 인재양성'을 내세웠다. 그리고 해마다 비즈니스 플랜을 작성하여 집중적으로 활동하고 있다. 회관 건립은 아직도 진행 중이며, 인재양성과 관련하여 카고협 산하단체인 고려인청년회가 주최한 국제청년포럼이 개최되었다.[13)]

우즈베키스탄 고려인문화협회(高麗人文化協會)는 1991년 11월에 설립된 우즈베키스탄의 고려인 단체이다. 우즈베키스탄 고려인의 전통과 풍습을 유지하고 발전하도록 지원하기 위해서 설립되었으며, 고려인의 권리 신장과 함께 한국·우즈베키스탄 교류의 활성화에도 관여하고 있다. 우즈베키스탄 전국에는 26개의 지부가 있으며, 약 183,000여 명의 고려인이 거주하고 있다.[14)]

유럽 지역은 3개 단체가 참여하는 구조이다. 먼저 유럽한인총연합회(이하 '유럽총연')가 결성되기 이전, 이 지역의 대표 한인회는 2009년부터 재유럽한인총연합회와 유럽한인총연합회로 쪼개져 갈등을 빚어왔다. 유럽 26개국 한인회장들이 2011년 11월 18일 서로 회동하여 화해하고 다시 하나로 합지기로 결의하였다. 그 결과 유럽 동포사회의 화합과 단합을 위해 노력하고 한인 차세대들이 '한국인'이라는 자부심과 정체성을 가지고 살아갈 수 있도록 지원하는 것을 단체 목표로 설

13) 재외동포신문, "카자흐스탄 고려인사회의 현황," http://dongponews.net/news/articleView.html?idxno=868(검색일: 2018.02.15.).

14) 한국민족문화대백과사전, "우즈베키스탄 고려인문화협회," http://100.daum.net/encyclopedia/view/14XXE0072286(검색일: 2018.02.15.).

정하였다.[15)]

한민족유럽연대는 2001년 5월 자주·평화·통일을 위한 유럽 내 제 단체를 결집하여 만든 연합단체의 성격을 갖고 있다. 독일 북서부에 위치한 빌레펠트(Bielefeld)에서 창립하였다. 2000년 남북정상회담이 열리고 나자 동포사회는 다시 활기를 찾고 통일의 기대를 안고 다시 모이게 되었고, 제각기 활동하던 동포들이 하나의 단체로 모인 것 이 한민족유럽연대의 기원이 되었다. 동포사회의 틀이 잡힌 독일을 중심으로 프랑스, 이탈리아, 네덜란드, 덴마크, 스위스 등에서 44명의 발기인이 한민족유럽연대를 출발시켰으며, 한반도 평화와 통일을 단체 활동의 최대 관심사로 두고 있다.[16)] 유럽에서 제3의 참여단체는 6·15공동선언실천 유럽지역위원회이다.

2) 추진 단계

'글로벌 코리안 통일네트워크' 참여 단체의 이념적 성향은 친한국, 친북한 그리고 중립으로 분류할 수 있다. 일본의 제4 민족통일운동의 모색 국면에서 민단과 조총련에 비해 단체 규모나 회원 수가 적음에도 불구하고 코리아NGO센터를 참여시켰다. 그 이유는 민단과 조총련이 참여단체, 논의 주제, 운영방식 등을 놓고 합의점을 찾기 어려운 갈등을 표출하였을 때, 중간자적 관점에서 이들 단체를 중재할 수 있는 중립적 성향의 단체가 필요했기 때문이다.

남북한의 화해 분위기 속에서 민단과 조총련은 여러 차례에 걸쳐 대화와 교류를 위한 접촉을 가졌지만, 의제에 대한 양보를 하기보다는 자기 주장을 일방적으로 관철시키려는 태도로 일관하였다. 그 때마다 민단과 조총련의 회합은 결렬되었다. 만약 중재를 위한 제3의 단체가 참여했다면 조정 과정을 거쳐 민단과 조총련의 회합이 성사되었을 수도 있다. 이러한 이유에서 '글로벌 코리안 통일네트워크'의 참여 단체는 이념적으로 친한국, 친북한, 그리고 중립성향의 단체를 포함하였다.

참여 단체 22개 가운데 친한국계는 남한 민족화해협력범국민협의회, 우리민

---

15) 유럽한인총연합회, http://homepy.korean.net/~eu/www(검색일: 2018.02.15).
16) 재외동포신문, "한민족 유럽연대 유럽 동포운동의 역사를 잇는다," http://www.dongponews.net/news/articleView.html?idxno=1923(검색일: 2018.02.15). 유동열 자유민주연구원장은 이 단체를 해외 종북세력의 하나로 분류하였다.

족서로돕기운동, 민단, 재중국한국인회, 미주한인회총연합회, 유럽한인총연합회 등 6개이다. 친북한계는 북한 민족화해협의회, 6·15공동선언실천 북측위원회, 범민련 북측본부, 조총련, 재중조선인총연합회, 재미동포전국연합회, 한민족유럽연대 등 7개 단체이다. 마지막으로 중립성향의 단체로는 6·15공동선언실천 남측위원회, 조국통일범민족연합 남측본부, 6·15공동선언실천 미국위원회, 6·15공동선언실천 유럽지역위원회,[17] 코리아NGO센터, 길림성조선족경제과학기술진흥총회, 전러시아고려인협회, 카자흐스탄 고려인협회, 우즈베키스탄 고려인문화협회 등 9개 이다.

통일네트워크에 참여하는 22개 단체 가운데 초기의 회합을 주도하는 대륙 및 지역의 단체가 필요하다. 22개 단체 모두가 참여할 경우 처음부터 의제와 운영방법에 대한 혼선을 가져올 수 있기 때문이다. 따라서 모색 국면의 경우 재일한인들과 마찬가지로 한반도 통일방안이나 국가체제에 관한 사안은 다루지 않는다. 이 회합의 주된 목적은 통일운동의 정체에 따른 활성화이기 때문이다. 그리하여 한반도 통일문제의 당사자인 남한과 북한, 그리고 제4 통일운동의 기치를 올린 일본, 남북한에 직접적인 영향력을 발휘할 수 있는 미국과 중국 등 5개 지역 단체들을 중심으로 먼저 의제와 향후 일정 등을 논의할 수 있는 구조가 갖추어져야 한다. 또한 이 초기 모임에서 참여자 간 신뢰가 형성될 수 여건이 조성되어야 한다.

먼저 일본 대표로 참가하는 민단, 조총련, 코리아NGO센터 대표들이 다른 4개 지역의 단체 대표들과의 회합을 주선하고 의제를 조율하는 중심 역할을 담당해야 한다. 이는 재일한인 사회에서 통일운동의 추진 경험을 가정하기 때문이다. 구체적으로 재일한인을 대표하는 대표들은 나머지 4개 지역 대표와 함께 '글로벌 코리안 통일네트워크'의 구축과 관련하여 통일운동의 참여의지, 기본원칙, 내용과 방법, 조직체계, 비용의 조달 등을 논의하고 결정하는 모임을 가져야 한다.

이러한 모임을 개최하기에 앞서 원활한 회의 진행을 위해 반드시 의제에 대한 사전 조율과 정지작업이 필요하다. 이러한 작업이 생략된 채 '글로벌 코리안 통일네트워크'의 회합이 이루어진다면 초기부터 의제의 논의를 위한 많은 시간과

17) 보수적 성향의 일부 한국인은 '6·15공동선언실천위원회'나 '조국통일범민족연합'이 북한 및 해외본부와 연대하여 통일운동을 추진하고 있다는 점에서 이들을 종북단체로 규정하고 있다. 1997년 대법원은 범민련 남측본부에 대해 국가보안법을 적용하여 이적단체로 규정하였다.

비용이 소요될 것이며, 모색단계부터 회의가 난항에 부딪힐 가능성이 높을 것이다. 따라서 5개 지역의 대표들이 회합의 의제부터 기타 사항까지 일정 부분 결정한 후, 2개 지역 대표들의 동의를 얻어 최종적으로 7개 지역 대표들이 모임을 갖는 방식으로 진행되어야 한다.

한편 민족통일운동의 활성화를 위해 7개 지역의 대표들이 모임을 갖는다 하더라도 여러 가지 장애요인이 돌출할 수 있다. 예컨대, 재일한인들의 경우 한국식과 일본식 가치관이 혼용되어 있다. 일본식 가치관의 대표적 사례는 "사회생활을 함에 있어 타인에게 폐를 끼쳐서는 안 된다"는 가정교육을 들 수 있다. 또한 분단 70년의 역사를 갖고 있는 남북한 간 문화적 가치관에 차이가 있을 것이다. 뿐만 아니라 중국에 거주하는 재중한인은 한국식·중국식 사고와 가치관, 재미한인 또한 한국식·미국식 가치관을 갖고 생활하고 있다. 미국에서 오래 생활하고 있는 재미한인들은 개인의 이익을 우선하는 개인주의를 중시하는 경향이 강하다. 이렇듯 생활환경에 따른 가치관과 사고의 차이는 의제에 대한 판이한 생각과 방식을 초래할 수 있다는 점에서 양보와 협력을 모토로 한반도 통일운동의 재점화라는 공감대 형성에 주력해야 한다.

대륙과 지역을 대표하는 22개 단체가 참여한 '글로벌 코리안 통일네트워크'는 일본의 제4 통일운동의 전개과정과 마찬가지로 모색단계를 거쳐 부분 통합단계, 그리고 전체 통합단계로 확대하는 형태로 진행되어야 한다. 이러한 과정을 거쳐 형성된 한반도 통일운동의 재발화는 모국의 국민과 재외한인 모두의 지지와 참여를 이끌어 낼 수 있다는 점에서, 그리고 통일운동의 참여를 통해 한민족이 하나로 통합되는 출발점이라는 의의를 갖고 있다.

3. 재외한인의 민족 자산화

718만 명에 달하는 재외한인들의 이주 규모는 세계 8위의 수준이며, 이들의 경제적 자산 가치는 국내 총생산의 1/4에 달하는 것으로 추산되고 있다(남성욱 2016, 20). 세계화와 초국가주의의 확산, 그리고 인터넷의 발달에 따라 이제 재외한인은 모국을 떠나 유랑하거나 방랑하는 이산민이 아니다. 그들은 정주국에서 사회적·정치적·경제적 토대를 바탕으로 모국의 발전을 견인할 수 있는 역량을 가진 유용한 전략적 자원으로 인식되고 있다. 재외한인들은 국가적 차원에서는 모국과 거주국의 정치·경제에, 그리고 글로벌한 수준에서는 네트워크에 기반하여 세계 시장에 영향력을 행사하고 있다.

전 세계에 산재되어 있는 글로벌 디아스포라(global diaspora)의 영향력 확대의 결과, 여러 국가들은 세금 감면, 저렴한 공장 부지의 제공 등 다양한 투자 유인책을 통해 자국 출신 디아스포라의 자본과 기술을 모국에 끌어들이기 위해 노력하고 있다(정성호 2008, 108). 이를테면 중국이 개혁·개방을 시작하자 화교·화인들이 가장 먼저 선전(深圳)과 주하이(珠海), 산터우(汕頭)와 푸젠성의 샤먼(廈門)에 설치된 수출특구에 자본을 투자하였다. 즉 중국이 경제대국으로 부상할 있는 배경 중 하나는 바로 화교·화인들의 모국 투자였다. 1979년부터 2005년 말까지 중국의 누적 외자유치액은 6,224억 달러였다. 이 가운데 동남아시아 화교·화인의 중국 투자액은 4,170억 달러로 전체 투자의 67%를 차지하였다(임채완 2005, 124~125).

디아스포라와 관련하여 자주 언급하는 대표적인 민족은 유대인이다. 미국에 정주하고 있는 유대인의 사회적 영향력은 단순한 1세대의 경제적 성장과 더불어서 차세대의 고학력을 통한 전문직 진출을 통해서 이루어졌다. 또한 유대인은 경제적 성장의 결과를 사회로 환원하는 기부금 문화와 전문직 진출과 함께 유대 사회의 전체 이익에 부합하는 각종 정치, 사회적 진출을 적극적으로 도모함으로써 모국 발전에 무한한 기여를 하였다(정영순 2011, 63). 화교·화인과 유대인의 모국에 대한 기여는 기본적으로 모국에 대한 애국심과 유기적인 네트워크의 형성에서 출발한다. 우리의 경우 '구로공단,' '구미공단,' '마산자유무역지역,' '반월공단' 등에 재일한인들이 대규모의 모국 투자가 있었다. 또한 1997년 외환위기가 발생했을 때 재일·재미한인을 비롯한 재외동포들은 한국으로의 외환송금, 국채매입 등으로 외환위기를 극복하는 데 많은 도움을 주었다.

이렇듯 세계 각국에 살고 있는 재외한인들은 모국이 성장하고 발전하는 데 있어 매우 유용한 인적·물적 자원을 보유하고 있다. 그러나 이들의 역량이 모국 번영의 자원으로 활용되기 위해서는 지속성을 갖는 유기적인 관계가 형성되어야 한다. 모국 정부 또한 재외한인들이 거주국에서 훌륭한 사회 구성원으로 적응하도록 필요한 자원을 제공하여 모국과 재외한인들 간의 관계를 한민족공동체로서 서로의 존속과 발전을 위해 상호 존중하고 협력하는 것이 필요하다(정영순 2011, 56).

재외한인과 모국의 관계에서 비교적 활성화된 네트워크는 경제영역이다. 재외한상들의 경제네트워크인 세계한인무역협회(World OKTA)의 '글로벌 한민족 경제네트워크'는 회원제로 운영되고 있다. 매년 한국에서 '세계한인경제인대회'를 통해 참석자들은 각종 비즈니스에 대한 정보와 인적 교류를 진행하고 있다. 2017년에는 제22차 대회가 서울에서 개최되었으며, 여러 프로그램 가운데 '차세대 포럼'은 한국 기업과 차세대 경제인을 연결해 주는 통로 역할을 하였다. 재외동포재단이 주관하고 있는 '세계한상대회' 또한 매년 1차례 한국에서 열리고 있다.

세계한인경제인대회와 세계한상대회의 네트워크 중심에는 '모국'과 '재외한상' 간 경제적 이익과 협력이라는 상호 이해관계가 일치함으로써 지속성을 담보하고 있다. 만약 어느 한쪽이 필요성을 느끼지 못했다면 관계의 친근성과 밀도가 낮아져 이들 대회가 장기적으로 열리지 못했을 것이다. 모국과 재외한상 간 관계의 지속성과 유기적 연결고리가 매우 중요한 요인임을 알 수 있다.

재외한인 경제네트워크의 활성화와 비교하면 통일네트워크는 비활성화 영역이다. 한반도 통일과 관련하여 재외한인의 회합이 있었다. 1987년 11월 해외한인사회의 경제, 민족교육과 권익, 한반도 통일의 촉진 등을 안건으로 상정한 제1회 '해외한민족대표자대회'가 개최되었다. 이 대회는 민단이 주관했으며, 친한 성향의 한인회 대표들이 참석하였다. 1989년 6월 미주총연의 주관으로 워싱턴 D.C에서 제2회 대회가 세계 33개국 300여 명의 한인단체 대표들이 모인 가운데 열렸다. 1991년 제3회 대회에는 기존의 참여 단체 외에도 재소련고려인협회가 참석하였다. 2011년 중국에서 제9회 대회가 열렸지만 재외동포재단이 주최하는 '세계한인회장대회'와 성격이 유사하다는 이유에서 10회 대회가 개최되지 못하였다. 문제는 이 대회가 여러 안건 중 하나로 한반도 통일문제를 다루었다는 점이다.

한반도 평화통일은 한민족 모두의 소망이자 역사적 과제임에도 불구하고 장기간에 걸쳐 한반도 분단이 고착화되면서 재외한인들의 통일에 대한 열망과 관심도 점차 낮아지고 있다. 재일한인 사회에서 단체 중심의 통일운동이 전개되고 있지만 그 효과는 미미하다. 그리고 재외한인들의 통일운동은 단체가 추구하는 이념에 따라 대륙과 지역에서 각기 독립된, 그리고 개별 형태로 추진되고 있다. 이는 재외한상 중심의 경제네트워크와 같이 시너지 효과를 창출하기 어려운 구조이다. 이제는 한반도 평화 정착과 통일을 위해 새로운 운동의 전개가 필요한 시점이다. 그 대안 중 하나는 한반도 평화통일을 위한 준비과정으로써 한민족 모두가 참여하는 통일운동의 발화와 고취이다. 먼저 선행단계 차원에서 재일한인 사회의 제4 통일운동을 기반으로 대륙과 지역의 대표 단체들이 참여하는 '글로벌 코리안 통일네트워크'의 구축이 요구되고 있다.

재외한인 사회의 고령화와 세대교체의 바람은 이전과 같은 모국에 대한 무조건적인 애정보다는 새로운 관계 정립을 통해 네트워크를 구축해 나가야하는 전환점에 놓여 있다. 한반도 통일운동 또한 연속성을 확보하기 위해서는 통일 미래세대인 재외한인 차세대의 동참이 담보되어야 한다. 이와 더불어서 한반도 통일이 단기간에 성사될 가능성이 낮다면 평화통일의 활성화 및 동력 확보 차원에서도 차세대의 적극적인 통일운동의 참여가 필요하다. 남북한 관계의 긴장과 완화 국면 속에서 재일한인을 포함한 재외한인 차세대가 참여하는 통일운동의 추진은 통일의 토대 구축과 함께 준비 측면에서 유용성을 갖고 있기 때문이다. 재외한인 기성세대와 차세대가 함께하는 통일운동의 추진은 가장 이상적인 모델이다. 그리고 이들의 참여는 민족 자산화 측면에서 매우 유용한 사례가 될 수 있을 것이다.

韓半島(朝鮮半島)統一に関する質問書

拝啓 お元気ですか?

このアンケートは在日韓国人(在日朝鮮人)の祖国の統一に対する認識を調査しようとする目的で実施されています。主な内容は在日韓国人(朝鮮人)の民族意識、韓半島(朝鮮半島)統一、さらに日本国内にある統一運動とその統一運動の活性化項目で構成されています。

この研究は2015年度、韓国研究財団の「人文・著述支援」事業の一環で、行われています。私は、全南大学校世界韓商・文化研究団所属の研究教授であり、 在日韓国人(朝鮮人)の韓半島(朝鮮半島)統一に関する認識を研究するため、アンケートを仰ぎたく存じます。この資料は、在日韓国人(朝鮮人)の韓半島(朝鮮半島)統一に関する貴重な資料になるのは勿論、設問に対する意見は 在日韓国人(朝鮮人)の韓半島(朝鮮半島)統一意識を理解できる根本土台になることです。

回答してくださった内容は、学術研究のための統計資料として処理されて回答内容は、韓国の統計法に基づいて保護されます。お忙しいところ、もうしわけございませんが、貴重な時間を割いて頂き、アンケートに回答してくだされば誠にありがたく存じます。

研究責任者 : 池忠楠(ジ・チュンナム)
後　　援 : 韓国研究財団

2016. 12.

－ 韓国 全南大学校 世界韓商・文化研究団 －

*** 次の質問をよく読んで、該当する欄にチェック (V) するか、(　)の中に記入して下さい。**

Ⅰ. 人物に関する事項

01. 性　別 : ① 男性 (　) ② 女性 (　)

02. 居住国籍 : ① 韓国籍の在日同胞 (　) ② 無国籍((朝鮮籍)の在日同胞 (　)
③ 日本国籍(帰化) (　) ④ その他 (＿＿＿＿＿＿)

03. 出生年度 : ＿＿＿＿＿＿ 年

04. あなたの出身地はどこですか?
① 日本 (　) ② 韓国 (　) ③ その他 (＿＿＿＿＿＿)

05. あなたが現在、居住している地域はどこですか？
____________(都・府・県)_____________(市・区)______________

06. あなたはいつから日本に居住しましたか？ _______________ 年

07. あなたは在日韓国人(朝鮮人)いくつかの世代ですか？
① 1世代 (　) ② 2世代 (　) ③ 3世代 (　) ④ 4世代 (　) ⑤ 韓国出身 (　)

08. あなたの職業は次のどれですか？
① 農業、漁業、林業、畜産業 (　) ② 小資本自営業 (　) ③ 中小企業経営 (　)
④ 販売/サービス業 (　) ⑤ 技能/熟練工 (　) ⑥ 一般労働職 (　)
⑦ 事務/技術職 (　) ⑧ 経営/管理職 (　) ⑨ 専門/自由職 (大学教授、医師、弁護士 (　)
⑩ 専業主婦 (　) ⑪ その他______________________ (記入してください)

09. あなたのご家庭の年間生活水準は次のどれですか？
① 200万円 未満 (　) ② 200万円 以上-300万円 未満 (　)
③ 300万円 以上-400万円 未満 (　) ④ 400万円 以上-500万円 未満 (　)
⑤ 500万円 以上-600万円 未満 (　) ⑥ 600万円 以上 (　)

10. あなたの最終学歴は次のどれですか？
① 小学校卒業 (　) ② 中学校卒業 (　) ③ 高校卒業 (　)
④ 専門学校卒業 (　) ⑤ 大学校卒業 (　) ⑥ 大学院卒業 (　)

II. アイデンティティーに関する質問

11. 次の質問項目に ✓して下さい。

	質問内容	全くそうではない	そうではない	普通だ	そうである	非常にそうである
1	韓国(朝鮮)の本名があり、自己紹介をする時、韓国(朝鮮)の本名を使用する。					
2	韓国(朝鮮)語で読み書き、日常会話が可能である。					

② 統一運動団体の連帯を通じた統一運動 の展開
③ 韓国と北朝鮮の交流と協力を通じた統一環境造成
④ 地域で統一祭の開催拡大
⑤ 全世界の韓民族統一団体と統一連帯を構築

30. 韓半島(朝鮮半島)の平和統一に対する貴下の個人的なご意見があれば、遠慮なく記述して下さい。

____

____

____

____

* アンケートに応じていただいて、どうもありがとうございました。

한반도 통일 설문조사

안녕하십니까?

이 설문지는 재일동포들의 한반도 통일에 대한 인식을 조사하려는 목적에서 실시되고 있습니다. 민족정체성, 한반도 통일, 일본 내 통일운동, 통일운동의 활성화 항목으로 구성되어 있습니다.

이 연구는 2015년도 한국연구재단의 "인문저술지원"사업의 일환으로 진행되고 있습니다. 이 설문지는 "재일동포들의 한반도 통일 인식"을 연구하기 위한 설문입니다. 이 자료는 재일동포의 한반도 통일에 관한 귀중한 자료가 될 것이며, 설문 문항에 대한 귀하의 의견은 재일동포의 한반도 통일 의식을 이해하는 기초자료가 될 것입니다.

설문지는 학술연구목적을 위한 통계자료로 처리되고 응답내용은 대한민국의 통계법에 의하여 보호 받습니다. 바쁘시겠지만 조금만 시간을 내주셔서 설문에 응해주시면 대단히 감사하겠습니다.

연구책임자: 지충남(池忠楠)
후　　원: 한국연구재단

2016. 12
- 대한민국 전남대학교 세계한상·문화연구단 -

*** 다음 문항을 잘 읽으시고 해당란에 ✓표하거나 혹은 빈칸에 간단히 기입해 주십시오.**

Ⅰ. 인적 사항

01. 성　　별 : ① 남성 (　) ② 여성 (　)

02. 거주 국적 : ① 한국적 재일동포 (　) ② 무국적 재일동포 (　)
③ 일본국적(귀화) (　) ④ 기타 (＿＿＿＿＿)

03. 출생년도: ＿＿＿＿＿ 년

04. 귀하의 출생지는 어디입니까?
① 일본 (　) ② 한국 (　) ③ 기타 (＿＿＿＿＿)

05. 귀하의 현재 거주 지역은 어디십니까?
___________(도·부·현)____________(시·구)_____________

06. 귀하는 몇 년도부터 일본에 거주하였습니까? ______________ 년

07. 귀하는 재일동포 몇 세대 입니까?
① 1세대 ( ) ② 2세대 ( ) ③ 3세대 ( ) ④ 4세대 ( ) ⑤ 한국 출신 ( )

08. 귀하의 직업은?
① 농업, 어업, 임업, 축산업 ( ) ② 소자본 자영업 ( ) ③ 중소기업 경영 ( )
④ 판매/서비스직 ( ) ⑤ 기능/숙련공 ( ) ⑥ 일반 노동직 ( )
⑦ 사무/기술직 ( ) ⑧ 경영/관리직 ( ) ⑨ 전문/자유직(대학교수, 의사, 변호사) ( )
⑩ 가정주부 ( ) ⑪ 기타____________________ (적어주십시오)

09. 귀하 가정의 년 소득 수준은?
① 200만엔 미만 ( ) ② 200만엔 이상~300만엔 미만 ( )
③ 300만엔 이상~400만엔 미만 ( ) ④ 400만엔 이상~500만엔 미만 ( )
⑤ 500만엔 이상~600만엔 미만 ( ) ⑥ 600만엔 이상 ( )

10. 귀하의 교육정도는?
① 초등졸 ( ) ② 중등졸 ( ) ③ 고등졸 ( ) ④ 전문대학졸 ( )
④ 대학교졸 ( ) ⑤ 대학원졸 ( )

Ⅱ. 민족정체성 질문

11. 다음 문항에 ✓해 주십시오.

	질 문 내 용	전혀 그렇지 않다	그렇지 않다	보 통 이 다	그렇다	매우 그렇다
1	한국식 본명(本名)이 있으며, 자기소개를 할 때 한국명을 사용한다.					
2	한국어로 읽고, 쓰고, 말할 수 있다.					

3	가족, 한국인(조선인)과 대화할 때 한국(조선)어를 사용한다.					
4	한민족의 시조로서 단군(壇君)을 잘 알고 있다.					
5	한민족의 전통과 문화에 관심이 많다.					
6	한민족의 전통 명절(설, 추석)을 가정에서 지내고 있다.					
7	재일동포 단체에서 회원으로 활동하고 있다.					
8	일본 극우단체의 혐한시위에 무조건 반대 한다.					
9	모국(한국 및 북조선)에 자부심을 갖고 있다.					
10	한반도 뉴스에 관심이 많다.					

Ⅲ. 한반도 통일에 관한 질문

12. 다음 문항에 ✓하거나 혹은 빈칸에 기입해 주십시오.

	질 문 내 용	전혀 그렇지 않다	그렇지 않다	보 통 이 다	그렇다	매우 그렇다
1	나는 한반도 통일문제에 관심을 갖고 있다.					
2	한반도 통일은 나에게 이익이 될 것이다.					
3	남북이 합의한 6·15선언과 10·4공동선언은 이행되어야 한다.					
4	나는 현재의 남북한이 통일되어야 한다고 생각한다.					
5	한반도 통일은 전쟁이 아닌 평화적으로 이루어져야 한다.					
6	한국 또는 북조선 등 어느 일방의 주도로 통일될 수 있다.					
7	나는 한반도의 중립화 통일을 찬성한다.					
8	한반도 통일은 미국·일본·중국·러시아의 협력을 받아야 한다.					
9	한반도 통일은 재일동포를 포함한 재외동포들의 참여로 이루어져야 한다.					

V. 통일운동 활성화 질문

25. 한반도 통일을 위한 재일동포의 역할이 얼마나 중요하다고 생각하십니까? (　　)
① 전혀 중요하지 않다　② 중요하지 않다　③ 보통　④ 중요하다　⑤ 매우 중요하다

26. 한반도 통일을 위한 재일동포의 역할이 왜 중요하다고 생각하십니까? (　　)
① 통일이 재일동포에게 미치는 영향이 크기 때문
② 일본에서 한반도 문제에 더 관심이 많기 때문
③ 일본에서 더 객관적인 시각과 관점이 가능하기 때문
④ 재일동포가 일본 정부에 효과적인 외교력을 행사할 수 있기 때문
⑤ 일본에서 한반도 문제를 이슈화시키고 여론화 할 수 있기 때문
⑥ 재일동포 역할은 그다지 중요하지 않기 때문

27. 재일동포 사회에서 통일운동을 확산시키는데 가장 어려운 점은 무엇인가? (　　)
① 통일문제에 대해 재일동포끼리 의견 대립이 많다
② 한반도 통일의 필요성을 설명할 방법을 잘 모른다
③ 한반도 통일은 일본에 살고 있는 나하고 관계없는 문제라고 생각한다
④ 한반도 통일이 불확실한 상황에서 통일문제를 거론하기가 어렵다
⑤ 현재의 남북한 정세를 잘 모른다

28. 재일동포를 대상으로 한반도 통일 여론의 확산을 위해 가장 필요한 것은? (　　)
① 일본의 신문, TV 등 언론매체를 통한 한반도 통일 홍보
② 한반도 통일을 홍보하는 일본어 책자, 팜프렛, DVD 등 자료의 배포
③ 한반도 통일문제를 주제로 한 세미나, 포럼, 강연회 개최
④ 한반도 통일을 촉구하는 서명운동 전개
⑤ 모국 방문과 통일교육 개최

29. 재일동포 사회에서 한반도 통일운동의 활성화를 위해 민단, 총련, 한통련, 원코리아페스티벌 등을 포함한 단체들의 연대가 가능하다고 생각하십니까? (　　)
① 전혀 그렇지 않다　② 그렇지 않다　③ 보통이다　④ 그렇다　⑤ 매우 그렇다

30. 재일동포 사회에서 한반도 통일운동의 활성화를 위한 가장 좋은 방안은 무엇인가? (　　)
① 개인 및 단체의 사상과 이념을 탈피한 통일의지의 결집
② 통일운동 단체들의 연대를 통한 통일운동의 전개

③ 한국과 북조선의 교류와 협력을 위한 통일환경 조성
④ 지역에서 통일 축제의 개최 확대
⑤ 전 세계 한민족 통일단체와 통일연대 구축

31. 한반도 통일에 대한 귀하의 개인적인 의견이 있다면 자유롭게 기술해 주십시오.

____

____

____

____

*** 설문에 응해주셔서 대단히 감사합니다.**

참고 문헌

Bibliography

강광식. 1990. “중립화 통일론의 역사적 전개와 그 적용.” 『사회과학』 30(1).

______. 2010. 『중립화와 한반도 통일』. 서울: 백산서당.

______. 2002. “한민족공동체와 남북통일 문제.” 『재외한인연구』 12(2).

강재언·김동훈. 하우봉·홍성덕 옮김. 1995. 『재일한국·조선인: 역사와 전망』. 서울: 소화.

강종일. 2000. “한반도 평화와 안정을 위한 남북영세중립연합제 연구.” 『한국국제정치학회 2000년 연례학술회의』 자료집.

강종일·이재봉. 2001. 『한반도의 중립화 통일은 가능한가』. 서울: 들녘.

강희봉. 2008. “총련과 민단의 조국통일.” 『2008 도쿄 제9회 세계한민족포럼』 자료집.

고려대학교 일본연구센터. 2009. 『재일한국인 의식조사 결과보고서』 재외동포재단.

고성준. 1979. “재일제주동포의 통일안보 의식에 관한 서설적 연구.” 『제주대학교 논문집』 1.

고정자·손미경. 2010. “한국문화 발신지로서의 오사카 이쿠노쿠 코리아타운.” 『글로벌문화콘텐츠』 5.

곽동의. 2006. “6·15 남측위원회의 진심을 의심하지 않을 수 없다.” 『월간 말』 7.

곽진오. 2007. “일본에서의 통일운동: 전후초기 일본에서의 통일운동에 관한 연구.” 『통일연구』 11(1).

권영민. 1992. “21세기를 향한 통일문화정책: 남북한 문화통합과 민족공동체 문화의 확립.” 『문화정책논총』 4.

권양주. 2014. 『한반도 평화통일 프로세스』. 서울: 선인.

권준희. 2002. “분단 내셔널리즘과 국민/비국민의 경계: 조선적 재일동포 3세의 정체성을 중심으로.” 『한일민족문제연구』 3.

김강녕. 2015. “한반도 주변 정세의 변화와 통일교육.” 『국제정치 환경 변화와 한반도 통일』 2015 통일교육위원 전남협의회 제2차 전문가 포럼 자료집.

김게르만 저. 황영삼 역. 2010. 『해외한인사 1945~2000』. 서울: 한국학술정보.

김광림. 2014. “한반도 통일과 해외교포의 역할.” 『한민족 한반도 자율 통일지향: 신남북시대를 열자』 제15회 세계한민족포럼 자료집.

김광민. 2010. “재일동포, 평화정착 시민네트워크 확대 견인해야.” 평화문제연구소. 『통일한국』 323.

김광열. 2010. 『한인의 일본이주사 연구: 1910~1940년대』. 서울: 논형.

김근식. 2014. “남북관계의 제도화를 위한 근본적 접근: 포괄적 평화.” 『한반도 평화통일, 어떻게 만들 것인가?: 제네바합의 이후 20년의 교훈과 과제』 2014 한국정치학회 국제학술회의 자료집.

김누리. 2016. “포스트 통일 시대, 독일사회의 가치관 변화.” 『통일인문학 제24회 국내 학술심포지엄』 자료집.

김명수. 2017. “재일코리안청년의 민족적 아이덴티티: 1993년~2013년의 데이터를 이용하여.” 『재외한인연구』 42.

김문성. 2013. “초국가적 제도주의에 근거한 박근혜 정부의 대북정책의 새로운 접근법: 신기능주의와 신제도주의적 정책에 대한 비교평가를 중심으로.” 『GRI』 15(2).

김민영. 2009. “강제연행과 재일한인(1939~1945).” 국사편찬위원회. 『일본 한인의 역사(上)』. 과천: 국사편찬위원회.

김병호. 1985. 『민족분단과 민족통일』. 서울: 한울.

김삼규. 1960. “이승만과 김일성의 비극.” 『세계』 2(8),

______. 1960. “중립화 통한론을 해부한다.” 『새벽』 12.

______. 1960. “통일독립 공화국에의 길.” 『사상계』 9.

김삼웅. 2010. 『김대중 평전 Ⅰ』. 서울: 시대의창.

김상현. 1988. 『在日韓國人: 在日동포 100年史』. 서울: 한민족.

김석준. 2014. “대한민국의 건국, 산업화, 민주화의 기적과 국가 경영전략.” 한국행정연구원. 『대한민국 역대 정부 주요 정책과 국정운영: 이명박 정부(8)』. 서울: 대영문화사.

김성민. 2014. “통일인문학, 역사적 트라우마의 치유와 화해−상생의 길.” 『한민족 한반도 자율 통일지향: 신 남북시대를 열자』 제15회 세계한민족포럼 자료집.

김성윤. 2012. “한반도 통일을 위한 재일동포 사회의 역할.” 『한국동북아논총』 17(2).

김시종. 윤여일 역. 2017. 『재일(在日)의 틈새에서』. 서울: 돌베개.

김영대. 2012. “한국 사회단체의 정책 영향력 결정요인 탐색: 사회단체의 주관적 인식을 중심으로.” 『국가정책연구』 26(2).

김영의. 2011. 『재일동포 사회의 협력과 갈등 연구: 민단·총련 관계를 중심으로』 고려대학교 석사학위논문.

김용우. 2004. “통합이론으로서 기능주의와 신기능주의의 국제적 적용상황에 대한 비교연구: 대북통합정책에 주는 정책적 함의.” 『한국정책과학학회보』 8(3).

김용찬. 2000. “남북정상회담과 재외한인사회의 반응.” 『민족연구』 5.

김용학·하재경. 2009. 『네트워크 사회의 빛과 그늘』. 서울: 박영사.

김웅기. 2015. 『통일지지기반 확대를 위한 재외동포의 역할 모색』 2015 재외한인학회 통일과 재외동포 학술회의 자료집.

김익현·나지영. 2012. “재일조선인의 민족정체성과 경계인.” 건국대학교 통일인문학연구단. 『코리언의 민족정체성』. 서울: 선인.

김인덕. 2009. “재일한인의 이주와 한인 사회의 형성.” 국사편찬위원회. 『일본 한인의역사(上)』. 과천: 국사편찬위원회.

김인영. 2002. “한민족네트워크 공동체: 현황과 과제.” 김인영 편. 『민족통합의 새로운 개념과 전략(하)』. 춘천: 한림대학교 출판부.

김재기. 2012. “남북통일과 세계한민족네트워크의 역할.” 『세계한인과 남북통일 학술포럼』 제6회 세계한인의 날 기념 자료집.

김정구. 2004. “재일한국인의 정체성에 관한 연구.” 『한국동북아논총』 33.

김지형. 2012. “분단과 전이: 재일 분열과 남북관계 함수.” 『역사와 현실』 83.

김진환. 2015. “이분법에 갇힌 조선사람: 국내 이주 재일조선인의 한국살이.” 건국대학교 통일인문학연구단 엮음. 『코리언의 생활문화, 일상의 울타리』. 서울: 선인.

김창순. 1989. “김일성의 전쟁통일·중립화통일론.” 『북한』 211.

김창희. 2006. 『북한 정치사회의 이해』. 서울: 법문사.

김태기. 2001. “한반도 통일과 재일한국인: 통일문제를 둘러싼 민족단체의 분열을 중심으로.” 『한국과 국제정치』 17(2).

______. 2003. “분단의 갈등을 넘어 통일의 민족단체로: 재일동포 단체의 역사와 현황.” 한일민족문제학회. 『재일조선은 그들은 누구인가』. 서울: 삼인.
김태기 외. 2007. 『일본의 한민족청소년 현황 및 생활실태 연구』. 서울: 한국청소년정책연구원.
김태영·임영언. 2016. “재일코리안 사회의 한통련 통일마당과 원코리아페스티벌 통일문화운동 고찰.” 『일본문화학보』 69.
김택근. 2012. 『새벽: 김대중 평전』. 파주: 사계절.
김학노. 2001. “마스트리히트 사회정책협정 형성과정: 구성주의적 신기능주의 설명.” 『한국정치학학회보』 35(3).
______. 2005. “평화통합전략으로서의 햇볕정책.” 『한국정치학학회보』 39(5).
김현선. 2007. “재일코리안의 축제와 민족정체성.” 『일본연구논총』 26.
김현옥. 2001. “통일의 의미와 통일의식의 내적구조.” 전성우 편. 『남북한 사회 통합의 길: 그 현황과 전망』. 서울: 금왕출판사.
김형찬. 2012. “통일의 가치와 통일철학의 성찰.” 이수훈·조대엽 공편. 『한반도 통일론의 재구상』. 서울: 선인.
김효순. 2015. 『조국이 버린 사람들: 재일동포 유학생간첩사건』. 파주: 서해문집소화.
남근우 외. 2010. 『구술로 본 해외한인 통일운동사의 재인식: 일본지역』. 서울: 선인.
남성욱. 2015. “한반도 통일과 재외동포의 역할: 통일을 위한 글로벌 한인 네트워크 구축방안.” 『광복70주년 기념 재외동포 전문가 포럼』 자료집.
______. 2016. 『한반도 통일과 재외동포의 역할: 미주동포들의 통일의식과 글로벌 한인 통일네트워크 구축을 중심으로』. 2015 재외동포재단 조사연구용역보고서 2.
노중선. 1996. 『남북한 통일정책과 통일운동 50년』. 서울: 사계절
도모생애교육연구소. 2001. 『비영리단체·비정부기구의 전략 경영과 기금 개발』. 서울: 예영커뮤니케이션.
도지미. 2003. “재일코리안 사회에서의 민족과정 다양화에 관한 연구.” 서울대학교 국제대학원 국제학과 석사학위논문.
린다 하라심. 1997. “글로벌 네트워크: 개요.” 린다 하라심 엮음, 박승관 외 옮김. 『글로벌 네트워크』. 서울: 전예원.
마뉴엘 카스텔. 김묵한 외 옮김. 2003. 『네트워크 사회의 도래』. 서울: 한울아카데미.
마쓰다 도시히코(松田利彦). 2013. “재일코리안과 뉴커머 문제.” 청암대학교 재일코

리안연구소 편. 『재일코리안 디아스포라의 형성: 이주와 정주를 중심으로』. 서울: 선인.

문경수. 2009. "뉴커머와 올드커머: 지구화 시대 일본 사회의 변화와 재일한인." 국사편찬위원회. 『일본 한인의 역사(上)』. 과천: 국사편찬위원회.

문성한. 2001. "남북화해시대의 민단과 조총련의 관계 변화." 『6·15 남북공동선언과 한민족발전전략』. 자료집.

문옥표. 2006. "재일한인의 민족관계." 문옥표 외. 『해외한인의 민족관계』. 서울: 아카넷.

미야자와 시게키. 1989. "조선반도 문제 40년을 돌아보며." 아시아태평양 평화정책연구소 편. 『조선통일론』. 서울: 세계.

미즈노 나오키·문경수. 한승동 역. 2016. 『재일조선인: 역사, 그 너머의 역사』. 서울: 삼천리.

민병로. 2010. "일본 시민사회의 구조와 변화: NPO법인 제도를 중심으로." 『민주주의와 인권』 10(2).

민주평화통일자문회의. 2017. "2017 재일동포 청년 모국 방문연수." 『통일시대』 134.

박관규. 2012. "사회단체와 정부 관계의 결정 요인: 참여, 규제, 상호의존, 제도화 및 정부 수준에 따른 다양성." 『지방행정연구』 26(4).

박명규. 2009. 『2009 통일의식조사』. 서울: 서울대학교 통일평화연구소.

박민철. 2016. "포스트 통일과 민족 정체성의 문제: 1990년대 이후 남북의 민족·민족주의 이해방식에 대한 비교를 중심으로." 『통일인문학 제24회 국내 학술심포지엄』 자료집.

박병윤. 1992. "남북의 UN동시가입과 재일동포의 역할: 91년 문제의 총괄과 분단극복을 위하여." 『재외한인연구』 2.

박병헌. 2007. 『숨 가쁘게 달려온 길을 멈춰서서』. 서울: 재외동포재단.

박상필. 2001. 『NGO와 현대사회』. 서울: 아르케.

박영균. 2016. "포스트 통일과 민족적 연대의 원칙." 『통일인문학 제24회 국내 학술심포지엄』 자료집.

박영호. 2014. "남북관계와 신뢰구축 이론." 『한반도 평화통일, 어떻게 만들 것인가?: 제네바합의 이후 20년의 교훈과 과제』 2014 한국정치학회 국제학술회의 자료집.

박일. 2012. 『재일코리안 사전』. 서울: 선인.

박일. 전성곤 옮김. 2005.『(차이와 평등의 딜레마) 재일한국인』. 서울: 범우.

박재영. 1996.『국제정치 패러다임』. 서울: 법문사.

______. 2003.『국제관계와 NGO』. 서울: 법문사.

박종민·배정현. 2008. "한국에서 단체는 민주주의의 학교인가?: 단체참여의 내부효과."『한국정치학회보』 42(3).

박종성·김진환. 2012. "재일조선인의 분단·통일의식." 건국대학교 통일인문학연구단.『코리언의 분단·통일의식』. 서울: 선인.

박지수. 2003. "해외민주인사들의 명예 회복은 동지들에 대한 인간적인 예의."『민족21』 31.

______. 2004. "한국 여권으로 입국한 재일한통련, 우리는 이들을 진정으로 받아들인 것인가."『민족21』 44.

박찬봉. 2013. "통일을 위한 재외동포의 역할."『통일을 위한 재외동포의 역할』 제4회 재외동포정책포럼 자료집.

반 다이크 지음. 배현석 옮김. 2002.『네트워크 사회』. 서울: 커뮤니케이션북스.

방호엽. 2011.『한반도 중립화 통일론의 비판적 고찰』. 경남대학교 대학원 박사학위논문.

배성인. 2016. "한반도통일의 새로운 패러다임에 관한 시론적 모색: 세 가지 인문학적 접근."『인문사회 21』 7(4).

배한동. 2014.『한국의 통일 NGO론』. 대구: 경북대학교 출판부.

백영옥. 2015. "한반도 통일과 재외한인여성의 역할."『재외한인 여성과 한반도 통일』 2015 세계한인여성회장단대회 학술회의 자료집.

베네딕트 앤더슨. 윤형숙 역. 2004.『상상의 공동체』. 서울: 나남출판.

변종헌. 2014.『남북한 관계와 한반도 통일: 성찰과 논의』. 고양: 인간사랑.

사단법인 원코리아. 2016.『원코리아 평화 대축제』 자료집.

서경식. 2009.『고통과 기억의 연대는 가능한가?』. 서울: 철수와 영희.

서경식. 임성모·이규수 옮김. 2006.『난민과 국민사이: 재일조선인 서경식의 사유와 성찰』. 서울: 돌베개.

손동원. 2005.『사회 네트워크 분석』. 서울: 경문사.

손미경. 2011. "오사카 원코리아페스티벌: 통일운동에서 다문화 공생의 장으로."『재외한인연구』 23.

손석춘. 2016. “남북 불균등 발전의 폐해와 민족적 연대 방안.” 『통일인문학 제24회 국내 학술심포지엄』 자료집.

신광영. 1999. “비정부조직(NGO)과 국가 정책.” 『한국행정연구』 8(1).

신기욱. 이진준 옮김. 2009. 『한국 민족주의의 계보와 정치』. 서울: 창비.

신명직. 2007. 『재일코리안 3色의 경계를 넘어』. 서울: 고즈윈.

신소정. 2009. “뉴커머와 재일조선인의 관계연구.” 『일본문화연구』 30.

안리라. 2015. “한국 통일운동의 프레임 분화.” 『기억과 전망』 33.

안영민. 2009. “새 세대 중심으로 한통련 제2도약 이룬다.” 『민족21』 97.

양창삼. 2007. 『조직행동』. 서울: 법문사.

양호민·김용호. 2002. “민족통합의 새로운 개념과 이론의 정립.” 김용호·유재천 편. 『민족통합의 새로운 개념과 전략(상)』. 춘천: 한림대학교 출판부.

엄상윤. 2003. “제2공화국시대의 중립화통일론과 21세기의 한반도통일: 맨스필드·김삼규·김용중의 논리분석을 중심으로.” 『국제정치논총』 43(2).

오인탁. 1997. “통일교육의 방향.” 이영선 편. 『통일준비』. 서울: 오름.

오재록. 2012. 『관료제 권력구조』. 서울: 대영문화사.

외교부. 2013. 『재외동포정책 및 현황(2013)』.

______. 2014. 『재외동포정책 및 현황(2014)』.

______. 2015a. 『2015 재외동포현황』.

______. 2015b. 『2015 일본개황』.

유연숙. 2011. “동경의 코리아타운과 한류: 오쿠보지역을 중심으로.” 『재외한인연구』 25.

유영철. 2014. “2000년 이후 중립화통일론의 특징.” 『대한정치학회보』 22(1).

유호근. 2007. “남북한 스포츠 교류의 정치적 함의.” 『세계지역연구논총』 25(1).

윤민재. 2016. “민족통일운동의 측면에서 바라본 한민족공동체 모색.” 『인문사회21』 7(1).

______. 2003. 『세계화시대 남북한 통합의 방향과 과제』. 서울: 집문당.

윤상철. 2004. “재일한인의 사회운동: 민주화 및 통일운동 그리고 내부지향운동.” 『한국사회학회 사회학대회 논문집』 자료집.

윤성석 외. 2006. 『재외한인의 단체활동과 의식실태』. 서울: 북코리아.

윤인진. 2004. 『코리안 디아스포라』. 서울: 고려대학교출판부.

윤일성. 2003. “재일한인의 사회적 적응과 정체성에 관한 연구.” 『한국문학논총』 34.

윤황·조희원. 2014. “재외한인동포사회의 통일운동단체 현황과 과제: 중국·미국·일본의재외한인단체를 중심으로.” 『디아스포라연구』 8(2).

이광규. 2000. 『재외동포』. 서울: 서울대학교출판부.

이구홍. 2015. “재외동포의 통일운동 회고.” 『통일지지기반 확대를 위한 재외동포의 역할 모색』 2015 재외한인학회 통일과 재외동포 학술회의 자료집.

______. 2016. “人物을 통해서 본 民團 70년 史: 權逸과 金載華를 중심으로.” 『人物을 통해서 본 民團 70년 史』 민단 창단 70주년 기념 자료집.

이달순. 2013. 『영세중립국선언』. 서울: 박영사.

이대근. 2014. “통일 담론과 북한 붕괴론: 박근혜 정부의 통일준비에 던지는 몇 가지 질문.” 『한민족 한반도 자율 통일지향: 신 남북시대를 열자』 제15회 세계한민족포럼 자료집.

이마사토 하지메. 2016. “한국에 루트(Roots)를 갖는 젊은이들의 민족정체성.” 『한일차세대학술포럼: 한일에서 세계로, 그리고 미래로』 한국지역사회연구소 자료집.

이면우. 1998. “일본 NGO, NPO.” 이면우 편. 『일본의 NGO활동 연구』. 성남: 세종연구소.

이민호. 2014. 『민단은 대한민국과 하나이다』. 동경: 재일본대한민국민단 중앙본부.

이병수. 2010. “통일의 당위성 담론에 대한 반성적 고찰.” 『시대와 철학』 21(2).

이병수·김종군. 2012. “코리언 정체성 연구의 관점과 방법론.” 건국대학교 통일인문학연구단. 『코리언의 민족정체성』. 서울: 선인.

이병수·정진아. 2012. “코리언의 분단·통일의식 연구의 관점과 의의.” 건국대학교 통일인문학연구단. 『코리언의 분단·통일의식』. 서울: 선인.

이상걸. 2015. 『새일한인 차세대의 정체성과 통일 의식 연구: 민족학교 학생을 중심으로』 전남대학교 박사학위논문.

이상우. 1999. 『국제관계이론: 국가간의 갈등원인과 질서유지』. 서울: 박영사.

이서행. 2005. “오스트리아의 영세중립국정책으로 본 통일방안.” 『평화학연구』 6.

이성준 외. 2017. 『재외동포에 대한 국민인식조사』. 서울: 재외동포재단.

이성현. 2017. “북한의 핵실험과 북중관계.” 『통일시대』 132. 민주평화통일자문회의.

이수상. 2012. 『네트워크 분석 방법론』. 서울: 논형.

이수정. 2012. “다문화주의와 통일담론.” 『한반도 통일론의 재구상』. 서울: 선인.

정갑수. 2000. “정상회담 이후 재일동포사회의 화해·협력: 민단·조총련간의 화해와 협력을 중심으로.” 『통일문제연구』 12(1).

정길호. 2015. “드레스덴 선언의 의미와 한반도 평화통일 접급방안.” 『분단, 디아스포라, 통일 그리고 평화: 세계 속의 미래한국을 향하여』 2015 춘계 공동학술대회자료집.

정성호. 2008. “코리안 디아스포라: 공동체에서 네트워크로.” 『한국인구학』 31(3).

정영순. 2011. “글로벌리즘과 남북공동체 형성을 위한 한인 디아스포라.” 『재외한인연구』 23.

정영훈. 2010. “민족정체성, 그리고 한민족의 민족정체성.” 『민족학연구』 9.

______. 2005. “민족통일운동의 제4 국면: 한민족공동체학 서설.” 『단군학연구』 13.

정호영. 2001. 『민족정체성 형성에 관한 정치사회학적 연구』. 고려대학교 대학원 사회학과 박사학위논문.

정용하. 2007. “재일한인 통일운동에 나타난 연대·네트워크: 통일운동의 시기별 특징과 관련을 중심으로.” 『한일민족문제연구』 13.

정진성. 2011. “재일한국인 뉴커머 형성과정과 집주지역의 특징: 오쿠보 코리아타운을 중심으로.” 『사회와 역사』 90.

정찬원. 2010. 『재일한국인의 백년을 생각한다』. 서울: 도서출판 문.

정혜경. 2001. 『일제시대 재일조선인 민족운동연구』. 서울: 국학자료원.

______. 2009. “재일한인의 정착과 생활(1910−1928).” 국사편찬위원회. 『일본 한인의 역사(上)』. 과천: 국사편찬위원회.

조관자. 2011. “민족주체를 호출하는 재일조선인.” 『일본학』 32.

______. 2012. “재일조선인운동과 지식의 정치성: 1945−1960.” 『일본사상』 22.

______. 2015. “재일조선인 담론에 나타난 기민(棄民)의식을 넘어서: 정치적 주체성을 생각하다.” 『통일과 평화』 7(1).

조규범. 2016. 『이슈와 논점』 1231. 국회입법조사처.

조기은. 2015. “해외 한국민주화운동: 민주민족통일해외한국인연합을 중심으로.” 『한일민족문제연구』 29.

조대엽. 2012. “시민사회통일론의 전망.” 『한반도 통일론의 재구상』. 서울: 선인.

조 민. 2014. 『통일비전과 통일담론의 확산: 통일의 새벽이 동터오는가』. 서울: 통일연구원.

조배준. 2015. “한반도 중립화 통일방안에 대한 반성적 고찰.” 『통일인문학』 61.

조세영. 2015. “재일코리안 사회와 통일공공외교의 과제.” 『통일지지기반 확대를 위한재외동포의 역할 모색』 2015 재외한인학회 통일과 재외동포 학술회의 자료집.

조준상. 2003. 『한민족 이동사』. 서울: 한민족.

조찬래. 1998. 『남북한 통합론』. 서울: 대왕사.

조한혜정. 2000. “분단과 공존: 제3의 공간을 열어 가는 통일 교육을 지향하며.” 조한혜정·이우영 엮음. 『탈분단 시대를 열며: 남과 북, 문화공존을 위한 모색』. 서울: 삼인.

조현미. 2000. “재일동포의 집주지역 형성과 민족 정체성의 변화: 요세바 고도부키를 중심으로.” 『대한지리학회지』 35(1).

주봉호. 2014. “화해와 협력의 신 남북시대 과제.” 『한민족 한반도 자율 통일지향: 신남북시대를 열자』 제15회 세계한민족포럼 자료집.

지병문 외. 2014. 『현대 한국의 정치: 전개과정과 동인』. 파주: 피엔씨미디어.

지충남. 2007. “재외한인 시민사회단체의 네트워크 실태와 발전 방향.” 『대한정치학회보』 15(1).

______. 2008. “재일한인 사회단체 네트워크 연구: 민단, 조총련, 재일한인회를 중심으로.” 『세계지역연구논총』 26(1).

______. 2012. “재일한인 디아스포라의 이주와 집거지 형성 비교 연구: 올드커머와 뉴커머를 중심으로.” 『대한정치학회보』 20(2).

______. 2013a. “재일동포와 원코리아페스티벌: 통일과 공생의 기제.” 『OUGHTOPI A』 28(1).

______. 2013b. “민단과 재일한인회의 단체 활동 비교.” 『대한정치학회보』 21(3).

______. 2013c. “재일동포사회의 제3의 민족통일운동.” 『한국동북아논총』 18(4).

______. 2015a. 『재일한인 디아스포라: 재일본대한민국민단과 재일본한국인연합회의 단체활동과 글로벌 네트워크』. 파주: 마인드탭.

______. 2015b. “재일동포 사회의 통일운동.” 『광복70주년 기념 재외동포 전문가 포럼』 자료집.

______. 2015c. “재일동포 사회의 통일운동: 민단, 조총련, 원코리아페스티벌을 중심으로.” 『민족연구』 64.

______. 2017a. “재일한인 뉴커머 타운의 형성과 발전, 그리고 변용: 신오쿠보 코리아

타운을 중심으로." 『민족연구』 69.

______. 2017b. "재일한인 사회의 제1~3 통일운동 비교." 『OUGHTOPIA』 32(1).

지충남·이명남. 2006. "동북3성 한인회의 네트워크 비교." 『한국동북아논총』 11(4).

진시원. 2004. "남북한 통합: 개념·이론·시나리오." 홍익표·진시원. 『남북한 통합의 새로운 이해』. 서울: 오름.

진희관. 1995. "조총련 연구." 『역사비평』 30.

______. 2009. "분단 정부와 민단, 총련." 국사편찬위원회. 『일본 한인의 역사(上)』.과천: 국사편찬위원회.

차승기. 2012. "지방주의의 역사-지정학: 식민지 시기 내지 이주 조선인들의 지방주의적 갈등." 『디아스포라연구』 6(2).

최길성. 2001. "한민족의 해외 이주와 문화변용." 『동북아시아 문화학회 제2차 국제학술대회』 자료집.

최배근. 2003. 『네트워크 사회의 경제학』. 서울: 한울아카데미.

최봉윤. 1988. 『민족통일운동사: 민중적 통일운동의 전개를 위하여』. 서울: 한백사.

최승철. 2015. "북한인의 관점에서 본 남한의 남북통일 논의와 북한사회의 변화." 『한반도가 통일로 가는 길』 제16회 세계한민족포럼 자료집.

최영호. 2008. "재일교포사회의 형성과 민족 정체성 변화의 역사." 『민족사연구』 140.

______. 2009. "재일조선인·한국인 사회의 '본국'로컬리티: 초기 민단의 경우." 『로컬리티 인문학』 1.

______. 2009. "재일한인의 해방과 귀환(1945~1952)." 국사편찬위원회. 『일본 한인의 역사(上)』. 과천: 국사편찬위원회.

최영호 외. 2007. 『부관 연락선과 부산』. 서울: 논형.

최창모. 2005. "세계 유대인 네트워크와 반유대주의." 『세계 한민족 네트워크: 민주화, 인권, 통일, NGO, 한상』 전남대학교 세계한상문화연구단 국내학술회의 자료집.

최진욱 외. 2004. 『동북아 한민족 사회의 역사적 형성과정 및 실태』. 서울: 통일연구원.

최진혁·박대식. 2005. "이익단체에 관한 이론적 배경." 박대식·최진혁 편. 『한국 지역사회 이익단체: 활동과 영향』. 서울: 오름.

통일부 통일교육원. 2014. 『2014 통일문제 이해』.

______. 2016.『2017 통일문제 이해』.

통일부. 2014.『2014 통일백서』.

______. 2017.『문재인의 한반도정책』.

피터김. 2015.『동해 병기 백서』. 리치먼드: Printvill.

한나라당. 2007.『일류국가 희망공동체 대한민국』. 서울: 북마크.

한경구. 2002. "민족분산과 이주의 역사와 현황: 일본." 김인영 편.『민족통합의 새로운 개념과 전략(하)』. 춘천: 한림대학교 출판부.

한영구. 1996. "한국통일문제의 고찰."『법정학보』9.

함규진. 2016. "통일운동과 통일교육을 위한 통일 당위성에 대한 연구."『통일인문학』68.

허문영. 2012. "재일동포사회, 민족적 통합 이루어야."『통일한국』348.

허성태·임영언. 2014.『글로벌 디아스포라와 세계의 한민족』. 서울: 북코리아.

황인관 저. 정대화 옮김. 1988.『중립화 통일론』. 서울: 신학문사.

홍면기. 2014. "재외한인 네트워크의 새로운 방향과 과제: 미래를 위한 '재외한인 비전 하우스'를 세우자."『재외한인연구』34.

홍석률. 1993. "4월민주항쟁기 중립화통일론."『역사와 현실』10.

______. 2004. "중립화 통일 논의의 역사적 맥락."『역사문제연구』12.

홍성욱. 2002.『네트워크 혁명, 그 열림과 닫힘』. 서울: 들녘.

홍임순. 2007.『한반도 중립화 통일을 위한 방안 연구』. 한국교원대 교육대학원 석사학위 논문.

황영만. 2010. "민단 의장이 말하는 재일동포사회의 통일운동." 남근우 외.『구술로 본 해외 한인 통일운동사의 재인식: 일본지역』. 서울: 선인.

황인관 저. 정대화 옮김. 1988.『중립화 통일론』. 서울: 신학문사.

황지환. 2012. "통일외교안보분야: 대북정책." 권오성.『이명박정부의 주요정책의 성과와 과제(제2권)』. 서울: 한국행정연구원.

______. 2017. "진보 대 보수의 대북정책, 20년 이후."『통일정책연구』26(1).

황혜경. 2010. "재일코리안에 있어서 민족축제 의미와 호스트사회와의 관계."『일본문화학보』46.

______. 2015. "민족정체성에 따른 재일동포인식에 관한 비교 연구: 대학생을 중심으로."『일본문화학보』65.

후지나가 다케시(藤永壯). 2013. “식민시기 오사카 재주조선인의 인구 구성의 추이에 관해.” 청암대학교 재일코리안연구소 편. 『재일코리안 디아스포라의 형성: 이주와 정주를 중심으로』. 서울: 선인.

후쿠오카(福岡安則)·김명수. 1997. 『在日韓國人青年의の生活과と意識』. 東京: 東京大學出版會.

Anderson Benedict. 1983. *Imagined Communities: Reflections on the Origin and Spread of Nationalism.* London: Verso.

Bently, Arther F. 1967. *The Process of Government.* Cambridge, Mass: Belknap Press of Harvard University.

Cyril E. Black, Richard A. Falk, Oran R. Young. 1968. *Neutralization and World Politics.* New Jersey: Princeton University Press.

Edward, John. 1985. *Language, Society and Identity.* New York: Basil Blackwell Ltd.

Gellner, Ernest. 1964. *Thought and change.* London: Weidenfeld & Nicolson.

Grinker, Roy Richard. 1998. *Korea and Its Futures: Unification and the Unfinished War.* New York: St. Martin's Press.

Guehenno, Jean Marie. 1995. *The End of the Nation－State.* Minnesota: University of Minnesota Press.

Hass, Ernst B. 1958. *The Uniting of Europe.* California: Stanford UniversityPress.

______. 1961. “International Integration: The European and Process.” *International Organization.* 15.

Hobsbawm, Eric & Terence Ranger. 2012. *The Invention of Tradition.* Cambridge: Cambridge University Press.

Jeppe Tranholm－Mikkelsen. 1991. “Neo－functionalism: Obstinate or Obsolete?A Reappraisal in the Light of the New Dynamism of the EC.” *Millennium.* 20(1).

Kim, Hong Nack. 1990. “The Korean Minority in Japan.” *Korea and World Affairs.* 14(1).

Kim, Jun Ki. 2006. “Networks, Network Governance and Networked Networks.” *International Review of Public Administration.* 11(1).

Lawrence, P. R. & J. W. Lorsch. 1967. *Organization and Environment.* Boston: Harvard

University Press.

Mark Granovetter. 1973. "The Strength of Weak Ties." *American Journal ofSociology.* 78(6).

Mayer, R. C., J. H. Davis & D. Schoorman. 1985. "An Integrative Model of Organizational Trust." *Academy of Management Review.* 20.

Melissen Jan. 2005. "The New Public Diplomacy: Between Theory and Practice." Jan Melissen(ed). The New Public Diplomaacy: Soft Power inInternational Relations. New York: Palgrave Macmillan.

Mitrany, David. 1966. *A Working Peace System.* Chicago: Quadrangle Books.

Morales, Laura and Peter Geurts. 2007. "Associational Involvement." In J. Deth, J. Montero and A. Westholm, eds. *Citizenship and Involvement inEuropean Democracies: A Comparative Analysis.* London: Routledge.

Nitin Nohria and Carlos Garcia-Pont. 1991. "Global Strategic Linkages and Industry Structure." *Strategic Management Journal.* 12.

O'Toole, Laurence J. Jr., 1997. "Treating Networks Seriously: Practical & Research-Based Agendas in Public Administration." *Public Administration Review.* 57(1).

Reemtsma, Jan Philipp. 2012. *Trust and Violence.* Princeton: Princeton University Press.

Rosamond, B. 2000. *Theories of European Integration.* New York: St. Martin's Press.

Salamon, L. and Anheier, H. and Associates. 1998. *The Emerging Sector Revisited: A Summary.* Baltimore: Johns Hopkins University Press.

Seibert, Scott E., Maria L. Kraimer & Robert C. Liden. 2001. "A Social Capital Theory of Careers Success." *Academy of Management Journal.* 44(2).

Smith, Anthony D.. 1991. *National Identity.* Las Vegas: University of NevadaPress.

Tamir, Yael. 1995. "The Enigma of Nationalism." *World Politics,* 47.

Tocqueville, Alexis de. 1988. *Democracy in America.* ed. J. P. Mayer, trans. George Lawrence. New York: Harper & Row, Publishers.

Turman, David B. 1971. *The Government Orocess.* New York: Knopf.

Vakil, Anna C. 1997. "Confronting the Classification Problem: Toward a Taxonomy of

NGOs." *World Development.* 25(12).

Verdun, Amy. 2002. "Merging Neofunctionalism and Intergovernmentalism: Lessons from EMU." Amy Verdun(ed). *The Euro: European Integration Theory and Economic and Monetary Union.* Boulder: Rowman and Littlefield Publishers.

Warren, Mark E. 2001. *Democracy and Association.* Princeton: Princeton University Press.

Wendt, Alexander. 1992. "Anarch is What States Make of it: The Social Construction of Power Politics." *International Organization.* 46(2).

李瑜煥. 1971.『在日 韓國人 60萬－民團·朝總聯の分裂史と動向』. 東京: 洋洋社.

上田誠吉·藤島宇内. 1976.『朝鮮の統一と人権』. 東京: 合同出版.

吳圭祥. 2005.『朝鮮總連50年(1955.5－2005.5)』. 東京: 綜合企劃ウイル.

大蔵省管理局. 1947.『日本人の海外活動に關する歴史的調査』.

金贊汀. 1997.『在日コリアン百年史』. 東京: 三五館.

姜在彦 他. 1996.『在日はいま: 在日韓國人·朝鮮人の前後50年』. 東京: 青丘文化社.

康宗憲. 2000. "歴史的な南北首脳会談と祖国統一運動: 民族和解と自主統一運動(和解と統一への歩み)."『統一評論』421. 東京: 統一評論新社.

金三奎. 1956.『今日の朝鮮』. 東京: 河出書房;

______. 1960.『朝鮮の眞實』. 東京: 至誠堂; 김삼규, 1960,

金賢. 2006.『現在がわかる! 在日コリアン』. 東京: 九千社.

郭東儀. 1994.『わが祖国統一論』. 東京: わが祖国統一論刊行委員会.

坂中英德. 1999.『在日韓國·朝鮮人政策論の展開』. 東京: 日本加除出版.

在日本大韓民國大阪府地方本部. 1980.『民團大阪 30年史』.

在日本大韓民國民團中央本部. 2006.『宣言·綱領·規約』. 東京: 在日本大韓民國民團.

在日本大韓民國民團 中央民族教育委員會 企劃. 2006. 歴史教科書 在日コンリアの歴史 編.『歴史教科書 在日コンリアの歴史』. 東京: 明石書店.

在日朝鮮人運動史研究会. 2008.『在日朝鮮人研究』38. 東京: 在日朝鮮人運動史研究会.

統一日報編輯部. 2006.『民團·總連の 和解のウラで 何が起っていたのか?』. 東京: 洋泉社.

鄭甲寿. 2015.『ハナ ワンコリア道草回顧録: ハナ(하나)』. 東京: ころから.

杉原達. 1998.『越境する民ー近代大阪の朝鮮人史研究』. 東京: 新幹社.

朝鮮總聯編集委員會 編. 1991.『朝鮮總聯』. 東京: 在日本朝鮮人總聯合會.

坪井豊吉. 1959.『在日朝鮮人運動의の概況』. 東京: 法務研修所究.

中島智子. 2007. "'オールドカマー'と'ニコーカマー'をつなぐ."『解放教育』37(11).

韓徳銖. 1949. "祖国統一民主戦線をめぐって." 編集部.『民主朝鮮』8.

______. 1986.『主体的海外僑胞運動の思想と実踐』. 東京: 未來社.

原尻英樹. 1997.『日本定住コリアンの日常と生活: 文化人類學的アプローチ』. 東京: 明石書店.

フェスティバル實行委員會 編. 1994.『ONE KOREA』. 東京: ワンコリアフェスティバル實行委員會.

朴慶植. 1989.『解放後在日朝鮮人運動史』. 東京: 三一書房.

______. 1965.『朝鮮人强制連行の記錄』. 東京: 未來社.

朴鐘鳴. 1999. "朝鮮半島の統一と在日朝鮮人." 朴鐘鳴 編.『在日朝鮮人』. 東京: 明石書店.

法務省出入國管理局報道發表資料. 2010.『本邦における不法殘留者数について國籍(出身別)別性別不法殘留者数の推移(平成13年－平成22年發表)』.

細井綾女. 2010. "'コリアン·ジャパニーズ'·'ブール'の呼稱の變遷と 國籍問題"『言葉と文化』11.

玄璣澤. 1996.『民族路線と在日的主体性論動』. 東京: イクォリティ.

森田芳夫. 1996.『數字が 語る在日韓國·朝鮮人の歷史』. 東京: 明石書店.

盧重善. 2012. "7 · 4南北共同声明と統一運動史的意義."『統一評論』562. 東京: 統一評論新社.

6·15공동선언실천 남측위원회. http://www.i615.net(검색일: 2018.02.15).

개성공업지구지원재단·개성공업지구관리위원회. "개성공단 안내." https://www.kidmac.com/kor/contents.do?menuNo=100143(검색일: 2016.02.11).

공익재단법인 ワンコリアフェスティバル. http://hana.wwonekorea.com(검색일: 2016.01.31).

길림성조선족경제과학기술진흥총회. http://kr.jlcxzzh.com(검색일: 2018.02.15).

길림신문. "중국 첫 조선족사회단체 사업포럼 장춘서 개최." http://www.jlcxwb.com.cn/society/content/2013-11/30/content_125839.htm(검색일: 2018.02.15).

디지털제주시문화대전. “재일제주인.” http://jeju.grandculture.net/Contents?local=je-ju&dataType=01&contents_id=GC00711476(검색일: 207.11.13).

머니투데이. http://v.media.daum.net/v/20170929120409650(검색일: 2017.09.29).

미주한인회총연합회. http://usa.korean.net/main(검색일: 2018.02.15).

민단 단세현황. http://www.mindan.org/kr/shokai09.php(검색일: 2016.01.12).

민단. “동포재단, 동경서 민단 창단 70주년 기념 심포지엄 개최.” http://www.mindan.org/kr/front/newsDetail.php?category=0&newsid=16055(검색일: 2017.01.05).

______. “재일동포 통계.” http://www.mindan.org/kr/shokai07.php(검색일: 2015.12.08).

민단신문. “교류, 민단과 총련 만남의 발자취.” http://www.mindan.org/kr/news-paper/read_artcl.php?newsid=2405(검색일: 2015.08.11).

______. “재일동포 주류화? 특수성, 시대성 맞는 새 기준 필요.” http://www.mindan.org/sp/kr/newsDetail.php?newsId=15736(검색일: 2017.11.04).

민족21. “새 세대 중심으로 한통련 제2도약 이룬다.” http://minjog21.com/news/arti-cleView.html?idxno=3965(검색일: 2016.01.30).

______. “한통련 주최, 재일동포들의 연대마당.” http://www.minjog21.com/news/ar-ticleView.html?idxno=3582(검색일: 2016.01.30).

민족화해협력범국민협의회. https://www.kcrc.or.kr/01/02(검색일: 2018.02.15).

연합뉴스. “판문점 선언, 재일민단·조선총련 한 목소리로 환영.” http://www.yonhapnews.co.kr/bulleut=1179m(검색일: 2018.06.10).

원코리아페스티벌. “ワンコリアフェスティバル2016開催のお知らせ.” http://hana.wwonekorea.com(검색일: 2016.12.05).

사)원코리아. http://www.onekoreaorg.com/?act=main(검색일: 2016.12.15).

월드코리안. “재일민단, 남북정상회담 환영 담화.” http://www.worldkorean.net/news/articleView.html?idxno=31531(검색일: 2018.06.10).

삼천리철도. http://www.sanzenri.gr.jp(검색일: 2015.08.05).

시사뉴스투데이. http://sntd.co.kr/bbs/board.php?bo_table=B10&wr_id=380(검색일: 2015.07.25).

시사저널. “한일 양국에서 이방인 취급바든 ‘조선적’ 재일동포들.” http://www.sisapress.com/ journal/article/170923(검색일: 2017.08.18).

오마이뉴스. “2017 한국인의 통일의식은?” http://www.ohmynews.com/NWS_Web/

View/at_pg.aspx?CNTN_CD=A0002367117&PAGE_CD=N0002&BLCK_NO=&CMPT_CD=M0142(검색일: 2017.09.26).

오마이뉴스. "해외민주화운동단체의 맏형, 한통련." http://www.ohmynews.com/NWS_Web/ view/at_pg.aspx?CNTN_CD=A0000151764(검색일: 2016.01.15).

우리민족서로돕기운동. http://ksm.or.kr(검색일: 2018.02.15).

유럽한인총연합회. http://homepy.korean.net/~eu/www(검색일: 2018.02.15).

윤상철. 2004.『해외민주화운동 구술사 자료집(일본)』. 한신대연구팀 2차년 조사 보고서. http://www.krm.or.kr/krmts/search/metsView.html(검색일: 2015.08.03).

재미동포전국연합회. http://www.kancc.org(검색일: 2018.02.15).

재외동포신문. "카자흐스탄 고려인사회의 현황." http://dongponews.net/news/arti-cleView.html?idxno=868(검색일:2018.02.15).

재외동포신문. "한민족 유럽연대 유럽 동포운동의 역사를 잇는다." http://www.dongponews.net/news/articleView.html?idxno=1923(검색일:2018.02.15).

정갑수. http://www.korean.net/cms/kboard/common/popupprint.jsp(검색일: 2015.08.10).

조국통일범민족연합 남측본부. http://www.tongil-i.net(검색일: 2018.02.15).

중국한국인회. http://www.koreanc.com(검색일: 2018.02.15).

한국기독교사회문제연구원. "한국인 민족 자부심 33국중 22위…호남주민은 높아." http://jpic.org/life/?uid=939&mod=document(검색일: 2017.11.04).

한국민족문화대백과사전. "민족화해협의회: 북측 민화협." http://100.daum.net/en-cyclopedia/view/14XXE0070293(검색일: 2018.02.15).

______. "우즈베키스탄 고려인문화협회. "http://100.daum.net/encyclopedia/view/14XXE0072286(검색일: 2018.02.15).

______. "재중조선인총연합회." http://100.daum.net/encyclopedia/view/14XXE0070141(검색일: 2018.02.15).

______. "전러시아고려인연합회." http://100.daum.net/encyclopedia/view/14XXE00722920070141(검색일: 2018.02.15).

한승주. "한반도 통일과 주변 4강의 입장." http://blog.naver.com/PostView.nhn?blogId=kuciss&logNo=220289521882(검색일: 2017.09.25).

현대불교. "단군은 우리 민족 정체성의 상징이다: 고영섭 교수의 삼국유사 인문학 유행 <1>." http://www.hyunbulnews.com/news/articleView.html?idxno=271942

(검색일: 2017.08.27).

헤럴드경제. http://news.heraldcorp.com/view.php?ud=20170829000831(검색일:2017.09.26).

______ "'응원 안해줬다' 빼진 일, 정작 '남북화해 분위기'엔 65%가 부정적," http://v.media.daum.net/v/20180703112644781(검색일: 2018.07.03).

통일뉴스. "6·15일본지역위, 6·15선언 발표 14돌 기념 심포지엄 개최." http://www.tongilnews.com/news/articleView.html?idxno=107755(검색일:2016.01.30).

______. "남북해외 통일운동 거목들 만나다." http://www.tongilnews.com/news/ ar-ticleView.html?idxno=116834(검색일:2016.07.14).

______. "온 민족이 화합하고 단결하면 그것이 바로 통일." http://www.tongilnews.com/news/articleView.html?idxno=111530(검색일:2016.01.30).

______. "재일한청 50주년 기념식." http://www.tongilnews.com/news/articleView.html?idxno=92917(검색일: 2016.01.30).

______. "재일 한통련, 주일미국대사관 앞에서 한미군사연습 중지하라." http://www.tongilnews.com/news/articleView.html?idxno=115584(검색일:2016.02.10).

______. "한통련, 14~15일 일본 현지에서 선전전 전개." http://www.tongilnews.com/news/articleView.html?idxno=78957(검색일: 2016.01.30).

MBC 이제는 말할 수 있다. "반한 베트콩, 한민통의 진실." http://vodmall.imbc.com/Player/Player.aspx?broadcastid=1000459100000100000&itemid=4758(검색일: 2016.03.30).

BreakNews. "한국, 이제부터 중국-러시아산 무기수입 고려해봐야 한다." http://www.breaknews.com/sub_read.html?uid=507134(검색일: 2017.09.26).

韓統聯. "第7回統一マダン報告." http://korea-htr.com/osaka/jisyu/j0009_1.htm(검색일: 2013.09.02).

______. "韓統連 紹介." http://chuo.korea-htr.org/korean/index.php(검색일: 2016.04.05).

______. "韓統連 綱領." http://chuo.korea-htr.org/program.shtml(검색일: 2016.04.05).

______, "主張·声明·決議文," http://chuo.korea-htr.org/seimei(검색일: 2016.04.05).

日本法務省. "2015 在留外国人統計: 都道府県別在留外国人数." http://www.moj.go.jp/content/001212973.pdf(검색일: 2017.04.20).

日本法務省登錄外國人統計. http://www.moj.go.jp/nyuukokukanri/kouhou/nyuuko-kukanri04_00050.html(검색일: 2016.01.29).

民族時報. “韓統連 · 韓青など″ 米大使館前で抗議行動.” http://www.korea－htr.org/jp/241250/124801k1.html(검색일: 2016.04.05).

______. “韓統連が第15期第1次中央委員会開催.” http://www.korea－htr.org/jp/1271_1280/1272jp_01.html(검색일: 2016.04.05).

『경향신문』. 2016.01.07. 1면.

______. 2016.02.11. 1면.

______. 2018.04.21. 1면.

______. 2016.02.12. 1면.

『노동신문』. 2012.05.29. 6면.

______. 2014.05.24. 1면.

______. 2015.07.03. 6면.

______. 2018.02.06. 6면.

______. 2018.02.11. 1면.

『동아일보』. 2016.02.17. 1면.

______. 2018.03.07. 1면.

______. 2018.03.10. 1면.

______. 2018.04.10. 10면.

______. 2018.04.28. 1면.

『서울신문』. 2013.07.06. 13면.

『조선신보』. 2018.03.10. 1면.

찾아보기

Index